제 2 판

GLOBAL TRADE

글로벌무역개론

구종순 · 조혁수 공저

박영사

제2판 머리말

오래 전 무역학과에 갓 입학한 후 존경하는 스승이신 박대위 교수님이 첫 수업시간 칠판에 적은 표현이 무척 인상적이었는데, 그것은 "Export or die."라는 문구였다. 50년 전이나 지금이나 우리나라의 실정을 정말 잘 표현하는 말이라 생각한다.

수출해서 달러를 벌어오지 않으면 백신도 사올 수 없을 뿐 아니라 우리 산업에 꼭 필요한 희토류나 요소수도 사올 수가 없다. 수출을 못해서 야기되는 경제 상황은 코로나 19 팬데믹(pandemic) 보다 더 두렵고 헤어나기 힘든, 하루 몇 만 명의 실업자가 발생하는 경제 불황이 될 수 있다.

이 책은 3인 공저였던 「글로벌 무역개론」을 바탕으로 새로운 저자 분과 함께 새롭게 무역학의 개론서로 집필한 것이다. 무역학은 크게 무역이론 분야와 무역실무 분야 그리고 글로벌 경영의 일부로 구성되는 게 보편적이므로 이 책도 세 분야에서 기초가 될 만한 부문만을 간결이 정리하였다.

무역이론 분야에서는 먼저 세계화의 추세와 글로벌 무역의 현황, 그리고 우리나라 무역의 최근 동향을 소개하고, 이어서 무역에 관한 일반적인 이론, 보호무역과 자유무역의 논란이 끊임없이 이루어지는 무역정책, 경제통합과 최근 활발히 진행되고 있는 자유무역협정(FTA), 그리고 환율제도와 국제통화시스템을 정리·소개하였다. 이론은 모든 학문의 근본이 되므로 이 부분을 비교적 폭넓게 다루었다.

글로벌 경영 분야에서는 세계화에 따른 글로벌 경영과 다국적 기업을 중심으로 한 글로벌 기업에 대해서 살펴보고, 이어서 글로벌 기업들의 해외진입전략을 수출, 계약방식 및 해외직접투자 세 측면으로 나누어 설명하였고 이런 전략을 원활히 수행할 수 있는 글로벌 경영전략과 경쟁전략을 다루었다. 이 분야는 자칫하면 경영학의 전반으로 빠져들 수 있기 때문에 주로 무역과 관련이 깊은 분야만을 다루었다.

마지막으로 무역실무 분야에서는 우리나라에서 이루어지는 무역의 관리와 형태, Incoterms 2020을 중심으로 무역계약, 무역거래에 필수적으로 따르는 국제운송, 해상보험 및 대금결제를 다루었다. 그리고 무역이 이루어지는 수출입절차 중 중요한

단계와 무역클레임으로 마무리하였다. 무역거래는 하찮은 물품을 거래하든 고부가 가치의 반도체를 거래하든 간에 실무적인 내용은 같기 때문에 무역실무의 핵심적인 내용을 간결히 다루었다.

무역개론서를 집필하는데 가장 중요한 것은 무역학의 방대한 학문을 어떻게 일목요연하게 정리하는 것이라 할 수 있다. 정리한다고 간추리다 보면 그 내용이 빈약할 수 있고, 이런저런 욕심나는 부분을 첨가하다 보면 백과사전식이 될 수 있어 균형을 유지하는 일이 쉽지 않았다.

나름대로 많은 자료를 준비해서 작업에 임했지만 부족한 점이 많을 줄 안다. 지금까지 보여주셨듯이 독자 여러분의 아낌없는 비판과 질타를 바라며 저자 또한 이런 비판과 질타를 통해 끊임없이 매진할 것을 약속드린다.

끝으로 이 책을 출판해 주신 박영사 안종만 회장님, 그리고 임재무 상무님께 감사드리며, 또한 까다로운 편집을 맡아주신 배근하 과장님께 진심으로 감사드린다.

2022년 1월
저자 일동

머리말

우리나라 역사책에 조선 초기 명나라는 3년 1공을 주장했는데 조선은 거꾸로 1년 3공을 주장하여 1년에 3번 중국과 조공무역을 했었다는 기록이 있다. 조공무역(朝貢貿易)은 삼국시대 이래로 근세까지 행해졌던 중국 황제에게 공물을 바치는 의식이다. 중국 황제는 공물에 대한 답례 형식으로 많은 선진문물을 제공했는데 이것이 주변 국가들의 사회발전에 크게 기여하였다. 하지만 중국은 답례를 준비하는 것이 너무 부담스러워 3년에 한 번만 오도록 했는데도 거꾸로 조선은 1년에 3번을 가겠다고 한 것이다.

금년도 중국에서 개최된 APEC 정상회담에서 우리나라는 중국과 자유무역협정(FTA)을 타결하였다. 우려의 목소리가 있지만 어쨌든간에 우리나라는 이제 14억 인구를 가진 거대한 중국과 자유롭게 무역을 할 수 있게 되었다. 14억 인구에 아스피린 한 알씩만 팔아도 14억 개의 아스피린이 소비된다. 더구나 중국도 너무 잘 살아 이제 아스피린 한 알이 아니라 두세 알씩을 소비하고 있다. 우리나라는 비록 극동의 조그만 나라이지만 자유무역협정을 통해 서쪽으로는 EU, 동쪽으로는 미국까지 무역영토를 넓혀 나가다가 이제 그 방대한 인구와 구매력을 가진 중국까지 넓혀 나간 것이다. 이들 국가와의 상거래를 마치 서울에서 충청도로 물건을 파는 것처럼 아주 자유롭게 할 수 있게 되었다. 앞으로도 무역영토는 계속 넓혀 나갈 것이고 우리나라는 정말 해가 지지 않는 무역 대한민국이 될 것이다.

이 책은 모두 4부 16개장으로 구성되어 있다. 제1부는 로벌 무역의 기초를 다루었고 나머지는 무역학의 특색을 살려 무역이론분야, 국제경영분야 및 무역실무분야로 다루었다. 그리고 학문별 균형을 맞추기 위해 각 분야는 5개장으로 구성하였다.

제1부는 이 책의 서론 격으로 무역의 개념과 특성을 설명하고 무역학의 학문적 성격을 명확히 다루었다. 무역학원론은 대부분 갓 대학에 입학한 신입생들이 수강하는 과목인데 처음부터 아담 스미스가 어떻고 리카도가 어떻고 하면 너무 딱딱할 것 같아 먼저 무역이 무엇이며, 왜 하는가? 그리고 무역학이란 어떤 학문인가? 등을 다루었다.

　제2부는 국제무역이론과 최근의 동향을 다루었는데 무역이론은 예나 지금이나 변함없지만 이 책이 개론서라는 점을 고려하여 까다로운 수학공식이나 그래프 는 생략하고 서술적으로 설명하다. 그리고 이론만을 설명하면 너무 딱딱할 것 같아 중간중간 읽을거리를 삽입하여 이론에 대한 흥미를 돋우었다.

　제3부는 국제경과 관련된 주요 내용을 다루었다. 기업은 왜 글로벌해야 하는가? 왜 오늘날의 비즈니스 세계는 글로벌하지 않으면 동네에서 몇 발짝 걷다가 문 닫아야 하는 무대가 되어가고 있는가 등 주로 기업의 국제화와 해외시장 진입 방식을 소개하고 이어서 해외직접투자와 국제제휴전략, 그리고 글로벌 경영전략을 언급하고 역시 기업의 글로벌화와 관련된 읽을거리를 제공하였다.

　제4부는 무역실무분야인데 우리나라에서 행해지는 무역거래의 형태와 무역관리, 무역계약 체결에서부터 수출입의 이행을 다루었고, 무역 수행에 반드시 필요한 국제운송, 해상보험 및 대금결제를 개략적으로 설명하였다. 마지막으로 무역 거래 과정에서 발생할 수 있는 무역 클레임과 이를 해결하는 데 유용한 상사중재를 다루었다.

　무역학원론은 경상계열을 비롯하여 모든 계열 학생들이 무역학개론서로 사용하고 있는 점을 감안하여 주요 내용들을 가급적 개론서의 수준에 맞추려고 노력하였다. 그러나 무역학이란 방대한 학문을 오늘날의 무역현상에 초점을 맞추어 일목요연하게 소개하는 것은 결코 쉬운 일이 아니며 또한 보는 관점에 따라서 많은 차이가 있을 것으로 생각한다. 여러 가지 부족한 점이 많을 것으로 생각하지만 아낌없는 비판을 바라며 저자들 역시 이러한 비판을 토대로 끊임없이 매진할 것을 약속한다.

　끝으로 이 책을 출판해 주신 박영사의 안종만 회장님, 그리고 임재무 이사님께 감사드리며 또한 까다로운 편집을 맡아주신 편집부 배근하 선생님께 감사드린다.

2015년 1월

저 자 일동

목차 CONTENT

목차 CONTENT

CHAPTER 05
국제수지와 국제금융시스템

PART 02
글로벌경영
분야

목차 CONTENT

PART 03
무역실무
분야

CHAPTER 10
무역의 관리와 형태

CHAPTER 11
무역계약과 Incoterms 2020

CHAPTER 12

운송·보험·결제

CHAPTER 13
수출입의 이행

CHAPTER 14
무역클레임

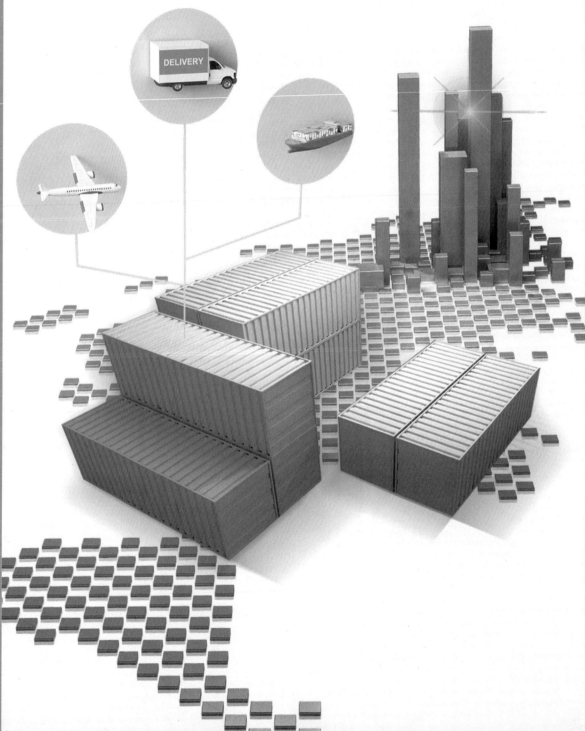

글로벌무역개론

GLOBAL TRADE

PART

01
무역 이론 분야

CHAPTER
01

무역의 의의와 세계화

어떤 나라든지 한정된 자원으로 필요한 모든 것을 스스로 생산하고 소비하는 자급자족 경제구조로는 생존하기 어렵기 때문에 대부분의 국가들은 무역을 통해 경제후생을 증진시키고 있다. 따라서 무역은 국가 간 부의 차이를 결정하는 중요한 경제활동으로서, 특히 우리나라와 같이 부존자원이 빈약한 국가들에게는 무역이 생존과 성장을 위해 절실히 필요하다고 보겠다. 이 장에서는 먼저 무역에 대한 의의를 전반적으로 살펴보고, 이어서 최근의 추세인 세계화에 대한 개념과 이에 따른 글로벌무역의 의미, 그리고 우리나라 무역의 동향에 대해서 살펴보기로 한다.

SECTION 01 무역의 의의
SECTION 02 세계화와 무역
SECTION 03 우리나라 무역의 동향

무역의 의의

1. 무역의 역사

인류는 일찍이 서로 다른 종족 간에 재화와 용역을 서로 교환했다는 사실이 여러 문헌에 기록되어 있다. 인류 최초의 문명은 티그리스, 유프라테스, 나일, 인더스, 황하 등의 대하(大河) 유역에서 형성되었는데, 인류는 풍요로운 강변 지역에 진출하여 농사를 짓고 남아도는 생산물을 서로 교환하였으며 또한 잉여생산물을 활용하여 수공업을 점차 발전시켰다. 수공업의 발달은 곧 상업과 무역을 촉진시켜, 인류는 수렵과 농업시대를 거쳐 오늘날의 공업과 상업시대를 이룩하게 되었다.

우리 인류의 발전사를 보면 제한된 자기 영토 내에서의 산물로써 만족하지 않고 자국의 한계를 벗어나서 다른 나라와 서로 교역하며 살아온 나라들이 더 부강해져 왔던 것을 증명해 주고 있다. 특히 자국의 영토 내에 부존자원이 빈곤한 나라에 있어서는 외국과의 교역은 곧 생존을 의미하게 되었다.

기록에 의하면 이미 기원전 1,000년경에 이집트와 중동의 여러 항구도시 간에는 곡물, 파피루스(papyrus), 목재 등의 교역이 성행했으며, 또 기원전 800년경에는 지중해의 로도스(Rhodes)섬을 중심으로 페니키아(Phoenicia)인들에 의한 무역이 활발히 이루어져 일부 상인들의 자본축적이 형성되기 시작하였다.[1] 이러한 자본축적이 신대륙의 발견과 또 많은 과학의 발전을 촉진시켜 결국은 무역을 일찍이 서두른 서양문화권이 세계를 제패하게 된 것이다.

우리나라에서는 통일신라시대에 당나라나 왜국에 조공을 바치거나 예물을 교환한 사실이 기록되어 있다. 그 후 신라 42대 흥덕왕 때에 장보고(張保皐)가 신라해안에 자주 침범하는 해적들을 소탕하고 청해진(지금의 완도)에 해상진영을 세워 이곳을 근거지로 중국과 일본을 왕래하며 대규모 무역을 했다는 기록이 남아 있다.

---

[1] 페니키아는 지금의 레바논, 시리아, 이스라엘 북부 등 지중해 동쪽 해안지대의 옛날 지명이자 도시국가이다. 페니키아인들은 당시 지중해 무역을 독점하였다.

그러나 동양은 지리적 여건으로 인해 교역상대국이 서양에 비해 제한되어 있었고, 특히 우리나라의 경우 유교사상의 영향으로 조선시대부터는 교역의 관건이 되는 해상운송에 종사하는 자나 어부들을 천민으로 취급하여 상류층이나 다른 생계의 수단을 가진 자들이 이 분야에 진출을 하지 않음으로써 우리나라의 대외무역은 그만큼 위축되어 왔다.

조선 말 개화기에는 일본, 러시아, 미국 등 열강들과 통상조약을 체결하여 근대적 무역관계를 맺었으나, 여러 가지 여건상 개방된 항구를 중심으로 한 제한적인 조계지무역이 전개되었을 뿐이다. 그 후 대원군의 쇄국주의로 인해 개방이 더 늦어지다가 일제강점으로 인해 국권이 상실되면서 우리나라의 공업원료나 식량은 모두 일본 상인들이 독점하는 식민지 무역관계가 형성되었다.

광복 후 주권을 회복하면서 상인들의 자유로운 무역이 이루어졌으나 그 규모는 극히 미미하였다. 그러다 1960년대 정부가 경제성장의 동력으로서 수출주도정책을 강력하게 추진하면서부터 우리나라는 해외에서 원재료를 수입해서 이를 가공하여 수출하는 소위 가공무역을 중심으로 무역이 급속도로 성장하여 오늘날에는 그 규모가 세계 10위 이내에 들어가는 무역 강국으로 발전하였다.[2]

2. 무역의 정의

오늘날 세계 모든 국가들은 자국이 가지고 있는 유리한 재화는 해외로 수출하고 불리한 재화는 수입함으로써 산업경제를 발전시키고 국민후생을 증진시킨다. 무역은 곧 물품의 교환(exchange)이나 매매를 의미하지만 동일한 국가 내에서 이루어지는 매매에 대해서는 대체로 무역이라는 표현을 쓰지 않는다. 일반적으로 말하는 무역은 다른 국가 간에 이루어지는 상거래, 즉 외국과의 무역을 의미하는데, 무역의 정의를 좀 더 명확하게 정립해 보면 다음과 같다.

첫째, 무역은 경제, 문화, 사회, 정치, 법률 등 환경이 상이한 국가들 사이에서 이루어진다. 호주나 뉴질랜드, 캐나다 등과 같이 영연방국가(Commonwealth of Nations)들 사이에는 유사한 환경이 있을 수도 있지만 대부분 국가들은 자국만의 독특한 환경을 가지고 있기 때문에 무역은 환경이 다른 국가 간에 이루어진다.

---

2) 2021년 6월 말 기준으로 우리나라의 총교역량은 전 세계 교역량의 약 2.9%인데 이는 세계 8위에 해당된다(한국무역협회 통계자료).

둘째, 무역은 각국 내에서의 수요와 공급의 불균형에 의해 발생한다. 만약 국내에서 수급의 균형이 이루어질 경우 각국은 위험을 감수하면서까지 이질적인 환경을 가진 국가와 무역활동을 수행하려고 하지 않을 것이다.

셋째, 무역은 분업의 원리를 통해 국민경제의 이익을 극대화시킨다. 경제 단위들이 스스로 자신들이 필요한 물자를 완전 자급자족한다는 것은 한정된 자원의 배분이라는 측면에서는 비효율적이므로 각국은 유리한 물자를 특화·생산하여 수출하고, 불리한 물자는 수입함으로써 자원의 이용을 극대화시킬 수 있다.

결국 이러한 무역의 기초 원리를 통해 볼 때 무역의 개념은 '이질적인 여러 환경을 지닌 국가들 사이에서 나타날 수 있는 수요와 공급의 불일치를 조정하기 위해 분업의 원리에 의해 행해지는 국가 간의 거래활동'으로 보다 구체적으로 정의내릴 수 있다.

무역은 보는 관점에 따라서 국제무역, 세계무역, 외국무역 또는 대외무역 등으로 표현된다. 국제무역(international trade)은 일정한 지역 내의 여러 국가 사이의 무역거래를 객관적으로 볼 경우에 사용되는 표현이며, 세계무역(world trade)은 일정한 지역의 무역거래가 세계 전체로 확대될 때 사용하는 표현이다. 한편 외국무역(foreign trade) 또는 대외무역은 주관적인 관점에서 자국과 타국과의 무역, 즉 자국의 입장을 기준으로 다른 여러 나라와 이루어지는 무역을 의미한다. 예를 들어 거래상대방 국가와의 무역을 표시할 때에는 대일무역, 대미무역 등으로 표시한다.[3]

3. 무역의 특성

무역은 국가와 국가 간의 경제행위, 즉 상거래이기 때문에 일반적인 국내거래와는 다른 특징을 지니고 있는데, 이를 경제적 측면과 상거래 상의 측면으로 구분해서 살펴보면 다음과 같다.

3-1 무역의 경제적 특성

1) 국민 경제적 성격

무역은 국민 경제적 성격을 지닌다. 무역거래는 국가와 국가 간의 상거래이기 때

---

3) 구종순, 「무역실무」(8판), 박영사, 2019, p.4.

문에 그 결과는 국민경제에 영향을 미치게 된다. 예를 들어, 우리가 가을철 독서의 계절을 맞이하여 교보문고의 책 판매가 늘었다는 뉴스보다 현대자동차의 수출이 증가했다는 뉴스가 본능적으로 더 반가울 수가 있는데 이는 자동차의 수출증가가 단순히 현대자동차의 매출액 증대로만 나타나는 것이 아니고 그로 인한 생산증가, 고용증가, 소득증가 등을 통해 우리나라 경제에 긍정적인 효과를 가져다주기 때문이다.

특히 부존자원이 부족한 국가일수록 대외무역에 대한 의존도가 높아 무역의 국민경제적 성격은 더욱 강조되는데, 이에 따라서 대부분의 국가들은 대외무역을 관리·통제하고 있다. 개발도상국들은 자국의 국제수지를 개선하고 국내 산업을 보호하기 위해서 수입 제한, 수출 진흥 등을 통해 대외무역을 통제하며, 선진국들도 정도의 차이는 있지만 자국의 경제발전을 위해서 대외무역을 관리하고 있다.

2) 산업연관성

현대사회에서 무역과 산업은 밀접한 상호작용의 관계를 지닌다. 즉, 무역의 발전은 산업발전으로 이어지고, 산업발전은 다시 무역의 발전에 기여한다. 수출의 경우 분업의 원리에 의해 유리한 산업에 특화(specialization)함으로써 자원의 낭비를 줄이고, 수출국이 보유한 생산요소를 그 국가에 적합한 생산에 집중시켜 특정 산업과 그와 관련된 산업의 발전을 촉진시킨다.

수입의 경우도 수입 자체가 국제수지를 악화시키는 요인으로 작용하기도 하지만, 선진 자본재나 국내에서 생산이 불가능한 원자재를 수입하여 제품을 생산할 경우 국내투자를 증대시켜 경제발전을 촉진하며, 또한 국내 재화와 대체할 수 있는 수입품은 국내산업과의 경쟁을 유발하여 궁극적으로 국내산업의 육성에 기여할 수도 있다.

3) 세계 경제적 성격

현대사회에서 다른 국가와 교류 없이 자급자족으로 살아나가기란 불가능하기 때문에 각국은 다른 국가경제와 긴밀한 관계를 맺을 수밖에 없다. 그러므로 국가경제끼리의 교류로 나타나는 무역은 세계경제의 범주 안에서 이루어지게 되고, 개별국가들의 무역은 결국 교역상대국과 기타 세계국가에 영향을 주게 된다. 특히 세계화 추세에 따라 세계시장이 하나의 울타리를 형성하면서 각 국민경제는 좁게는 다른 국가경제, 넓게는 세계경제와 더욱 밀접한 관계를 형성하게 되었다.

3-2 무역의 상거래 상의 특성

무역은 국가 간의 상거래이기 때문에 이를 수행하는 과정에서 국내거래와 다른 여러 가지 특성을 지니고 있다.

1) 보조수단의 필요성

무역은 운송, 보험, 금융 등 여러 보조수단을 필요로 한다. 무역은 국가 간의 거래이므로 운송이 필연적으로 따르는데 수송거리, 수송기간, 수송량 그리고 운임 등을 고려해 보면 해상운송이 가장 적합하다. 현재 세계무역량의 대부분이 해상을 통해 운송되고 있으며, 최근 항공운송의 발전으로 고부가가치 화물 등 일부는 항공으로 운송되고 있다.[4] 그리고 물품의 장거리 운송에는 도난, 파손, 분실 등의 위험이 많이 발생하므로 해상보험을 통한 보호조치가 반드시 필요하며 아울러 금융기관은 공신력을 이용하여 수출업자와 수입업자의 대금결제와 상품입수를 원활히 해준다.

2) 위험의 발생

무역은 국내 거래에 비해 위험도가 매우 높은 편이다. 무역거래에 따른 위험을 보면 상품 자체의 위험, 신용위험, 가격변동위험, 환위험 등을 들 수 있는데 이들 위험은 보험 등으로 어느 정도 완화시킬 수 있지만 최소한의 위험은 항상 존재한다.

먼저 국가 간의 장거리 운송을 하다 보면 교역물품의 운송과 보관 중에 변질, 파손 등의 물리적 손상이나 도난, 압류 등의 상품 자체의 위험이 초래될 가능성이 있다.

신용위험(credit risk)은 상대방의 경제적 파산이나 상대국가의 정치적 위험이 발생하여 대금결제가 지연되거나 불능인 경우를 말하는데, 특히 경제발전이 낙후되어 있거나, 외환상태가 좋지 않은 혹은 외환규제가 심한 후진국과의 거래 시 발생할 가능성이 높다.

가격변동위험은 원자재 가격의 변동으로 인해 무역가격이 변동할 수 있는 위험을 말한다. 일반적인 무역거래는 해외로부터 주문을 받아 생산을 시작하고 선적을 이행하는 과정을 거치는데, 이런 과정 중에서 해외원자재 가격이 폭등하더라도 애초 주문받을 당시의 가격으로 수출해야 하는 등 가격상승요인을 제대로 반영하지 못해 수출로 인해 심지어 손해가 발생할 수도 있다.

---

4) 우리나라의 경우 전체 무역량의 95% 정도가 해상운송에 의존하고 있는 실정이다.

환위험(foreign exchange risk)은 환율의 변동에 따른 위험을 말하는데 요즈음 환율은 수시로 변동하기 때문에 무역거래에서는 항상 발생한다. 예를 들어, 우리나라의 수출 업자가 1달러에 1,200원일 때 수출계약을 체결하고 1,100원의 원가를 들여 생산·수출 했는데, 만약 수출대금을 결제할 때 환율이 1달러에 1,000원으로 변동하게 되면 수출 대금 1달러를 받더라도 1,000원으로만 환전되므로 수출해서 손해를 본 결과가 된다.

3) 국제상관습의 적용

무역은 물품매매계약의 형식으로 소유권이 수출업자로부터 수입업자에게로 이전되 어 거래당사자들에게 법률상의 권리·의무를 발생시킨다. 따라서 상행위에 따른 분쟁 을 사전에 방지하기 위해서는 국제매매에 관한 통일된 규칙 내지 협약이 필요하다.

최근 국제매매와 관련된 여러 가지 조약이나 법규가 마련되고 있기는 하지만 아 직까지는 급증하는 무역량에 따른 거래당사자들의 분쟁을 명백하게 해결할 정도의 수준에는 이르지 못하고 있다. 따라서 통일된 법규나 협약이 적용될 수 없는 거래 인 경우, 과거 오랜 상거래에 의해 정형화된 관습에 근거해서 계약을 체결하고, 만 약 분쟁이 발생하면 이에 근거하여 처리하는 수밖에 없다.

4. 무역의 혜택

오늘날 세계 어느 한 국가도 완전히 외부세계와 고립되어 살 수는 없다. 폐쇄경 제정책으로는 세계의 흐름에 따를 수가 없고, 또한 경제가 완전히 독립된 경제체제 로 존속할 수도 없기 때문에 서로가 서로를 의존하고 살아가는 개방경제체제가 되 고 있다. 세계의 모든 국가들은 무역을 통해서 다음과 같은 혜택을 보고 있다.

4-1 수출의 혜택

1) 부가가치의 창출

노동, 기술 등 생산요소의 분업으로 국가 간에 서로 협력하여 각국이 전문화된 부품만 생산하면 한 나라에서 모든 부품을 생산하는 것보다 더 저렴하게 생산해 낸 다. 고도의 기술을 요하는 부품은 우리나라에서 생산하고, 노동을 많이 필요로 하 는 부품은 베트남, 중국 등지에서 생산·수입하여 우리나라에서 완제품을 만드는 것이 총생산비용을 훨씬 절약할 수 있다.

그리고 무역을 함으로써 더 넓은 시장을 확보하면 대량생산을 할 수 있어 단위 당 생산비용이 절감된다. 만약 우리나라 현대 자동차가 국내소비에 필요한 만큼만 생산한다면 자동차 가격은 지금보다 몇 배 올라갈 것이다.

그러면 무역을 할 경우 한 나라의 경제에 얼마만큼의 이익을 갖다 주는가? 이는 가장 중요한 문제지만 무역이익(gains from trade)을 금액으로 정확하게 측정하는 것은 어려운 일이다. 대체로 무역이익은 수출이 생산, 고용 등 경제발전에 미친 영향을 기준으로 측정되고 있다. 수출이 경제에 기여하는 비중을 부가가치기준으로 측정할 경우 수출의 부가가치기여율은 대략 22% 내지 23% 정도로 추정되는데 이는 우리나라에서 생산되는 총 부가가치에서 약 22~23% 정도가 수출로 인해 발생했다는 것을 의미한다.

2) 고용의 증대

무역을 하려고 새로 무역회사를 설립하면 무역일꾼이 필요하기 때문에 그만큼 고용을 창출할 수 있으며, 또한 제조 기업들은 무역을 함으로써 시장이 넓어지고 그에 따라서 총생산량이 늘면 고용기회도 많아진다. 우리나라가 수출을 해서 얼마만큼 고용을 창출했는가를 나타내는 수출의 고용기여율은 대략 14~17% 수준인데, 이는 우리나라에서 발생한 총 고용 중에서 수출 부문이 기여한 바가 그 정도가 된다는 것이다.[5]

<그림 1-1>은 최근 20년간 우리나라 무역이 우리 경제에 얼마만큼의 이득을 주었는가를 나타내는 그림이다. 이 그림에서 2000년 이후 수출로 인한 국내 부가가치는 지속적으로 증가하여 왔지만, 2008년 글로벌 금융위기 이후 수출의 고용기여율은 감소추세로 전환된 것을 확인할 수 있다.[6] 이는 반도체 등 고부가가치 품목의 수출증가로 수출부문에서 창출되는 일자리 수가 상대적으로 감소하고 있었음을 나타낸다.[7]

---

5) 수출의 부가가치기여율＝수출로 인한 부가가치/국내총생산(GDP), 수출의 고용기여율＝수출로 인한 고용/총고용
6) 글로벌 금융위기는 2008년도에 미국에서 발생한 금융위기가 세계경제의 위기로 연결된 사태를 말하는데 이에 대한 자세한 것은 제5장 제3절에 설명되어 있다.
7) 오근엽 외, 「글로벌 무역의 이해」, 법문사, 2021, p.13.

그리고 무역에 필수적으로 따르는 운송업이 창출하는 고용효과는 매우 높다. 특히 해상운송의 경우 선박의 건조에서 선박회사에 이르기까지 많은 고용인원을 필요로 한다. 뿐만 아니라 해상보험업, 국제검증기관, 외국환은행 등은 전부 무역에서 파생되는 이익을 얻어 존재하기 때문에 이들의 고용효과도 무시할 수 없을 정도로 높다.

그림 1-1	우리나라 무역의 경제에 대한 기여도

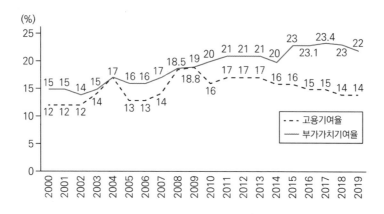

자료: 한국무역협회(2020).

3) 산업구조 개편

수출의 경우 국제 분업의 원리에 의해 경쟁력이 있는 산업에 한정된 부존자원을 효율적으로 투입함으로써, 종국적으로 자국이 유리한 산업구조로 개편되게 한다. 이는 우리나라의 주종 수출품목을 보더라도 충분히 유추할 수 있는데, 1960년대 이제 막 경제개발을 시작할 당시에는 합판, 가발 등이 주요 수출 품목이었다. 이는 곧 당시의 우리나라는 노동집약적인 가내공업 수준의 산업구조인 것을 의미한다. 나아가 70년대에는 섬유제품 등의 경공업산업구조이었고 이어서 오늘날에는 자동차, 반도체 등이 우리나라 주종 수출품목인 것을 보면 우리나라의 산업구조가 기술집약적인 산업구조로 개편된 것을 알 수 있다.

4-2 수입의 혜택

1) 소비자의 후생 증대

우리가 일상생활에서 사용하는 것 중에서 무역을 하지 않으면 얻을 수 없는 것들이 있고 자국에서 생산하는 것보다 외국에서 수입해 오는 것이 훨씬 저렴한 것들도 있다. 우리나라의 경우 원유를 수입하지 않으면 대부분의 공장은 문을 닫게 되고 편리한 자동차를 이용할 수 없다는 것은 우리 모두가 다 알고 있는 사실이다.

그리고 우리나라에서 생산·수확되더라도 외국에서 수입하는 것이 유리한 것이 많다. 국산 참기름보다 중국산 참기름이 훨씬 싸고, 중국산 마늘의 맛은 우리나라 마늘보다 떨어질지 모르겠지만 값이 매우 싸기 때문에 우리는 저렴한 비용으로 삼겹살에 곁들여 먹을 수 있는 것이다.

2) 기술이전의 효과

무역을 통해서 최신 기술이 이전된다. 상품을 본국에서 생산·수출하는 것보다 현지에서 생산하는 것이 유리한 경우가 많은데, 예를 들면 인도에 가전제품을 계속 수출하다가 여건이 조성되면 대부분 현지에 공장을 설립하고 현지인을 고용하여 현지 생산을 하게 된다. 이렇게 되면 가전제품기술은 점차 인도로 이전되는 것이다.

자동차를 수입하더라도 완성차를 수입하는 것이 아니라, 녹다운(knock-down) 방식으로 일정 비율만큼 해체되어, 반제품이나 부품 상태로 수입하고 수입국 현지에서 이를 조립하도록 한다. 이렇게 하여 수입국은 자동차 기술을 점차 확보하게 되는데 종국에는 완전 부품 상태로 수입하여 자동차를 조립·생산하는 기술까지를 보유하게 된다.[8]

3) 조세수입의 효과

대부분의 나라는 수출의 경우 부가가치세율을 0%로 처리하여 세금을 부과하지 않지만 수입의 경우에는 관세를 비롯한 여러 가지 내국세를 부과한다. 수입품에 부과된 관세는 국가의 조세수입이며 이는 국내 목표 산업을 발전시킬 수 있는 재원으로 활용하는 등 여러 용도로 경제발전에 기여할 수 있는데, 주로 후진국일수록 국가 전체의 조세 중 관세 등이 차지하는 비중이 높은 편이다.

---

8) 녹다운 방식의 무역거래는 제10장 제2절에 자세히 설명되어 있다.

세계화와 무역

1. 세계화의 의의

1-1 세계화의 의미

세계화 혹은 글로벌화(globalization)는 정치·경제·문화 등 사회의 여러 분야에서 국가 간 교류가 증대하여 개인과 사회집단이 갈수록 하나의 세계 안에서 삶을 영위해 가는 과정을 가리키는 사회학적인 용어이다. 그동안 국가 간의 교류가 양적으로 증대되는 현상을 국제화(internationalization)라고 표현했는데, 세계화는 양적 교류의 확대를 넘어서 현대 사회생활이 새롭게 재구성됨으로써 세계사회가 독자적인 차원을 획득하는 과정을 뜻한다. 세계화는 분석 단위로서의 세계사회를 중시한다.[9]

세계화는 다양한 분야에서 사용되고 있지만 여기서는 세계화를 경제적 측면에 국한시켜 살펴보기로 한다. 경제적 측면에서의 세계화는 '운송기술이나 정보통신기술의 발전에 의해 또는 인위적 장벽이 제거됨에 따라 지역적으로 격리된 시장이 범세계적으로 하나의 동질적인 시장으로 통합되는 현상'으로 정의할 수 있다.

여기에서의 시장은 첫째, 종전처럼 국가 단위로 구성되었던 시장이 아니라 국경에 따른 구분이 없는 하나의 시장이며, 둘째, 상품, 기술, 서비스가 각국으로 자유롭게 이동하며, 인적자원과 자본의 흐름도 자유로운 시장이다. 그리고 시장의 통합이란 가격이 저렴한 시장에서 상품이나 서비스를 구입하여 가격이 비싼 시장에 판매하면서 종국적으로는 각국 시장들의 가격이 같아지는 것을 의미한다.[10]

---

9) http://aks.ac.kr

10) 세계화란 용어는 다양한 의미로 해석할 수 있다. 어떤 사람은 세계화를 '맥도날드 햄버거를 먹고 코카콜라를 마시는 현상'으로 이해하는가 하면, 다른 사람들은 '민주주의의 확산'으로, 그리고 어떤 사람들은 '인터넷의 확산이나 정보통신의 발전'으로 이해하기도 한다. 이처럼 세계화에는 문화적, 정치적, 제도적, 기술의 세계화 등 여러 가지 측면이 있다.

1-2 세계화의 역사

1) 세계화의 기원

세계화가 언제부터 시작되었느냐에 대한 견해는 다양하지만, 일부 역사학자들은 세계화가 시작된 것은 1492년 콜럼버스의 신대륙 발견과 1498년 바스코 다가마(Vasco da Gama)의 인도항로 개척 이후 장거리 해상무역이 활성화된 시점이라고 주장한다. 어떤 사람들은 그 이전 13세기 몽고의 유럽 정벌이나 실크로드를 통한 무역이 세계화의 시작이라고 주장하기도 한다.

앞에서 정의한 시장 통합의 관점에서 보면 세계화는 산업혁명 이후 19세기 중반부터 시작되었다고 할 수 있다. 이 시기는 증기선의 도입과 철도망의 개설, 수에즈 운하 및 파나마 운하의 개통 등 혁신적인 교통수단과 운송루트의 개척으로 수송비가 대폭 하락한 시기로서, 수송비의 하락으로 인하여 대륙 간 상품들의 가격이 상당히 비슷했었다.

이와 같은 수송비의 하락은 국가 간 교역을 활발하게 만드는 요인이 되었고, 정부들도 자유무역을 통해 이익을 극대화시키려는 정책을 시행하였다. 그러나 무역개방이 모든 나라의 부를 동일하게 늘어나게 하지는 못하기 때문에 세계화로 인해 손해를 받는 집단은 관세인상 등의 보호무역을 통해 세계화에 저항하기도 하였다.

여하튼 세계화가 최근의 현상은 아니며, 대략 150년 전에 이미 시작된 큰 흐름이라는 것이다. 그러나 19세기에 진행된 세계화는 제1차, 2차 세계대전을 겪으면서 크게 후퇴하였다. 이 기간 중에도 수송비는 계속 하락하였지만 선진국은 보호무역주의 정책을 채택하고 자본통제를 한 결과 세계무역은 1870년대의 수준으로 위축되었다. 제2차 세계대전 직후 선진국들은 이러한 보호무역에 대한 문제점을 극복하기 위한 노력의 일환으로 자유무역의 필요성에 공감하면서 다시 세계화를 추진하게 되었다.[11]

2) 1차 세계화와 2차 세계화

세계화의 역사는 대략 1870년부터 1914년 제1차 세계대전이 발발할 때까지의 1차 세계화 시기, 1914년부터 1945년까지의 세계화의 후퇴기, 1945년부터 1980년까지의 세계화의 회복기 그리고 1980년대 이후의 2차 세계화시기로 구분할 수 있다.[12] <그

---

11) 박광서 등, 「글로벌 무역개론」, 박영사, 2020, pp.18-23.

12) 통상적으로 논의되는 세계화는 제2차 세계대전 이후 경제, 정치 및 문화 세 수준에서 동시적으로 그리고 상호연관을 이루면서 본격화되었다고 볼 수 있다.

림 1-2>는 1800년대부터 최근까지의 세계 총생산에서 세계 총무역(수출＋수입)이 차지하는 비중을 보여준다.

<그림 1-2>에 따르면 1870년부터 제1차 세계대전이 발발한 1914년까지의 1차 세계화시기에 세계 전체의 무역의존도는 급격하게 상승했음을 알 수 있다. 그 후 대공황을 거치면서 제2차 세계대전까지는 무역의존도가 크게 감소했으며 1913년도에 달성되었던 세계화수준은 1970년대에야 회복되었음을 알 수 있다.

그림 1-2 세계 총생산에서 세계 총무역이 차지하는 비중

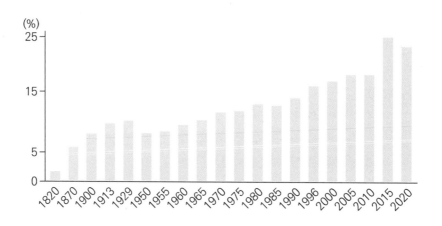

자료: 오근엽 등, 현대무역의 이해, 법문사, 2021, p.10.

한편 <그림 1-3>은 1870년 이후 국가 간 노동력 이동, 자본 이동, 상품 이동을 보여주고 있다.

국가 간 노동력 이동은 미국으로 간 이민자의 수로 추정한 것이지만 세계화의 후퇴기에는 그 수가 매우 줄어들었다. 다시 말해서 노동시장이 매우 경색되었음을 알 수 있다. 그리고 정도의 차이가 있기는 하지만, 자본 및 상품 모두 1870년대 이후 1차 세계화의 시기에 상승하다가 세계화의 후퇴기에 급락했으며 2차 세계화 때 다시 증가하는 추세를 보였다. 이는 결국 세계화가 진전되는 시기에는 인적 자원의 흐름도 자유롭고 상품과 자본의 국가 간의 교류도 활발해진다는 것을 보여주고 있다.

그림 1-3 세계화 추세에 따른 국가 간 교류

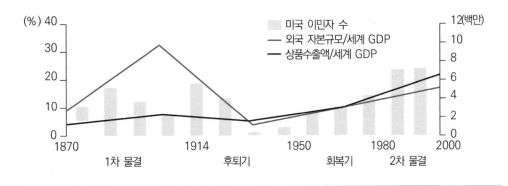

자료: World Bank.

3) 1차 세계화와 2차 세계화의 차이

1차 세계화와 2차 세계화는 시대적 배경이 다르기는 했지만, 교통·통신 등에서의 기술의 발전이 세계화의 원동력이 되었다는 점, 세계화에 따른 저항이 존재한다는 점 등 유사한 면도 있지만, 두 차례의 세계화의 차이점도 다음과 같이 분명히 존재한다.

첫째, 2차 세계화는 규모와 속도 면에서 1차 세계화를 능가한다. 독일이 통일되고, 구소련연방이 붕괴한 후, 과거 사회주의 국가들이 시장경제로 이행하면서 세계화 대열에 합류하였다. 더불어 중국, 인도, 러시아 등 세계 인구의 거의 절반을 차지하는 인구가 세계화 대열에 합류하였는데 그 규모나 속도는 유례가 없는 것이었다.

둘째, 1차 세계화 당시에는 세계화의 핵심국과 주변국의 구분이 명확했으나 오늘날에는 그런 구분이 별 의미가 없게 되었다. 예를 들면, 과거에는 중심부였던 영국으로부터 주변부로 자본이 이동했지만, 오늘날에는 개도국인 중국으로부터 중심부인 미국으로 자본이 이동하고 있다.

셋째, 1차 세계화 시기와는 달리 2차 세계화 시기에는 생산 활동이 전 세계적으로 이루어지고 있다. 즉, 오늘날에는 한 가지 상품을 한 장소에서 모든 공정을 거쳐 생산하지 않고, 생산 공정을 분리하여 세계 각지에서 생산한 후 한 곳에서 조립한다.

넷째, 1차 세계화 시기에는 장기성 자본이동이 활발했던 반면, 2차 세계화 시기에는 다양한 종류의 단기성 자본이동과 해외직접투자가 크게 증가했다. 이러한 금융의 세계화로 인해 자금 공급자는 위험을 분산하는 동시에 고수익을 추구할 수 있게 되었고, 자금이 필요한 자는 필요한 투자자금을 쉽게 조달할 수 있는 이익을 가져다주었다. 그러나 금융의 세계화는 금융자본의 국가 간 이동을 빈번하게 만들어 금융시장의 불안을 초래함으로써, 금융위기의 원인이 되기도 한다.

1-3 세계화와 국가후생

세계화의 물결은 효율성을 증대시켜 세계화에 참여한 국가의 경제성장에 이바지하여 빈곤국에서의 빈곤을 감소시키는 등 국민들의 삶의 질을 증진시킬 수 있다. 그러나 세계화로 인한 이익이 모든 국가와 모든 국민에게 모두 동일하게 적용되는 것은 아니며, 오히려 세계화로 인해 피해를 보는 국가와 국민들도 있을 수 있다.

즉, 세계화로 인해 선진국과 후진국 사이의 빈부의 차이가 심화되는 것에 대한 우려가 커지고 있고, 한 국가 내에서도 세계화로 인해 혜택을 보는 산업과 피해를 보는 산업이 존재하는 것이 현실이다. 그 결과 세계화에 대한 반발이 확산되어 탈세계화운동이 전개되기도 하는데, 탈세계화에 대한 내용으로는 세계화로 인해 국가 간 및 국가 내의 소득 격차가 확산되고, 많은 빈곤국은 세계화로 인한 이익을 향유할 수 없으며, 아동 노동의 확대, 숙련 노동자와 비숙련 노동자 사이의 임금 격차의 확대, 환경 파괴 등이 있다.

1-4 세계화와 개방화

우리가 일상생활에서 사용하는 상품 중 국제거래를 통하지 않고 생산되는 상품은 찾기가 힘들다. 우리가 매일 끼니때마다 접하는 밥과 반찬, 후식으로 먹는 과일까지 해외에서 수입하는 것으로 차려진다. 또한 우리가 해외에 여행을 가거나 어학연수를 가는 경우에 은행에서 국내 통화를 방문국가 통화로 환전해야 한다.

뿐만 아니라 매일 미국, 중국 등 세계 정치·경제 환경의 변화로 인해 우리나라의 주식시세와 환율이 영향을 받는다. 1997년 태국에서 시작되었던 금융위기는 말레이시아, 인도네시아 및 우리나라에까지 영향을 미쳐 이들 국가의 통화 가치가 대폭 하락하고 많은 금융기관과 기업이 줄줄이 도산하는 등의 심각한 위기로 가혹한 구조조정을 경험한 바 있다. 또한 동남아시아 금융위기는 러시아 경제로 위기가 전파되어 1998년 러시아는 채무불이행을 선언하게 되었으며 그 결과 범세계적인 혼란이 야기된 바 있었고, 2008년 미국의 금융위기는 전 세계에 영향을 미쳐 일대 혼란을 초래하였다.

2. 글로벌무역의 의의

2-1 글로벌무역의 의미

앞서 논의된 세계화의 근원은 국가 간의 무역으로 볼 수 있는데 지금부터는 세계화를 무역에 국한시켜 좀 더 구체적으로 살펴보면 역사적으로 세계교역을 상징했던 것은 실크로드를 통한 교역이다. 중국산 비단은 로마에서 금의 무게와 같이 교역되었기 때문에 대상들은 많은 위험을 무릅쓰고 실크로드를 따라간 것이다. 이 당시 로마와 중국은 세계의 대부분을 차지하고 있었기 때문에 이미 무역을 통해 세계화가 시작되었던 것이다.

상거래는 그 자체로서 이익을 만들어 내고, 교역량이 많아질수록 이익도 많아진다. 상거래의 평범한 원리에 의해 교역의 규모는 인류의 역사와 함께 계속 확대되어 왔다. 상인들은 더욱 더 이익을 창출하기 위해 분업을 이용하여 대량생산을 하였고 이런 대량생산은 생산비용을 낮추고 더 많은 해외시장에 진출하게 되었다.

특히 현대에 들어 과학기술이 급속히 발전함에 따라 국가와 국가 사이의 거리감이 좁혀졌고, 정보기술의 발전으로 전 세계 모든 국가들이 정보를 실시간으로 공유할 수 있게 됨에 따라 이제 타국과의 교역이 과거처럼 위험을 무릅쓴 모험(adventure)이 아니라 마치 동일한 국내에서 거래하는 것처럼 쉬워졌다.

이런 여건이 조성됨에 따라서 다시 말해서 세계화가 급속도로 진행되면서부터 오늘날의 무역은 국가 간의 단순한 물품이동이 아니라 국경을 초월하여 전 세계를 하나의 시장으로 보고 세계시장 내에서 거래가 이루어지고 있으며, 무역 규모도 폭발적으로 늘어나고 있다. 또한 거래물품도 유형재, 서비스, 전자적 무체물품 등 재화뿐만 아니라 금융자본, 기술 등이 무제한으로 국경을 넘어 거래되고 있는데 이를 글로벌무역 혹은 무역의 세계화라 부르며, 그리고 이에 맞춘 기업들의 경영활동을 글로벌경영으로 표현하고 있다.

2-2 글로벌무역의 촉진요인

글로벌무역으로 성장하게 된 배경에는 여러 가지 요인들이 있지만 그 중에서 특징적인 중요한 것 몇 가지만 살펴보면 다음과 같다.

1) 과학기술의 발달

글로벌무역의 첫 번째 요인은 무한한 과학기술의 진보이다. 산업혁명에 이은 공업기술의 끊임 없는 발달은 공업제품의 대량생산을 가능케 했고, 교통수단의 발전은 세계시장의 거리감을 좁혀 놓는 데 결정적인 원인이 되었다. 특히 정보·통신수단의 발달은 정보 입수에 오랜 시간이 걸렸던 현상을 무너뜨리고 세계에서 벌어지고 있는 상황을 실시간에 입수할 수 있도록 해줌으로써, 소비자들의 기호수준까지 비슷하게 만들어가고 있다.

2) 무역장벽의 완화

무역장벽과 외환규제의 완화는 무역과 금융거래를 보다 자유롭게 하였다. 1990년대 세계무역기구(World Trade Organization: WTO)가 출범하면서 각국 간 무역장벽이 제거되기 시작했고, 지적재산권에 대한 보호도 강화되고 있으며 이에 따라 기술이전도 과거보다 훨씬 자유로워졌다. 또한 외환시장의 자유화와 단기유동성 자금의 국제적인 이동은 국가들의 독자적인 금융정책 시행을 어렵게 만들고 있다.

3) 생산방식의 변화

최근 전 세계적으로 거의 모든 산업에서 나타나는 변화 중의 하나는 생산방식이 노동집약적인 생산방식으로부터 자본집약적인 생산방식으로 바뀌고 있다는 점이다. 이러한 조건에서는 기업이 내수시장만을 바라보고 자본재에 대한 막대한 투자를 감행하기 어렵기 때문에 전 세계시장의 수요를 목표로 삼고 자본재에 대한 투자를 하고 있는 것이다.

4) 국제 분업의 성행

세계화의 주요 요인 중 하나는 국제 분업의 성행이다. 오늘날은 한 가지 상품을 한 장소에서 모든 공정을 거쳐 생산하지 않고, 공정을 분리하여 생산비용이 저렴하거나 생산기술이 발달한 국가별로 적합한 부품을 세계 각지에서 생산한 후 한 곳에서 생산한다. 예를 들어, 단순한 여름용 티셔츠조차도 중국에서 원단을 생산하고, 한국에서 이를 수입·염색하여 인도네시아로 수출하고, 인도네시아는 티셔츠 완성품을 제조하여 이웃 국가들에 수출을 하는 것이다. 또한 한 국가의 제품도 반드시 그 나라에서 완전 생산되지 않고 인건비 등 생산비용이 저렴한 국가에서 생산되어 거꾸로 본국으로 수입되기도 한다. 미국사람들이 즐겨 신는 나이키 신발은 미국에서 생산되는 것이 아니라 방글라데시 등에서 생산되어 미국으로 수출된 것이다.

5) 글로벌경영의 발전

오늘날 기업의 사업방식도 세계화의 주요 요인으로 볼 수 있다. 기업들은 보편적으로 국경을 초월한 글로벌경영활동을 수행함으로써 자연스럽게 국가 사이의 각종 장벽을 무너뜨리고 있으며, 세계적 네트워크를 활용한 마케팅 활동은 세계 소비자들을 동질화시키는 중요한 요인으로 작용하고 있다.

3. 글로벌무역의 진전

글로벌무역의 진전으로 세계 각국은 무역에 대한 의존도가 계속 높아지고 있으며, 세계무역 규모는 폭발적으로 성장하였다. 그리고 4차 산업혁명 등 과학기술의 발전으로 다양한 교역품목이 등장하였는데 여기서는 세계화가 무역에 어떠한 영향을 미쳤는가? 그 결과에 대해서 세부적으로 살펴보고자 한다.

3-1 무역의존도의 심화

글로벌무역이 증대될수록 한 국가는 필연적으로 다른 국가와 상호의존 관계를 갖게 되며 이러한 상호의존 관계는 최근 들어 갈수록 심화되고 있다. 국가 간 상호의존 관계를 측정하기 위한 개략적인 방법으로 무역의존도라는 지표가 종종 이용되는데, 이는 한 나라의 국민경제가 무역에 어느 정도 의존하고 있는가를 나타내는 지표이다.

구체적으로 무역의존도는 일정 기간 국내총생산액(gross domestic product: GDP)에서 차지하는 무역액의 비율로 측정되는데, 국내총생산은 국적을 불문하고 우리나라에 거주하는 사람에 의하여 생산·가득되는 최종생산물의 가치를 의미한다.[13] 그리고 국내총생산에서 수출이 차지하는 비중을 수출의존도, 수입이 차지하는 비중을

---

13) 따라서 외국인이 우리나라에서 생산한 것은 국내총생산(GDP)에 계상되지만 반면 우리나라 사람이 외국에서 생산한 것은 여기에 포함되지 않는다. 세계화의 진전과 더불어 최근에는 경제활동 수준의 측정에 관해서 국내총생산 개념을 중요시하고 있다.

수입의존도라 하고 이 둘을 합하면 무역의존도가 된다.

<그림 1-4>는 1990년과 2012년의 주요국의 무역의존도를 보여주고 있는데 1990년도에 비해서 2012년도의 주요국 무역의존도가 증가했음을 알 수 있는데, 이는 세계가 글로벌무역의 호황으로 모든 국가들마다 무역을 통해서 자국의 경제성장을 도모하고 있다고 볼 수 있다. 특히 경제규모가 크고 비교적 자원이 풍부한 국가보다는 소규모 산업국가일수록 무역에 대한 의존도가 높이 나타난다.[14]

| 그림 1-4 | 주요국의 무역의존도 |

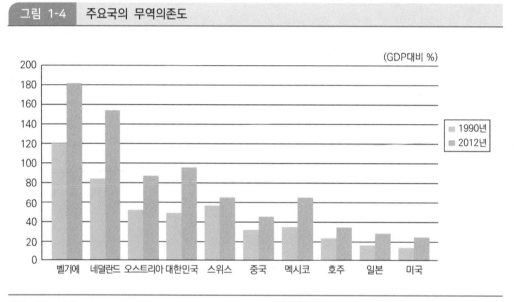

자료: World Bank, World Development Indicator 2006, 2014.

3-2 무역규모의 확대

세계경제의 규모를 나타내는 세계총생산액은 계속 증가하고 있으며, 이중 무역이 차지하는 비중도 늘어나고 있다. 앞에서 논의된 <그림 1-2>는 지난 2세기 동안 세계 전체의 총생산액 중에서 무역이 차지하는 비중을 개략적으로 나타낸 것이다.

이 그림을 통해 알 수 있는 것처럼 세계무역은 계속 증가해 왔고 세계경제에서 차지하는 비중도 지속적으로 증대되었다. 19세기 후반만 하더라도 세계 전체의 총

---

14) 2017년도 기준으로 우리나라의 무역의존도는 68.8%, 일본의 무역의존도는 28.1%, 그리고 미국의 무역의존도는 20.4%이다.

생산액에서 무역이 차지하는 비중은 불과 5% 정도였고, 20세기 초반에서부터 1929년 세계 대공황까지 급격히 증가하였으나 그 이후 다시 감소하였다. 그러다 제2차 세계대전 이후 지속적으로 증가하기 시작했는데 이는 1950년에서부터 2000년도까지 세계 무역은 약 20배 증가하였고 동 기간 세계 총생산액은 8배 증가한 사실을 보면 알 수 있다.

그리고 세계 총생산액 중에서 무역이 차지하는 비중은 1950년도에는 대략 7%였지만 2000년도에는 약 15% 이상에 해당된다. 최근 50여 년 동안 세계경제에서 무역의 중요성이 매우 커지고 있음을 단적으로 보여주고 있는 것이다. 특히 그동안 국경의 개념으로 나누어졌던 시장들이 전 세계적으로 하나의 시장으로 통합되는 세계화 현상으로 2015년도에는 무역규모가 더욱 더 확대되어 최고의 정점을 찍었다.

그러나 최근 미국과 중국 간의 무역 분쟁, 그리고 영국의 EU 탈퇴(브렉시트),[15] 세계 곳곳에 일어나고 있는 탈세계화 현상, 코로나19 팬데믹(pandemic) 등으로 무역규모가 다소 감소하고 있지만 세계경제에서 차지하는 비중은 계속 증가할 것으로 보고 있다.

3-3 교역대상의 다양화

그동안 국제교역의 대상은 실질적인 물품(goods)이 주류를 이루어 왔다. 주로 손으로 만질 수 있고 눈에 보이는 상품이 국가 간 상거래의 주요 대상이었다. 그러나 오늘날에는 물품뿐만 아니라 소프트웨어, 전자서적, 데이터베이스 등 전자적 형태의 무체물품도 국제교역의 주요 대상이 되고 있다. 특히 전자적 무체물품은 부가가치가 높아 각국들이 경쟁적으로 개발하고 있어 이들이 차지하는 비중도 점차 증가할 것으로 보인다.

그리고 서비스의 제공, 특허권, 지적재산권 등 무형의 용역, 자본 등도 주요 교역대상이다. 서비스 산업은 통신, 운송, 건축 등 전통적으로 사회기반시설을 담당했던 분야에서부터 기계 임대, 연구, 시장조사 등 제조업의 생산효율 증대를 위한 분야, 오락과 여가에 관련된 광범위한 분야에 걸쳐 있으며, 2000년대 들어서서 서비스 무역이 전체 세계무역에서 차지하는 비중은 약 1/4 정도에 이르고 있다. 뿐만 아니라 서비스 산업도 벌써부터 일반 공산품과 함께 본격적인 시장개방 협상의 대상이 되고 있다.

---

15) 이는 영국을 뜻하는 단어 '브리튼'(Britain)과 탈퇴를 뜻하는 '엑시트'(exit)를 합성해 만든 것이다.

우리나라 무역의 동향

1. 우리나라의 무역규모

1-1 연도별 수출입실태

우리나라는 수출주도형 성장전략을 통해 성공한 대표적인 사례 국가로 볼 수 있다. 빈약한 자원을 보유한 우리나라는 해방 이후 한국전쟁을 거치면서 미국의 원조에 의존해 국민경제를 끌고 나갔다. 그러나 1960년대 초 우리나라는 심각한 경제문제를 해결하기 위해 경제개발 5개년 계획을 시행하면서 본격적인 수출증대 노력을 경주하였다.

<표 1-1>은 우리나라의 수출입 변화추이를 10년 주기로 표시한 것이다. 1960년 우리나라 수출은 불과 3천 3백만 달러였다. 하지만 1960년대와 1970년대를 거치면서 수출주도 경제정책을 통해 연평균 35% 이상의 수출증가율을 기록하여, 수출실적이 1970년에는 8억 3천만 달러로 10년 만에 약 25배가량 증가하였다.

1980년대 들어서서 유가하락, 저금리, 원화가치 하락 등에 힘입어 수출증가 추세가 지속되었고, 1990년대 WTO의 설립으로 자유무역의 파고가 높아지면서 1995년에는 수출실적이 급기야 1,000억 달러를 돌파하였으며, 그리고 2000년대부터는 자동차, 반도체 등의 수출에 힘입어 수출은 계속 증가하였다. 2020년 우리나라는 코로나 19 팬데믹(pandemic)으로 전 세계 경제가 위축된 상황에서도 수출실적은 약 5,120억 달러, 수입은 약 4,680억 달러에 달하였으며 앞으로도 계속 증가할 것으로 예상된다.

수출의 증가세와 더불어 수입도 매년 증가추세를 보이고 있다. 특히 우리나라는 해외에서 원료를 수입하여 이를 가공해서 수출하는 가공무역의 비중이 높기 때문에 수출규모가 늘면 비례해서 수입규모도 늘고 있다. 더구나 일상생활에 필수적인 기초 원자재의 수입이 계속 늘기 때문에 우리나라의 무역규모는 갈수록 커지지 않을 수 없다.

1-2 무역흑자 실태

<표 1−1>에서 보는 바와 같이 우리나라는 제1차 경제개발계획에 따라 수출을
본격적으로 시작할 때부터 1990년대 중반까지는 수출보다는 수입이 많아서 항상
적자였다. 그러나 1990년대 후반부터는 오히려 수출이 수입보다 많아 무역흑자기조
가 실현되기 시작하였는데, 특히 2013년 무역흑자규모는 약 540억 달러로 유사 이
래 최대의 흑자를 실현하였다. 2020년 기준으로 우리나라는 1962년도부터 누적되어
온 무역적자보다 훨씬 많은 무역흑자를 달성하여 무역을 시작하여 지금까지의 결과
만을 놓고 보면 수출이 수입보다 많은 편이 된 것이다. 즉 우리나라는 무역을 잘했
다고 표현할 수 있다.

표 1-1　　우리나라 수출입 규모의 변화(단위: 백만 달러)

연도	수출	수입	수지
1960	33	344	−311
1970	835	1,984	−1,149
1980	17,505	22,292	−4,787
1990	65,016	69,844	−4,828
1995	**125,058**	**135,119**	**−10,071**
2000	172,268	160,481	11,786
2010	466,384	425,212	41,172
2013[16]	559,632	515,586	**44,047**
2020	512,498	467,633	44,865

자료: 한국무역협회 통계자료.

---

16) 우리나라는 2013년도 처음으로 연간 무역규모가 1조 달러를 돌파하였다. 이 무역규모는 미
국, 중국, 독일, 일본, 프랑스, 영국, 네덜란드, 이탈리아에 이어 세계 9번째이다. 그리고 우
리나라의 세계 수출순위는 7위이며 수입순위는 9위이다.

2. 우리나라 무역의 지역별 실태

2-1 주요 수출대상국 - 중국·베트남시장의 등장

우리나라의 급속한 수출증가는 수출품목의 다양화와 더불어 수출시장의 다변화가 큰 요인이다. 1965년의 경우 수출대상국은 40여 개국에 불과하였으나 현재는 거의 모든 세계시장으로 수출되고 있는데, <표 1-2>는 최근 우리나라의 10대 수출대상국의 변화추이를 나타내고 있다.

<표 1-2>에서처럼 최근 30여 년 동안 우리나라의 주요 수출대상국은 미국, 일본, 중국, 홍콩 등이다. 미국과 일본은 2000년대까지만 해도 우리나라의 1, 2위 수출대상국이었는데 중국의 급속한 경제발전과 지리적 여건으로 인하여 2010년대부터는 중국이 우리나라의 제1위 수출대상국이다.[17] 다시 말해서 우리나라 물품을 가장 많이 사준 나라가 중국인 것이다.

그런데 미국과 일본은 아직까지 우리나라의 주요 수출대상국이지만 두 나라가 차지하는 비중은 점차 감소하고 있는 것을 알 수 있는데 이는 우리나라 수출시장이 다변화되고 있다는 긍정적 측면도 있지만, 두 시장에서 우리나라 제품의 경쟁력이 약화되었다는 것을 의미하기도 한다. 즉 일본과 미국 시장에서 값싼 중국산 제품이 우리나라 제품을 대신하기 시작한 것이다.

2020년도를 구체적으로 보면 우리나라의 제1 수출대상국은 중국이고, 그 다음은 미국, 베트남 순이다. 중국과 미국을 합하면 우리나라 수출액의 약 40.3%를 차지하고 있는데, 중국은 우리나라와 지리적으로 가까워 운송비 등 수출부대비용이 많이 들지 않아서 유리하고, 방대한 내수시장으로 인해 앞으로 계속 중국으로의 수출은 늘어날 것으로 예상된다. 그리고 미국의 경우는 우리나라와는 자유무역협정을 통해 서로 관세를 인하하거나 철폐하는 등 무역장벽이 많이 줄었고, 자동차와 같이 동일 산업 내 무역이 많아졌기 때문이다.

2020년도 우리나라의 주요 수출시장에서 특이한 점은 그 동안 줄곧 중국 및 미국과 함께 우리나라 3대 수출국이었던 일본이 5위로 떨어지고, 대신 베트남이 3위

---

17) <표 1-2>에서 홍콩과 싱가포르가 우리나라의 주요 수출대상국에 포함된 것은 이들 나라가 모두 중계무역을 활성화하기 때문이다. 이들 두 나라는 북반구와 남반구의 중간에 위치해서 북반구에 위치한 나라로부터 물품을 수입해서 아프리카 등으로 재수출하는 것이다. 이들 두 나라의 무역의존도는 각각 300%에 가깝거나 그 이상인데, 국내총생산의 3배 가까이 무역을 하고 있다는 것이다.

로 부상한 사실이다. 즉 일본으로의 수출이 감소하였는데 이는 우리나라와 일본과의 정치적 마찰로 인하여 상호간에 무역보복조치를 단행함으로써 교역이 축소된 것으로 보인다. 그리고 베트남으로의 수출이 증가한 것은 우리나라 기업들이 베트남의 양질의 노동력을 이용하기 위해 그 동안 현지 공장을 많이 설립하였고, 우리나라의 우수한 원자재, 반제품 등을 베트남으로 수출하고 현지공장에서 완제품을 생산하는 방식이 증가했기 때문이다.

표 1-2 우리나라의 10대 수출대상국의 변화추이(단위: %)

순위	1990		2000		2010		2020	
1	미국	29.8	미국	21.8	중국	25.1	중국	25.8
2	일본	19.4	일본	11.9	미국	10.7	미국	14.5
3	홍콩	5.8	중국	10.7	일본	6.0	베트남	9.5
4	독일	4.4	홍콩	6.2	홍콩	5.4	홍콩	6.0
5	싱가포르	2.8	대만	4.7	싱가포르	3.3	일본	4.9
6	영국	2.7	싱가포르	3.3	대만	3.3	대만	3.2
7	캐나다	2.7	영국	3.1	인도	2.5	인도	2.3
8	대만	1.9	독일	3.0	독일	2.3	싱가포르	1.8
9	프랑스	1.7	말레이시아	2.0	베트남	2.1	독일	1.8
10	인도네시아	1.7	인도네시아	2.0	인도네시아	1.9	말레이시아	1.7
계		72.9		68.7		62.6		71.5

자료: 한국무역협회 통계자료.

2-2 주요 수입대상국

<표 1-3>은 최근 우리나라가 수입을 하는 주요 대상국을 편의상 10년 주기로 표시한 것인데 그 국가들을 분류해 보면 선진공업국, 자원보유국 그리고 중국으로 구분해 볼 수 있다.

1) 선진공업국

우리나라는 1970년대 말 이후부터 꾸준히 공업화와 산업구조의 고도화를 추진해 왔는데 이를 위해서 선진공업국으로부터 시설기자재 혹은 국내에서 조달이 어려운 핵심부품 등을 수입해 왔다. <표 1-3>에 나타난 국가들 중 일본, 미국, 독일 등이 이 부류에 속한다고 할 수 있다.

핵심부품이나 고급 중간재 등은 완성품 제조에 맞추어 그때그때 수입을 해야 하므로 일본이 수입기간이 짧고 기술도 발달되어 있으며 수입부대비용도 절감되어서 최적의 수입국이었다, 그러나 일본에 대한 수입의존도는 계속 낮아지고 있는데, 1990년도에는 우리나라가 수입한 것 중 약 27% 정도가 일본에서 수입했던 것인데 그 비중이 2020년도에는 9.9%에 불과하다. 그만큼 우리나라의 기술도 발전했다는 것을 의미하지만, 최근 일본이 핵심부품이나 재료를 가지고 정치 무기화하는 점을 고려하면 일본에 대한 수입의존도는 계속 낮출 필요가 있다.

2) 자원보유국

<표 1-3>에서 사우디, 아랍에미리트, 인도네시아, 호주 등으로 묶을 수 있는 부류는 모두가 자원이 풍부한 국가들이다. 우리나라는 자원이 빈약해서 국민생활, 산업발전 등에 절대적으로 필요한 에너지 자원과 공업용 원재료를 수입해야 하는데 특히, 원유, 원면, 원곡, 원석, 원당 및 원목은 우리나라의 존립에 필요한 6대 기초원재료이다. 이 기초원재료의 수입이 우리나라에서 차지하는 비중은 매우 높은 실정이며, 우리나라의 경제가 발전할수록, 그리고 무역이 증가할수록 이 비중은 높아질 것이다.

3) 중국과 베트남

<표 1-3>에서 2010년도와 2020년도 우리나라는 중국으로부터 가장 많이 수입한 것으로 되어 있는데 특히 2020년도는 그 비중이 23.3%를 차지하고 있다. <표 1-3>에서는 나타나있지 않지만 2010년 이후로는 중국이 우리나라의 최대 수입국으로 등장하였다,

우리나라는 왜 중국에서 많은 것을 수입해 올까? 그 해답은 첫째가 중국에서 수입해 올 것이 많기 때문이다. 최근 중국은 그간의 급속한 경제발전으로 대부분의 공산품을 모두 제조·생산할 수 있으며, 무한한 국토 면적으로 농산물이 절대적으

로 풍부하고 희귀한 천연자원을 보유하고 있다.

두 번째 해답은 수입부대비용이 절감되기 때문이다. 중국은 우리나라와 지리적으로 아주 가까워서 수입기간이 짧기 때문에 그로 인해 운송비용, 보험료, 금융비용 등을 최대한으로 절감할 수 있다. 마지막으로 우리나라와 중국과는 서로 비슷한 기호를 가지고 있는 점도 그 해답이 될 수 있는데 이는 역사적으로나 지리적으로 부인할 수 없는 사실이다. 우리나라 사람들이 하루도 빠짐없이 먹어야 되는 마늘은 중국 아니면 대량으로 수입할 나라가 없다.

한 가지 특이한 점은 베트남이 우리나라의 주요 수입대상국으로 부상하고 있는 점이다. 베트남은 우리나라와 지리적으로도 가깝고 양질의 노동력을 풍부히 보유하고 있으며 또한 정치적으로 안정되어 있고 최근 들어서는 정서적으로도 매우 가깝게 여기는 국가이다. 이런 관계로 우리나라 기업들이 완제품 혹은 반제품을 생산하는 공장을 많이 설립하였고 현지공장에서 생산된 완성제품을 우리나라로 역수입하는 거래가 증가하고 있는 실정이다.

표 1-3 우리나라의 10대 수입국의 변화추이(단위: %)

순위	1990		2000		2010		2020	
1	일본	26.6	일본	19.8	중국	16.8	중국	23.3
2	미국	24.3	미국	18.2	일본	15.1	미국	12.3
3	독일	4.7	중국	8.0	미국	9.5	일본	9.9
4	호주	3.7	사우디	6.0	사우디	6.3	독일	4.3
5	중국	3.2	호주	3.7	호주	4.8	베트남	4.3
6	사우디	2.5	인도네시아	3.3	독일	3.4	호주	4.1
7	인도네시아	2.3	말레이시아	3.0	인도네시아	3.3	대만	3.9
8	말레이시아	2.3	아랍에미리트	2.9	대만	3.2	사우디	3.5
9	캐나다	2.1	대만	2.9	아랍에미리트	2.9	러시아	2.4
10	대만	2.1	독일	2.9	카타르	2.8	말레이시아	1.9
계		73.8		70.7		68.1		69.9

자료: 한국무역협회 통계자료.

3. 우리나라 무역의 구조

3-1 우리나라 수출의 구조

1) 수출구조의 변화

우리나라의 품목별 수출구조를 개략적으로 살펴보면 1960년대 이후부터 1970년대 말까지는 저임금을 바탕으로 한 가발, 합판 등 경공업제품의 비중이 높았었다. 그러나 우리나라가 장기적인 경제성장을 위한 경제정책의 방향을 중화학공업에 중점을 두면서 1970년대 말부터 1980년대까지는 공산품 중에서 중화학공업제품의 수출비중이 높았다.

그 후 1990년대 들어서서 우리나라보다 임금이 낮은 중국과 동남아국가들이 노동집약적 제품에서 가격경쟁력을 구축함에 따라 우리나라의 수출산업구조는 공산품에서 IT 제품 등의 전자산업 위주로 전환하게 되었다.

<표 1-4>는 2000년대 들어서서 우리나라의 수출구조를 가공단계별로 그 비중을 표시한 것인데 1차 산품의 수출비중은 아직까지 1.0% 미만으로 그 비중이 매우 낮은 실정이다.[18] 우리나라에서 수출비중이 가장 높은 것은 재료 또는 부품과 같은

표 1-4 가공단계별 수출입구조 추이(단위: %)

	2000년		2005년		2013년		2020년	
	수출	수입	수출	수입	수출	수입	수출	수입
1차 산품	0.3	22.9	0.4	24.2	0.4	29.0	0.5	18.4
소비재	18.2	6.5	16.2	8.1	12.1	9.1	12.6	14.8
자본재	21.6	15.7	26.3	15.1	23.5	10.9	16.1	16.0
중간재	59.8	54.7	57.0	52.4	63.9	50.9	70.5	50.2
기타	0.1	0.2	0.1	0.2	0.1	0.1	0.3	0.6
합계	100	100	100	100	100	100	100	100

자료: 한국무역협회 통계자료.

---

18) 그동안 우리나라는 수출구조를 파악하기 위해 우리나라 자체 기준에 따라 수출품목을 1차 산품과 공산품(경공업제품, 중화학제품)으로 분류하였다. 그러나 이는 국제간 비교가 용이하지 않아서 2017년 수출입통계 작성기준을 개정하여 수출품목 분류기준을 국제기준인 가공단계별 코드에 맞추어 국제비교가 가능하도록 하였다.

중간재인데 이는 우리나라 기술이 그동안 고도로 축적되어서 완성품에 들어가는 중간재 생산 수출에 가격 경쟁력이 있음을 보여준다.

2) 주요 수출품목

수출산업을 품목별로 세분화해 보면 1970년대와 1980년대까지만 하더라도 섬유나 신발 등 노동집약적 품목이 주종 수출제품이었다. 1990년도 주종 수출상품으로 반도체, 선박, 자동차 등의 품목이 등장한 것으로 보아 산업구조가 고도화되었다는 것을 알 수 있다. <표 1-5>에서 볼 수 있듯이 2000년대 중반 이후의 우리나라의 주요 수출 품목은 반도체, 자동차, 컴퓨터 등으로 바뀌었다.

10대 품목이 우리나라 전체 수출에서 차지하는 비중을 보면 대략 56.0% 정도인데 이는 우리나라의 수출이 반도체, 자동차, 컴퓨터 등에 치중되었음을 보여주는데 비교적 첨단산업인 점을 고려하면 다소 밝은 전망으로 볼 수 있다. 그러나 자동차시장에서 주요한 제조사들이 전략적 제휴를 통하여 세계 자동차시장을 지배하거나,

표 1-5 우리나라 10대 수출상품의 변화(단위: %)

	1980		1990		2000		2015		2020	
	품목	비중	품목	비중	품목	비중	품목	비중	품목	비중
1	의류	15.9	의류	11.7	반도체	15.1	반도체	12.0	반도체	19.4
2	철강판	4.1	반도체	7.0	컴퓨터	8.5	자동차	8.6	자동차	7.3
3	선박	3.5	신발	6.6	자동차	7.7	선박 등	7.7	석유제품	4.7
4	인조직물	3.2	영상기기	5.6	석유제품	5.3	석유제품	6.2	선박 등	3.9
5	음향기기	2.8	선박	4.4	선박	4.9	무선통신기	6.2	합성수지	3.7
6	타이어	2.7	컴퓨터	3.9	무선통신	4.6	디스플레이	5.8	차부품	3.6
7	목재류	2.7	음향기기	3.8	합성수지	2.9	자동차부품	4.8	디스플레이	3.5
8	잡제품	2.6	철강판	3.7	철강판	2.8	합성수지	3.5	철강판	3.1
9	반도체	2.5	인조직물	3.6	의류	2.7	철강판	3.1	컴퓨터	2.6
10	영상기기	2.4	자동차	3.0	영상기기	2.1	플라스틱류	1.7	무선통신	2.6
	계	42.4	계	53.3	계	56.6	계	59.6	계	54.4

자료: 한국무역협회 통계자료.

반도체 분야에서도 대만, 중국 등 후발 국가들이 강력히 도전해 올 경우 우리나라의 전체 수출은 큰 타격을 받지 않을 수 없다.

따라서 우리나라는 현재의 수출주종품목이 세계 경쟁력을 잃지 않도록 연구 개발 등을 가속화 할 뿐만 아니라 제도적 장치를 마련하여 이들 산업을 장기적으로 육성할 필요가 있다. 그리고 수출품목을 다양화하여 수출주종품목에 대한 의존도를 낮춤으로써 수출의 안정을 도모할 필요도 있다.

3-2 우리나라 수입의 구조

우리나라는 빈약한 자원과 가공무역의 발전으로 원유, 원곡, 원당 등 기초원자재를 비롯하여 완성품 생산에 들어가는 중간재 수입의 비중이 절대적으로 높은 편이다. 물론 이들 중간재를 모두 국내에서 소비하는 것은 아니고 수출제품을 만들기 위한 수출용 수입이 대부분을 차지한다. 즉 부존자원이 부족하여 해외에서 원료 등을 수입해서 이를 가공하여 수출하는 가공무역의 비중이 절대적으로 높다보니 수출용 수입의 비중이 높고, 이는 수출을 많이 할수록 높아지게 된다.

앞의 <표 1-4>는 2000년 이후 우리나라의 가공단계별 수입구조의 추이를 보여주고 있는데 눈여겨볼 만한 것은 1차 산품의 수입비중이 수출에 비해 절대적으로 높다는 것이다. 국토가 협소하고 아직까지 1차 산품의 생산에 많은 노동력이 필요한 점도 원인이 되지만 시장개방 압력에 의해 그리고 우리나라의 전자제품, 자동차 등을 팔기 위해서라도 그 나라의 1차 산품을 수입하지 않을 수 없는 사정이 있기 때문이다.

한편 <표 1-4>에서 보듯이 소비재 수입의 비중도 높은 편이고 갈수록 증가하고 있는 실정이다. 이는 우리나라의 소득수준이 향상된 것이 일차적 원인이지만 수입시장이 완전 개방되고 사치품목에 대해 엄격하게 부가하였던 내국세, 관세 등이 폐지되거나 인하되어 국내시장에서 그만큼 가격경쟁력이 생겼기 때문이다.

무역에 관한 일반이론

무역이론은 무역의 발생원인과 무역패턴 및 무역으로부터의 이익을 설명하기 위한 이론이다. 무역에 대한 이론은 18세기 중엽부터 20세기 초까지 활동했던 아담 스미스, 리카도 등 고전파 경제학자들에 의해 정립되었고, 그 이후 고전파 무역이론의 한계를 극복하기 위해 헥셔-올린 정리를 대표로 하는 근대무역이론과 동태적 관점에서의 무역패턴을 이해하고자 하는 다양한 이론이 등장하였다. 이 장에서는 대표적인 고전파 무역이론인 절대우위이론과 비교우위이론, 여기서 한 걸음 더 나아간 비교우위를 각국이 보유하고 있는 요소부존도에서 찾고자 하는 이론을 살펴보고, 과거와는 다른 오늘날의 무역현상을 설명하는 여러 가지 무역이론에 대해서 알아보고자 한다.

비교우위이론

1. 절대우위이론

1-1 태동 배경

1) 중상주의

오늘날 무역이론의 핵심을 이루고 있는 비교우위이론은 어느 날 갑자기 어느 학자에 의해서 주창된 것은 아니며, 여러 연구와 시대적 배경에 따라 점진적으로 형성된 것이다. 제1장에서 살펴 본 바와 같이 무역은 기원전부터 이루어져 왔지만 지금의 의미와 같은 무역은 유럽에서 근대국가가 형성되기 시작한 16세기 이후 중상주의 시대부터라 할 수 있다.

중상주의(mercantilism)는 16세기 후반 대항해시대가 시작된 뒤 18세기 후반 영국과 같은 선진 자본주의 국가에서 자유무역정책이 시행되기 전까지 상업자본주의 단계의 경제정책을 뜻한다. 중상주의에서는 국가의 부를 금이나 은과 같은 귀금속의 양으로 측정했기 때문에 가급적 수출은 늘리고 수입은 억제하는 정책을 시행하여 금과 은을 국내에 축적했었다.

18세기 후반부터는 국가 중심의 통제에서 벗어나 자유방임(laissez-faire) 정책을 실시해야 한다는 주장이 등장하였으며 이러한 사상이 아담 스미스(Adam Smith) 등에 의해 계승되어 영국을 중심으로 국제무역에 대한 여러 연구가 진행되었고 무역이론의 기반도 형성되기 시작하였다. 특히 아담 스미스는 그의 저서 '국부론'(The Wealth of Nations: 1776년)에서 노동의 생산성을 증대시키기 위해 분업의 필요성을 강조하고, 이를 국제무역에 적용시켜 무역이론의 기초를 마련하였다.

2) 노동가치설

아담 스미스는 당시의 모든 분석을 노동만이 유일한 생산요소라는 노동가치설에 근거했는데 이에 따르면 특정한 재화를 생산하는 데 투입된 노동시간이 그 재화의 생산비용이라고 할 수 있다.

만약 구두 한 켤레를 만드는데 5시간의 노동이 필요하고 양복 한 벌을 짓는데 20시간의 노동시간이 필요하다고 하면, 양복 한 벌을 짓는데 필요한 노동시간(20시간)이 구두 한 켤레를 만드는데 필요한 노동시간(5시간)의 4배이기 때문에 양복 한 벌의 생산비용은 구두 네 켤레의 생산비용과 같다. 따라서 이러한 두 재화의 생산비에 의해 한 벌의 양복과 네 켤레의 구두가 교환될 수 있다.

만일 한 나라의 시장이 완전 경쟁적이고 산업 간에는 노동의 자유로운 이동이 가능하다면 모든 재화들은 생산에 투입된 노동시간(비용)에 비례해서 서로 교환될 것이다. 왜냐하면 누구라도 한 벌의 양복을 얻는 대가로 네 켤레 이상의 구두를 주거나 네 켤레의 구두를 한 벌 이상의 양복과 바꾸기보다는 자기가 갖고 싶은 재화의 생산에 직접 뛰어드는 것이 낫기 때문이다.

화폐가격으로 나타내어도 결과는 마찬가지이다. 즉 구두 한 켤레가 10달러라면, 양복 한 벌의 값은 구두 네 켤레의 값에 해당하는 40달러가 되어야 한다. 물론 고전파 경제학자들도 화폐의 개념을 도입할 때의 편리한 점을 인식하기는 했지만 그들은 편의상 실물개념으로 무역을 분석하였다.

오늘날에는 아무도 '양복 한 벌에 구두 네 켤레' 하는 식으로 거래하지는 않는다. 그러나 우리가 사용하는 화폐가격에는 그러한 교환비율의 개념이 충분히 반영되어 있기 때문에 비록 화폐라는 매개단위를 사용하더라도 실질적인 개념은 물물교환이다. 그러므로 앞으로 전개되는 두 재화의 교역관계는 모두 물물교환의 입장에서 이루어진다.

3) 국제분업

분업(division of labour)은 각 노동자가 일정한 작업에 종사하여 그 노동에만 전문화함으로써 대량생산을 가능하게 하는 과정인데 오늘날 정치·경제·사회에서의 중요한 특질 중 하나이다. 현대자동차는 베트남에 연간 생산량 10만대 규모의 공장을 새로 짓는다. 이 정도의 규모이면 하루에 자동차를 300대 정도 생산할 수 있어야 하는데, 이것이 가능한 것은 분업과 컨베이어 벨트이다.

아담 스미스가 국부론에서 분업 효율성의 예를 들은 것이 핀의 제조이다. 핀을 만드는데 나름 숙련된 기능공이 혼자서 핀을 만들면 하루 20개이지만, 핀의 공정을 철사를 잡아 빼는 사람, 곧게 펴는 사람 등 18개 공정으로 나누고 10명의 노동자가 한두 공정을 맡아서 핀을 제조할 경우 하루에 약 48,000개를 만들어서 한 사람 당 4,800개를 만든 셈이 된다.

아담 스미스는 이런 분업이 국가 간에도 가능하다면 더욱더 효율적일 것이라는 국제분업을 생각하여 무역이 발생하는 원인으로 주목하기 시작하였다. 오늘날 생산비가 저렴한 국가를 찾아다니는 선진국들의 기업들이 바로 국제분업을 통해 그 효율성을 추구하는 대표적인 예시이다.

1-2 절대우위의 의미

재화의 생산을 위해 노동력만이 유일한 생산요소라는 가정은 현실에 맞지 않지만 절대우위이론을 설명하기 위해 원용하기로 한다. 만약 <표 2-1>에서처럼 미국의 노동자는 한 시간 노동을 해서 6톤의 밀 혹은 3야드의 직물을 생산할 수 있는 반면, 영국의 노동자는 한 시간의 노동으로 밀 1톤 혹은 직물 6야드를 생산할 수 있다고 하자.

이는 미국이 밀의 생산에 있어서 똑같은 한 시간의 노동으로 영국보다 6배를 생산할 수 있으므로 그만큼 밀의 생산에 있어 영국보다 생산성이 높다는 것을 말한다. 이에 비해 직물 생산에 있어서는 미국이 한 시간의 노동으로 생산할 수 있는 양이 영국에 비해 1/2에 불과하여 영국에 비해 비효율적이다. 반면 영국은 직물을 한 시간 노동으로 미국에 비해 2배 생산할 수 있음으로써 효율적인 데 비해, 밀의 생산량은 미국의 1/6에 불과해 비효율적이다.

따라서 미국은 밀의 생산에 절대우위(absolute advantage)를 가지고 있고, 직물의 생산에 절대열위(absolute disadvantage)를 가지게 된다. 마찬가지로 영국은 직물의 생산에 절대우위를, 밀의 생산에 절대열위를 가지게 된다.

표 2-1 절대생산비의 예시

	미국	영국
밀(톤/노동 1시간)	6	1
직물(야드/노동 1시간)	3	6

1-3 절대우위이론에 의한 무역

아담 스미스는 국가 간의 무역은 절대생산비의 차이 때문에 발생한다고 주장하였다. 스미스는 각국은 교역상대국보다 절대적으로 우위에 있는, 다시 말해서 교역상대국보다 더 낮은 실질생산비로 생산할 수 있는 재화에 특화하여 이를 수출하고, 더 높은 생산비로 생산하는 재화는 수입함으로써 이익을 얻게 된다고 주장하였다. 이러한 아담 스미스의 주장을 '절대우위이론'(theory of absolute advantage) 혹은 '절대생산비설'이라고 한다.

예시에서 미국과 영국이 서로 무역을 하지 않으면 각국은 필요로 하는 상품을 스스로 생산해서 소비하는 수밖에 없다. 그러나 양국이 무역을 하게 되면 자급자족 방법을 택하지 않더라도 다른 국가와의 교환을 통해 필요한 상품을 조달하면서 이익을 얻을 수 있게 된다.

스미스의 절대우위론에 의하면 각국은 절대우위를 가지고 있는 상품의 생산에 특화하여 이를 수출하고, 절대열위에 있는 상품을 수입함으로써 두 나라 모두 이익을 얻을 수 있다. 따라서 예시의 경우 미국은 오로지 밀만을 특화·생산하여 영국으로 수출하고, 반면 영국은 직물만 생산하여 미국으로 수출하면 미국 그리고 영국 모두 이득을 얻게 된다.

만약 미국과 영국이 밀 1톤과 직물 1야드를 교환한다고 가정하자.

먼저 미국이 직물 3야드를 생산·소비하기 위해서는 1시간의 노동이 필요하다. 이제 미국이 직물을 생산하지 않고 절대적으로 우위를 지닌 밀을 생산하여 직물과 교환할 경우, 미국은 1시간의 노동으로 밀 6톤을 생산하고 이를 직물 6야드와 교환할 수 있으므로 미국은 직물 6야드를 얻을 수 있게 된다. 따라서 무역을 하지 않고 자급자족할 때보다 직물 3야드를 더 얻을 수 있으므로 무역을 해서 이익을 보게 된다.

그리고 영국은 한 시간의 노동으로 직물 6야드 혹은 밀 1톤을 생산하므로 만약 영국이 밀 6톤이 필요하여 이를 직접 생산한다면 6시간의 노동이 필요하다. 그러나 영국이 절대적으로 우위를 가진 직물을 특화·생산해서 밀과 교환할 경우, 밀 6톤을 생산하는데 소요되는 6시간의 노동으로 직물을 36야드를 생산할 수 있고, 이 중 미국으로 6야드만 수출하더라도 영국이 원하는 밀 6톤을 얻게 된다. 결국 절대우위 이론에 따라 교역을 하게 되면 밀 6톤을 확보할 수 있을 뿐만 아니라 직물 30야드 만큼의 이익을 얻을 수 있게 된다.

결과적으로 미국과 영국은 각국이 절대우위에 있는 상품을 수출하고 절대열위에 있는 상품을 수입함으로써 두 국가 모두 이익을 얻을 수 있다.

스미스의 절대우위이론은 국제 분업의 원리를 통해 무역의 이익을 체계적으로 밝혀냄으로써 그 당시 유행했던 중상주의를 배격하고 최초로 자유무역정책의 이론적 기초를 제공하였다는 데 의의가 있다. 그러나 스미스의 이론은 현실과는 동떨어진 너무 제한적인 가정에서 출발하고 있을 뿐 아니라, 또한 한 나라가 두 가지 상품의 생산에 모두 절대우위를 갖고, 반대로 다른 나라는 두 상품의 생산에 있어 절대열위에 놓이게 되는 경우에는 무역의 이익을 밝혀낼 수가 없다는 점 등 몇 가지의 문제점을 가지고 있다.

2. 비교우위이론

2-1 비교우위의 의미

1) 일상생활에서의 비교우위

절대우위의 개념은 쉽게 이해할 수 있지만 비교우위는 단순한 개념이 아니므로 먼저 우리의 일상생활에서의 예를 통해서 이해하고자 한다. 일반적으로 의사는 간호사보다 당연히 진료를 잘 할 것이고, 주사도 요즈음 코로나 19 백신(vaccine) 주사는 의사가 직접 놓는 것을 보면 의사가 간호사보다 확실히 주사도 잘 놓는 모양이다.

그렇다면 의사는 진료와 주사 행위에 대해서 간호사보다 모두 절대적으로 우위에 있고, 아담 스미스의 논리에 따르면 의사가 진료도 해야 하고 주사도 놓아야 한다. 그런데 우리의 일상생활에서 의사는 진료를 하고 간호사는 주사를 놓는 것이 효율적인 것은 누구나 쉽게 알고 있다.

만약 의사가 간호사보다 진료는 10배나 잘하는데 주사 놓는 것은 2배 정도 잘한다고 하면 이해를 할 수 있다고 본다. 즉 의사는 모든 행위에 대해서 절대적인 우위에 있지만 진료와 주사행위 두 가지를 상대적으로 평가하면 의사는 진료에 비교우위가 있으며, 간호사는 비록 진료와 주사행위에 대해서 모두 열위에 있지만 주사행위는 의사만큼이나 할 수 있으므로, 즉 비교우위가 있기 때문에 각각은 비교우위가 있는 곳에 전념하는 것이 훨씬 더 효율적인 것이다.

2) 국가 간 교역에서의 비교우위

이런 비교우위의 논리를 국가 간의 교역에서 찾아보면 어떨까? 여기에 대해서 구체적 예시를 들면서 비교우위이론을 처음으로 완성한 학자가 리카도(David Ricardo)이다. 비교우위이론의 주창자들은 생산비에 있어서의 절대우위가 두 나라가 서로 교역을 통하여 이익을 얻기 위한 필요조건은 아니라고 생각했다.[19] 그 대신에 두 가지 상품의 생산에 필요한 상대적 생산비(relative cost), 즉 실질생산비의 비율 차이만 있어도 두 나라는 무역의 이익을 얻을 수 있다고 주장했다.

무역은 상대적 생산비 또는 비교생산비의 차이에 달려 있으며, 한 나라는 모든 재화의 생산에 있어서 교역상대국보다 더 높은 실질생산비가 드는 경우에도 그러한 교역상대국과의 교역에서 이득을 볼 수 있다는 것이다. 실질생산비가 모두 낮은 경우에도 물론 마찬가지이다.

이러한 비교우위이론을 설명하기 위해 비교우위이론을 처음 주장한 리카도 자신이 든 예시가 바로 <표 2-2>이다. 이 표는 포르투갈과 영국에서의 옷감과 포도주의 단위당 생산비를 표시한 것으로 포르투갈은 두 상품의 생산에 있어서 영국에 비해 모두 절대우위를 가지고 있다.

즉, 영국은 옷감 1단위 생산하는 데 무려 100명이 필요하지만 포르투갈은 90명밖에 필요하지 않기 때문에 단위당 생산비를 비교해 보면 포르투갈이 영국에 비해 우위에 있다. 포도주 생산에서도 마찬가지로 포르투갈은 영국에 비해 우위에 있다.

표 2-2 리카도의 비교생산비의 예

	포르투갈	영 국
옷감(1단위)	90명	100명
포도주(1단위)	80명	120명

그러나 두 상품의 생산비를 자세히 검토해 보면 포르투갈이 갖는 우위의 정도는 옷감의 경우보다 포도주의 경우가 더 큰 것을 알 수 있다. 즉 포르투갈은 영국에서의 생산비의 2/3(＝80/120)만 들이면 포도주를 생산할 수 있는 반면에, 옷감의 경우는 영국에 비해 9/10(＝90/100)의 생산비가 든다. 이런 경우 포르투갈은 포도주의 생산에 비교우위가 있고, 영국은 반대로 옷감의 생산에 비교우위가 있다고 할 수 있다.

---

19) David Richard, *Principles of Political Economy and Taxation*, First Published in 1817.

2-2 비교우위에 의한 무역

이러한 비교생산비의 차이가 존재할 때, 각국은 자국이 비교우위를 갖고 있는 상품의 생산에 특화하여 이를 수출하고 그 대가로 다른 상품을 수입함으로써 이익을 얻을 수 있는데 이를 '비교우위이론'(theory of comparative advantage)이라고 한다.

무역을 통한 이익의 존재 여부는 교역이 이루어지기 전에 각국에서의 두 상품의 국내교환비율을 비교해 봄으로써 쉽게 알 수 있다. 노동가치설에 따라서 포르투갈에서는 1단위의 옷감은 9/8단위의 포도주와 교환된다. 한편 영국에서는 1단위의 옷감이 5/6단위의 포도주와 교환될 것이다. 이러한 노동가치설에 입각한 가정은 절대생산비와 관련하여 앞에서 설명한 바 있다.

이런 조건하에서 두 나라 모두에게 옷감 1단위에 포도주 1단위의 비율로 물물교환을 통해 교역을 할 기회가 주어졌다고 하자. 포르투갈은 이러한 교역이 옷감을 얻는 아주 매력적인 방법이라고 여길 것이다. 왜냐하면 전에는 옷감을 1단위 얻기 위해 9/8단위의 포도주를 포기해야 했으나, 이제는 포도주를 1단위만 포기해도 되기 때문이다.

이는 옷감 1단위당 1/8단위의 포도주가 절약되는 셈이다. 따라서 포르투갈은 포도주의 생산에 특화하여 이를 영국에서 생산된 옷감과 바꾸려 할 것이다. 마찬가지로 영국도 포도주를 국내에서 직접 생산하기보다는 옷감의 생산에 특화하여 이를 포르투갈에서 생산된 포도주와 1 : 1로 교환함으로써 더 적은 비용으로 포도주를 맛볼 수 있게 된다.

2-3 비교우위와 무역이익

지금까지의 이론은 다른 나라에 비해 상대적으로 생산비가 많이 드는 상품을 국내에서 직접 생산하기보다는 교역을 통하여 더 싸게 수입하는 것이 낫다는 관점에서 무역의 이익을 규명하고자 하였다. 그러나 이러한 무역의 이익은 세계 총생산량의 증대 또는 생산요소의 절약이라는 측면에서도 설명할 수 있다. 이렇게 하면 무역에서 얻는 이익의 본질을 보다 깊이 있게 이해할 수가 있다.

우선 영국과 포르투갈이 전 세계를 구성하고 있다고 가정하고, <표 2-3>과 같이 무역 전 혹은 후에 관계없이 포르투갈에는 170명의 노동자, 영국은 220명의 노동자가 있다고 하자. 이들이 양국에서 옷감과 포도주의 생산에 각각 투입되면 교역 전, 즉 자급자족을 하면 세계 전체로 볼 때 두 재화의 생산량이 각각 두 단위씩에 지나지 않는다.

표 2-3	포르투갈과 영국이 무역을 하지 않을 경우		
	노동자	옷감	포도주
포르투갈	170명	1단위/90명	1단위/80명
영국	220명	1단위/100명	1단위/120명
세계	390명	2단위	2단위

그러나 무역기회가 주어져 두 나라가 각각 비교우위가 있는 상품의 생산에 전념할 수 있게 된다면, <표 2-4>와 같이 교역 전과 같은 똑같은 노동을 투입하여 포르투갈은 80명이 한 단위 포도주를 생산할 수 있기 때문에 전체 노동자 170명이 모두 포도주를 생산하게 되면 170/80, 즉 2.125단위를 생산할 수 있다. 반면 영국에서는 노동자 100명이 옷감 1단위를 생산할 수 있으므로 전체 노동자 220명이 투입되면 220/100, 즉 2.2단위의 옷감을 생산할 수 있다. 다시 말해서 노동자의 수에는 변함이 없음에도 불구하고 세계 총생산량은 포도주와 옷감이 각각 0.125단위, 0.2단위만큼씩 증가되었다.[20]

반면에 특화 후에도 특화 전과 동일한 세계 전체 생산량만을 유지하려고 하면 포르투갈에서는 160명의 노동자만 포도주 생산에 투입되어도 2단위의 포도주를 생산할 수 있고, 영국에서는 200명만이 방직공장에서 일해도 2단위의 옷감을 생산할 수 있으므로, 전에 비해 양국에서는 각각 10명, 20명씩의 노동이 절약되어 이들은 교역으로 생겨진 여가시간을 즐기거나 그 밖의 다른 일을 할 수 있다. 이것이 바로 무역에서 얻어지는 이익이다.

표 2-4	포르투갈과 영국이 특화하여 무역을 할 경우		
	노동자	옷감	포도주
포르투갈	170명	0	2.125단위: 170명/80명
영국	220명	2.2단위: 220명/100명	0
세계	390명	2.2단위	2.125단위

---

20) 이 예에서와 같이 포르투갈은 포도주만을, 그리고 영국은 옷감만을, 즉 비교우위가 있는 상품만을 생산할 경우를 완전 특화라 하고 각국의 효용은 극대화가 된다. 하지만 실상은 완전 특화보다는 수입품 및 수출품을 함께 생산하는 부분 특화가 일반적이다.

2-4 비교우위이론의 의의와 한계

비교우위의 개념에 입각해 국제분업의 구조를 설명한 비교우위이론은 경제학적 분석에 있어서 가장 위대한 성과 중의 하나로 손꼽힌다. 그렇다면 각국 간에는 비교우위가 왜 발생하는가? 리카도는 그 원인을 각국 노동자의 생산성 차이 혹은 기술수준의 차이로 보고 있다.

모든 분야에서 차이(差異)가 있으면 항상 비교우위가 존재하므로 특정 국가는 어떠한 산업에서도 비교우위를 가질 수 없다는 명제는 성립되지 않는다. 특정 국가가 낙후되어 기술이 떨어진다 하더라도 상대적으로 효율성이 덜 낮은 산업에서는 비교우위를 가질 수 있기 때문에 양국 간에는 교역이 가능하다. 예를 들어, 최빈국가라 할 수 있는 방글라데시는 우리나라와 비교하면 대체로 많은 분야에서 효율성이 떨어지지만 저급 의류 제조 분야에서는 그 효율성이 덜 떨어지기 때문에 우리나라는 방글라데시에서 의류를 수입하고 있는 것이다.

마찬가지로 한 국가가 모든 산업에서 타국보다 효율적이라 하더라도 더 효율적인 분야에서 비교우위를 가진다. 비교우위에 의해서 생산과 무역을 하면 자국에서 모든 것을 생산하는 것보다 훨씬 유리한 것을 현재 세계무역의 구도가 잘 보여 주고 있다.

그러나 비교우위이론이 절대우위이론이 안고 있던 문제점을 전부 해결한 것은 아니다. 즉 스미스와 마찬가지로 리카도도 두 재화의 교환비율이 어떻게 결정되는가에 대해서는 명확히 해명하지 못하였다. 그가 알아낸 사실은 두 재화의 국제적인 교환비율은 각국에서의 국내교환비율 사이에서 결정되어야 한다는 것과 이 두 교환비율 사이에서만 교역을 하면 두 나라는 공히 무역을 통해서 이익을 얻을 수 있다는 것에 지나지 않는다. 교환비율이 1 : 1로 된다고 한 것은 다만 설명의 편의를 위한 것에 지나지 않는다.

요소부존이론

1. 요소부존과 비교우위

리카도는 비교우위이론을 정립할 때 노동만이 유일한 생산요소이고, 노동생산성의 차이로 인해 비교우위가 발생하며 이를 바탕으로 무역이 이루어진다고 가정하였다. 하지만 리카도는 왜 국가 간에 노동생산성이 차이가 나는가를 설명하지는 못하였다. 이런 한계를 극복하기 위해 스웨덴의 경제학자인 헥셔(E. Heckscher)와 그의 제자인 올린(B. Ohlin)은 재화의 요소집약도와 국가의 요소부존도를 이용하여 비교우위에 의한 무역의 흐름을 설명하였다.

요소집약도(factor intensity)는 재화를 생산하는데 자본과 노동 중에서 어떤 요소를 집약적으로 사용하는지를 나타내는 개념이다. 예를 들어 반도체는 자본을 노동보다 더 많이 사용하는 자본집약적(capital intensive) 재화이고, 의류는 자본보다는 노동을 더 많이 사용하는 노동집약적(labour intensive) 재화라는 것을 쉽게 알 수 있다.

요소부존도(factor endowment)는 각국이 어떤 생산요소를 더 풍부하게 보유하고 있는지를 나타내는 개념인데 우리나라는 자본을 노동보다 더 많이 보유하고 있는 자본풍부국가(capital abundant country)라 할 수 있고, 인도네시아는 자본보다는 상대적으로 노동이 풍부하므로 노동풍부국가(labour abundant country)라 할 수 있다.

헥셔와 올린은 재화의 생산과정에서 생산요소가 투입되는 집약도가 다르다는 가정하에 각국은 보유하고 있는 요소부존량의 차이에서 비교우위가 발생하여 무역이 이루어진다고 설명하였다. 국가마다 어떤 국가는 상대적으로 노동이 풍부한 반면, 어떤 국가는 상대적으로 자본을 많이 보유하고 있기 때문에 이러한 생산요소의 부존량 차이에 의해 상품의 생산비 차이가 발생하고, 그로 인해 무역이 발생하는 것이다.

예를 들어, 한국은 인도네시아에 비해 상대적으로 자본이 풍부하고, 노동력이 상대적으로 부족한 반면, 인도네시아는 한국에 비해 상대적으로 노동력은 풍부하지만 자본은 부족하다. 이와 같이 두 국가에 부존된 생산요소의 상대적인 부존량의 차이는 생산요소의 상대적인 가격의 차이를 가져 오게 된다. 즉, 한국은 자본이 풍부하기 때문에 자본에 대한 가격이라고 할 수 있는 이자가 상대적으로 저렴하고, 인도네시아는 노동이 풍부하므로 노동에 대한 가격이라고 할 수 있는 임금이 상대적으로 낮을 것이다.

따라서 한국은 저렴한 이자를 활용할 수 있는 자본집약적 상품을 더 많이 생산하여 수출하려고 할 것이고, 상대적으로 높은 임금을 바탕으로 한 노동집약적 상품은 국내에서 생산하지 않고 인도네시아로부터 수입하려고 한다. 인도네시아는 이와 반대로 저렴한 임금을 활용한 노동집약적 상품을 많이 생산해서 한국으로 수출하고, 자본집약적 상품은 수입하려고 한다.

요소부존이론(theory of factor endowment)은 노동과 자본이라는 두 가지 생산요소에 의해 생산이 이루어질 때, 노동이 상대적으로 풍부한 국가는 노동집약적인 상품에 비교우위를 가져 이를 수출하게 되고, 자본이 상대적으로 풍부한 국가는 자본집약적인 상품에 비교우위를 갖게 되어 이를 수출한다는 것을 말한다. 요소부존이론은 이 이론을 주장하고 발전시킨 두 사람의 이름을 따서 '헥셔-올린정리'(Heckscher-Ohlin theorem)라고 부르기도 한다.

헥셔-올린정리 역시 제한적인 가정을 담고 있고 실제 검증결과 부분적으로 도전을 받고는 있지만, 아직까지는 리카도의 비교우위이론과 함께 자유무역이론의 양대 지주로 받아들여지고 있다.

2. 요소가격 변화

국가 간의 생산요소의 부존비율 또는 그에 따른 생산요소의 상대적 가격의 차이를 무역가능성의 기초로 삼고 있는 요소부존이론에서는 또 하나의 새로운 결론이 얻어진다. 즉 무역이 개시되면 각국에서는 각국에 부존된 생산요소에 대한 수요의 변화로 인해 생산요소의 국제적인 이동이 없이도 생산요소의 상대적 가격이 양국에서 같게 되고, 궁극적으로는 각 생산요소의 절대적 가격까지도 같아진다는 것이다. 이를 '요소가격 균등화 정리'(factor price equalization theorem)라고 한다.

이러한 현상을 앞서 한국과 인도네시아의 경우를 예로 들어 설명하면 다음과 같다. 무역 전에는 한국은 자본이 상대적으로 풍부한 국가이고, 인도네시아는 노동이 상대적으로 풍부한 국가이기 때문에 한국은 풍부한 자본의 대가인 이자가 낮은 반면 상대적으로 희소한 노동의 대가인 임금은 높은 편이다. 반대 논리로 인도네시아는 임금은 낮은 반면 이자가 높아 두 국가 간에 생산요소의 상대적 가격 차이가 존재한다.

그런데 요소부존이론에 의해 한국은 상대적으로 자본이 풍부하기 때문에 저렴한 이자를 활용할 수 있는 자본집약적 상품에 특화를 하여 수출하게 된다. 그러므로 한국은 자본집약적 상품 생산을 더 늘리게 되면서 자본이 더 필요하게 된다. 이와 같이 자본에 대한 수요가 늘어나면서 자본에 대한 대가인 이자가 올라가게 되는 반면, 노동에 대한 수요는 적어져 노동에 대한 대가인 임금은 떨어지게 된다. 한편 인도네시아는 반대의 현상이 일어나 노동집약적 상품 생산 증가에 따라 노동의 수요가 늘어나면서 임금이 올라가는 반면, 자본에 대한 수요는 감소하여 이자율이 떨어지게 된다.

표 2-5 무역 후 양국의 생산요소 가격 변화

	노동풍부국(인도네시아)		자본풍부국(한국)	
무역 전	임금 낮음	이자 높음	임금 높음	이자 낮음
무역 후	노동 수요↑	자본 수요↓	노동 수요↓	자본 수요↑
	임금 상승	이자 하락	임금 하락	이자 상승
	임금 낮음 → 상승	이자 높음 → 하락	임금 높음 → 하락	이자 낮음 → 상승

<표 2-5>와 같이 요소부존이론에 따른 자유무역의 결과, 노동풍부국가에서는 풍부한 생산요소인 노동자의 실질소득이 증가하고, 희소한 생산요소인 자본에 대한 대가인 이자가 낮아진다. 마찬가지로 자본풍부국가에서는 풍부한 생산요소인 자본의 대가인 이자는 상승하고 희소한 생산요소인 노동의 실질소득은 감소하게 됨으로써 결국 이러한 과정을 통해 두 국가 간 임금이 같아지고, 이자율이 같아지는 경향이 생긴다는 것이다.[21]

---

21) 우리나라의 경우 1960년대는 노동력이 상대적으로 풍부하고 자본이 희소하여 임금은 낮고, 이자는 매우 높았는데, 교역량이 늘어난 지금은 상대적으로 자본이 풍부하고 노동이 희소하여 임금은 높아지고 이자는 낮아진 경향을 보면 요소가격균등화 현상을 경험해왔다는 것을 알 수 있다.

3. 레온티에프 역설

헥셔-올린 이론에 대한 현실적인 타당성에 대해 대부분의 학자들은 받아들이고 있었다. 그러나 노벨 경제학상 수상자인 레온티에프(Leontief)는 1947년의 미국의 산업연관표 분석을 통해 헥셔-올린의 요소부존이론이 실제에도 부합되는지를 검증한 결과, 요소부존이론과는 정반대의 결과를 도출하였다.[22]

레온티에프는 100만 달러에 달하는 미국의 수출상품들과, 같은 액수의 수입경쟁 상품들을 국내에서 생산하는 각각의 경우에 필요한 자본/노동의 요소투입비율을 비교한 결과, 미국이 수출하는 상품보다 수입하는 상품에 자본이 더 많이 들어간 것을 발견해내고 미국이 다른 나라에 비해 자본이 상대적으로 풍부하고 노동이 부족하다는 일반적인 견해는 잘못된 것이라고 주장하였다.

일반적으로 대부분의 사람들은 미국이 다른 나라들에 비해 노동보다는 자본이 상대적으로 풍부한 국가라고 간주해 왔기 때문에 요소부존이론을 적용해보면 미국은 자본집약적인 상품에 비교우위를 갖게 되어 자본집약적 상품을 수출하는 것이 맞다. 그러나 레온티에프의 분석에 따르면 미국의 수출상품이 수입상품에 비해 오히려 노동집약적이라는 뜻밖의 결과가 나타났던 것이다.

즉, 미국은 자본 풍부국가임에도 불구하고 노동집약적 상품을 수출하고 자본집약적 상품을 수입한 것으로 나타난 것이다. 이와 같이 헥셔-올린 이론을 일반적으로 받아들이고 있던 생각과는 다른 결과가 도출되었기 때문에, 이를 '레온티에프 역설'(Leontief Paradox)이라고 부른다.

4. 레온티에프 역설에 대한 해명

헥셔-올린 정리에 대한 레온티에프의 실증적인 연구결과는 커다란 반향을 불러일으켜 그 후로도 같은 주제로 수많은 저서와 연구보고서들이 쏟아져 나왔다. 또한 다른 나라들의 경우를 비교한 몇몇 연구에서도 역시 역설적인 결과가 나온 바 있다.

이의 해명을 위해서 많은 노력이 있었으나 대부분은 가정의 비현실성을 벗겨낸 것에 불과한 것이라고 할 수 있다. 이들 중 중요하다고 생각되는 몇 가지에 대해서

---

22) Wassily Leontief, "Domestic Production and Foreign Trade," in J. Bhagwati(ed.), *International Trade,* Baltimore: Penguin, 1969.

만 간단히 언급하면 다음과 같다.

첫째로, 생산요소를 자본과 노동의 둘로만 한정했다는 점이 이러한 결과를 가져왔을지도 모른다는 것이다. 미국은 그 생산에 많은 자본을 필요로 하는 천연자원을 집약적으로 사용하는 상품을 수입하고 있었다. 그런데 생산요소를 자본과 노동으로만 나눔으로써 미국에는 상대적으로 희소한 천연자원집약적인 상품도 자본이 많이 들어가므로 당연히 자본집약적인 상품으로 나타났으리라는 것이다. 즉 생산요소를 자본과 노동 및 천연자원의 셋으로 구분했다면, 헥셔-오린 이론으로 예측이 가능한 결과가 얻어졌으리라는 것이다.

둘째로, 투입된 노동을 다양한 교육수준이나 숙련도를 고려하지 않고, 단순히 인원수로만 측정함으로써 모두 동질의 생산요소로 취급했다는 점이다. 레온티에프 자신도 이러한 전제의 비현실성을 비판하고 그의 역설적 연구결과를 설명하려 하였다.

즉 그는 미국의 노동자는 외국의 노동자에 비해 약 3배 정도의 높은 생산성을 가지고 있다는 가설하에서 미국은 오히려 노동이 상대적으로 풍부한 나라라고 할 수 있다고 주장하였다. 굳이 이러한 가설을 받아들이지 않더라도 단순히 노동자라고 하여 미숙련 및 숙련노동자, 기술자, 관리자 등을 모두 동질의 노동으로 본다는 것은 너무 비현실적이다.

셋째로, 통계의 정확성에 대한 문제이다. 이러한 통계의 오차한계는 너무 커서 자본/노동 투입비율의 조그마한 차이를 제대로 반영하지 못할 수도 있다는 점이다. 특히 데이터를 수집한 1947년은 제2차 세계대전 직후이며 미국 무역이 아직 정상궤도로 원상복귀되지 못한 시점이어서 미국 무역데이터에 오류가 많을 수가 있었다.

넷째로, 우리는 생산요소의 사용비율에 따라 두 상품을 자본집약적인 상품과 노동집약적인 상품으로 구분하였다. 즉, 한국과 미국의 경우 신발은 언제나 노동집약적인 상품이고, 컴퓨터는 자본집약적인 상품으로 간주하였다. 그러나 요소가격비율에 따라 두 상품의 생산에 있어 생산요소의 상대적 사용비율이 뒤바뀌게 된다면, 다시 말해서 신발 생산에 노동보다 자본이 상대적으로 더 많이 투입되면,[23] 생산요소의 부존량만 가지고는 비교우위를 가려낼 수 없게 된다. 즉 이러한 경우에는 자본이 풍부한 미국이 오히려 신발과 같은 노동집약적인 상품을 수출할 수도 있다는 결과가 된다.

---

23) 극단적인 예이기도 하지만 가령 신발생산에 인건비가 너무 많이 들고 노동조합 등으로 골치가 아파서 엄청난 자본을 투입하여 신발생산을 전부 자동화하였다면 신발은 노동집약적 상품이 아니라 자본집약적 상품이 될 수도 있는 것이다.

기타 무역이론

1. 산업내 무역이론

전통적인 무역이론은 주로 서로 다른 산업 간의 무역을 설명하고 있다. 즉, 리카도는 영국의 직물 산업과 포르투갈의 주류 산업 간의 무역을 설명하고, 헥셔-올린은 자본집약적인 산업과 노동집약적인 산업 간의 무역을 설명하고 있다. 그렇다면 현재 우리나라는 자본풍부국가이므로 인도네시아, 방글라데시 등과 같은 노동풍부국가와의 교역량이 많아야 되는데, 오히려 미국이나 일본과 같이 자본이 풍부한 국가들과의 교역량이 훨씬 많은 실정이다. 비단 우리나라의 예에서만 아니라 세계적으로도 요소부존도가 서로 다른 선진국과 후진국 간의 무역보다, 요소부존도가 서로 비슷한 선진국들 간의 교역량이 세계무역에서 차지하는 비중이 큰 실정이다.

따라서 오늘날의 국제무역은 종류가 다른 산업의 상품들 간에만 이루어지는 것이 아니라 동종 산업에 속하는 상품들 간에도 많이 일어나고 있는 것이다. 이처럼 동일한 산업 내에서 무역이 이루어지는 현상을 산업내 무역(intra-industry trade)이라고 한다.

예를 들어, 현재 미국과 한국이 모두 자동차를 생산하지만 상대국에 자국의 자동차를 수출하고 상대국으로부터 자동차를 수입하고 있다. 우리나라 현대자동차와 미국의 포드자동차의 생산요소 집약도가 비슷하고, 자동차를 생산하는 기술도 유사한 수준이라고 한다면 양국의 자동차산업은 동일산업이라 할 수 있으므로 우리나라와 미국의 자동차 수출입은 산업내 무역이라 할 수 있다.

그러면 산업내 무역은 왜 발생하는가? 고전적 무역이론의 제한적 가정에서 벗어나 보다 현실에 가까이 접근하여, 규모의 경제, 제품차별화, 상품교역에 수반되는 운송 및 저장비용, 생산비용 등을 인정한다면 이종 산업 간의 무역뿐 아니라 동종 산업 간의 무역도 발생할 수 있음을 이론적으로 규명할 수 있다.

산업내 무역이론에서 특히 중시되고 있는 것이 바로 규모의 경제와 제품차별화이다. 규모의 경제(economy of scale)는 생산규모가 커짐에 따라 단위당 생산비용이 감소하여 생산성이 향상되는 것을 말한다. 제품차별화(product differentiation)는 각 기업이 생산하는 제품이 동일 산업 내 존재하지만 자국의 제품과 타국의 제품 간에 소비자가 브랜드나 디자인 등에서 차별화를 느낄 정도의 특징을 가지고 있는 경우이다.

동일한 종류의 제품이라도 제품들이 브랜드 혹은 디자인 등에 의해 차별화되어 있고, 이러한 차별화되어 있는 제품의 생산에 규모의 경제가 발생할 수 있다면 산업내 무역이 이루어진다. 만약 현대자동차가 SUV 자동차를 생산하면서 우리나라 시장뿐만 아니라 미국 시장을 비롯하여 그 밖의 시장을 대상으로 한다면 규모의 경제를 달성할 수 있어 단위당 생산비용을 충분히 낮출 수 있다. 그리고 우리나라의 SUV 자동차가 미국 시장 내에서 안전성, 연비, 디자인 등에서 미국 자동차회사의 SUV와 차별화될 수 있으면 우리나라의 SUV 자동차가 미국으로 수출될 것이다.

산업내 무역이 이루어지는 또 하나의 경우를 들면 해외가공 및 조립생산이다. 기업들은 국가 간의 임금 및 기타 생산비의 차이를 고려하여 부품이나 반제품을 본국으로부터 해외 자회사나 현지 지사 등으로 수출하여, 이를 조립·가공한 다음 다시 본국으로 수입하거나 제3국으로 수출하는 형태를 취하는 수가 있다. 이때 특정한 부품 및 반제품과 최종완제품이 동일산업으로 분류된다면 부품생산국이나 해외 가공국가에서는 다함께 산업내 무역을 하고 있는 셈이 된다.

때에 따라서는 자국 내 멀리 떨어진 곳에서 구매하는 것보다 인접한 이웃 국가에서 구매하는 것이 유리할 경우가 있다. 특히 자갈, 모래 등과 같이 제품원가에 비하여 운송비가 많이 들거나 채소, 청과물, 우유 등과 같이 오랜 기간 보관하기가 어려운 상품의 경우에는 원거리로 수송하기가 어렵다. 따라서 이러한 경우 멀리 떨어진 곳의 자국 상품보다 가까운 인접 국가의 외국상품을 수입해 사용하게 되면 동일산업 내에서 무역이 발생된다. 예를 들어 러시아의 극동 지역에서는 부족한 우유를 멀리 모스코바에서 구매·운송해오는 것보다 한국에서 수입하는 것이 훨씬 경제적일 수도 있다.

그렇다면 산업내 무역과 산업간 무역은 어떤 차이가 있을까? 다음 몇 가지 면에서 그 차이를 요약할 수 있다.

첫째, 산업간 무역은 비교우위에 의해 발생하지만, 산업내 무역은 비교우위 측면보다는 규모의 경제와 제품차별화 능력에서 발생한다. 그 밖에 생산비용, 장거리운송 등의 현실적 요인에 의해 발생하기도 한다.

둘째, 산업간 무역은 국가 간 요소부존량을 통해 무역패턴을 예측할 수 있지만, 산업내 무역은 어떤 나라가 어떤 차별화된 제품을 수출할지 확신할 수 없다는 점에서 무역패턴을 예측하기 어렵다.

마지막으로, 산업간 무역은 국가 간 요소부존량이 상이할수록, 즉 어떤 국가는 노동량이 풍부하고 어떤 국가는 자본량이 풍부할 경우 발생할 가능성이 크다. 반면 산업내 무역은 국가 간 요소부존량이나 경제발전단계가 유사할수록 발생할 가능성이 높다.

2. 제품수명주기이론

버논(R. Vernon)에 의해 일반화된 제품수명주기이론(product life cycle theory: PLC)은 국제무역의 흐름을 설명하는 데 있어서 동태적인 기술변화의 중요성을 역설하고 있다.

제품수명주기는 하나의 제품이 신제품으로 개발되어 시장에 나와서 판매가 이루어지는 도입기부터 소비자에게 알려지면서 판매량이 급증하는 성장기, 그리고 경쟁의 심화 등으로 판매량이 정체되는 성숙기를 거쳐 대체상품 혹은 혁신제품의 등장으로 인해 판매가 감소하는 쇠퇴기에 이르기까지 그 제품의 활동무대인 시장에서 겪게 되는 일련의 과정을 말한다.

그런데 동일한 제품이라도 국가 간에는 기술 수준 등 여건의 차이로 인해 수명주기단계가 차이가 나고, 이러한 차이로 인해 무역이 발생할 수 있는데, 이런 관점에서 무역을 설명하려는 대표적인 이론이 바로 제품수명주기이론이다. 실제로 산업국가에서 발생하는 무역 중 상당 부분은 신기술의 개발과 전파과정과 깊은 관련이 있다. 즉, 기술혁신국은 신기술을 개발함으로써 누리는 독점 기간에는 이러한 첨단기술제품을 수출하지만, 점차 다른 국가들이 기술이전이나 모방을 통하여 그 제품을 생산하게 되면 혁신국에서 오히려 역수입하는 경우가 종종 있다.

제품수명주기의 관점에서 본 무역패턴을 <그림 2-1>을 통해서 좀 더 자세히 살펴보면 다음과 같다.

그림 2-1   제품수명주기

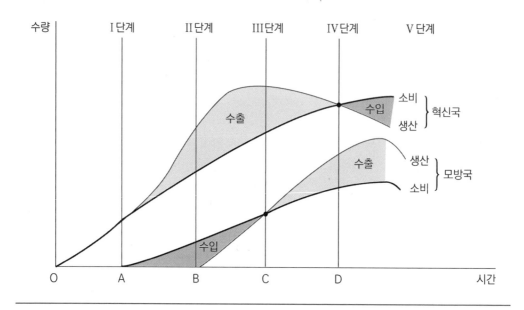

첫 번째 단계인 신제품단계에서는 소규모의 실험적인 생산 공정에 의해 제품이 생산되는데, 신제품 개발에는 막대한 자금이 소요되고, 리스크 역시 크므로 주로 개발능력이 있는 미국과 같은 선진국에 의해 이루어진다. 그런데 이 단계는 연구 개발부서, 공급업자, 소비자 등이 인접한 장소에 모여 있는 것이 생산 공정 개선, 소비자 반응에 따른 디자인 변경에 유리하기 때문에 해외에서의 생산보다는 국내생산이 유리하다.

두 번째 단계인 성장기단계에 들어서면 그동안 수요가 없었던 모방국가에서조차 신제품에 대한 수요가 발생하는데 아직 생산할 수 없기 때문에 혁신국은 자국시장 및 해외 시장에서 독점적 위치에 있으며, 해외 및 국내 수요의 증가를 충족할 수 있도록 생산이 급격히 증가한다. 따라서 이 단계에서는 모방국이 신제품을 수입하기 시작한다.

세 번째 성숙기단계에 들어서면 이 제품이 표준화되고 혁신국은 생산비를 낮추기 위해 해외생산을 고려하게 된다. 혁신국의 1차적인 해외투자는 대량생산이 가능한 기타 선진국을 대상으로 이루어지며, 만약 현지시장의 규모가 현지생산을 결정하기에는 충분하지 않다면 국내생산을 통한 수출을 수행하기도 한다. 따라서 이 단계에서는 모방국에서 생산을 시작하기는 하지만 생산이 충분치 않아 아직도 혁신국으로부터 수입하는 단계이다.

네 번째 표준화단계에서는 제품이 표준화되고 생산기술이 전파되어 모방국에서 저렴한 노동을 바탕으로 혁신국보다 더 싸게 대량생산 할 수 있다. 선진국은 노동비용이 낮은 후진국을 찾아 생산시설을 이전한다. 따라서 이 단계에서 후진국은 자국 수요를 충족시키기 위해 제품을 생산할 뿐만 아니라 저가격을 바탕으로 선진국으로 수출도 하게 된다.

마지막 쇠퇴기단계에서는 모방국이 혁신국의 국내시장을 완전 잠식하여 혁신국의 상품생산이 급격히 감소한다.

이와 같이 제품수명주기이론은 특정 기술의 진화과정, 표준화과정이 무역의 방향을 결정짓는 중요한 요소임을 설명하고 있다. 처음 신제품이 개발되었을 때는 선진국이 독점적으로 가지고 있는 기술적 우위가 무역의 패턴을 결정지었지만, 점차 이 기술이 다른 국가로 전파되고 세계적으로 표준화되면 무역은 생산비용 등 비교우위에 의해 그 방향이 결정된다.

예를 들면 코로나 19에 대응하기 위한 백신(vaccine)의 개발도 의약품 개발에 필요한 기초기반이 갖추어져 있고 자본이 풍부한 미국, 영국 등 선진국에서 개발되어 전 세계로 수출되고 있다. 이 백신의 무역방향은 기술적 우위에 의해서 결정된 것이다. 그러다 세월이 흘러 만약 백신 개발 기술이 보편화되면 이제부터는 어느 나라에서 생산하는 것이 유리한가에 따라서 무역의 방향이 결정된다.

3. 대표수요이론

소득수준이 비슷하고 수요패턴이 유사한 두 나라에 있어서는 대체로 요소부존비율이나 공업의 발전단계도 거의 같다고 볼 수 있다. 이러한 경우 요소부존이론에 따르면 양국의 비교생산비의 차이는 아주 작을 것이며, 따라서 극단적인 경우 이들 간에는 거의 무역이 발생할 여지가 없다고도 생각할 수 있다. 따라서 요소부존이론으로는 오늘날 수요구조나 소득수준이 비슷한 선진공업국 간에 일어나는 공산품 무역을 설명할 수가 없게 된다.

그러나 린더(S. B. Linder)의 대표수요이론(theory of representative demand)에 의하면 이에 대한 해명이 가능하다.[24] 린더는 한 나라에서 특정 상품을 수출할 수 있기

---

24) S. B. Linder, *An Essay on Trade and Transformation*, New York: Wiley, 1961.

위해서는 우선 국내에 그 상품에 대한 커다란 시장이 존재해야 한다고 보았다. 왜냐하면 특정 상품에 대한 국내시장이 일정 규모 이상이 되어야만 규모의 경제를 통해 생산비를 낮추고 해외시장에 수출될 수 있기 때문이다. 린더는 이와 같이 국내시장을 배경으로 한 어느 정도의 큰 수요를 '대표적 수요'라고 불렀다.

다음으로 린더는 그러한 수출품의 가장 유리한 시장은 소득수준과 기호가 비슷한 다른 나라에서 찾을 수 있다고 주장하였다. 따라서 각국은 우선 국내시장을 기반으로 생산을 하고 그 중 일부분은 수요가 비슷한 다른 나라로 수출될 것이라는 것이다.

그러나 린더는 자신의 이론이 기호라든가 규모의 경제가 특히 중요시되는 공산품 무역에만 적용 가능한 것임을 강조하고 있으며, 1차 산품의 경우는 요소부존에 의해 무역패턴이 결정된다는 기존의 무역이론과 견해를 같이하고 있다. 또한 린더는 구체적으로 어떠한 재화가 어떠한 나라에 의해서 수출되고 수입되는가 하는 실제의 무역패턴에 대해서는 설명하고 있지 못하다.

따라서 린더의 이론은 완전히 새로운 무역이론이라기보다는 전통적인 무역이론을 보완하는 정도에 그치고 있다. 즉 린더의 이론은 수요의 측면에서 무역의 잠재적인 가능성을 규명하는 데는 성공하였지만, 그러한 잠재적 교역이 실제로 가능하려면 비교생산비의 차이와 같은 또 다른 요인이 뒷받침되어야 한다는 문제점을 안고 있다.

4. 연구개발요소이론

이 이론은 국가 간의 기술수준의 차이에서 무역의 발생 원인을 찾으려는 것으로서, 특히 연구개발수준의 차이가 국제경쟁력 차이를 초래한다고 주장한다.

키싱(D. B. Keesing)은 기업입장에서 신제품 개발 여부가 시장에서의 경쟁력을 좌우한다는 사실을 제기하면서, 연구·개발요소에 중요한 비중을 두는 기업이나 국가일수록 국제경쟁력이 높다는 것을 실증적인 연구를 토대로 주장하였다.[25]

그루버(W. Gruber) 등도 오늘날 미국 등 선진국의 무역패턴을 결정짓는 요인이 주로 연구·개발에 의하여 결정된다고 보고, 1960년대 미국의 수출산업이 국제적으로 비교우위를 차지한 이유는 기존제품의 생산비 절감과 신제품 개발을 위한 연구가 활발하며, 또 질적으로 우수한 기술 인력을 바탕으로 그러한 연구를 기업화하는

---

25) D. B. Keesing, "The Impact of Research and Development on United States Trade," *Journal of Political Economy*, Vol. 75, No. 1, Feb. 1967.

데 성공하였기 때문이라고 주장하였다.[26]

실제로 키싱과 그루버 등의 연구에 따르면 각 산업에 있어서 연구·개발에 지출한 비용과 수출실적은 밀접한 관계가 있음이 발견되었는데, 이러한 분석결과를 근거로 그들은 연구·개발요소에 대한 지출을 기업과 국가가 비교우위를 확보하기 위한 비용으로 간주했다.[27]

5. 부가가치기준 이론

이 이론은 무역의 발생 원인이나 방향을 설명하는 것은 아니고 무역의 규모를 어떻게 측정하는 것이 정확하고 바람직한가를 설명하는 것이다. 요즈음도 과거와 같이 단순히 총액으로만 무역규모를 측정하면 양국 간에 무역 분쟁이 발생할 만큼 범세계적인 생산과 무역의 패턴이 변하였기 때문에 새로운 측정 기준을 제시한 것이다.

오늘날 우리가 사용하는 대부분의 재화는 어떤 한 나라에서 처음 원자재에서부터 최종 완성품까지 직접 생산하는 경우는 극히 드물고, 여러 나라가 생산에 관여하여 완성품을 만드는 복잡한 생산구조를 가지고 있다. 오늘날과 같이 물류수준이 발달되어 있고 정보도 세계적으로 공유하다보니 생산비를 절약할 수 있는 최적의 생산구조를 찾을 수가 있는 것이다.

예를 들어서, 우리나라 기업이 동남아시아의 여러 국가에 티셔츠를 생산 수출할 경우 우리나라에서 원단을 제조하고 이를 염색해서 다시 티셔츠 완성품을 만들어 수출하게 되면 가격경쟁력이 떨어져 사실상 수출이 불가능할 수 있다. 따라서 우리나라 기업은 중국에서 원단을 수입하여, 이를 우리나라에서 고급기술을 이용하여 여러 가지 무늬로 염색을 한 후 이 반제품을 인도네시아 공장으로 수출한 후, 거기서 티셔츠 완성품을 만들어 이웃 동남아 국가로 수출하는 것이 훨씬 가격 경쟁력이 높다.

티셔츠의 생산단계를 보면 원단을 생산하는 것은 중국의 오래된 원단 제조 기술과 비교적 낮은 인건비를 활용한 것이고, 한국에서의 염색 단계는 그동안 축적된

---

26) W. Gruber et al., "The R&D Factor in International Trade and International Investment of U. S. Industries," *Journal of Political Economy*, Vol. 1, Feb. 1967.

27) 새로운 무역이론으로 중력이론(gravity theory)도 있는데 이는 두 나라 사이의 무역량이 두 국가 사이의 물리적 거리에 반비례한다는 것이다. 즉 두 나라 사이가 지리적으로 가까울수록 무역이 활발히 발생한다는 것이다. 우리나라와 일본, 우리나라와 중국, 미국과 멕시코 간의 무역이 비교적 활발한 것은 좋은 예시가 될 수 있다.

염색기술을 활용한 것이며, 인도네시아에서 마지막 완성품 제조 단계는 저렴한 인건비와 풍부한 노동력을 활용한 대량 생산단계인 것이다.

이와 같이 오늘날의 생산은 각 단계에서 각기 다른 국가들이 역할을 나누어 맡는 분업의 형태가 성행하고 있는데 이를 수직적 국제 분업이라 한다. 그리고 생산단계별 비용이 가장 낮은 국가에서 전담하여 생산한 결과, 최종적으로 가치가 창출된다는 의미에서 이러한 연결 관계를 글로벌 가치사슬(global value chain)이라 한다.

따라서 오늘날 한 나라의 무역액을 총액(gross) 기준으로 측정한다면 중간재무역액이 이중으로 계상되는 등 현실을 정확하게 반영하지 못하는 현상이 일어난다. 그러므로 각국에서 실제 생산에 참여한 가치를 측정하는 부가가치 기준의 무역액 측정이 보다 정확한 무역규모를 추정할 수 있다.

위의 예에서 중국은 원자재 100만큼 가치를 부가시켜 한국에 수출하고, 한국은 70만큼의 가치를 부가시켜 170으로 염색원단을 인도네시아로 수출하고 인도네시아는 30만큼의 가치를 부가시킨 완성품을 200으로 만약 말레이시아에 수출했다면 인도네시아의 대 말레이시아 수출총액은 200이 된다. 그러나 실상은 중국산 원단 비용 100과 한국의 염색기술비용 70이 포함되었기 때문에 실제 인도네시아의 대 말레이시아 수출은 30에 불과하다고 볼 수 있다.

요즈음 전 세계의 이슈가 되고 있는 미국과 중국의 무역 분쟁도 부가가치 기준 무역의 중요성을 설명하고 있다. 미국은 중국이 미국쪽에 너무 수출을 많이 하여 대미 무역흑자가 크기 때문에 중국의 대미 수출을 제한해야 한다고 주장하고 있다. 반면 중국은 미국으로 수출하는 상당 부분이 한국이나 일본에서 원자재나 반제품을 수입하고 이를 중국에서 가공 수출한 것이기 때문에 실상을 파고들면 한국이나 일본 제품이 중국을 통해 간접적으로 수출한 것이라고 주장하고 있다.[28] 즉 미국은 총액 기준으로 중국의 대미무역을 측정했고, 중국은 이를 부가가치기준으로 측정함으로써 무역 분쟁이 해결되지 못하고 있는 것이다.

---

28) 제1장 제3절에서 살펴본 우리나라의 가공단계별 수입구조 자료에 의하면, 우리나라의 경우 총 수입액 중 50% 이상이 중간재이다. 중간재를 수입하여 가공단계를 더 높이거나 완성품을 만들어 수출한다. 그렇다고 보면 우리나라도 실상은 수출을 많이 하지만 미국, 일본, 독일 등 선진국 제품을 수출한다고 볼 수도 있다.

무역정책

무역정책은 국가 간의 무역을 개인이 자유롭게 할 수 있는가? 아니면 국가가 일정한 정책목표를 설정하고 그 테두리 내에서 무역을 하는가의 문제인데 전자가 자유무역이고 후자가 보호무역이다. 자유무역과 보호무역은 서로 장단점이 있기 때문에 어느 정책이 절대적으로 우선한다고는 말할 수 없으며, 무역의 역사를 보건데 두 정책이 번갈아 가면서 시행된 것을 알 수 있다. 이 장에서는 보호무역의 필요성과 어떻게 보호를 하는 것이 최적이라 할 수 있는가? 등 보호무역이론과 보호무역의 중요한 수단인 관세와 비관세에 대해서 살펴보고, 마지막으로 근대 이후 무역정책의 흐름을 개괄적으로 정리하면서 현재 세계무역의 당면과제 등을 알아보고자 한다.

SECTION 01 보호무역이론

1. 자유무역과 보호무역

무역정책의 핵심은 국가 간의 무역을 개인이 자유롭게 하는가? 그렇지 않으면 국가의 정책에 따라서 일정 통제하에 무역을 하는가?인데, 전자의 경우가 자유무역이며 후자의 경우를 보호무역이라고 한다.

1-1 자유무역의 의의

자유무역은 정부가 어떠한 간여도 하지 않고, 개인이나 기업들에게 모든 것을 맡겨 자유롭게 무역을 하는 것을 말한다. 그러면 아담 스미스의 주창대로 보이지 않는 손(invisible hands), 즉 시장 및 가격 메커니즘(mechanism)에 의해서 가장 효율적인 상태로 가게 된다는 기조이다. 앞서 무역이론에서 살펴보았듯이 이론상으로 가장 바람직한 무역은 완전개방하의 자유무역을 하는 것이다. 이렇게 하면 앞에서 설명한 여러 무역이론에 충실히 따르는 것이 되며 전 세계는 최적의 조건에서 최대의 부를 창출할 수 있다.

자유무역을 할 경우 무역이론에 따라서 세계의 부는 창출되고 경제는 호황을 맞이할 수 있지만, 부익부 빈익빈 현상으로 선진국은 무역을 할수록 부를 쌓고, 개도국이나 후진국은 국제무역으로부터 아무런 혜택을 누리지 못하는 현상이 일어난다. 선진국은 공업제품의 생산에 필요한 원재료를 주로 개도국이나 후진국으로부터 아주 싼 값으로 수입하고, 공업제품은 이들 국가에게 아주 비싼 값으로 수출하기 때문에 개도국이나 후진국에서는 끊임없이 국제수지가 악화되어 외채가 늘어나고 국내 자원이 해외로 유출되는 현상이 일어난다.

1-2 보호무역의 의의

보호무역은 국가가 일정한 정책을 세우고 그 정책하에 무역을 행하는 것인데 국가가 무역을 간섭 내지 관리하는 무역을 말한다. 보호무역을 택하는 주요 원인은 자국 산업의 보호이고, 수출은 늘리고 수입은 최대한 억제하려는 것이다. 특히 한창 성장하려는 산업(유아 혹은 유치산업)을 보호하기 위해서는 유아산업 생산제품의 국내 유입을 우선 차단해서 국내시장을 보호해 주어야 한다.

대부분의 국가는 자국 산업을 보호하고, 수출은 늘리고 수입은 줄여서 국제수지를 개선하고자 보호무역을 실시하는데, 이런 정책을 달성하려고 수입물품에 대해서는 높은 관세를 적용하거나 수입제한 등 정책을 펴게 된다. 하지만 무역은 국가 간의 상거래이므로 특정 국가에 대해서 이런 보호조치를 취하면 상대국가도 똑같이 관세를 인상하고 수입제한조치를 더 강도 있게 취하여 종국에는 양국 간, 나아가 세계 전체에서 관세전쟁이 일어나는 등 경제가 위축된다.

이와 같이 자유무역과 보호무역은 상호 장단점을 지니고 있어 어느 한 정책만을 절대적으로 옳다고 볼 수는 없고 그 때의 경제상황에 맞추어서 적절한 정책을 펴고 있다. 그러나 현실로는 지금 이 지구상에 어느 한 국가도 수입문호를 완전히 개방하고 있는 나라는 없고, 모든 국가가 수단과 정도의 차이는 있어도 다 보호무역정책을 쓰고 있는 실정이다. 그러므로 무역정책이라고 하면 으레 보호무역정책을 말하게 되는 것이다.

2. 보호무역의 근거

2-1 유치산업보호론

1) 의의

보호무역정책에 대해 가장 설득력 있고 체계적인 이론을 처음으로 제시한 사람은 독일의 경제학자 리스트(F. List)였다. 물론 그 이전에 미국의 해밀턴(A. Hamilton)이 미국의 공업을 보호하기 위해 관세를 부과해야 한다고 주장한 바도 있지만, 이는 풍부한 부존자원으로 상대적으로 무역의존도가 낮았던 미국이었기에 가능한 것이었다.

그러나 리스트는 경제발전수준이 상이한 나라들 간에는 고전적인 자유무역이론이 적용될 수 없음을 지적하고, 후진국(당시의 미국, 독일)의 상품이 영국과 프랑스 같은 선진국의 상품과 경쟁할 수 있기 위해서는 경제발전이 늦은 후진국은 자국의 유치산업을 일정 기간 관세와 같은 정책수단으로 보호해야 한다는 이른바 유치산업보호론(infant industry argument)을 내세웠다.

이러한 유치산업보호론은 근대적인 산업부문을 육성하기를 열망하고 있던 산업화 초기단계의 국가들로부터 커다란 호응을 받았다. 유치산업보호론이 경제적으로 타당성을 갖는 것은 근본적으로는 보호에 따른 희생을 감수하여야 할지 모르나, 그러한 보호로 인해 유치산업이 갖고 있던 잠재적인 비교우위가 현실화하게 되면 비교우위에 따른 특화가 가능해지며, 이렇게 얻어지는 후생의 증가는 과거의 희생을 상쇄하고도 남는 것이 있다는 데에서 연유한다.

2) 문제점: 밀-베스터블 검정

그러나 유치산업보호정책을 실제로 수행하는 데 있어서는 어느 산업을 선정하여, 어떠한 방법으로, 얼마 동안이나 보호해 주어야 하는지를 실시할 당시에는 알 수 없기 때문에 정책결정에 많은 어려움이 따르게 된다. 예를 들어, 사양 산업을 유치산업으로 잘못 선정하여 관세를 통해 보호해 줄 경우, 보호기간 동안 소비자들이 자유무역의 경우보다 높은 가격으로 국내의 사양 산업에서 생산한 상품을 소비하게 됨으로써 입는 손실은 보상받을 길이 없어진다.

그러므로 보호대상이 될 만한 유치산업을 선정하는 것은 유치산업보호론이 해결해야 할 가장 중요하고도 어려운 문제라고 할 수 있다. 이와 관련하여 리스트도 모든 공업부문을 똑같이 보호해야 한다고 주장하지는 않았다. 리스트는 보호의 성과를 고려하면서 일정한 기간이 지나면 경쟁력을 갖출 수 있는 산업을 보호해 주고, 그 후에는 자유무역으로 전환해야 한다는 점을 강조하였다.

유치산업의 선정기준에 대하여는 그 이후로도 많은 학자들의 관심이 집중되었는 바, 밀(J. S. Mill)과 베스터블(C. F. Bastable)은 유치산업의 선정 기준을 두 가지 제시했다. 첫째, 보호는 어디까지나 한시적이어서 보호를 받은 산업이 일정한 기간이 경과한 후 국제경쟁력을 갖게 되어 자립할 수 있어야 하고, 둘째, 자립 후에 그 산업에서 얻게 되는 이득이 보호기간 중의 손실을 보상하고도 남음이 있어야 한다는 것이다. 이러한 주장을 '밀－베스터블 검정'(Mill-Bastable Test)이라 한다.

이와는 달리 일부 학자들은 유치산업의 선정을 차라리 자유로운 시장메커니즘에 맡겨 두는 것이 나을 것이라는 주장을 내세우기도 한다. 이들은 정부 관료가 제아무리 똑똑하고 정직하다 하더라도 잠재적인 비교우위를 지니고 있는 산업을 제대로 찾아내어 이를 아무런 사심 없이 지원해 주리라고 믿기는 힘들다는 것이다. 나아가서 만일 어떠한 산업에 이윤가능성이 있다면 가만히 내버려 두어도 개인 기업가들이 나설 것이므로 이 산업이 경쟁력을 갖게 되기까지의 비용을 이들이 부담하게 하면 된다는 것이다. 그러나 여기에도 여전히 따르는 문제점은 기업가들, 특히 저개발국의 기업가들은 위험부담을 싫어하므로 이들을 유치하기 위해서는 특별한 투자유인이 선행되지 않으면 안 된다는 점이다.

또한 유치산업이 선정되었다 하더라도 어떠한 보호수단을 어느 정도로 적용하느냐 하는 문제가 있다. 우선 생각할 수 있는 것은 보조금과 관세인데, 전자의 경우는 소비자의 부담이 따르지 않는다는 장점이 있으나 필요한 재원을 어디서 어떻게 조달하느냐 하는 문제가 있고, 반면에 후자의 경우는 별도의 정부지출은 따르지 않으나 보호비용이 소비자에게로 전가된다는 단점이 있다. 또한 보호기간이 길어지면 길어질수록 보호비용이 늘어나게 됨은 두말할 나위도 없다. 따라서 유치산업보호론에 입각한 보호무역정책을 실시하는 데에 있어서는 이러한 문제점들을 고려하여 신중히 판단하여야 한다.

2-2 전략적 무역정책론

1) 의의

전략적 무역정책 혹은 전략적 통상정책(strategic trade policy)은 자국의 특정 기업이 세계시장에서 독점력을 가지고 막대한 이윤을 얻고 있는 경우, 다른 나라에게 그러한 이익을 주지 않기 위해 자국의 기업에 보조금을 지급하는 등 보호정책을 실시하여 비교우위를 창출하고 자국의 경제성장을 도모하는 정책을 말한다.[29] 예를 들어, 우리나라가 삼성전자에 대해서 체계적인 지원을 함으로써 현재의 이익을 보다 더 추구하고 이를 이용해 우리나라의 경제발전을 꾀하고자 하는 것이다.

최근 활발히 논의되고 있는 이 이론에 의하면, 국가는 일시적 무역장벽을 이용하여 반도체, 컴퓨터 등과 같은 기술집약적 첨단산업이면서 동시에 국가의 미래성장에 핵심적 역할을 하는 산업부문에서 비교우위를 창출할 수 있다는 것이다. 이들 기술집약적 첨단산업은 리스크가 크고, 규모의 경제를 달성하기 위하여 대량생산이

---

29) 국제무역 혹은 국제통상은 크게 구분되지 않지만 대체로 국제무역은 보다 일반적이고 보편적인 무역의 개념을 설명하는데 적합하고, 반면 국제통상은 국제통상법이나 국제통상정책 등과 같이 무역 관련법이나 무역정책의 측면을 강조할 경우에 적합하다.

필요한 산업들이며 이들 산업이 성공하는 경우 무역창출효과도 크다는 것이다.

전략적 무역정책론은 이들 산업을 보호·육성함으로써 국가는 그 산업으로부터 파생하는 거대한 무역이익을 수확할 수 있고, 이것을 통하여 국가의 미래 번영을 가져올 수 있다는 것이다. 이 이론은 선진국의 핵심기술집약적 산업으로 그 적용범위를 확장했다는 점만을 제외한다면 유치산업보호론과 별 차이가 없다.

2) 문제점

그러나 과연 그러한 산업성장이 산업정책에 의해서만 가능한 것인지에 대해서는 회의적인 견해도 있다. 예를 들면, 기업의 전략적 특성이라든지 교육열의 차이에 의한 인적 자원의 차이 등과 같이 다른 설명요인들도 많이 있을 수 있다는 것이다.

전략적 무역정책론은 특히 다음과 같은 현실적인 문제점을 가진다.

첫째, 어떤 산업을 선정해야 하며, 이들 산업을 육성하는 적절한 산업정책은 무엇인가 하는 점이다.

둘째, 대부분의 선진국들은 거의 동시에 전략적 산업을 육성하는 정책에 착수하기 때문에 전략적 무역 또는 산업정책의 효과는 중화될 것이며, 이에 따라서 이들 산업의 잠재적 이익도 매우 적어지게 될 것이다.

셋째, 만일 이러한 전략적 무역정책이 성공하여 그 산업이 성장하고 수출을 많이 하게 된다면 이것은 결국 다른 국가의 희생으로 나타나게 될 것이고 상호 무역보복이 발생할 수 있을 것이다.

이러한 여러 가지 현실적인 실행상의 문제점들로 인하여 결국은 자유무역이 최적의 무역정책이라는 종래의 주장을 뛰어넘을 수는 없다고 보여 진다.

2-3 시장의 왜곡

1) 시장 왜곡의 의미

시장 왜곡(market distortion)은 특정한 경제활동에 대해 개인이 평가하는 사적인 비용/편익이 사회 전체적인 비용/편익과 서로 차이가 나는 외부효과를 말한다. 만약 특정 산업의 재화가 생산·수출되는 과정에서 기술이 타 산업으로부터 무상으로 이전되어서 기업이 재화를 생산하는데 소요되는 사적비용보다 사회가 전체적으로 지불하는 사회적 비용이 더 낮을 경우에는 긍정적인 외부효과(외부경제)가 발생한다. 혹은 어떤 산업이나 기업의 행동으로 사회 전체적인 효용이 감소하거나 비용이 증가하는 등 부정적인 외부효과(외부불경제)가 발생할 수도 있다.

2) 시장 왜곡과 무역

외부효과가 긍정적으로 발생할 경우 자유무역에 맡겨서 아무런 조치를 취하지 않는다면 어떤 현상이 일어날까? 대체로 기업은 생산비용을 산정할 때 기업의 사적비용만 계산하지 사회적 비용은 고려하지 않으므로 외부효과가 존재하는 재화의 생산수준은 사회에서 요구하는 수준과 차이가 있을 가능성이 높다. 따라서 생산을 늘리기 위해 같은 종류의 수입품에 대해서 관세를 올리면 수입품의 국내가격이 상승하고 이러한 유인작용으로 인해 국내 생산업자들은 생산을 늘리게 된다. 다시 말해서 보호무역정책을 시행하여 적정한 관세를 부과하면 사회적으로 최적 생산량까지의 생산을 유도할 수 있다는 것이다.

외부불경제의 대표적인 예로는 공해를 들 수 있는데, 사적인 생산비만을 고려하여 어느 나라도 육성하지 않는 공해산업에 특화하여 자유무역을 하는 것보다는 보호무역을 통해 외부경제가 큰 수입대체산업의 육성에 힘을 쏟는 것이 사회 전체의 경제적 후생을 늘리는 길임은 자명하다 하겠다. 수입대체산업의 육성은 국내생산의 증대를 가져올 수 있으며, 또한 생산의 증대를 통하여 고용확대를 성취시킬 수 있다.

3) 차선책: 자유무역

자유무역이 최선의 정책이라는 주장은 완전경쟁이 전제된 경제구조에서 자유무역이 발생하면 자원이 가장 효율적으로 배분된다는 가정을 품고 있다. 그러나 현실적으로 자유무역이론하의 가정과는 달리 외부경제나 외부불경제 등 시장 왜곡이 존재할 경우 자유무역은 더 이상 최선의 정책이 될 수 없으며, 오히려 보호무역과 같은 차선의 정책이 보다 바람직할 수도 있다.

그러나 이러한 경우 주의하여야 할 점은 중남미의 사례에서도 찾아볼 수 있듯이 수입대체정책이 강화될수록 국내생산이 불가능한 자본재의 수입이나 선진기술도입이 불가피하므로 국제수지압력이 가중될 수가 있으며, 지나친 무역통제는 이에 대한 보복을 불러일으켜 오히려 세계경제침체 및 그에 따른 국내경기의 위축을 가져올 수도 있다는 것이다.

2-4 경제외적 목표

무역이론에 따라 얻을 수 있는 이익 외에 국방, 환경, 사회적 여건 등 다른 목적으로 무역을 제한하는 경우 이를 경제외적 목표라 하며 무역협상에서는 이를 통칭하여 비교역적 관심사(non-trade concerns)라고 한다.

1) 국방

특정 산업의 경우에는 한 나라의 군사력을 유지하기 위해 보호가 절실히 필요한 경우가 있다. 이러한 방위산업은 국가안보를 위해서 마땅히 보호해야 한다는 주장인데, 이에 대해서는 많은 경제학자들도 수긍하고 있다. 그러나 이에 대하여는 어떠한 산업이 과연 국가안보상 중요한 산업인가에 대해 논란이 있을 수 있으므로 경제적 효율성을 고려한 냉정한 판단이 요구된다.

2) 농업

우리나라의 경우 쌀 수입은 무역이론에 의하면 가까운 중국 쌀을 수입하는 것이 이익이지만 농가보호와 식량무기화 등에 대비하여 쌀 수입을 계속 제한하고 있다. 우리나라의 식량 자급도가 대략 30% 정도인데, 부족 부분을 자유무역을 통해 무한정 수입에만 의존할 경우 장래에 쌀 수출국이 이를 무기화하여 쌀 수출을 금지할 경우, 우리나라는 하루아침에 쌀을 충분히 생산할 수 없기 때문에 심각한 식량부족 사태가 야기될 수 있다. 이와 같이 어떤 정치적 이유 등으로 발생할 수 있는 식량 부족사태를 사전에 예방하고 사회적 후생을 지키는 방법으로 자유무역보다는 보호 무역을 택해야 하는 것이다.

3) 문화적·사회적 가치

문화적·사회적 가치를 내세워 보호를 정당화하는 경우도 있다. 예를 들어, 우리와는 생활양식이 다른 미국의 영화가 무분별하게 도입된다면 우리나라의 전통적인 가치관이나 생활양식을 허물어뜨릴 우려가 있다. 이와 같이 해외문물의 유입으로부터 전통문화나 가치관을 지키기 위한 경우는 오히려 적절히 수입을 규제하는 것이 당연하다고 본다.

관세

1. 관세의 개념

역사적으로 무역을 제한하는 가장 중요한 수단으로 활용된 것은 관세(customs, customs duties, tariff)이다. 관세라 함은 한 나라의 관세선을 통과하는 물품에 대해서 부과되는 조세를 말한다. 여기서 말하는 관세선은 수출입화물에 관세를 부과할 수 있도록 법으로 정한 관세구역을 말한다.

관세선은 대개는 정치적인 국경선과 일치되나 반드시 그렇게 되는 것은 아니다. 한 나라 내에서도 관세제도상 외국과 동일하게 취급되는 자유항이나 자유지역은 자유롭게 입항하거나 경제활동을 할 수 있는 지역이므로 관세가 부과되지 않기 때문에 관세선이 다르다. 또 유럽연합(EU)과 같은 관세공동체는 역내의 관세선이 전혀 없는 것은 아니지만 역외의 물품에 대해서는 동일 관세선을 갖는 것과 다름없다.

관세의 시초는 고대에 도로·교량·항만시설 등의 사용수수료 및 운송물품과 통과여객에 대한 보호·경비 등에 대한 관습적 지불(customary payment)이었으며, 이것이 후에 'customs', 즉 관세를 의미하는 것이 되었다 한다.[30] 그 후 관세는 주로 국가의 재정수입이나 산업보호라는 두 가지 목적을 가지고 시행되어 왔는데 오늘날은 후자의 목적이 강조되고 있다.

우리나라 헌법 제95조에 "조세의 종목과 세율은 법률로써 정한다."라고 되어 있고, 관세도 일종의 조세이므로 법률에 의하지 않고는 부과할 수 없다는 조세법률주의에 입각하고 있다. 다만 비준·공포된 조약은 법률과 동일한 효력을 가지므로 조약에 의하여 관세를 부과 또는 면제할 수 있다.

---

30) 일반적으로 관세라고 하면 'customs' 혹은 'tariff'으로 혼용하고 있으나 엄밀히 말해서 'customs'라고 하면 좀 더 넓은 의미를 지니고, 'tariff'라고 하면 관세율에 관한 좁은 의미로 해석된다.

2. 관세의 종류

2-1 과세의 시기에 의한 분류

1) 수입세

경제적 가치가 있는 모든 유체물품 혹은 소프트웨어, 애니메이션 등과 같은 무체물품 등을 수입할 때 부과되는 관세를 수입세라고 하며, 수입세는 국회를 통과한 관세율표에 의하여 부과된다. 이 관세율표에는 국제간에 이동이 가능한 물품은 모두 다 망라하고 있다.

2) 수출세

수출세는 국내 상품이 외국으로 수출될 때 부과되는 관세인데 대부분의 국가들은 수출세를 부과하지 않는다. 그러나 수출세를 부과하더라도 수출에는 영향이 없을 정도의 독점 생산품 또는 국가 재정수입에 큰 재원이 될 수 있는 물품에 대해서는 수출세를 부과하고 있다. 사우디아라비아의 원유, 브라질의 커피, 스리랑카의 홍차 등에는 수출세가 부과된다.

2-2 과세의 목적에 의한 분류

1) 재정관세

과세의 주목적이 국고수입의 확보에 있는 관세를 재정관세 또는 세입관세라고 하며, 이는 일반적으로 국내생산이 거의 없거나 수요를 부득이 수입에 의존할 수밖에 없을 때, 또 이미 국내 산업이 확립되어 있어 더 이상 보호할 필요가 없을 때 부과되며, 관세율은 대체로 10~20%선이 된다.

원칙적으로 재정관세는 오직 재정목적만을 위하여 부과되어야 하지만 관세가 일단 부과되면 수입물가에 영향을 주어 수입수량이 줄어든다든지 또는 국내산업보호의 효과가 발생한다. 다만 그것들은 어디까지나 부수적인 것이고, 주된 목적이 국고수입에 있으면 재정관세라고 할 수 있다.

2) 보호관세

보호관세는 자국의 특정 산업을 보호할 목적으로 부과하는 관세를 말한다. 예를 들어 인구가 많아서 노동력이 풍부한 방글라데시는 자국의 입장에서 특별한 분야인 섬유산업을 보호하고 실업자를 줄이기 위하여 해당 품목 수입에 보호관세를 부과시킬 수 있다.

그리고 보호관세는 국가의 정책적인 분야의 육성을 위한 육성관세의 성격을 띠는데 특히 개발도상국인 나라들은 이 보호관세 없이는 도저히 자국의 산업을 육성할 기회가 없다. 그러나 너무 고율의 관세를 부과하여 실제적으로 금지관세가 되어 버리면 수입 감퇴로 재정수입마저 줄어들 가능성도 생긴다.

2-3 과세의 방법에 의한 분류

1) 종가세

종가세(ad valorem duty)는 수입물품의 가격을 기준으로 부과하는 관세를 말한다. 과세물건은 금액으로, 세율은 백분비로 표시되어 수입물품의 실제가격에 관세율(%)을 곱하면 종가세액이 된다. 종가세는 상품의 실제가격에 따라 과세하므로 상품가격에 따라 균등하고 공평하게 과세할 수 있다. 대부분 국가에서는 종가세를 부과하고 있다.

2) 종량세

종량세(specific duty)는 상품의 수량을 기준으로 하여 부과하는 관세이다. 과세물건은 수량으로, 세율은 금액으로 표시되므로 수입물품의 개수·중량·길이 등에 수입세율표상에 표시된 해당 품목의 금액을 적용하면 되는 것이다. 따라서 종량세액은 과세물건의 수량에다 단위수량에 해당되는 세액을 곱하면 되므로 종량세는 간단명료한 장점이 있지만 고가제품이나 저가제품이나 수량이 같으면 동일한 관세가 부과되어 관세의 공평성이 결여될 수 있다.

종량세는 주로 원유, 설탕, 영화용 필름 등과 같이 대량으로 거래되거나 가격변동이 심한 물품에 적용된다. 그리고 수입가격이 너무 저렴하여 종가세로서는 국내시장을 충분히 보호할 수 없을 경우에도 마찬가지인데 대표적으로 최근 저가로 수입되는 외국산 맥주에 대해서도 종량세를 적용한다.

3) 선택세

선택세(selective duties)는 한 품목에 대해서 종가세와 종량세를 동시에 적용하여 그 중 높은 것을 관세로 확정하는 방법이다. 대체로 품질이 우수하거나 시세가 상승할 때는 종가세를 적용하고, 저가품이나 시세가 하락할 경우에는 종량세를 적용한다.

현행 선택세율 대상품목은 밤(HS 0802.20), 은행(HS 0802.90), 대추(HS 0810.90) 등이 있다.

2-4 과세의 성격에 의한 분류

1) 국정관세

한 나라가 자국의 법령에 의하여 자주적으로 부과하는 관세를 국정관세라고 한다. 이는 외국으로부터 아무런 제약을 받지 않고 관세주권에 의하여 오직 자국의 경제·재정상의 필요에 의하여 부과되는데 보통 기본관세라고도 한다.

대개의 국가들은 법률에 의해서 관세를 부과하고 있지만 관세는 국내의 경제사정의 변화에 즉각적으로 대처할 수 있어야 되기 때문에 법률에 의하지 않고도 일정한 범위 내에서는 행정부가 임의로 관세를 부과할 수 있도록 되어 있다.

2) 협정관세

외국과의 통상조약 또는 관세조약에 의하여 부과하는 관세를 협정관세라고 하며, 일반적으로 상호주의 원칙에 의하여 서로의 교역량을 증진하기 위하여 기존 국정 관세율을 인하하거나 더 인상하지 않을 것을 양허하는 협정이기 때문에 국정 관세율보다 저율이다.

협정관세제도 중 가장 많이 이용되는 것이 소위 '최혜국대우'(most favoured nation treatment)인데, 이는 통상조약을 체결한 국가가 통상·항해·관세면에서 이제까지 제3국에 제공한 특혜가 있었으면 동일한 우대를 조약상대국에게 적용하는 의무를 지며 상대국은 이것을 청구할 권리를 갖는다.

우리나라의 협정관세에는 WTO 협정 일반양허관세 및 개발도상국간 양허관세, ESCAP(Economic and Social Commission for Asia and the Pacific: UN의 아시아 태평양 경제사회위원회) 양허관세, 개발도상국가간 무역협정에 의한 양허관세 등이 있다.

2-5 탄력관세

조세의 부과 및 징수는 반드시 법률에 근거하여야 하는데, 관세도 조세의 일종이므로 국가가 수입물품에 대해 관세를 징수하려는 경우에는 국회에서 제정된 법정관세율의 적용을 받는 것이 원칙이다. 그러나 국내외 경제여건이 수시로 변하고 국민경제에 미치는 영향이 빠르고 크게 작용하는 경우에는 정부가 국회의 위임을 받아 일정 범위 내에서 관세율을 조정할 수 있는 권한을 갖도록 하였는데 이를 탄력관세제도라고 하며 이 중 몇 가지를 살펴보면 다음과 같다.

1) 덤핑방지관세

외국으로부터의 수입품이 정상가격 이하로 수입되어 국내 산업이 실질적 피해를 입거나 입을 우려가 있다고 판단되는 경우에 부과하는 관세이다. 덤핑방지관세(anti-dumping duty)는 정상가격 이하로 수입되는 물품의 가격을 관세부과를 통해 정상화시킴으로써 수입을 긴급히 억제하기 위한 것이 과세 목적이다.

2) 보복관세

교역상대국이 우리나라 수출품에 대하여 협정으로 규정된 우리나라의 권익을 제한하거나 차별적인 조치를 취하는 경우에 그 교역상대국으로부터 수입되는 물품에 대하여 피해상당액의 범위 내에서 부과하는 관세이다.

3) 상계관세

수출국 정부로부터 수출보조금을 받은 외국 물품이 낮은 가격으로 대량 수입되어 국내 산업에 피해를 줄 우려가 있을 경우, 수출보조금의 효과를 상쇄시키기 위해 보조금만큼 추가하여 부과하는 관세이다.

4) 긴급관세

특정 물품의 수입 증가로 동종 상품 또는 직접적 경쟁관계에 있는 상품을 생산하는 국내기업이 심각한 피해를 입은 것으로 판명된 경우 그 피해를 방지하고 조정을 촉진하기 위해 부과하는 관세인데 특정 상품의 수입에 대한 긴급대응조치라고 할 수 있다.

3. 관세의 효과

3-1 관세의 긍정적 효과

관세의 부과 여부와 관세율의 높고 낮음이 국내물가 및 산업에 지대한 영향을 미치며, 또 국내수요와 가격의 탄력성에도 상당한 관계가 있겠으나 일반적으로 수입물품에 관세를 부과하면 다음과 같은 효과가 발생한다.

1) 수입물품의 가격 상승

일반적으로 자유무역하에서는 특정 물품의 수입가격은 국내가격보다 낮다. 예를 들어 같은 참기름이지만 중국산 참기름은 한국산 참기름보다 싸기 때문에 우리나라로 수입되는 것이다. 그러나 중국산 참기름은 관세가 납부되어야만 국내에서 판매가 되므로 참기름의 가격은 관세만큼 상승한다.

2) 소비의 억제

수입물품에 대하여 관세를 부과하게 되면 수입물품의 국내가격을 상승시킴으로써 소비를 억제하게 된다. 관세 부과로 중국산 참기름 가격이 오르게 되면 참기름 소비는 줄어든다. 관세로 인한 국내소비의 억제 정도는 수요·공급의 가격탄력성에 따라 달라진다.

3) 국내산업의 보호

수입되는 외국물품에 대하여 관세를 부과함으로써 해당 물품의 국내생산을 증가시켜 상대적으로 국내 산업을 보호하는 기능을 갖는다. 또한 관세로 인해 특정 산업이 보호되면 그 업종에 대한 투자를 유발시켜 자원을 효과적으로 배분하게 된다.

4) 재정수입의 확보

관세는 국가의 재정수입을 확보하는 데 큰 기능을 갖고 있다. 이러한 관세의 국고수입확보는 선진국보다 후진국, 특히 개발도상국에서 더 큰 기능을 발휘하는데, 이것은 후진국일수록 국민소득이 낮을 뿐 아니라 전반적인 산업의 미개발과 행정력의 미숙으로 내국세의 비중이 작기 때문이다.

5) 국제수지의 개선

관세는 수입물품의 소비를 억제하여 수입억제효과를 가져오므로 국제수지를 개선하는 기능을 갖는다. 수입품에 대해 고율의 관세를 부과하면 해당 물품의 국내가격상승으로 국내수요가 줄어들게 되므로 수입이 감소되어, 국내 산업을 보호·육성시킴으로써 산업의 수출 및 국제경쟁력을 배양시켜 궁극적으로 수출증대에 기여하게 된다.

3-2 관세의 실효보호율

1) 의의

만약 우리나라가 국내 자동차 산업을 보호하기 위해 외국으로부터 수입되는 자동차에 대해 관세를 부과했다면 국내 자동차 산업은 실질적으로 어느 정도 보호를 받았을까? 수입자동차에 대해 50% 관세를 부과하였다면 우리나라 자동차 산업은 관세를 부과한 50%만큼 보호받았을까? 아니면 그 이상, 그 이하, 혹시 오히려 피해를 입지는 않았을까?

관세의 보호효과를 측정하기 위해서는 명목관세와 관세의 실제 보호를 구분할 필요가 있다. 명목관세란 자동차, 자전거 등 완제품 수입에 부과하는 관세를 의미하는데, 이러한 명목관세만으로는 관세의 국내 산업에 대한 실제 보호 정도를 측정하는데 적합하지 않다. 왜냐하면 특정 산업을 관세로 보호한다면 이러한 보호의 혜택을 받는 당사자는 비단 그러한 완제품을 생산하는 기업뿐만 아니라 그 기업에 원료와 부품을 공급하는 다른 산업에까지 영향을 미치기 때문이다.

따라서 관세가 국내 산업을 실질적으로 어느 정도 보호하느냐를 측정하기 위해서는 완제품에 대한 명목관세와 함께 원자재나 부품과 같은 중간재의 수입 시 부과하는 관세도 동시에 고려해야 한다. 이러한 점을 고려하여 특정 산업에서 관세부과 후에 얻게 되는 부가가치가 관세부과 전의 부가가치에 비해 얼마나 늘어났는가 하는 국내 생산의 부가가치 상승률을 측정해야 하는데 이를 관세의 실효보호율(effective rate of protection)이라 한다.

$$관세의\ 실효보호율 = \frac{관세부과후\ 부가가치 - 관세부과전\ 부가가치}{관세부과전\ 부가가치} \times 100$$

2) 관세의 경사현상

물론 모든 산업에 동일한 관세율이 부과된다면 실효보호율은 명목적인 관세율과 같아질 것이다. 그러나 일반적으로 모든 나라에서는 원자재나 부품에 대해서는 아주 낮은 관세를 부과하고, 완제품에 대해서는 높은 관세를 부과하는 것이 보통이다. 이와 같이 관세가 원자재 → 중간재 → 최종재 순으로 세율이 높아지는데 이를 두고 '경사현상'(escalation)이라 한다. 만약 경사현상이 있을 경우 명목관세율은 관세의 실효보호율과 차이가 나게 된다.

3) 예시

이해를 돕기 위하여 자전거 산업의 경우를 예로 들어보자. 자전거의 세계시장에서의 가격은 10만원인데 여기서는 타이어, 축 등을 합해서 모두 5만원어치의 부품이 필요하다고 가정하자. 그러면 국내에서의 부가가치는 5만원이 된다.

그런데 관세의 경사현상으로 자전거에는 20%의 관세가 부과되고 부품산업에서는 일률적으로 10%씩의 관세가 매겨진다면, 자전거의 관세는 2만원이 되고 부품의 관세는 5천원이 된다. 따라서 관세부과 후 자전거 가격은 12만원이 되고 부품 가격은 5만 5천원이 되므로, 관세부과 후의 부가가치는 6만 5천원이 된다. 따라서 관세부과 전에는 부가가치가 5만원이었는데 관세부과 후에는 6만 5천원이 되어 자전거 산업의 실효보호율은 30%가 된다.

관세부과 전 부가가치 = 100,000원 − 50,000원 = 50,000원

관세부과 후 부가가치 = 120,000원 − 55,000원 = 65,000원

$$관세실효보호율 = \frac{65,000 - 50,000}{50,000} \times 100 = 30\%$$

특정 산업에 대한 관세의 실효보호율은 최종제품에 대한 관세율이 높을수록, 그리고 부품에 대한 관세율이 낮을수록 높아지게 된다. 그러므로 우리가 보게 되는 관세의 경사현상은 완제품 산업에 대한 보호효과를 높이기 위한 아주 자연스러운 것임을 알 수 있다.[31]

---

31) 박광서 등, 앞의 책, pp.62−64.

3-3 관세의 부정적 효과

관세가 부과됨으로써 소비자는 자유무역의 경우보다 더 높은 가격으로 소비를 하게 되는데, 이는 무역에서 얻을 수 있던 이익기회를 스스로 포기하는 셈이 된다. 이런 경우를 소비자잉여(consumer surplus)가 감소한다고 말한다. 물론 이러한 소비자의 손실 중의 일부는 생산자에게 돌아가기도 하고 정부의 관세수입으로 귀착되기도 하지만 그것은 어디까지나 자유무역에서 얻을 수 있는 이익의 일부에 지나지 않는다.

또한 관세를 징수하기 위해 드는 비용도 문제이다. 예를 들어 세관원이 세관업무를 하지 않고 다른 일에 종사할 수 있다면 그 나라 전체의 경제적 후생은 늘어날 수도 있을 것이다.

아울러 관세는 오히려 기술진보를 저해할 수도 있다. 즉 관세의 보호로 경쟁이 약화되면 국내생산자는 기술혁신 등을 통해서 생산비를 낮추려는 노력을 덜하게 될지도 모른다는 것이다. 게다가 한 나라가 수입되는 물품에 대해서 관세를 부과하게 되면 상대국도 가만히 있으리라고 생각하기는 힘들다. 상대국에서도 보복적인 관세로 대응해 나온다면 세계무역은 극도로 위축되고 말 것이다.

관세의 효과를 종합해 보면 <표 3−1>과 같다.

표 3-1　관세의 효과

경제주체	관세의 긍정적 효과	관세의 부정적 효과
수입물품 소비자		소비자 잉여 감소
수입물품 생산자	이윤의 증가	
정부	조세수입의 증가	
국가	국내산업 보호	통상 마찰

SECTION 03 비관세장벽

1. 비관세장벽의 개념

　　제2차 세계대전 전까지만 해도 무역제한수단의 주류를 이루었던 관세는 전후 GATT를 중심으로 한 여러 차례의 협상 끝에 각국이 이를 상당한 정도까지 인하하기로 합의하였고, 특히 세계무역기구(WTO)가 설립된 이후 관세로서는 무역을 제한할 수 없어 각국은 관세 이외에 다른 수단들을 모색하게 되었다. 이러한 비관세장벽(non-tariff barrier: NTB)은 최근에 들어와서 생겨난 것은 아니고, 이미 오래 전부터 존재하고 있었다.[32]

　　이들이 최근에 들어와서 다시 집중적인 주목을 받는 이유는 관세는 GATT 규정에 의해 직접적으로 제약을 받게 되므로 각국이 이를 회피하기 위한 방법으로 여러 가지 교묘한 형태의 비관세장벽을 동원하여 외국으로부터 수입을 억제하고 있으며, 나아가 경제개발 및 산업정책의 도구로까지 사용하고 있기 때문이다.

　　그런데 똑같은 비관세장벽이라 하더라도 실제로 무역수지에서 매년 적자를 계속하고 있는 개발도상국가에서 시행하고 있는 비관세장벽은 그다지 큰 문제가 되지 않는다. 왜냐하면 어떤 물품의 수입을 제한하는 것은 그만큼 외화를 한 곳에서 절약하여 더 급하고 필요한 다른 물품을 구입하기 위하여 결국은 사용되기 때문이다.

　　가장 문제가 되는 것은 외화보유고가 많은 부국, 즉 선진국들에 의한 여러 가지 비관세장벽이다. 이러한 비관세장벽은 그 형태나 성격 그리고 그 효과가 매우 복잡하고 다양하기 때문에 정확한 정의를 내리기가 어려운 실정이다.

---

32) 비관세장벽의 개념은 Percy Bidwell이 1939년에 'New York Council on Foreign Relation'에서 '보이지 않는 관세'(invisible tariff)라는 용어를 처음으로 사용함으로써 소개되었다. 그 후 1963년에 Francis Mason과 Edward English가 'Canadian American Committee'에서 '보이지 않는 무역장벽'(invisible trade barrier)이라는 표현을 사용하였고, 1964년에 Noel Hemmendinger가 'US-Japan Trade Council'에서 '비관세무역장벽'(non-tariff trade barrier)이란 표현을 사용한 후 이 용어가 일반화되었다.

그러나 이를 전문적으로 연구하는 학자들의 견해를 종합해 보면 다음과 같이 요약될 수 있다. 즉 비관세장벽이란 세계의 모든 재화나 용역이 가장 효율적으로 이용될 수 있는 길을 제한하거나 봉쇄함으로써 세계 전체의 후생수준 또는 실질소득을 저하시키는, 관세가 아닌 다른 여러 가지 인위적 수단을 총칭하는 것이다.

2. 비관세장벽의 종류

이와 같이 바람직스럽지 못한 비관세장벽은 시간이 흐름에 따라 더 교묘한 수단들이 발달하여 전문가가 아니면 전혀 의식할 수 없는 경우도 많아 이곳에 다 수록할 수는 없으나, 그 중 가장 많이 이용되고 있는 것들만 몇 가지 기준에 따라 분류하면 다음과 같다.

2-1 수량제한

1) 수입 쿼터

쿼터(quota)는 수량제한을 말하는데 오늘날 대부분의 국가들은 이 제도를 실시하고 있다. 일반적으로 쿼터는 모든 물품에 다 적용되는 것은 아니지만 우선 쿼터의 적용을 받는 물품은 그 나라에서 그 업종에 종사하는 자가 상당히 많고 국제경쟁에서 비교우위성의 결여로 사양길에 접어든 업종들이 많다.

워낙 관계 업종의 존폐와 생계를 연관하고 있는 사람들이 많으므로 정치적으로 큰 압력단체이기 때문에 쿼터가 적용되나, 가발과 같이 자기 나라에 그 업종에 종사하는 사람이 극소수이고 많은 사람들의 생계를 위협하지 않을 때는 쿼터가 적용될 필요가 없다. 쿼터는 우선 수출입을 일정량으로 정하고 그 초과분에 대해서는 일체의 수출입을 허용하지 않으므로 수출입 억제 면에서는 가장 효율적인 수단이라 하겠다.

그러나 쿼터의 단점은 수입량이나 국내가격·국내생산은 관세를 부과했을 때와 똑같지만 정부의 재정수입부분만큼은 수입허가를 받은 수입업자에게 돌아가게 된다는 점이다.

2) 수출자율규제

수출자율규제(voluntary export restraints: VER)는 미리 예상되는 쿼터, 즉 수입할당의 적용을 피하기 위하여 수출국의 자율적인 규제를 통해서 수출량의 제한을 꾀하는 제도이다. 이를 비관세장벽이라고 하는 이유는 그러한 규제가 수출국의 자율적인 의사보다는 대부분 수입국의 요구에서 비롯되기 때문이다.

일반적으로 수입제한을 실시하기 위한 절차는 관세 및 무역에 관한 일반 협정(GATT)을 통한 교섭으로 이루어진다. 허나 이는 원하는 것을 얻기 쉽지 않고 기간도 상당히 걸리기 때문에 수입국이 중간절차 없이 수출국의 수출제한을 이끌어 낼 수 있는 방법을 찾아 사용하는 것이다.

수출자율규제는 그 동기나 효과 등 모든 면에서 쿼터와 거의 다를 바가 없는데, 쿼터에 대한 인식이 점점 나빠지고, 또 쿼터는 WTO 협정에서도 발생요건을 까다롭게 규정하고 있어서 이를 우회하는 수단으로 활용되고 있는 것이다. 사실상 수출제한규제는 선진수입국의 긴급수입제한조치인 세이프가드를 수출국이 스스로 발동하는 것이다.

2-2 통관절차

1) 복잡한 통관절차

부득이 필요한 것 아니면 가급적 수입을 좌절시키기 위한 방법으로 수입통관규정을 수시로 변경시켜 외국 수출업자로 하여금 스스로 수출을 포기하게 한다든지, 물품검사에 과다한 수수료를 징수하거나, 멀리 떨어져 있는 세관에서 통관을 지시한다든지 여러 가지 행정적인 방법으로 통관을 지연시키거나 포기시키는 수도 있다.

2) 관세평가

모든 국가가 관세를 매기는 데 수입업자가 신고한 가격에 따라 평가하면 간단할 것이나 현실은 그렇지 못하여 수입상품의 관세를 평가하는 데는 애로사항이 많다. 일반적으로 수입상품은 복잡한 제조과정과 운송과정을 거치게 마련이므로, 관세율은 일정하다고 해도 어떠한 시점에서의 가격을 기준으로 평가하느냐에 따라 그리고 수입가격에 어떤 요소를 포함시키느냐에 따라 실제 관세액은 많은 차이가 나게 된다. 또한 각국의 관세율표에는 한 가지의 수입상품에 대하여 하나가 아니라, 그 이상의 세율이 적용될 수도 있도록 되어 있는 것이 보통이다. 이러한 허점을 악용하여 수입제한의 목적으로 사용하는 것이 관세평가이다.

2-3 정부의 간여

1) 정부조달정책

정부나 지방자치단체의 물자조달정책도 외국상품을 차별적으로 취급하게 된다. 미국의 'Buy American Policy'로 미 국방성의 물자조달계약에 있어서 미국상품은 외국상품에 비해 많은 가격특혜를 받고 있다. 우리나라도 여러 분야에서 국산품의 구매를 우선하도록 하는 정부조달정책을 쓰고 있다.

2) 생산보조

정부가 국내 산업을 보호·육성하기 위하여 여러 가지의 제도적인 지원 및 보조금(subsidy)을 지급하여 외국상품의 수입을 막는다. 우리나라에서도 무역금융·중소기업자금·어업자금 등 갖가지 수출장려정책을 실시하여 수출을 장려하고 있다.

3) 외환 배정

많은 개발도상국에서는 외환을 중앙은행에 집중시키고 이를 관리함으로써 수입을 억제하고 있다. 예를 들어 외국상품을 수입하는 데 필요한 외환을 일정액으로 배정하면 외국상품이 아무리 싸고 관세가 낮게 규정되어 있어도 외국상품을 수입할 자금이 없어 수입을 하지 못한다.

4) 국영무역

과거에 많은 사회주의 국가들이 이용했던 제도로서 국가기관 또는 정부가 독점적으로 무역의 주체가 되어 수입행위과정에서 독점적인 국가기관이 전 품목 또는 일부품목에 대한 수입대상지역이나 국가를 정책적으로 지정함으로써 여타 지역에 대해 공정한 기회를 주지 않는다.

대체로 국영무역의 경우 정부가 수입품의 독점판매 가격에 대한 결정권을 갖고 있고 외국 수출업자에 대한 거래상을 선택할 수 있다. 또한 철저한 정책적인 배려와 최대의 이익보장조치에 의거하여 판매조작을 할 수도 있다. 그러나 수입량의 축소와 수입가격의 인상조정을 통하여 동종 원자재 및 중간자재의 국내생산업체를 엄격히 보호할 수 있는 장점이 있다.

2-4 엄격한 기준의 적용

1) 포장 · 상표의 규정

포장 · 상표에 관한 수입국의 엄격한 규정은 일차적으로 수출업자에게 추가비용의 부담을 준다. 소비자 보호를 구실로 수입국 정부는 상품의 '내용 및 수량' 등을 수입국의 언어나 두 개 이상의 언어로 정확하게 명기하도록 요구하고 있으며, 규격의 표시도 수입국의 특수한 길이 · 무게 · 부피로 표시될 것을 요구하는 수가 있다.

또한 많은 선진국들은 상품포장의 규격 · 형태 · 포장용기의 재료 등의 명시를 요구한다. 즉 상자포장, 병 및 용기에 관한 포장조항에는 일정한 규격 · 형태를 유지케 함으로써 국내시장에 판매하려는 외국 수출업자나 국내 수입취급업자에게 상당한 판매부대비용의 지출을 강요하고 있다.

2) 원산지 규정

모든 수입상품에 명확한 원산지를 표시하도록 요구하는 것은 이해가 가지만 단순한 인쇄로 표시가 곤란한 서양 식기 · 금속물품 등의 인각을 요구하는 것은 추가비용의 상응으로 수출의 제한적 요인이 될 수 있다. 많은 아랍국가에서는 선적서류를 꼭 아랍어로 작성하라고 요구할 뿐만 아니라 이스라엘, 남아연방, 로디지아, 포르투갈 등의 원산이 아니며, 또 이들을 경유하지도 않았다는 각서를 요구하기도 한다.

3) 위생 · 안전 · 공업표준 규정

미국의 식품의약청(Food and Drug Administration: FDA)에서는 식료품 · 의약품 등에 대해서 철저한 위생기준을 내세우거나 함유성분에 관한 규제를 통해서 수입을 제한하고 있다. 또한 각국에서 요구하는 안전 및 공업표준 규정이 다양하고 복잡하여 수입제한의 큰 요인이 되고 있다. 특히 건축자재, 전기부품, 연관 및 냉 · 난방장치에 대한 각국의 건축법규, 전기제품 표준화제도, 내연장치에 대한 규정이 매우 다양하기 때문에 국제무역에 많은 장애가 되고 있다.

SECTION 04 무역정책의 흐름

1. 보호무역과 자유무역의 흐름

앞서 이야기한 바와 같이 자유무역은 모든 경제활동을 시장메커니즘에 맡겨서 소위 보이지 않는 손에 의해 자유롭게 무역을 하는 것이고, 보호무역은 국가 정책에 따라서 관세 혹은 비관세 수단을 활용하여 무역을 어느 정도 관리하는 것이다. 그런데 두 가지 무역정책 중 어느 것이 절대적으로 옳은가? 두 가지 정책 모두 각각의 장단점을 지니고 있어서 어느 정책만이 옳다고 말할 수는 없다. 만약 어느 한 정책이 옳으면 나머지 정책은 언급할 필요조차 없이 도태되었을 것이므로 두 가지 무역정책은 시대적 상황에 따라서 그 흐름도 바뀌었다.

1-1 중상주의와 보호무역

로마가 멸망한 원인에는 여러 가지가 있지만 중국산 비단을 너무 많이 들여와서 당시 로마 기축통화의 주요 재료인 은의 유출이 이루어졌고, 부득이 통화에 은의 함량을 차츰 줄여나가다 보니 로마의 통화체제가 무너지고 경제가 파탄이 나지 않을 수 없었던 것도 하나이다. 이 시기 로마의 정책입안자들은 중국산 비단 사용을 일정 한도로 제한하고, 수입을 금지하기도 하였는데 이것을 오늘날의 이론을 가지고 이야기하면 처음에는 자유무역을 하다가 나중에 보호무역을 한 것으로 설명할 수 있다.

중세 암흑기를 거쳐서 제대로 무역정책이란 개념이 처음 등장한 것은 유럽에서 근대국가가 형성되기 시작했던 16세기 이후 상업을 절대시 하는 중상주의 시대로 보고 있다. 이 시기는 국가가 틀을 갖추기 시작하였고 국가의 부를 챙길 필요가 있었는데 당시의 학자들은 국가의 부는 금, 은 등 귀금속의 양으로 생각하였다.

따라서 국가가 강대해지기 위해서는 가급적 자국의 산품을 수출하여 금과 은을 챙기고, 수입은 최대한 억제하여 금과 은의 유출을 막는 것이었다. 당연히 이 시기 국가들은 다른 국가들의 눈치를 볼 필요도 없이 수출을 장려하기 위해서 장려금을 지급하거나 수출과 관련된 관세를 낮추어서 자국의 수출을 늘리는 수출정책을 시행하였고, 수입물품에 대해서는 경쟁적으로 관세를 높이고 수입제한조치를 취하는 등의 엄격한 수입억제정책을 시행하였다.

1-2 중농주의와 자유무역

국가마다 경쟁적으로 관세를 높이고, 정책적으로 수입을 제한하거나 금지하기 시작하면 국가 간의 무역은 위축될 수밖에 없고 세계의 부는 창출될 수 없다. 이런 보호무역에 대해서 반기를 들기 시작한 징조가 18세기 후반부터 여러 분야에서 나타나기 시작했는데 대표적으로 프랑스의 경제학자 케네(F. Quesnay)와 그의 제자들에 의하여 형성된 농업을 중요시하는 중농주의(physiocracy) 경제사상의 등장을 들 수 있다. 중농주의는 상업보다는 농업생산의 증대를 중요시하였으며, 그리고 국가가 중심이 되는 것이 아니라 아무런 통제를 받지 않는 개인의 자유방임(laissez faire) 사상을 주장하는 것인데 이 사상을 이어 받은 경제학자가 아담 스미스이고 영국에서 자유무역주의 사상이 발달하기 시작하였다.

경제적 자유주의는 모든 경제활동을 개인 자유에게 맡길 때 경제발전을 위한 최대의 효과를 거둔다는 논리이다. 인간은 본능적으로 자기 위주로 생각하고 활동하기 때문에 항상 최대 아니면 차선의 이익을 추구하므로 정부가 경제활동에 대해서 일일이 간섭하지 않고 시장에 맡겨 두면 보이지 않는 손에 의해 개인과 사회 모두에게 최적의 자원 배분을 기대할 수 있다는 것이다.

자유방임주의를 토대로 한 자유무역은 19세기 후반 영국을 중심으로 성행했는데 이때는 그 동안 각국이 경쟁적으로 높였던 수입관세를 인하하는 것이 핵심이었다. 당시 영국은 일찍이 산업혁명이 발달해 공업제품을 많이 생산하여 이를 식민국가나 후진국에 수출하고 이들 국가로부터 공업제품을 만드는데 필요한 원재료를 수입해야 하는 입장이었다. 따라서 공업제품의 수출을 늘리기 위해 관세를 인하하거나 철폐시키는 것이 중요했으며 20세기 들어와서는 국제 분업, 대량생산 등으로 무역이 늘어남에 따라 영국은 관세인하뿐 아니라 수입제한이나 비관세장벽 등과 같은 무역장애요인을 철폐하도록 하여 완전 자유무역체제로 전환하였다.

1-3 제2차 세계대전 이전의 보호무역

영국을 중심으로 한 자유무역이 성행함에 따라서 세계의 부는 영국으로 집중되고 영국은 자유무역을 통해 자국의 이익을 극대화하였다. 이러다 보면 항상 반대 사상이 등장하는데 당시 선진국인 영국과 달리 미국, 독일 등은 후발국가로서 자국의 부가 영국으로 점점 유출되는 것을 막기 위해서 관세를 높이고 수입을 규제하기 시작하여 세계무역은 보호무역의 기조를 띠게 되었다.

더구나 세계적인 대공황(1929년~1933년)으로 경기침체가 장기화되자 각국은 자국산업을 보호하기 위해 보호무역을 지향하였다. 특히 미국의 관세인상에 대해서 각국이 보복관세를 부과하여 마치 세계는 관세전쟁을 치르는 수준의 보호무역을 실시하였고 결국은 제2차 세계대전이 발발하였다.

1-4 제2차 세계대전 이후 무역정책의 흐름

지금까지 살펴 본 바와 같이 세계무역의 기조는 보호무역과 자유무역이 서로 장단점이 있어 시대의 경제사항에 따라 보호무역 → 자유무역 → 보호무역 순으로 번갈아 시행되었는데 그 기간은 매우 길었다. 그러나 제2차 세계대전 이후에는 무역정책 기조가 짧은 시간 내에 변화하는 특징을 보이고 있다.

1) 자유무역의 등장

제2차 세계대전도 결국은 각국들이 경쟁적으로 관세를 인상하여 자국 산업만을 보호하려는 보호무역과 깊은 관련성이 있음을 인정하고 세계는 다시 자유무역의 기조에 따라 관세 인하 등 자유무역을 향한 새로운 국제경제 질서를 확립하였다. 자유무역에 따라 세계무역은 급속히 증가하였으며 경제상황도 호황국면으로 접어들었다.

2) 신보호무역주의 등장

1970년대 들어서 선진국들은 극심한 경제침체와 이에 따른 실업문제를 경험하게 되어 다시 세계무역은 자국의 공업을 육성하기 위한 보호무역의 기조로 가게 되었는데 기존의 유아산업 보호와는 다른 특징을 갖는 새로운 형태의 보호무역주의라 하여 이를 신보호무역주의라 한다.[33]

신보호무역주의는 선진국과 급격한 경제성장을 나타내고 있던 신흥공업국 중심의

---

33) 각국이 자국의 경제적 이익의 추구를 위해 보호무역주의를 채택하는 것을 16세기 경 바람이 불었던 중상주의를 닮았다고 하여 신중상주의라고도 한다.

보호무역주의이며, 보호대상도 선진국의 유아 산업이 아니라 섬유나 철강 등과 같은 사양 산업이었다. 선진국들은 특혜관세제도에 관한 협상을 자의적으로 활용하여 개발도상국가와의 쌍무협상을 증가시키고 특정 부문, 예를 들어, 섬유 같은 부문에 대해서 특혜관세제도의 혜택을 줄이는 수단 등을 강구하게 되었다.

3) 신자유주의 등장

20세기 초에 자유주의 사상과 비슷한 신자유주의(neo-liberalism)가 등장했는데 이 사상은 자유로운 시장경쟁체제가 이루어지도록 정부가 적극 개입해야 한다는 것이다. 이는 전통적인 자유주의와는 달리 정부의 개입을 인정하였고, 다만 정부가 적극적으로 개입하여 시장의 질서를 바로잡고 자유로운 경쟁체제가 이루어지도록 독점기업을 규제해야 한다는 주장이다.

한편으로는 현재의 신자유주의는 1970년대 들어 세계경제가 침체되고 신보호무역주의가 나타남에 따라, 이를 극복하기 위한 과정에서 신보호무역주의와 반대되는 개념을 활용하기 위해 나타났다고 할 수 있다. 기존의 사회 복지적 경제운용을 비판하고, 자유로운 경쟁 특히 국제수준에서의 경쟁을 통하여 효율성을 확보해야 된다는 세계화의 경향과 병행해 나타난 사상의 흐름이라고 할 수 있다.

오늘날의 세계화 현상은 당연히 전 세계의 모든 국가들이 자유롭게 경쟁하자는 것이기 때문에 그 사상은 신자유주의라 할 수 있다. 세계화의 흐름과 함께 공정한 자유경쟁, 정부역할의 축소, 규제완화, 국영기업의 민영화, 금융자유화 등을 주장하는 신자유주의의 경향이 나타나고 있다.

4) 탈세계화

2000년대 들어서서 미국의 서브프라임모기지(Sub-Prime Mortgage) 사태로 촉발된 글로벌 금융위기가 단순히 금융에만 영향을 미치지 않고 경제전반 실물위기로 확산됨에 따라서 다시 보호무역주의 정책을 추구하는 국가들이 나타나기 시작했다.[34] 그리고 2010년대 중반 이후 영국이 EU에서 탈퇴를 하여 독자적으로 나아가고 미국과 중국의 무역마찰이 심화되는 등 탈세계화 조짐도 보이고 있다.

---

34) 2007년 미국의 초대형 모기지론 대부업체들이 파산하면서 시작된 미국만이 아닌 국제금융시장에 신용경색을 불러온 연쇄적인 경제위기를 말한다. 모기지론(mortgage loan)은 부동산을 담보로 주택저당증권을 발행하여 장기 주택자금을 대출해 주는 제도를 말한다.

2. 현대무역의 당면과제

2-1 개도국 문제

제2차 세계대전이 끝난 후 식민지 상태로부터 잇달아 정치적 독립을 쟁취한 저개발국들은 근본적인 경제구조의 취약성으로 인해 경제발전에 있어서 지지부진을 면치 못한 반면에 선진공업국은 끊임없는 경제발전을 지속하였다. 이러한 선·후진국 간의 경제적 격차가 1960년대 들어서 더욱 벌어지면서 세계경제의 전체적인 성장을 저해하는 중대한 문제로 인식되기 시작하였다.

이와 같은 선·후진국 간의 경제발전수준의 차이와 관련된 제반 문제를 통틀어 남북문제라고 부르는데, 이는 대부분의 후진국이 지구의 남반구에, 그리고 선진국은 주로 북반구에 위치하고 있기 때문이다. 현재 개도국들이 직면한 근본적인 문제를 정리해 보면 다음과 같다.

1) 경제적 빈곤

개도국들은 선진국들에 비하여 경제수준이 현저히 낮다. 개도국들은 1인당 국민소득에서 선진국들에 비해 훨씬 낮은 수준을 나타내고 있고, 동아시아와 태평양연안국만이 1970년 이후 빠른 경제성장을 나타내고 있을 뿐이다. 나머지 개도국들은 저성장에 시달리고 있다.

이러한 개도국들의 빈곤 및 저성장의 문제는 비교우위론에 입각한 자유무역으로의 지향이 과연 적정한가 하는 의문을 낳게끔 하고 있다. 즉 세계무역의 자유화로 선진국의 교역량은 크게 증대되었지만 개도국들의 주요 수출품목인 1차 산품의 경우는 오히려 교역조건의 악화로 개도국들은 이른바 궁핍화성장(immiserizing growth)을 면할 수 없어서 경제격차가 더욱 확대되었다는 것이다.[35] 이에 따라서 세계무역의 활성화로 인한 과실이 선진국들에 집중되는 것이 아니냐는 문제가 제기되고 있다.

---

35) 궁핍화성장은 1차 산품을 주로 수출하는 저개발국의 경우 경제성장으로 생산량은 증대하나 교역조건이 악화되어 그에 따른 손실이 경제성장을 통해 얻는 이익을 초과하여 경제성장 전보다 후생수준이 오히려 낮아지는 경우를 말한다.

2) 과다한 외채부담과 외환위기

개도국들의 성장을 가로막고 궁극적으로 국제무역질서를 불안정으로 이끄는 또 하나의 문제는 개도국들이 직면하고 있는 심각한 외채상환부담이다. 개도국들은 축적된 자본이 많지 않기 때문에 주로 선진국 상업은행을 통해서 들여온 외채에 의존하여 경제성장을 추진할 수밖에 없었다. 이러한 성장과정에서 일부 국가는 상환기일에 맞추어 외채를 상환할 수 없는 채무불이행의 상태에 빠지기도 하였다.

1982년에 있었던 멕시코의 채무불이행 사태는 국제적으로 큰 파장을 일으켰다. 멕시코뿐만 아니라 상당수 중남미 국가들이 채무불이행 사태를 경험하게 되었고, 1990년대 중반에 들어서는 태국, 한국, 인도네시아 등 동아시아 국가로까지 외환위기가 확산되었다. 외환위기에 직면하여 많은 개도국들은 IMF의 지원과 감독 하에 채권은행들과 상환일정을 재조정하도록 강요되었다.

우리나라의 경우도 1997년 동남아시아에 외환위기가 발생하자 국내외적으로 원화를 매도하고 달러를 매입하는 투기적 현상과 외국 금융기관들의 단기대출에 대한 상환연장을 해 주지 않음으로써 IMF로부터 구제 금융을 받게 되어 소위 IMF시대를 맞이했던 것이다.[36]

개도국들의 외채상환부담은 국제경제 질서를 불안정하게 만드는 요인이 되는데, 그 이유는 투자자들이 외환위기와 이에 따른 환율불안정성에 대한 우려로 인하여 투자를 망설이게 되고 결국 국제투자와 국제무역은 감소할 수밖에 없게 되기 때문이다. 이러한 경우에 오늘날 세계경제가 상호 밀접한 관계에 있기 때문에 세계경제 전체로 그 부정적 효과가 파급될 수밖에 없다.

이러한 개도국들의 외환위기에 대처하기 위하여 세계은행과 국제통화기금은 공동으로 외채구조프로그램을 만들어서 시행하고 있으나 외환위기를 사전에 방지하는 기능은 극히 미약하다고 할 수밖에 없고, 앞으로도 개도국들의 외환위기에 따른 국제경제질서의 불안정성은 지속될 전망이다.

3) 개도국의 1차 산품

개도국의 교역확대와 관련한 문제는 1차 산품문제와 공산품문제의 둘로 나눌 수 있다. 먼저 개도국의 주요 수출품목인 1차 산품의 경우, 첫째, 단기적으로 1차 산품

---

[36] 1997년 우리나라가 겪었던 외환위기는 금융기관의 부실, 방만한 기업경영 등으로 인해 대기업이 연쇄적으로 부도가 나고 대외신뢰도가 떨어져 해외로부터 외화 차입이 어려워지게 되어 국제통화기금(IMF)으로부터 구제금융을 받은 경제위기를 말한다.

의 국제가격은 불안정하며, 특히 그 거래량의 진폭이 크기 때문에 수출입에 대한 전망이 불투명하여 개도국이 경제계획을 원활히 추진하는 데 많은 지장을 초래하고 있고, 둘째, 보다 심각한 문제로 1차 산품의 가격은 1차 산품에 대한 수요의 소득 탄력성이 낮고, 합성대체품의 발명 등으로 공산품가격에 비하여 장기적으로 하락하는 경향이 있어 개도국의 국제수지적자와 실질소득의 감소를 가져오게 되므로 이에 대해 어떠한 조치가 취해지지 않으면 안 된다는 것이 개도국의 입장이다.

2-2 세계화 문제

앞서 살펴본 바와 같이 1990년대 들어서서 세계경제질서를 주도하고 있는 여러 환경질서 중 가장 두드러지고 있는 것은 세계화(globalization) 현상이다. 세계화는 세계를 하나의 시장으로 보고 전 세계적 수준에서 분업을 이루어 생산 및 소비에서 최고의 효율을 추구하고자 하는 것을 말한다.

오늘날의 세계화는 기존의 단순한 국제 분업과는 달리 자본이나 노동 등의 생산요소를 국제적으로 자유롭게 이동시키고 이를 통하여 효율성을 최대한 높이고자 하는 형태로 나타나고 있다. 이로 인해서 국제적인 경쟁은 갈수록 치열해지고 있으며 빈부격차는 더욱 심해지고 이제 정부가 통제할 수 없는 거대한 이익집단이 등장하는 등 부작용에 대한 비판의 목소리도 높다.

세계화에 따른 무한경쟁시대에서는 몇몇 강자만이 결국 살아남게 되어 세계화는 저지되거나 혹은 천천히 이루어져야 한다는 주장이 제기되고 있다. 세계화에 따른 문제점들을 요약해 보면 다음과 같다.

1) 빈부격차의 확대

세계화가 진행됨에 따라 각국의 기업들은 선진국의 자본을 이용해서 생산비용이 가장 적게 드는 국가에서 생산을 하는 방법으로 효율성을 증가시키고 있다. 이러다 보면 자본을 가진 선진국들은 계속 부를 확대시키지만 생산입지만을 제공하는 개도국들은 계속 가난하게 되어 빈부격차가 확대되고 있다.

2) 바닥을 향한 경쟁

세계화의 사상기조인 신자유주의에서는 가급적 정부의 규제를 줄이자는 것이다. 노동, 인권, 환경 등의 문제에서 예외적 조치 없이 자유롭게 경쟁을 하자는 것이다.

그러나 이는 곧 지구의 환경을 악화시키고 개도국의 노동자들은 보호를 받을 수 없게 된다. 이러한 현상을 세계화에 대한 비판자들은 '바닥을 향한 경쟁'(race to the bottom)이라고 부른다.

3) 정부의 역할 축소

신자유주의는 작은 정부를 요구하고 있다. 즉 국영기업은 민영화를 시키고, 각종 규제는 철폐 또는 완화하여 정부는 최소한의 역할만 하면 된다는 것이다. 정부의 역할과 힘이 감소되면 각 정부들은 외국자본을 유치하기 위해서 많은 특혜를 주게 되고 외국 기업의 요구에 따라 경제정책을 변경시킬 수밖에 없게 된다.

4) 선택폭의 축소

세계화로 모든 흐름이 정해짐에 따라 국민들은 과거와 같이 경제정책 등에 대해서 보호 혹은 자유 등 선택의 여지가 없이 오로지 보다 많은 이윤을 추구하기 위해 무한경쟁을 해야 한다는 것뿐이다.

WTO와 경제통합

1929년의 세계적인 대공황을 계기로 세계 각국이 최우선의 경제목표를 국내경제의 안정에 두고 경쟁적으로 관세장벽을 높이고 수량제한을 강화하는 등 보호무역주의가 심화되면서 전 세계는 이른바 무역전쟁에 휘말리게 되어 제2차 세계대전 발발의 한 원인이 되기도 하였다. 이를 계기로 세계 각국들은 자유무역을 권장하고 국제무역질서를 유지할 수 있는 GATT 체제를 설립하였고 최근에는 보다 강력한 WTO를 출범시켰다. 이런 가운데 오늘날은 지역 간의 경제통합과 자유무역협정 체결 현상이 나타나고 있는데, 이 장에서는 GATT 체제와 WTO 체제 그리고 경제통합과 현재 세계적으로 활발히 추진되고 있는 FTA에 대해서 살펴보고자 한다.

GATT와 WTO

1. GATT

1-1 GATT 체결

1929년의 세계적인 대공황을 계기로 각국이 최우선의 경제목표를 국내경제의 안정에 두고 경쟁적으로 관세장벽을 높이고 수량제한을 강화하는 등 보호무역주의가 심화되면서 전 세계는 이른바 무역전쟁에 휘말리게 되었다. 이와 아울러 미국이 1933년 금본위제도에서 이탈하게 되자 각국의 통화불안과 국제결제상의 문제점이 나타나면서 국제경제 질서는 혼란을 면치 못하고 세계무역은 극도로 위축되어 이것이 제2차 세계대전 발발의 한 원인이 되기도 했다.

이와 같은 무역전쟁을 종식시키기 위한 국제적인 노력은 제2차 세계대전 전에도 아주 없었던 것은 아니었다. 그러나 당시는 무역자유화의 필요성에 대한 원칙만 되풀이해 논의되었을 뿐 문제해결을 위한 구체적인 방안은 제시되지 못하였다. 제2차 세계대전에서 서서히 연합국 측의 승리가 굳어져 감에 따라 주요 연합국들은 국제경제의 질서를 회복하기 위한 협의를 거듭하였는데, 그 결과 자유무역의 확대와 세계의 고용 · 생산 및 소비를 증대시킨다는 기본원칙에 합의하였다.

그리고 전쟁이 끝남과 때를 같이하여 새로운 국제무역질서와 국제통화 제도를 이끌어 나갈 국제경제기구의 설립을 위한 작업에 착수하였다. 이러한 노력이 최초로 결실을 맺은 것이 바로 국제통화 · 금융 측면에서 국제통화기금(International Monetary Funds: IMF) 및 국제부흥 및 개발은행(International Bank for Reconstruction and Development: IBRD)의 창설이었고 이들은 1945년부터 활동을 개시하게 되었다.[37]

반면 국제무역 측면에서는 미국을 비롯한 주요 강대국들을 중심으로 국제무역기구(International Trade Organization: ITO)를 설립하려던 움직임이 순조로운 진전을 보

---

37) 국제부흥 및 개발은행은 약칭으로 세계은행(World Bank)이며 국제통화기금과 함께 세계 경제의 양대산맥을 형성하고 있다.

지 못했다. 그 이유는 ITO 헌장이 관세 및 비관세를 통한 무역 제한에 대해 너무 엄격한 규칙을 적용하여 이상에 치우쳤다는 각국의 비난과 함께 각국의 정치·경제적 이해가 대립되어 제안국인 미국에서조차 의회의 비준을 얻지 못해 결국 발효되지 못했다는 데에서도 찾을 수 있다.

그러나 ITO 헌장의 초안을 검토하고 있던 각국 정부는 헌장과는 별도로 세계교역의 확대를 위해 관세 및 비관세장벽의 경감을 위한 협상을 진행하기로 합의하였다. 이에 1948년 ITO 헌장의 통상정책 부분을 반영하여 '관세 및 무역에 관한 일반협정'(General Agreement on Tariffs and Trade: GATT)을 체결하였다.

1-2 GATT의 기본 원칙

GATT는 그 명칭이 보여주듯이 하나의 경제기구라기보다는 일반적인 협정에 불과하다. 그러나 사무국을 비롯하여 총회, 이사회, 각종 위원회 등을 그 밑에 두고 있어 사실상의 국제무역기구로서 IMF와 함께 세계경제질서를 주도하여 왔다.

GATT의 기본 원칙을 살펴보면 다음과 같다.

첫째, 무차별대우의 원칙이다. 즉 GATT 가맹국은 제1조 최혜국조항에 의거하여 가맹국 중 특정국에 대해서 타국보다 더 나은 특혜를 베풀지 않는다는 것을 기본원칙으로 하고 있다. 이런 원칙을 '최혜국대우'(most favoured nation treatment)라 하며 이 원칙에 의해서 한 가맹국에게 주어진 특혜는 다른 가맹국에게도 동일하게 부여되어야 하며 다른 국가에 대한 차별적인 조치를 일체 인정하지 않는다. 만약 특정 가맹국으로부터의 수입에 대한 관세를 인하하면 이 조치는 다른 모든 국가에게 적용되어야 한다. 다만 관세동맹과 같이 가맹국 간에 동일한 관세를 적용하는 지역무역협정은 최혜국대우의 원칙에 위배되지만, 이 경우는 예외로 인정하였다.

둘째, 내국민 대우(national treatment)의 원칙이다. 이 원칙은 각종 조세와 규제에 있어 수입품은 국내 상품과 동등한 대우를 받아야 한다는 것이다. 즉, 수입품에 대해서 국내 상품보다 내국세를 더 많이 부과하거나 규제를 더 강화할 수 없다는 것이다.

마지막으로 상호주의(reciprocity)의 원칙인데 이는 관세인하협상은 상호주의를 바탕으로 한다는 것으로서, 예컨대 한 가맹국이 관세를 인하하면 상대방 국가도 그에 상응하는 관세인하를 해야 함을 말한다.

GATT는 우루과이 라운드(UR)에서 'GATT 1994'로 개정되었으며 1995년부터 시작된 세계무역기구(World Trade Organization: WTO) 체제하에서도 상품교역에 관한 규범으로 계속 존속하고 있다. 우루과이 라운드에서 몇몇 선진국 그룹은 GATT 조문의 명료화 및 개선 등을 목표로 하여 일부 조문을 개정하였으나 본질적인 내용의 변화는 없었다. 다만 WTO 협정 내용이 GATT의 다른 규정과 상충되는 경우 WTO 협정 내용이 우선 적용된다.

표 4-1 GATT체제에서의 다자간 무역협상

Round	기 간	참여국수	주요 내용
Geneva	1947	23	• GATT 출범 • 45,000건의 관세양허 • 약 20% 관세인하
Annecy	1949	39	• 11개 신규 가맹국 • 소폭의 관세인하(2%)
Torquay	1950	34	• 7개 신규 가맹국 • 소폭의 관세인하(3%)
Geneva	1956	22	• 소폭의 관세인하(2.5%)
Dillon	1960~61	45	• EC의 대외 관세인하 협상 • 소폭의 관세인하(4%)
Kennedy	1963~67	48	• 33% 관세인하 • 반덤핑 및 관세평가에 대한 합의
Tokyo	1973~79	79	• 33% 관세 인하 • 6개 분야 협정(정부조달, 기술장벽, 보조금 및 상계관세, 관세평가, 수입허가, 반덤핑)
Uruguay	1986~94	125	• WTO 설립 • 공산품 관세인하 및 비관세장벽 완화, 수출자율규제와 같은 회색조치의 철폐 • 농산물 및 섬유류 무역 포함 • 기존 GATT 규범의 강화 • 서비스 무역에 관한 기본규범 • 지적재산권 보호 및 투자관련 조치에 관한 규범 • 통합분쟁절차 및 규칙 합의

자료: WTO, Annual Report (Geneva WTO, 2007).

2. WTO

2-1 WTO의 등장

1) 설립 배경

GATT 체제하에서는 모두 8차례의 다자간 무역협상이 진행되었는데 <표 4-1>에서 보는 바와 같이 차례가 거듭할수록 참여국의 수도 많아지고 참여국의 이해관계를 반영하여 논의된 의제도 다양하였지만, 가장 중요한 것은 관세율이 상당부분 인하되어 세계무역이 비교적 호황을 누렸다는 점이다.

하지만 1970년대에 들어 주요 선진국들이 비관세장벽을 통한 보호무역을 강화하려는 움직임이 나타났으며, 1980년대에 들어서는 16세기의 중상주의가 부활했을 만큼 보호주의 경향이 더욱 확산되었다. 이러한 신보호주의 혹은 신중상주의 시대에는 GATT 체제를 벗어나는 반덤핑조치와 수출자율규제 등과 같은 비관세장벽이 남용되면서 국가 간 통상마찰이 빈번하게 발생하여 GATT 체제가 위협을 받게 되었다.

그러나 GATT는 일반적인 협정에 불과하여 분쟁해결 능력에는 한계가 있고, 선진국들은 경상수지를 개선하기 위해서 경쟁력을 가지고 있는 서비스 분야 등의 시장개방을 끊임없이 요구하였다. GATT 체제하에서 마지막 다자간협상인 우루과이 라운드(Uruguay Round: UR)에서는 이러한 문제점들을 본격적으로 논의하게 되었다.

2) 우루과이 라운드

우루과이 라운드는 1986년 처음 시작된 후로 7년간의 협상기간을 거쳐 1993년 12월에 타결되었다. 우루과이 라운드의 목적은 첫째, 신보호무역주의의 확산을 억제하고, 둘째, 서비스, 농업, 해외투자 등의 의제를 논의하며, 셋째, 지적재산권 보호에 대한 국제적인 규칙을 협상하며, 마지막으로 GATT의 기능 강화를 위해 GATT를 확대·개편하여 WTO를 설립하는 것이었다.

우루과이 라운드의 타결로 그동안 세계무역을 관할해 온 GATT 체제는 막을 내리고 WTO 체제가 1995년 1월 1일을 기하여 출범하였다. WTO는 국가 간 무역에 관한 규범을 다루며 무역 분쟁을 자율적으로 해결할 수 있는 능력을 갖춘 유일한 국제기구이고 가능한 한 무역이 자유롭고, 공정하며, 예측가능하게 이루어지도록 함을 목표로 한다.

WTO의 회원국 규모는 출범 당시 76개국으로 시작하였으나, 현재 WTO 회원국

수는 164개국이며, 세계무역의 총 90% 이상을 차지하고 있다. 중국 및 대만도 가입하였고 가장 최근 가입국은 아프가니스탄이다. 그동안 세계 주요 국가(G20) 가운데 유일하게 러시아가 WTO에 참여하지 않았는데 제8차 각료회의에서 러시아의 가입이 허락되어 2011년 정식으로 가입하였다.

3) WTO 협정

WTO 협정은 <그림 4-1>에서처럼 WTO 설립협정, 다자간 무역협정 및 복수국간 무역협정으로 구분된다. 다자간 무역협정(Multinational Trade Agreement)은 모든 회원국에 적용되며, 복수국간 무역협정(Plurilateral Trade Agreement)은 해당 협정문을 수락한 회원국에만 적용된다. 이는 복수국가 무역협정이 회원국에 널리 적용될 수 없는 민간항공기 무역이나 정부조달 협정 등과 같이 특수한 분야에 한정되기 때문이다.

| 그림 4-1 | WTO 협정 |

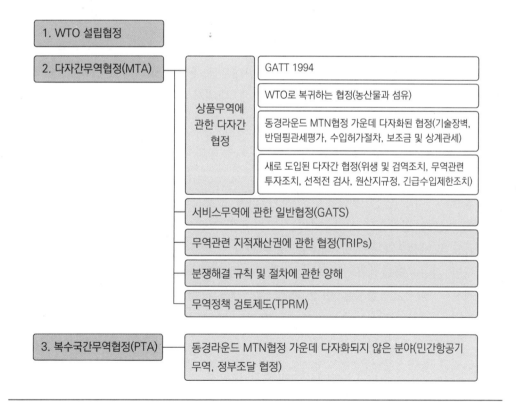

4) GATT와 WTO의 차이

GATT와 WTO는 자유롭고 공정한 세계무역 질서를 유지하려는 점에서는 동일하지만 몇 가지 뚜렷한 차이점이 있는데, 먼저, 법적인 측면에서 GATT는 임시적이며 잠정적인 협정에 불과했으나, WTO는 기능 수행에 필요한 법적 능력을 가지고 있는 영구적인 국제기구이다.

그리고 시장개방의 측면에서 GATT는 관세인하에 주력하였고, 비관세장벽의 제거에 대해서는 선언적 규정을 정립하는 수준으로 실효성이 미흡했던 반면, WTO에서는 관세율 인하뿐 아니라 비관세장벽을 완화하기 위해 실질적으로 노력하였다.

GATT에서는 주로 공산품을 중심으로 한 상품무역의 확대에 주력하였으나, WTO에서는 공산품 외에 농산물, 섬유류 등의 무역확대도 포괄적으로 다루어지고 있으며, 서비스 무역, 지적재산권 보호 및 투자 등의 새로운 분야도 포함한다. 그리고 가장 중요한 차이점이라 할 수 있는 것은 GATT는 가맹국간 분쟁해결 능력이 미약하였으나, WTO에서는 분쟁해결기구를 설치하여 분쟁해결 절차를 강화하였다는 점이다.

2-2 WTO의 기본 원칙

WTO는 GATT와 마찬가지로 모든 국가를 동등하게 대우하는 최혜국대우, 외국산품을 국산품과 동등하게 대우하는 내국민대우를 원칙으로 한다. 그리고 무역관련 조치의 투명성을 제고하고 개발도상국가에 대해서는 특별대우를 하는데, WTO의 기본 원칙을 정리해 보면 다음과 같다.

1) 차별 없는 무역

WTO는 차별 없는 무역을 보장하기 위해 최혜국대우의 원칙과 내국민대우의 원칙을 기본적 원칙으로 한다. 따라서 국가마다 적용하는 관세는 동일해야 하며 외국물품도 국내물품과 동일한 대우를 해야 한다.

다만 자유무역협정의 경우와 불공정무역의 경우에는 이 두 가지 원칙에 예외가 인정된다. 자유무역협정은 협정 체결국가 간에는 상호 관세 등을 인하하거나 비관세장벽을 제거하므로 자유무역을 활성화하는 데 도움이 되기 때문에 예외를 인정하고 있다.

그리고 불공정무역은 대표적으로 덤핑 행위와 수출품에 대한 정부의 보조금 지급 등인데 이를 시정하기 위해서는 다른 나라에 부과하는 관세를 적용할 경우 아무런 효과가 없기 때문에 덤핑방지관세 혹은 상관관세 등을 부과할 수밖에 없다. 이런 관세를 부과하더라도 WTO의 차별 없는 무역 원칙에는 위배되지 않는다.

2) 교역의 자유화

WTO의 궁극적인 목표는 차별 없는 무역을 자유롭게 하여 세계 무역의 활성화를 도모하는 것이다. 그러기 위해서는 관세의 인하 혹은 가장 강력한 비관세장벽인 쿼터 또는 수입금지정책의 철폐뿐만 아니라, 국산품조장 운동 등과 같이 눈에 보이지 않는 비관세장벽까지 완화하여야 한다는 것이다.

또한 항상 선진국의 일괄된 주장인 서비스와 지적재산권 문제에 대해서도 각국은 시장 개방을 서두르고 외국의 서비스에 대한 차별적 대우를 철폐해야 함을 원칙으로 한다. 지적재산권에 대해서도 각국은 충분한 법적 보호를 해야 함은 WTO의 주요 원칙이다.

이와 같이 WTO는 상품, 서비스, 지적재산권 등 모든 경제적 활동이 자유롭게 이루어지도록 환경을 조성하여 교역의 자유화를 추진하고 있다.

3) 예측가능성

WTO는 회원국들로 하여금 관세 및 시장개방에 대한 양허 일정을 제시하도록 하고, 무역정책, 무역절차 등의 변경사항에 대해서 통보의무를 부여함으로써 그동안 각국이 자의적으로나 암묵적으로 해오던 관행이나 행정절차를 투명하게 하도록 하였다. 이 사항은 그동안 선진국에서 줄곧 요구해 오던 것인데 미래가 투명함으로써 앞으로의 투자와 교역을 적극 추진할 수 있는 것이다.

4) 공정경쟁의 촉진

WTO는 덤핑과 보조금과 같은 불공정행위에 대해서는 수입국이 그에 상응하는 관세를 부과할 수 있도록 허용하여 공정한 경쟁을 촉진한다. 앞서 살펴본 바와 같이 이러한 덤핑방지관세나 상계관세 등을 부과하는 것은 WTO의 공정한 자유무역 원칙에 위배되지 않는다. 이외에도 농산물, 지적재산권, 서비스 등의 협정과 관련하여 공정경쟁을 촉진하기 위한 규정들을 제정하였다.

5) 경제 개발 및 개혁의 권장

WTO는 개발도상국에 대해서는 특별우대조치를 허용하여 특정 의무기간을 연장 또는 완화할 수 있도록 허용하고, 선진국의 개발도상국에 대한 특혜조치를 허용한다. 개도국의 문제는 어제 오늘의 문제가 아니라 선진국이 안고 가야 할 영구적인 해결과제이다. 개도국의 경제개발 없이는 선진국의 장기적인 경제개발도 불가능하고 세계 평화를 유지할 수 없음은 이미 경험을 통해서 알 수 있다.

2-3 WTO의 기능

1) UR 협상의 이행기구로서의 기능

WTO는 우루과이 라운드 협상의 주요 결과를 관할하게 된다. 즉, 상품교역에 관련된 다자간 협정 및 서비스협정, 지적재산권협정 등 앞의 <그림 4-1>에 나와 있는 여러 협정이 내용대로 집행되게 하는 기능을 가진다.

2) 국제무역에서 UN의 역할

WTO는 GATT와는 달리 회원국 간의 분쟁을 효율적으로 해결·조정할 수 있으며 또한 일부 회원국의 협정위반에 대해 제재를 가할 수 있기 때문에 국제무역에 관한 UN과 같은 역할을 한다. GATT 체제에서는 교역국 간에 무역관련 분쟁이 발생할 경우 이를 교역국의 협의로 해결을 모색함으로써 분쟁이 효율적으로 해결될 수 없었고 심지어 당사국 간에 서로 무역보복조치를 취하여, 해결보다는 분쟁을 더 심화시키는 결과를 가져왔었다.

WTO는 분쟁해결기구(dispute settlement body: DSB)를 설치하여 WTO 체제하의 모든 분쟁은 분쟁해결기구를 통하여 정해진 절차와 규칙에 따라 해결되도록 하였다. WTO가 관할하는 협정을 위반한 당사국은 그에 따른 피해보상을 해야 하며 이에 대한 합의가 이루어지지 않는 경우 보복조치를 취할 수 있도록 하고 있는데, 이는 반드시 WTO 분쟁해결기구를 통해서 이루어지도록 하고 있다. 보복조치의 특징은 교차보복을 허용하고 있는데, 예를 들어, 어느 회원국이 지적재산권에 피해를 입게 되는 경우 상대국의 전자제품이나 자동차 등에 보복관세를 부과할 수 있다는 것이다.

WTO는 또한 각국 무역정책의 투명성을 보장하기 위하여 무역정책검토기구를 설치하여 모든 회원국의 무역 관련법, 제도 및 관행을 주기적으로 검토·평가하도록 하였다. 이와 같은 무역정책검토제도는 회원국의 무역정책 및 제도가 다른 회원국들의 시장접근에 불공정하게 작용하지 않도록 감시하는 기능을 가짐으로써 궁극적으로 세계무역을 보다 자유롭게 하고 WTO를 중심으로 한 다자간 무역체제를 강화시키는 중요한 역할을 담당하고 있다. 그리고 개발도상국을 위해 기술협력을 제공하고 인력을 훈련시킨다.

2-4 WTO의 당면과제

WTO에 의해 자유무역의 질서가 어느 정도 보장되었기 때문에 이제는 자유무역뿐만 아니라 공정무역에 대한 관심이 증대되고 있다. 특히 관심이 일고 있는 분야 중 대표적인 것으로는 환경문제, 근로기준문제, 기술정책, 경쟁정책 및 투자정책, 부패문제 등을 들 수가 있다. 보통 다자간 무역협상에서 새로운 의제를 가지고 협상을 할 때 '라운드'(round)라는 용어를 쓰기 때문에 여기서도 환경 라운드, 노동 라운드 등으로 표현한다.

1) 환경 라운드

WTO 산하에는 무역과 환경위원회(Committee on Trade and Environment: CTE)가 설치되어 무역과 환경 간의 관계를 설정하는 것을 목표로 하고 있고 이에 관한 의제를 논의한다는 내용이 우루과이 라운드의 종결을 선언한 각료선언에 이미 포함되어 있다. 따라서 WTO 체제 내에서 환경과 자유무역을 조화시킬 수 있는 국제규범을 정립할 환경 라운드(green round)가 본격적으로 가동되고 있다. 환경라운드는 환경파괴적인 제품에 대한 수출입규제와 각국의 환경규제조치의 투명성 확보 등에 초점을 맞추고 있다.

2) 노동 라운드

노동 라운드(blue round)는 노동자들을 보호하기 위해 일정한 노동기준을 마련하고 그 기준에 일치하지 않은 경우 해당 상품이나 국가에 제재조치를 취하는 것을 목적으로 하고 있다. 이 라운드에서는 고용차별, 강제노동, 아동착취 등의 금지, 결사의 자유 등이 핵심적인 노동기준이 된다.

3) 기술 라운드

기술 라운드(technology round)는 기술에 대한 권리를 보호하기 위해 기술의 무단 복제 등을 엄격히 금지함으로써 보다 공정한 무역경쟁을 유도하기 위한 라운드이다.

4) 경쟁 라운드

경쟁 라운드(competition round)는 외국인을 내국민으로 대우하여 공정하게 경쟁하기 위한 것이다. 여기서는 시장개방과 내국민대우의 관철, 경쟁을 왜곡하는 시장구조와 기업관행의 차이 제거 등의 경쟁조건의 평준화 문제 등이 주요 주제이다.

5) 부패 라운드

해외시장에서의 뇌물수수 및 부패가 공정한 국제무역을 저해할 수 있기 때문에 공정한 해외경쟁을 권장하기 위해서는 뇌물수수 등을 금지하자는 것이다. 주로 미국 기업들이 해외에서 뇌물을 주지 않음으로 인해서 다른 나라의 기업들에 비해서 해외경쟁을 벌이는 데 불리하다고 인식하여 이를 규제해야 한다는 것이다.

이런 새로운 통상문제들은 주로 미국을 중심으로 한 선진국에 의해 제기되고 이들 국가들에 의해 주도되는 성질의 것이다. 그러나 선진국과 개도국간의 상반된 이해관계를 고려할 때 이러한 뉴라운드 협상이 순조롭게 진행되기는 힘들 것으로 예상되지만, 공정한 국제무역의 기반구축이라는 측면에서 WTO 체제 내에서 주요 협상의제가 되었다.

2-5 도하 개발 어젠다의 출범

앞서 살펴본 바와 같이 GATT 체제가 설립되면서부터 그동안 케네디 라운드, 동경 라운드, 우루과이 라운드 등 8번의 다자간 무역협상이 있었다. 특히 우루과이 라운드의 결과 WTO가 설립되어 활동하게 되었지만, 모든 부문에 걸쳐 무역자유화가 완전히 달성된 것은 아니었고 계속해서 각국 간의 협상이 필요하게 되었다.

이에 WTO 회원국들은 1998년 5월 제네바 제2차 각료회의에서 좀 더 폭넓은 분야에서 무역자유화를 위한 다자간 무역협상을 준비하기로 합의하였다. 그 다음 해인 1999년 12월 시애틀에서 다자간 무역협상을 시도하였으나 개도국들의 심한 반대로 협상의제를 합의하지 못해 실패로 끝났다.

그 후 2001년 11월 카타르의 수도 도하에서 열린 제4차 WTO 각료회의에서는 '도하 개발 어젠다'(Doha Development Agenda: DDA)로 명명된 새로운 다자간 무역협상이 출발하였다.[38] 도하 개발 어젠다는 WTO 체제하에서의 첫 다자간 무역협상인데, 협상의제는 농업 및 서비스 분야의 시장개방과 그 밖에 비농산물 시장접근(Non-Agricultural Market Access: NAMA), 규범개정, 무역과 환경 등이다. DDA의 협상의제는 과거에 비해 아주 범위가 넓고 포괄적인데 이는 전 세계의 무역패턴을 재조정하고자 한 것이다.

DDA 협상기간은 3년으로 2004년 말까지는 협상이 끝나고 2005년부터는 새로운 자유무역체제가 시작될 예정이었지만, 각국의 이해관계로 2020년 말 기준으로 완전히 타결되지 못하고 있다. 그러나 DDA 협상의제를 중심으로 FTA 등 지역별 무역협정이 국가들 사이에 활발하게 이루어지고 있으며, 2021년 제12차 각료회의에서는 미국의 다자주의 복귀, 코로나19 팬데믹 극복, 복수국간의 협정 등 여러 의제가 긍정적으로 논의되고 있다.

---

38) 그동안 다자간 무역협상을 새로 시작할 때는 보통 '신 라운드'(new round)로 불렸으나 이번에는 협상의 주요 내용이 개도국의 경제발전을 중심으로 무역자유화를 추구하는 것이고, 개도국들이 '라운드'라는 용어에 저항감을 갖고 있기 때문에 라운드 대신에 '개발 어젠다'(의제)라는 용어를 붙이기로 하였다.

SECTION 02 경제통합

1. 경제통합의 의의와 형태

1-1 경제통합의 의의

제2차 세계대전 이후 많은 국가가 채택한 무역정책 중에는 자유무역지역, 관세동맹 등과 같은 지역경제통합(regional economic integration)을 결성하려는 움직임을 빼놓을 수 없다. 현재 유럽연합(European Union: EU)을 비롯한 150여 개가 넘는 지역경제통합이 이루어졌으나 아직까지 경제통합이 무엇인가에 대해서는 명확하고 통일된 정의를 내리지 못하고 있다.

이는 현존하는 경제통합들이 그 형태나 정도 및 내용 등에 있어서 서로 다른 점이 너무도 많기 때문이다. 그러나 이제까지 나타난 경제통합들이 공통적으로 추구하는 목적이 있는데 그것은 바로 가맹국 간의 무역자유화이다. 이는 각국 간의 경제발전 수준의 차이가 현저한 현실여건에서는 세계경제 전체가 자유무역을 행한다는 것은 기대하기도 어렵고 또 바람직하지도 않기 때문이다.

이에 따라, 우선 경제여건이 비슷하고 지리적으로 인접한 몇몇 나라들만이라도 서로 협력하여 교역을 자유화해 보자는 것이 경제통합의 궁극적 목적이다. WTO 체제 하에서도 WTO 가입국 간에는 원칙적으로 교역에 대한 차별을 금하고 있으나, 경제통합의 경우만은 비가맹국에 대해 차별대우를 하는 것을 예외적인 것으로 눈감아주고 있다.

1-2 경제통합의 형태

경제통합의 형태는 교역자유화의 정도 내지 발전단계를 가지고 구별하는 것이 보통인데, 비교적 널리 받아들여지고 있는 발라사(B. Balassa)의 분류에 따르면 다음과 같은 것들이 있다.[39]

---

39) Bela Balassa, *The Theory of Economic Integration*, Homewood, Ill.: Richard D. Irwin, 1961, pp.1 – 3.

1) 자유무역지대

자유무역지대(free trade area)은 역내에서 가맹국 사이에서는 무역을 교란시키는 관세나 수량제한을 철폐하여 무역을 자유화하되, 비가맹국에 대해서는 각국이 독자적인 관세를 부과하는 경제통합의 초기 형태이다. 최근 각국에서 활발히 체결하는 자유무역협정(free trade agreement: FTA)은 자유무역지대를 형성하고자 체결하는 협정이다. 한－미 자유무역협정으로 우리나라와 미국 간에 자유무역지대가 형성된 것이다.

2) 관세동맹

관세동맹(customs union)은 역내의 무역을 자유화함은 물론 대외적으로 공통의 관세를 부과하는 정도에까지 이른 형태를 말한다.[40] 이는 독자적으로 관세를 부과할 경우, 역외의 물품이 가장 낮은 관세를 매기는 특정 가맹국을 통하여 다른 가맹국들에게까지 흘러 들어오게 되는 폐단이 있기 때문이다.

3) 공동시장

가맹국 간에는 상품의 자유로운 유통은 물론 자본 및 노동 같은 생산요소의 이동까지 국내시장에서와 똑같이 자유화하는 경제통합 형태이다. 관세동맹에서 한걸음 더 나아가 가맹국 간의 모든 시장을 개방하려는 것으로 중미공동시장(과테말라·온두라스·니카라과·코스타리카·엘살바도르 중미 5개국 공동시장)이 이러한 목적으로 결성되었다.

4) 경제동맹

경제동맹(economic union)은 동맹국간에 경제 전반에 걸친 협정을 체결함으로써 산업·재정·금융·통화·무역·외환 등 모든 경제정책을 상호 조정하면서 공동보조를 취하는 형태이다. 이는 공동시장과 같은 형태만으로는 각 가맹국의 상이한 경제정책이 그들이 추구하는 역내 무역자유화에 좋지 않은 영향을 미칠 수 있으므로 경제정책까지 조화시켜 이를 해소하기 위함이다.

---

40) 과거에 있었던 독일관세동맹이나 베네룩스(벨기에, 네덜란드 및 룩셈부르크) 관세동맹이 대표적인 관세동맹의 형태이다.

5) 완전경제통합

완전경제통합(complete economic integration)은 여러 나라들이 협정을 체결하여 경제정책에서 공동보조를 취하는 데 그치지 않고 통화·재정·사회정책의 통일을 추구하는 초국가적 기관을 설치하는 것이다. 이렇게 되면 경제뿐 아니라 정치적 통합까지도 가능하게 된다. 경제통합의 가장 발달된 형태인 EU가 완전경제통합에 가깝다고 할 수 있다.

발라사의 다섯 가지 지역경제통합의 특징을 요약해 보면 <표 4-2>와 같다.

표 4-2　경제통합 형태별 특징

	자유무역지대	관세동맹	공동시장	경제동맹	완전경제통합
역내 자유무역	○	○	○	○	○
대외 공통관세	×	○	○	○	○
생산요소 이동	×	×	○	○	○
경제정책 조정	×	×	×	○	○
초국가기구 설립	×	×	×	×	○

2. 경제통합의 효과

여러 나라들이 경제통합을 하게 되는 동기는 경제통합에서 얻어지는 효과를 추적해 보면 곧 알 수 있다. 경제통합의 효과를 규명한 이론으로서는 관세동맹의 정태적 효과를 분석한 관세동맹이론과 그보다 한걸음 더 나아간 공동시장의 형성에서 발생하는 동태적 효과를 파헤친 대(大)시장이론을 대표적인 것으로 들 수 있다. 따라서 여기서는 두 이론을 중심으로 경제통합의 효과를 정태적 효과와 동태적 효과로 나누어서 설명하고자 한다.

2-1 경제통합의 정태적 효과

관세동맹이론을 주장한 바이너(J. Viner)는 관세동맹의 효과를 무역창출효과와 무역전환효과의 둘로 나누어서 설명하고 있다.[41]

---

41) Jacob Viner, *The Customs Union Issue*, New York: Carnegie Endowment for International Peace, 1953.

1) 무역창출효과

관세동맹이 결성되어 역내의 관세가 철폐되면 가맹국 상호간에는 수입가격이 그만큼 하락하게 된다. 따라서 이제까지는 관세 때문에 수입되지 못하던 물품의 수입이 가능해진다. 이와 같이 관세의 철폐로 가맹국 간의 교역량이 새로이 늘어나게 되는 것을 무역창출효과(trade-creating effect)라고 하며, 이는 자유무역에 따른 이익을 교역당사국들에게 가져다주므로 가맹국의 후생을 증대시킨다.

2) 무역전환효과

한편 관세동맹에 의해서 역내의 관세는 사라지지만 비가맹국에 대해서는 공동의 차별적인 관세가 부과되므로, 가맹국에서의 수입가격이 비가맹국에서의 수입가격보다 낮게 된다면 종전에는 비가맹국에서 수입하던 물품을 가맹국에서 수입하게 된다.

이와 같이 생산비가 세계에서 가장 낮은 나라가 아니라 가맹국 중에서 가장 낮은 나라가 수입대상국으로 바뀌게 됨으로써 나타나는 효과를 무역전환효과(trade-diverting effect)라고 한다. 무역전환효과는 자원의 효율적인 배분을 저해하므로 종국적으로 손실을 가져다주게 된다.

3) 무역창출효과와 무역전환효과의 비교

관세동맹이 바람직한 것이 되려면 무역전환효과보다는 무역창출효과가 커야 한다. 예를 들어, 관세동맹이 결성되기 전 일본, 미국 및 한국에서의 휴대폰 한 대의 가격은 각각 120달러, 80달러, 60달러이고 일본과 미국은 휴대폰에 대해 각각 60%와 40%의 수입관세를 부과하고 있었다고 하자.

관세동맹 전에는 일본은 한국으로부터 한국산 휴대폰을 한 대당 96달러로 수입한다. 왜냐하면 한국 휴대폰의 가격이 60달러이고 관세가 60달러의 60%가 부과되기 때문에 한국 휴대폰 수입가격은 96달러가 된다. 일본 휴대폰의 가격이 120달러이기 때문에 수입되는 것이다. 그러나 미국은 휴대폰을 직접 생산하고 있는데, 만약 한국산 휴대폰을 수입하게 되면 수입가격은 84달러가 되어 국내가격보다 높기 때문에 수입을 하지 않는다.

그런데 일본과 미국이 관세동맹을 맺고는 서로의 관세를 철폐하고 다른 나라들에 대해서는 똑같이 50%의 관세를 적용하기로 합의한다면, 일본은 휴대폰을 오히려 미국에서 사다 쓰게 될 것이다. 왜냐하면 이들 나라에서 한국산 휴대폰의 가격은

90달러(60달러＋공통관세 30달러)가 되는 데 반해, 미국 휴대폰은 80달러이기 때문이다. 이 예에서 일본의 입장에서 무역창출효과는 수입가격이 96달러에서 80달러로 내려가게 됨에 따라 그만큼 휴대폰을 구입하려는 사람이 늘어나 교역이 증대됨을 의미하며, 무역전환효과는 수입국가가 한국에서 미국으로 바뀌게 된다.

일본이 관세동맹을 통해서 얻는 이득은 물론 휴대폰의 수입가격(96달러→80달러)이 낮아짐으로써 소비자들이 얻는 혜택이 된다. 즉 소비자잉여(consumer surplus)가 증가하게 된다는 것이다. 그러나 그 대가로 일본은 종전에 얻을 수 있었던 휴대폰 한 대당 36달러의 관세수입은 포기하여야 한다. 이것이 바로 무역전환효과가 가져다주는 손실로서, 수입 국가를 생산비가 낮은 한국(60달러)에서 그보다 생산비가 높은 미국(80달러)으로 전환했기 때문에 발생되는 것이다.

관세동맹에서 얻는 전체적인 효과는 무역창출효과에서 얻는 이익과 무역전환효과로 인한 손실을 비교함으로써 알 수 있다. 그러나 이들을 구체적으로 비교하는 데에는 많은 어려운 문제가 뒤따른다. 다만 관세동맹의 효과를 논할 때 바람직하다고 보여지는 것은 어떻게 하면 무역창출효과를 극대화하면서 무역전환효과는 최소한으로 줄일 수 있는가 하는 것이다.

일반적으로 이야기해서 무역창출효과는 동맹결성 전의 관세율이 높을수록, 수입 물품에 대한 국내수요와 공급이 가격변화에 민감할수록 그 효과가 크게 나타난다. 무역전환효과는 대개 무역창출효과의 경우와는 반대가 된다.

그러나 이제까지는 한 나라의 입장에서 설명하였는데, 관세동맹이 세계 전체의 후생에 미치는 효과를 분석한다면 이야기는 더욱 어려워진다. 한 가지 자신 있게 이야기할 수 있는 것은 역외에 부과하는 관세도 폐지한다면 무역창출효과는 더욱 커지지 않겠냐는 점인데, 이렇게 되면 물론 가장 바람직한 완전자유무역이 되는 것이다.

2-2 경제통합의 동태적 효과

대시장이론은 경제통합으로써 시장이 확대됨에 따라 발생하는 경제통합의 동태적 효과를 장기적인 측면에서 고찰하고 있다. 이 이론에 따르면 경제통합의 효과는 크게 두 가지로 생각할 수 있는데, 하나는 규모의 경제이고 다른 하나는 경쟁의 촉진이다. 이 두 효과가 서로 상승작용을 하면서 가맹국들에게 경제성장과 국민소득의 향상을 가져다준다는 것이다.

먼저 EU가 결성된 직접적인 동기도 사실은 규모의 경제를 꾀하고자 하는 데 있었다. 즉 EU가 결성되기 전에 각 가맹국들이 공통적으로 토로한 불평은 자기네들의 시장은 너무 작아서 효율적인 규모의 공장을 세우기가 어렵기 때문에, 든든한 국내시장을 바탕으로 한 미국의 거대한 기업들에 비해 생산비 등에 있어서 불리할 수밖에 없다는 것이었다.

다시 말해서 이는 미국의 각 주(state) 간에는 관세가 부과되지 않아 대량생산을 통한 규모의 경제가 가능했기 때문이므로, 이에 대처하기 위해서는 유럽의 여러 나라들이 힘을 합해 그 시장을 개방하여 유럽시장을 하나의 커다란 시장으로 만들 필요가 있다는 것이다. 그렇게 되면 시장이 확대되어 역내의 모든 생산자들이 치열한 경쟁을 하게 되며, 이러한 경쟁에서 살아남으려면 경영상의 효율성을 제고하고 지속적인 기술혁신노력을 통해 원가를 절감시키는 길밖에는 없다는 것이다.

이에 성공한 기업들은 이윤이 늘어나 생산설비를 확장할 여유가 생긴다. 그렇게 되면 규모의 경제로 생산원가가 낮아지고 이는 다시 수요증대와 그에 따른 시장 확대는 물론 경쟁이 더욱 치열해져 다시 기술혁신을 가져다주는 식으로 점점 더 그 나라의 경제를 바람직한 방향으로 이끌어 나가게 된다는 것이다. 또한 경제통합은 장기적으로 역외에 대해서 교역조건을 유리하게 해줌으로써, 역내로 자본이 유입되는 것을 촉진하여 가맹국들의 국제수지를 개선시키는 효과도 가져다준다.

그러나 경제통합이 낳을 수도 있는 문제점으로는 대량생산에 따른 제품의 표준화와 아울러 똑같은 내용의 광고가 가맹국 전역에서 확산되면, 사회 그 자체까지도 표준화 내지 동질화됨으로써 각 가맹국의 다양성을 저해하고 국민생활의 독특한 단면을 잃게 될 우려가 있다는 것이다. 이는 경제통합에서 얻는 경제적 이익만으로 결코 보상받을 수 없는 중대한 손실이 될 수 있다.

3. 경제통합의 실태

WTO 체제는 근본적으로 자유무역을 표방하고 있지만 보호무역주의 성향이 짙은 지역주의·경제블록화가 확산되고 있는 실정이다. 전 세계의 주요 지역이 <그림 4-2>에서처럼 경제 블록화가 되고 있다.

3-1 유럽연합(EU)

제2차 세계대전의 종료와 더불어 미국은 마셜계획(Marshall Plan)에 의해 1948~

1951년간 총 120억 달러를 유럽부흥계획의 일환으로 투입하였으며, 이를 효율적으로 사용하고 서구 여러 국가의 다각적인 경제협력증진을 도모하기 위해 1948년 유럽경제협력기구(Organization for European Economic Cooperation: OEEC)가 설립되었다. 이 기구는 그 후 선진국간의 경제협력기구인 경제협력개발기구(Organization for Economic Cooperation and Development: OECD)로 확대 개편되어 오늘에 이르고 있다.

OEEC가 유럽지역의 교역확대를 위해 제정한 무역자유화 법에 의해 유럽 각국 간의 수입수량제한은 크게 완화되었으나, 관세인하는 GATT의 규정에 묶여 큰 제약을 받게 되었다. 이를 극복하기 위해 OEEC 내에서는 자유무역지대 또는 관세동맹과 같은 경제통합기구에 관한 논의가 활발히 진행되었다.

이런 과정을 거쳐 1957년 로마조약(Treaty of Rome)에 의해 유럽경제공동체, 흔히 유럽공동시장이라고도 불렸던 EEC(European Economic Community)가 탄생하였다. 이에 대해 의견을 달리 했던 몇몇 국가들은 EFTA(European Free Trade Association)를 만들어 1960년부터 활동을 개시하였다. 서로 나누어져 있던 유럽 각국들은 1992년 2월 유럽경제의 완전통합을 위해 유럽연합(European Union)의 창설과 유럽통화동맹의 단계적 실시를 규정한 마스트리히트 조약에 서명함으로써, 1993년 12월 1일을 기해 EU가 탄생하게 되었다.[42]

EU는 자유무역지대, 관세동맹을 거친 후 통합된 세계의 경제통합체 중 가장 대표적이며 현재까지도 완전 통합을 위한 노력이 계속되고 있다. EU 내에서는 노동, 자본, 상품의 완전한 자유이동을 위한 역내시장통합을 이루고 있으며 특히 유럽경제통화동맹(Economic and Monetary Union: EMU)을 통하여 EURO를 창설하여 단일화폐를 사용하고 있으며 2002년 7월부터는 해당국 통화의 효력은 정지되었다.

EU의 역내시장통합이 역내경제에 미치는 영향은 단기적으로는 어느 정도의 조정비용이 불가피하겠지만, 중·장기적으로는 경제성장, 물가하락, 고용창출, 경쟁력 강화 등에 있어서 상당한 효과를 나타낼 것으로 보인다. EU 통합이 세계 다른 나라들에 미치는 영향도 긍정적인 측면과 부정적인 측면이 상호 교차되어 나타날 것이다.

먼저 긍정적 측면으로는 경제성장에 따른 수요의 확대와 국경통제의 철폐로 역내에 진출한 외국기업 및 수출기업들에게는 수출을 증대시킬 수 있다는 점을 들 수 있다. 그러나 역내산업의 경쟁력 강화는 경쟁국에는 매우 불리하게 작용할 것이며, EU 공동의 새로운 공업표준은 비관세장벽의 역할을 할 수도 있다.

---

42) 2020년 영국의 탈퇴로 현재 회원국은 모두 27개 국가이다.

그림 4-2 세계 경제통합 현황

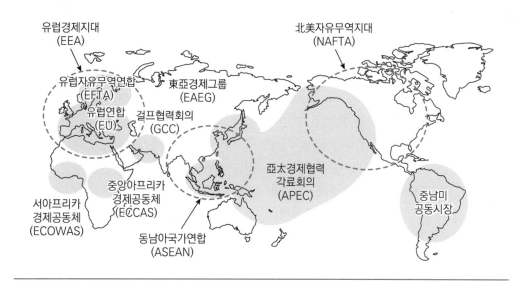

3-2 북미자유무역협정

북미자유무역협정(North American Free Trade Agreement: NAFTA)은 미국, 캐나다 및 멕시코 간의 관세 및 비관세장벽의 철폐, 투자·금융 등의 서비스부문과 지적소유권 보호, 환경문제를 포괄하는 자유무역협정이다. 이것은 미국의 자본과 기술, 캐나다의 자원과 자본, 멕시코의 저렴한 노동력과 자원을 상호보완적으로 결합하기 위한 경제블록이다.

이 협정은 역내 국가 간에는 자유무역주의를 추구하는 반면, 역외국가에 대해서는 보호무역주의를 추구함으로써 역외국가에게 배타적인 시장을 형성하게 되었고 세계경제의 지역이기주의와 경제 블록화를 더욱 촉진하는 계기가 되었다. 그리고 장차는 미국이 추구하는 알래스카에서 아르헨티나의 남단 티에라델푸에고(Tierra del Fuego)[43]에 이르는 광활한 남북미대륙을 경제적으로 통합하기 위한 범미주경제권의 형성을 위한 기반이 될 것이다.

북미자유무역협정은 선진국(미국과 캐나다)과 개도국(멕시코) 간에 체결된 최초의 무역 및 투자에 관한 자유무역협정인데, 2020년 7월부터 NAFTA는 USMCA(US,

---

43) 남아메리카 대륙 끝에 있는 마젤란 해협의 남쪽에 위치한 군도이다.

Mexico, Canada)협정으로 이름을 바꾸고 디지털무역, 환경, 지적재산권 등 최근의 이슈들을 반영하여 새로 출발하였다.[44]

3-3 남미공동시장

남미공동시장(Mercado Comun del Cono Sur: MERCOSUR)은 NAFTA 협상 진전에 자극을 받아 아르헨티나, 브라질, 우루과이 및 파라과이 4개국이 1991년 3월 파라과이의 수도 아순시온(Asuncion)에서 체결한 아순시온조약에 의해 성립하여 1995년 1월 1일 정식으로 발효된 공동시장이다. MERCOSUR는 경제적으로 밀접하게 연관되어 있는 주변국가 간에 경제성장 및 국제경쟁력 강화, 역내국에 대한 투자증대 등을 위한 상호보완적 산업협력체제의 구축의 필요성이 대두되어 탄생하게 되었다.

특히 브라질은 미국과의 통상마찰 심화에 대처하기 위한 역내무역확대의 필요성이 크게 요구되었고, 아르헨티나는 매년 큰 폭의 무역수지적자를 기록하고 있는 브라질과의 무역불균형 개선을 위하여 경제통합을 적극적으로 추진하게 된 것이다.

3-4 아시아 · 태평양경제협력기구(APEC)

아시아 및 태평양지역의 경제협력과 무역자유화 촉진을 목적으로 1989년 11월 호주의 캔버라에서 한국 · 미국 · 일본 · 오스트레일리아 · 캐나다 · 뉴질랜드와 동남아시아의 6개국(아세안) 등 12개국이 참여한 가운데 제1차 회의를 열어 아시아 · 태평양 경제협력체(Asia-Pacific Economic Cooperation: APEC)를 발족시켰다. 세계 인구의 40%, GDP의 52%, 교역량의 45%를 차지하는 세계 최대의 지역협력체로서 약칭으로 APEC이라 한다.

APEC의 조직은 비공식회의, 각료회의, APEC자문위원회, 회계 · 예산운영위원회, 무역투자위원회, 경제위원회 등으로 구성되어 있다. 1991년 제3차 서울회의에서 중국 · 타이완 · 홍콩이, 1993년 시애틀회의에서 멕시코 · 파푸아뉴기니가 가입함으로써 현재 21개국이 참여하고 있다. 이 기구는 아시아태평양 공동체의 달성을 비전으로 하여 경제성장과 번영을 목표로 하고 있으며 공동체 비전 달성을 위한 이행프로세스로서 무역투자자유화와 함께 경제기술협력, 비즈니스 원활화를 3대 축으로 설정 ·

---

44) 선진국이 주로 지구상에서 북반구에 있고 개도국이나 후진국들이 주로 남반구에 있다고 해서 이들 간의 무역을 남 – 북 무역, 이들 간의 자유무역협정을 남 – 북간 FTA라고 한다.

운영하고 있다.

　APEC의 의사결정은 전원합의 방식을 따르며, 비구속적(non-binding) 이행을 원칙으로 함으로써, 회원국의 자발적 참여를 중시한다. 비교적 느슨한 형태의 협력기구이므로 회원국 간 협력의 진전이 아주 느린 편이다. 최근 경제통합체로서 탈바꿈하기 위한 노력이 진행 중이다.

3-5 아세안

　아시아는 미주와 같이 활발한 지역경제통합이 전개되고 있지는 못하며, 최근에 들어서야 자유무역지역의 창설논의가 전개되고 있는 실정이다. 아시아지역에서 대표적인 지역경제협력체로는 동남아시아국가연합(Association of South-East Asian Nations: ASEAN)을 들 수가 있는데 1967년 말레이시아, 필리핀, 태국, 인도네시아, 싱가포르에 의해 결성되었고, 현재는 베트남과 브루나이가 추가되어 7개국 간의 경제협력체로 운영되고 있다.

　ASEAN은 그동안 다양한 경제협력프로그램을 추진하여 왔지만, 1970~1990년 기간 중 역내무역의 증가가 뚜렷이 나타나지 않는 등 상호경쟁적인 산업구조로 성과는 그다지 높지 않은 것으로 평가되어 왔으나, 최근 아세안 자유무역지역(ASEAN Free Trade Area: AFTA)이 창설되어 경제통합의 효과를 기대하고 있다.

FTA

1. FTA의 의의와 원칙

1-1 FTA의 의의

자유무역은 이론대로 무역의 성행으로 세계 경제를 활성화시키고 세계의 부를 창출하는 장점이 있지만 무역에 따른 부를 몇몇 국가만이 선점할 수 있다는 큰 문제점을 지니고 있다. 그리고 보호무역은 정책적으로 자국의 산업을 보호하여 경제 도약의 계기가 될 수도 있지만 각국 간의 관세 인상 등으로 세계 경제가 폐쇄되고 위축이 될 수 있음은 엄연한 역사적 사실이다.

자유무역의 장점과 보호무역의 장점만을 취할 수 있는 경제정책은 없을까? 지금까지 살펴본 경제통합이 그 해답인데 그것은 경제수준이 비슷한 국가들끼리 자유롭게 무역을 하고 그렇지 못한 국가와는 보호무역을 하자는 것이다. 경제발전의 단계가 비슷한 국가들끼리 자유무역을 통해 경제 활성화를 도모하게 되면 국가의 부는 계속 축적될 것이고 나아가 선진국의 대열에 합류하게 되면 전 세계는 자유무역의 방향으로 흘러간다는 것이다.

경제통합 중 가장 어렵지만 최대한의 경제효과를 볼 수 있는 것은 완전경제통합이다. 회원국들이 화폐, 금융, 재정, 사회정책 등까지 통합하고 나아가 정치적 통합까지 도모하고자 하는 것인데 여러 나라가 하나의 국가로 통일되는 것이 결코 쉬운 일은 아니다. 현재 EU가 여기에 가깝지만 유럽은 역사적으로나 지리적으로 완전경제통합을 기대할 수 있는 기반이 갖추어져 있기 때문에 그래도 오늘날의 수준까지 온 것이다. 하지만 기타 세계 여러 국가들이 EU와 같은 완전경제통합을 도모한다는 것은 불가능에 가깝다고 할 수 있다.

반면 가장 쉬우며 나름 효과를 볼 수 있는 경제통합의 형태가 두 국가 간, 혹은 몇몇 국가들이 모여서 역내에서는 자유롭게 무역을 하고 비회원국에 대해서는 독자적인 무역정책을 실시하는 자유무역지대를 형성하는 것이다. 자유무역지대는 특정

지역 내의 국가들이 상호간에 관세 등의 장벽을 철폐하여 상품, 서비스 등이 자유롭게 이동하도록 보장하는 자유무역협정(free trade agreement: FTA)을 체결하여, 이 협정을 체결한 회원국가들 상호간에는 모든 무역장벽을 없애고 비회원국에 대해서는 각 나라마다 독자적인 무역규제를 할 수 있는 지역을 말한다. 따라서 자유무역협정이 체결된 자유무역지대에서는 협정을 체결한 회원국 간에는 자유무역이 이루어지게 된다.

오늘날 전 세계의 주요 국가들은 모두 개별적으로 혹은 다자간으로 자유무역협정을 체결하여 부분적으로나마 자유무역을 실시하고 있다. 우리나라도 주요 무역 대상국인 중국, 미국, EU 등과 모두 FTA 협정을 체결하여 우리나라 무역의 약 90% 정도가 FTA 체결국가와의 교역이다.

FTA가 처음 대두될 때는 주로 회원국 간의 제조공산품에 대한 관세 인하·철폐 혹은 비관세 문제만 다루었는데 최근에는 DDA 협상이 지리멸렬됨에 따라 거기서 다루었던 모든 의제를 포함시켜서 서비스, 투자, 지적재산권, 환경, 노동기준까지도 포함되는 소위 포괄적 자유무역협정이 체결되고 있다.[45]

1-2 FTA의 원칙

자유무역협정은 경제통합 중에서도 가장 낮은 단계이지만, 현재 전 세계에서 제일 많이 활용되고 있는 경제통합의 형태인데 이의 특징을 살펴보면 다음과 같다.[46]

1) 관세 철폐

앞서 살펴본 바와 같이 관세는 자유무역을 저해하는 가장 큰 요인으로 GATT 체제하에서도 8차례에 걸쳐서 다자간 협상을 벌렸던 것도 결국은 세계가 관세를 인하하자는 것이었다. WTO 체제도 국가 간의 자유로운 경쟁 하에 자유로운 무역을 지향하고 있기 때문에 관세의 인하는 세계경제의 블랙홀이라 할 수 있다.

자유무역협정은 양국 간에 관세를 철폐하거나 세율을 연차적으로 인하하여 양국 간에 무역을 자유롭게 하자는 것이 목적이다. 따라서 FTA 체약국가 간의 무역거래에서는 원칙적으로 관세가 적용되지 않는다. 예를 들어, 우리나라는 한·미 FTA에

---

45) FTA가 경제의 전반을 다루는 포괄적 협정의 성격을 지님에 따라서 WTO에서는 경제통합이라는 용어 대신에 지역무역협정(regional trade agreement: RTA)이라는 표현을 사용하고 있다.
46) 구종순 등, 「FTA 무역실무」(제2판), 청람, 2021, pp.6-8.

의해 미국에서 수입되는 자동차에 대해서는 관세가 적용되지 않는다. 따라서 똑같은 토요타(Toyota) 자동차라도 미국에서 생산 수입될 경우에는 관세가 없지만 일본에서 생산 수입될 경우에는 소정의 관세가 적용된다.

2) 협정국가 간의 차이

FTA는 여러 국가에 공동으로 적용되는 다자간 협정이라기보다는 양국 간에 체결되는 단일 협정이다. 다자간 협정일 경우에는 똑같은 내용의 협정이 가맹국들에 동일하게 적용되지만 FTA의 경우에는 우리나라와 협정을 체결한 체약상대국에 따라서 차이가 난다.

예를 들어, 우리나라 수출업자가 싱가포르 수입업자와 거래할 경우에는 우리나라 상공회의소 등 기관에서 발급한 원산지 증명서가 필요하지만 미국의 수입업자와 거래할 경우에는 수출업자 본인이 자율적으로 원산지 증명서를 발급하여 사용할 수도 있다.

3) 원산지 증명

일반적으로 무역거래에서 이용되는 원산지 증명서(certificate of origin)는 특정 물품이 그 나라에서 재배, 사육, 제도(drawing) 또는 가공된 것임을 증명하는 문서를 말한다. 원산지 증명서는 수입업자가 통관, 수입관세율 적용 등에 필요하기도 하고, 간혹 수입국가가 덤핑방지나 외환관리를 위해 요구하기도 하지만 무역거래에서 반드시 필요하고 발급요건이 까다롭거나 시일이 걸리는 무역서류는 아니다. 보통 수출업자가 자국의 상공회의소로부터 발급받아 수입업자에게 보내 주게 된다.

FTA 무역거래는 체약국가 간에 관세를 철폐하거나 인하된 세율을 적용하는 것이므로 모든 거래에서 당연히 대상물품이 체약국을 원산지로 한다는 사실을 증명하는 원산지 증명서가 필요하다. 특히 FTA 무역거래에서는 제3국에서 수입한 물품을 자국 물품으로 위장하여 체약상대국으로 다시 수출하는 위장 우회수출이 발생할 수 있다. 예를 들어, 우리나라 수출업자가 중국산 양말을 수입하여 이를 한·미 FTA 협정에 따라 무관세로 미국으로 수출할 수 있다.

이에 따라 FTA 체약국들은 원산지 결정기준, 증명방식, 발급요건 등을 별도로 규정하고 있다. 따라서 FTA 무역거래에서 수출업자는 협정에서 규정하고 있는 요건에 따라 원산지 증명서를 발급받아 이를 수입업자에게 송부하고 수입업자는 이를 해당 세관에 제출하여 수입물품이 체약국을 원산지로 한다는 사실을 증명함으로써

관세 혜택을 받게 되는 것이다.[47)]

4) 직접운송원칙

FTA 무역거래에서 관세 혜택을 보기 위해서는 수출입물품이 혜택의 대상이 되더라도 체약국 간에 직접 운송되어야만 한다. 이는 운송 도중 제3국에서 가공을 한다든지 제3국의 물품으로 교체되는 것을 방지하기 위한 것이다. 다만 부득이한 사유로 환적 혹은 일시 장치되는 경우는 예외적으로 허용된다. 그러나 이런 경우에도 자유로운 유통을 위해 반출되지 않아야 하고 물품을 보존하기 위한 공정을 수행한 경우에만 인정된다.

2. 다자간 FTA

WTO 체제하에서 좀 더 자유로운 무역을 추구하기 위하여 추진되었던 다자간무역협상인 도하개발어젠다는 2001년 11월부터 시작하였는데 지금까지도 선진국과 개도국 간의 의견 차이로 완전한 타결을 이루지 못하고 있다. 이런 상황에서 급속도로 진전된 FTA가 최근 두 국가 간이 아니라, 세계경제에 영향을 미칠 수 있을 정도의 다수 국가들이 참여하고 그 협정의 내용도 무역장벽을 획기적으로 철폐한다든지, 회원국 간의 무역 및 경제 규범을 제정하는 등 지금까지 체결되어 왔던 FTA와 다른 형태를 띠고 있는데 이를 다자간 FTA 혹은 메가-FTA(거대 FTA)라 한다.

2-1 환태평양경제동반자협정(Trans-Pacific Partnership: TPP)

태평양 연안의 광범위한 지역을 하나의 자유무역지대로 묶는 다자간 자유무역협정이다. 영문 머리글자를 따서 흔히 TPP(Trans-Pacific Partnership)라 칭한다. 2005년 뉴질랜드, 브루나이, 싱가포르 및 칠레 4개국이 체결한 환태평양 전략적 경제동

---

47) 오늘날의 글로벌무역에서는 한 국가에서 모든 부품이 생산되어 그 나라에서 완성품을 제조하는 경우는 거의 없고, 여러 나라로부터 부품, 반제품 등을 수입하여 약간의 가공을 거친다든지 하여 완제품 생산에 투입되기 때문에 하나의 완성품에 대해서 수많은 원산지증명서가 따라야 하는 소위 스파게티보올(spagetti bowl) 현상이 일어나고 이것이 무역장벽으로 작용하기도 한다.

반자협정에서 비롯되었고, 2008년 미국, 2013년 일본 등이 참여하며 확대되었다. 2010년 3월 본격적으로 협상이 시작되어 2015년 10월 미국 조지아 주 애틀랜타에서 열린 각료회의에서 협상이 타결되었다.

TPP는 관세철폐, 상품거래, 무역구제조치, 해외투자 보호, 서비스부문 무역, 지적재산권 등 폭넓은 통상 관련 사안이 포함된 협정으로, 높은 수준의 자유무역 기준을 제시하고 있다. 관세철폐의 경우 협정문에 따르면 시장접근 분야에서는 즉시~최장 30년에 걸친 관세철폐를 통해 최종 95~100%(품목 수 기준)의 자유화 수준을 달성할 것을 합의했다. 특히 공산품의 경우 장·단기에 걸쳐 관세를 100% 철폐할 예정이며, 호주와 멕시코만 일부 품목에 대해 예외를 인정받았다.

미국은 2016년 트럼프 대통령 취임 이후 정책 기조가 바뀌면서 2017년 1월 TPP 탈퇴를 공식 선언하였다. 이에 따라 2017년 기준으로 TPP 참여국은 11개국(뉴질랜드, 브루나이, 싱가포르, 칠레, 호주, 페루, 베트남, 말레이시아, 멕시코, 캐나다, 일본)이다. 우리나라의 경우 2015년에 콜롬비아, 필리핀, 태국, 대만과 함께 가입 의사를 표명한 바 있다.

미국의 TPP 탈퇴 이후 나머지 11개 회원국이 협상을 지속하여 2018년 3월 8일 포괄적·점진적 환태평양경제동반자협정을 공식 타결하였으며,[48] 회원국 가운데 일본, 캐나다, 멕시코, 뉴질랜드, 싱가포르, 호주 6개국이 국내비준을 완료하여 같은 해 12월 30일 협정을 발효하였다. CPTPP는 TPP에 비해 발효요건이나 가입조건이 완화된 형태로, 전 세계 GDP의 13.5%, 세계무역의 15% 비중을 차지하고 있다.

2-2 범대서양 무역투자동반자협정

범대서양 무역투자동반자협정(Transatlantic Trade and Investment Partnership: TTIP)은 미국과 유럽연합(EU)이 2013년 7월부터 협상 중인 자유무역협정(FTA)으로, 관세와 규제 장벽을 허물어 양국의 기업이 서로의 시장에 쉽게 진입할 수 있도록 만드는 것이 핵심이다. 이 다자간 자유무역협정은 선진국들로만 구성되어 있다.

TTIP 체결을 위해서는 EU 이외에 각 회원국 의회의 동의가 필요한데, TTIP가 임금을 떨어뜨리고 환경 규제를 약화시키며 노동권에도 부정적인 영향을 미칠 것이라는 전망에 따라 유럽 각국에서 반대 시위가 일어났다. 또한 투자자국가분쟁해결 조항(공공정책에 다국적기업의 제도적 간섭을 허용하는 제도)을 유럽의회가 반대하고 있어

---

48) Comprehensive and Progressive Agreement for Trans－Pacific Partnership: CPTPP

타결이 어려울 것으로 전망되고 있지만 트럼프 대통령 시절 중단되었던 논의가 다시 추진되고 있다. 만약 다자간 자유무역협정이 체결되면 EU에 연 1,370억 달러(약 157조 원), 미국에 연 1,091억 달러(약 126조 원)의 경제 효과를 가져 올 수 있을 것으로 예상하고 있다.

3. 우리나라의 FTA 현황

3-1 우리나라의 FTA 체결

우리나라는 2002년 칠레와 처음으로 FTA를 체결했는데 이 협정은 2004년 4월부터 발효 중이다. 일반적으로 FTA를 체결하게 되면 체약국 간에는 실질적으로 모든 품목이 자유롭게 거래되는데 경쟁력이 있는 산업분야는 별 문제가 없지만 그렇지 못한 산업은 그 피해가 매우 클 수 있다. 그동안 우리나라는 경쟁력이 매우 취약한 농업분야에 대한 피해의 우려가 높아 FTA 체결에 소극적이었다. 그러나 칠레는 우리나라와 지리적으로 너무 멀어 교역 규모가 많지 않았기 때문에 농업분야에 미치는 영향도 적을 것으로 판단하여 처음으로 우리나라와 칠레와의 FTA가 체결되었다.

한·칠레 FTA를 시발점으로 하여 우리나라는 본격적으로 여러 국가와 FTA를 체결하기 시작했는데 먼저 2006년도에는 우리나라와 싱가포르 간에 자유무역협정이 체결되었다. 특히 한·싱가포르 FTA는 금융, 전자상거래, 상호인정협력 등이 추가로 포함된 포괄적인 높은 수준의 내용을 남고 있다. 그리고 개성공단에서 생산된 제품에 대해 우리나라를 거쳐 수입될 경우에는 우리나라를 원산지로 인정한다.

그리고 2006년 9월부터는 유럽자유무역연합(EFTA)과의 협정이 발효되었고 이어서 아세안(ASEN) 10개국과는 2007년도부터 상품에 대한 자유무역협정이 체결되었다. 아세안은 우리나라의 5대 교역국이고 제3위의 해외 직접투자 대상지역이다. 지금은 교역품목 중 80% 이상에 대해서 관세가 철폐되었고 서비스 분야에 대해서도 협정을 타결하려고 노력하고 있다. 우리나라와 인도 간의 자유무역협정은 2010년 1월부터 발효 중이고, EU 및 페루와는 2011년도부터 발효 중이다.

가장 큰 관심거리인 우리나라와 미국과의 자유무역협정은 2012년 3월부터 발효 중이다. 우리나라와 미국은 2007년 4월 2일에 한·미 FTA 협상을 완전 타결했는데 한·미 FTA는 상품, 무역규제, 투자, 서비스, 경쟁, 지적재산권, 정부조달, 노동, 환경 등 무역과 관련된 모든 분야를 망라한 포괄적 협정이다.

터키 및 콜롬비아와의 자유무역협정도 타결되어 한·터키 FTA가 2013년 5월부터 발효 중이다. 그 밖에도 중국, 인도네시아, 베트남, 캐나다, 호주, 뉴질랜드, 일본, 한·중·일 등과의 FTA도 추진 중에 있으며, 또한 남미, 중미, 이스라엘 등과의 FTA도 공동 연구 중이다. 현재 추진 중이거나 검토 중인 국가와의 FTA가 체결될 경우 우리나라는 전체 교역액 중 FTA 특혜무역이 차지하는 비중이 90%대에 육박할 것으로 전망하고 있다.[49]

참고로 우리나라의 FTA 체결 및 진행 현황을 요약하면 <표 4-3>과 같다.

표 4-3	우리나라의 FTA 체결 및 추진 현황
	추진 현황
발효된 FTA	칠레(2004.4), 싱가포르(2006.3), EFTA 4개국(2006.9),[1] ASEAN 10개국(2009.9),[2] 인도(2010.1), EU(2011.7), 페루(2011.8), 미국(2012.3), 터키(2013.5), 호주(2014.12), 캐나다(2015.1), 중국(2015.12), 뉴질랜드(2015.12), 베트남(2015.12), 콜롬비아(2016.7)
타결된 FTA	중미 6개국(2017.3 가서명)[3]
협상 중인 FTA	한·중·일, RCEP,[4] 에콰도르, 이스라엘
협상재개 여건조성 FTA	멕시코, GCC[5]
협상준비 공동연구	EAEU[6]

자료: 관세청 FTA 포털(www.customs.go.kr)
1) EFTA 4개국은 EU에 참가하지 않은 스위스, 노르웨이, 아이슬란드, 리히텐슈타인을 말한다.
2) ASEAN 10개국은 태국, 인도네시아, 필리핀, 말레이시아, 싱가포르, 브루나이, 베트남, 라오스, 미얀마, 캄보디아 등을 말한다.
3) 중미 6개국은 파나마, 코스타리카, 과테말라, 온두라스, 엘살바도르, 니카라과를 말한다.
4) RCEP(Regional Comprehensive Economic Partnership)은 아시아, 태평양 지역을 하나의 자유무역지대로 통합하는 'ASEAN+6' FTA를 말하는데 ASEAN 10개국과 한·중·일 3개국, 호주, 뉴질랜드, 인도 등 총 16개국의 관세장벽 철폐를 목표로 한다.
5) GCC(Gulf Cooperation Council)는 페르시아만 안의 6개 아랍산유국이 역내 협력을 강화하기 위해 결성한 지역협력기구를 말한다.
6) EAEU(Eurasian Economic Union)는 러시아를 주축으로 카자흐스탄, 벨라루스, 키르키즈스탄, 아르메니아 등 구 소련권 5개국이 공동시장형성을 목표로 결성한 연합체이다.

---

49) 기획재정부.

3-2 한·미 FTA 주요 내용

1) 2012년 한·미 FTA

한·미 FTA는 2006년 6월 5일 협상을 시작해 2012년 3월 15일부터 발효되었다. 한·미 FTA가 발효되면서 양국 간 공산품과 농축수산물의 관세 장벽이 거의 사라지고, 각종 서비스 시장도 개방되었다.

우선 상품 분야에서는 원칙적으로 양국이 모든 상품의 관세를 철폐하는데, 즉시 철폐 품목은 섬유·농산물을 빼고 우리나라가 7,218개(85.6%), 미국이 6,178개(87.6%)에 달한다. 다만, 갑작스런 충격을 막기 위해 상품마다 철폐기간을 별도로 설정했다.

가령 승용차의 경우 미국은 2012년의 2.5%인 관세를 2016년부터 없애고, 한국은 우선 8%인 관세를 4%로 인하하며 2016년엔 완전 철폐한다는 것이다. 그리고 한국 측에 민감한 수산물과 임산물에 대해서는 장기적으로 철폐하고, 할당관세(TRQ)를 적용한다.[50] 농업 분야에서 쌀 및 쌀 관련 제품은 FTA 협상에서 완전히 제외됐으며, 한국 측의 민감 품목인 쇠고기는 15년간 40%의 관세가 단계적으로 없어지고, 돼지고기(냉동)는 25%의 관세가 10년에 걸쳐 관세가 철폐된다.

서비스 시장도 대폭 개방돼 도박·금융·항공운송·정부조달 등 일부를 제외한 모든 서비스 분야에서 ① 내국민대우, ② 최혜국대우, ③ 시장접근 제한 조치의 도입 금지, ④ 현지 주재의무 부과의 금지 등 네 가지 의무가 일반적으로 적용된다. 다만, 공교육·의료·수도·전기·가스 등 공공성이 강한 분야에서 정부의 모든 규제 권한에 대해서는 포괄적으로 이 네 가지 의무가 적용되는 것이 유보되었다.

한편, 법률 서비스는 3단계, 회계·세무 분야는 2단계로 개방이 추진되었다. 아울러 지적재산권과 관련, 저작권보호기간이 저작자 사후 또는 저작물 발행 이후 70년으로 연장되었는데, 단, 보호기간 연장시점은 발효 후 2년간 유예됨에 따라 2013년 7월 1일부터 적용되었다.

---

50) 할당관세(tariff rate quota: TRQ)는 수입물품의 일정 할당량을 기준으로 부과하는 관세로, 국내외 여건에 유동성 있게 대처하기 위한 탄력관세의 일종이다. 물자수급을 원활하게 할 목적으로 일정 물량에 대해서만 저율의 관세를 부과하고 이를 초과하는 물량에 대해서는 높은 관세를 부과한다. 예를 들어서 우리나라의 연간 돼지고기 소비량이 100만 톤인데 국내 생산량이 70만 톤이면 나머지 부분에 대해서는 저율의 관세를 부과하여 돼지고기 수급을 원활히 한다.

2) 2019년 개정 한·미 FTA

한·미 FTA는 시행 10여 년 후 미국 측의 요구로 개정되어 2019년 1월부터 개정의정서가 발효되고 있다. 미국 측이 요구한 개정 사유는 첫째, 미국의 우리나라에 대한 무역적자가 한·미 FTA 발효 전인 2011년 116억 달러에서 발효 이후인 2016년 233억 달러로 늘어 한·미 FTA 시행 후 무역불균형이 두 배로 증가한 점이고, 둘째, 미국 자동차에 대한 한국의 비관세장벽과 승용차 연비 규제, 한국을 통한 중국 철강의 덤핑 수출 등의 불공정무역 등이었다.

2019년부터 발효된 개정의정서에는 ① 투자자·국가분쟁해결제도의 개선, ② 자동차 관세 철폐기간 연장, ③ 무역구제 투명성 절차 개선, ④ 글로벌 혁신신약 약가 우대제도 등이 포함되어 있다.

첫째, 양국은 정부의 특정 조치에 대해 다른 협정을 통해 소송 절차가 이미 개시·진행됐다면 한·미 FTA를 통한 소송은 불가능하도록 해 소송 남발에 대한 제한 조치를 마련했다. 아울러 정부 정책이 외국 기업과 국내 기업을 차별해서는 안 된다는 조항을 근거로 외국 기업이 소송을 제기할 때는 해당 정책이 공공복지를 위한 것인지 고려하기로 했으며, 그리고 정부 정책이 투자자의 기대에 부합하지 않는다는 이유만으로는 최소기준 대우 위반이 아니라는 것을 명확히 규정했다(단, 이와 같은 개정 사항은 소급 적용되지는 않는다).

둘째, 그동안 우리나라는 미국에 대해 제작사별 2만 5000대에 한하여 자국 기준에 부합하면 우리나라의 안전기준을 준수한 것으로 보았는데 이를 5만 대로 확대했다. 그리고 미국산 자동차 수리를 위한 자동차 부품의 경우 미국 차 안전기준을 충족하면 우리나라의 기준도 충족한 것으로 간주하기로 했으며, 한국산 픽업트럭을 미국에서 판매할 때 관세(25%)를 철폐하는 시점을 2021년에서 2041년으로 20년 추가 유예했다.

셋째, 미국의 반덤핑 조사 등 무역구제 관련 절차의 투명성 확보를 위해 반덤핑·상계관세율 계산 방식을 공개하고, 섬유 원산지 규정에서는 공급 부족 품목에 대해 제3국 생산 원료를 사용해도 예외적으로 원산지를 인정하기로 했다. 또 국내에서 개발된 신약 가격을 높게 받을 수 있도록 한 신약 약가 우대제도를 해외 신약으로 확대하기로 합의했다.

CHAPTER

05

국제수지와
국제금융시스템

한 국가의 대외거래와 국내경제는 국제수지와 환율을 매개로 연결되어 있다. 국제수지는 한 국가의 대외거래를 체계적으로 요약한 명세서로 환율과 상호작용을 한다. 그리고 환율은 외환시장에서 결정되는데, 환율이 변동함에 따라 외환거래자들은 위험에 노출되며, 외환시장은 환위험을 적극적으로 추구하는 수단을 제공한다. 이 장에서는 먼저 대외거래로서 국제수지의 개념과 조정에 대해서 살펴보고, 외환시장의 개념, 환율의 결정원리, 세계 경제의 흐름을 좌우하는 국제금융시스템 등에 대하여 살펴보고자 한다.

1. 국제수지의 개념

1-1 국제수지의 정의

기업이나 국가 모두 경제단위이며 각각의 주체들은 전체 경제활동을 한눈에 볼 수 있도록 여러 가지 통계표를 작성한다. 기업은 대차대조표, 손익계산서 등 재무제표를 통해 기업경영의 적자 여부를 파악하고 그에 따른 경영활동을 전개해 나간다. 국가도 마찬가지로 국제수지표를 작성하여 일정 기간 대외거래에 따른 결과를 분석하고 그에 적합한 대내외적 경제정책을 실시한다.

국제통화기금(IMF)의 정의에 따르면 국제수지(international balance of payment)는 일정 기간 한 나라의 거주자와 다른 나라의 거주자(상대방 입장에서는 비거주자) 사이에 발생한 모든 경제적 거래를 체계적으로 기록한 것이다. 이러한 국제통화기금의 정의에 따라 국제수지의 개념을 구체적으로 살펴보면 다음과 같다.

첫째, 국제수지에서 '일정 기간'이라는 말은 보통 1년을 단위로 한다. 국가들의 사정에 따라 필요한 경우에는 분기(3개월), 반기(6개월) 단위로 기록하기도 한다.

둘째, 거주자와 비거주자의 구분은 법률상의 국적으로 판단하는 것이 아니라 경제주체들의 경제활동의 중심지가 어디냐가 기준이 된다. 따라서 아무리 우리나라 국적을 갖고 있더라도 주요한 경제활동을 오랫동안 다른 나라에서 하고 있다면 그러한 경제주체는 우리나라 입장에서는 비거주자가 된다.

셋째, '경제적 거래'란 상품과 서비스 및 화폐와 기타 자산의 상호교환을 포함한 유상거래뿐만 아니라 반대급부 없이 발생한 상품과 서비스 및 화폐와 기타 자산의 일방적 거래까지도 포함한다.

마지막으로, 체계적인 기록이라 함은 기업회계에서와 같이 거래의 이중성에 따른 복식부기의 방식에 따름을 말한다. 즉 모든 거래를 수입과 지급의 양면에서 파악하여 항상 대변(credit)과 차변(debit)의 양쪽에 같은 금액을 동시에 계상하도록 되어 있다. 그러나 원조나 해외송금 같은 일방적인 거래는 이를 적용하기가 어려우므로 이전수지라는 실체가 없는 항목을 만들어 양면에 기재하는 방법을 쓰고 있다.[51]

1-2 국제수지의 유용성

국제수지를 통해 한 나라의 경제운용 현황을 전부 파악하기란 어렵지만, 나라의 대외거래에 따른 결과를 이해하는 데 중요한 자료로 활용할 수 있다. 즉 국제수지는 대외거래에 있어서 한 나라의 경제적 위치를 나타내 주고 있기 때문에 이를 통해 각국은 경제정책을 효과적으로 조정하게 된다. 가령, 국제수지 적자와 같은 불균형이 존재하면 국제수지표를 통해 정확한 불균형 요인을 파악할 수 있기 때문에 국내균형을 해치지 않는 범위에서 효과적으로 경제정책을 변경할 수 있다.

또한 국제수지는 국민소득계정과의 관계를 통해 대외경제가 국내경제에 미치는 영향을 정확하게 측정할 수 있다. 특히 외환사정이 좋지 않은 개도국의 경우 국제수지표를 통해 효율적인 외환수급계획을 세울 수 있다.

2. 국제수지표의 구성

국제수지표는 일정 기간 동안 일국의 거주자가 다른 나라의 거주자와 행한 모든 경제적 거래를 체계적으로 기록한 표를 말한다. 국제수지표를 작성하기 위해서는 각 구성항목을 국제경제거래로부터 체계적으로 분류 집계해야 한다. 만약 각국마다 항목별 적용기준에 차이가 날 경우 혼란의 소지가 있으므로 IMF에서는 국제수지편제요람을 만들어 회원국들은 여기서 정한 표준분류방식에 따라 국제수지표를 작성하도록 권고하고 있다.

우리나라의 경우 한국은행에서 IMF의 새 기준(2010년 개정)에 따라 <표 5-1>과 같이 국제수지표를 작성하고 있다. 국제수지표는 크게 경상수지와 금융계정, 자

---

51) 국제수지와 유사한 개념인 국제대차는 한 나라가 특정 시점에 있어서 외국에 대해 얼마만큼의 채권 또는 채무를 갖고 있는가를 나타내는 것으로 이 두 개념은 명확히 구분되어야 한다. 즉 국제수지는 일정 기간 동안의 대외거래량을 표시하는 플로우(flow)의 개념인 데 반해, 국제대차는 특정 시점의 국제적 채권·채무관계를 나타내는 스톡(stock)개념이다. 따라서 국제수지를 한 기업의 손익계산서라고 한다면, 국제대차는 그 기업의 대차대조표에 해당한다고 할 수 있다.

본수지, 그리고 오차 및 누락 항목으로 구성되어 있다. 각 계정의 구성항목을 세부적으로 살펴보면 다음과 같다.

2-1 경상수지

경상수지는 상품수지, 서비스수지, 본원소득수지 및 이전소득수지로 구성되는데, 경상수지는 이러한 네 가지 수지를 합한 것으로 국제수지의 건전성을 판단하는 지표로 활용한다.

상품수지는 상품의 수출과 수입을 기록하고, 서비스수지는 운송, 여행, 기타 서비스의 수출과 수입을 기록한다. 과거에는 각각 무역수지 및 무역외수지로 불렸던 항목이고, 우리나라의 상품 수출이 수입보다 많으면 상품수지 흑자가 되며, 해외여행을 많이 해서 서비스 수출보다 수입이 많으면 서비스수지 적자가 된다.

본원소득수지는 1년 미만 거주자인 해외근로자가 수취하는 급료 및 임금, 그리고 직접투자, 증권투자, 기타 투자에 대한 배당 및 이자의 수취와 지급을 기록한다. 예를 들어, 방글라데시 근로자가 우리나라에 소재하는 기업으로부터 일한 대가로 받는 급료는 우리나라의 국제수지표 상에는 본원소득수지 적자 요인이 된다.

이전소득수지는 거주자와 비거주자 사이에 아무런 대가 없이 제공되는 무상원조나 대외송금 등의 수취와 지급을 기록한다. 국제수지표는 모든 거래를 수입과 지급의 양면에서 파악하여 항상 대변(credit)과 차변(debit)의 양쪽에 같은 금액을 동시에 계상하도록 되어 있지만 이 항목은 일방적인 거래이므로 이전수지라는 실체가 없는 항목을 만들어 양면에 기재하는 방법을 쓴다.

2-2 금융계정

금융계정은 직접투자, 증권투자, 파생금융상품, 기타 투자 및 준비자산으로 구성된다. 직접투자는 직접투자관계에 있는 투자자와 투자기업 간에 일어나는 대외거래를 계상하는 항목이다. 여기서 직접투자관계는 투자자가 투자기업의 경영을 통제할 수 있거나 상당한 영향력을 행사할 수 있는 경우를 말한다.

증권투자는 거주자와 비거주자 사이에 일어나는 주식 및 부채성 증권거래를 나타내는 항목이다. 주식에는 지분, 주식예탁증서 등이 포함되고, 부채성증권(채권 투자)에는 만기 1년 이하의 단기채권, 만기 1년 이상의 중장기 채권, 양도 가능한 금융상품 등이 포함된다.

파생금융상품 항목에서는 파생상품으로 실현된 손익 및 옵션 프리미엄 지급·수취가 자산 및 부채로 계상된다. 일반적으로 파생금융상품은 금융 및 실물자산 등의 가치변동에 의해 시장가치가 결정되는 금융상품을 말한다.

기타 투자는 다른 네 계정에 포함되지 않는 금융거래, 구체적으로 무역신용, 대출·차입, 현금 및 예금, 기타 지분, 특별인출권 및 기타 자산·부채 등을 계상하는 항목이다.

준비자산 항목은 통화당국이 국제수지 불균형을 직접 보전하거나 외환시장개입을 통하여 간접적으로 조정하기 위해 사용할 수 있는 대외자산의 증감을 계상한다. 대외자산은 사용 가능하며 통제 가능한 외화표시 대외자산이어야 한다.

2-3 자본수지

자본수지는 금융시장에서 거래되지 않은 자본의 이동을 기록하는 계정이다. 대체로 자본이전과 비생산·비금융자산의 취득 및 처분을 기록한다. 자본이전은 고정자산의 취득 및 처분과 관련된 거래, 채무변제 등이 포함되며, 비생산·비금융자산에는 상표권, 영업권, 독점판매권, 임차권 등이 포함된다.

2-4 오차 및 누락

국제수지는 복식부기의 원리에 의해 기입되므로 원칙적으로는 차변과 대변의 합이 반드시 같아야 한다. 그러나 현실적으로는 일부 거래의 누락, 기초통계상의 계상시점이나 평가방법의 차이로 인하여 차변과 대변이 일치하지 않는데, 이를 기술적으로 조정하기 위한 항목이 오차 및 누락 항목이다.

3. 우리나라의 국제수지

3-1 우리나라 국제수지 현황

우리나라의 국제수지표는 2010년에 개정된 IMF 지침을 따르고 있으며, 국제수지와 관련된 일체의 자료는 매달 통계청과 한국은행을 통해 집계·발표되고 있다.

<표 5-1>에는 우리나라의 2020년도 국제수지표를 각 계정별로 간략히 요약한

표 5-1 우리나라의 국제수지표 개요 및 현황(2020년)(단위: 백만달러)

구분	항목	계상기준	주요 내역	2020년	
경상수지	상품수지	상품의 수출입 거래	일반상품 등의 수출	81,945.2	75,275.7
	서비스수지	서비스 대가의 수입과 지급	서비스, 운송, 여행 등	-16,190.1	
	본원소득수지	급료, 임금 등의 수입과 지급	급료 및 임금	12,050.3	
	이전소득수지	무상의 상품, 서비스 등 제공	구호물자, 무상원조 등	-2,529.7	
금융계정	직접투자	투자자와 투자기업 간의 대외거래	직접투자(자산, 부채)	23,256.1	77,115.9
	증권투자	주식, 채권 등의 거래	증권투자(자산, 부채)	41,494.4	
	파생금융상품	미래의 손익 및 옵션 프리미엄 지급	금융상품	4,215.1	
	기타투자	위 금융계정에 포함되지 않는 거래	무역신용, 대출·차입 등	-9,241.2	
	준비자산	통화당국의 외화 대외자산	유가증권, 외화예치금 등	17,391.5	
자본수지		자본이전	자산소유권 무상이전 등	-27.5	-339.4
		비생산 자산의 취득 처분	상표권 등 취득 처분	-311.9	
오착 및 누락		경상수지, 금융계정 및 자본수지의 합계가 0이 되지 않는 경우 그 차액		2,179.6	

내역이 포함되어 있는데, 이 표에 의하면 2020년 우리나라의 경상수지는 상품수지가 약 819억 달러 흑자이고, 서비스수지는 약 162억 달러 적자이며 이에 따라 경상수지는 약 753억 달러이다.

상품수지의 흑자는 거의 일반상품 수출 부문으로부터 창출되었는데 이렇게 규모가 큰 것은 대부분 반도체, 자동차 등 우리나라 주종 수출상품이 계속해서 호조를 보였기 때문이다. 서비스수지의 적자는 대부분 가공서비스 부문과 여행서비스부문에서 발생하였는데 서비스수지 적자를 줄이기 위해서는 무엇을 해야 하는지를 암시해 주고 있다. 경상수지를 이루는 중요한 항목인 상품수지 흑자와 서비스수지 적자를 상쇄하면 우리나라의 2020년도 경상수지는 약 753억 달러 흑자를 보이고 있는 것이다.

3-2 우리나라 국제수지 변화추이

국제수지표에서 경상수지는 상품수지와 서비스수지 등 주로 무역수지를 계상하는 항목이므로 한 나라의 국제경쟁력이나 국제수지의 건전성을 파악할 수 있는 좋은 척도로서 활용된다. 우리나라의 국제수지 변화추이는 곧 우리나라의 경상수지 변화추이를 말하는데 우리나라는 해방 후 1980년대 중반까지는 지속적으로 경상수지 적자를 기록하였다.

다시 말해서 상품의 수출보다는 수입이 계속 많았다는 것인데, 이 당시의 우리나라 수출구조는 공업화가 이루어졌다 하더라도 경공업 중심이었기 때문에 국가산업 발전을 위해 중화학 기계제품, 원자재 등을 끊임없이 수입하지 않을 수 없었기 때문이다. 이러한 적자를 조정하기 위해 해외로부터의 자본도입이 증가함으로써 만성적인 국제수지 적자에서 벗어나지 못했다. 그러나 1980년대 중반부터 우리나라 경제가 견실한 성장세를 지속하면서 제조업 부문의 수출이 증가하기 시작하였고, 세계적인 저금리 및 저유가 현상, 원화가치의 저평가 등에 따라 수출이 급속하게 증가하면서 상품수지가 흑자를 기록하게 되었다.

하지만 국제수지 흑자에 따른 물가상승, 고임금 등으로 인해 우리나라 제품의 수출경쟁력이 악화되면서 수출은 감소한 반면, 소득증가에 따른 소비수요의 증가로 수입이 급증하여 1990년대 들어서서 경상수지는 다시 적자로 돌아섰다. <그림 5-1>은 1990년부터 2020년까지 우리나라 경상수지 변화 추이를 나타낸 것인데, 이 그림에서 보듯이 1996년에 기록한 약 245억 달러의 경상수지 적자는 지금까지 사상 최대로 남아있다. 이러한 경상수지 적자를 메꾸기 위한 외채가 꾸준히 증가하여 1997년 말 외채규모가 1,500억 달러에 이르게 되었다.

그 후, 1997년 말 외환위기에 직면하면서 우리나라 원화가치가 급속도로 하락하여 수출품의 가격경쟁력이 강화된 결과, 상품수지 흑자가 지속되어 우리나라의 경상수지 흑자가 유지되기 시작하였다. 2008년 글로벌 금융위기로 인한 세계 교역량 침체로 한때 경상수지 흑자폭이 감소하였으나 상품수지의 흑자에 힘입어 경상수지가 지속적으로 흑자를 기록하고 있다.

특히 2013년에는 상품수지 흑자가 사상최대인 800억 달러를 초과하였고, 이로 인해 경상수지 흑자도 비슷한 수준인 약 800억 달러를 기록하였다. 이러한 경상수

그림 5-1 | 우리나라 경상수지 변화추이(1990~2020년)

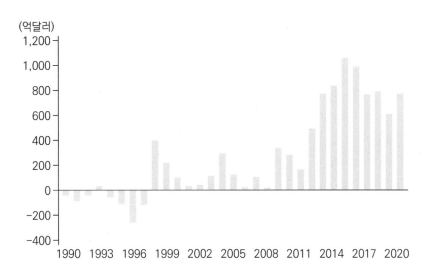

(억달러)

자료: 오근엽 외, 앞의 책, p.103.

지 흑자규모의 증가는 상품수지의 흑자폭이 반도체, 자동차 등의 수출호조로 인하여 다소 증가한 반면, 서비스수지의 적자폭이 감소했기 때문으로 풀이되는데 이러한 추세는 당분간 지속되어서 우리나라의 경상수지 흑자 규모는 매우 견고한 수준을 유지하고 있다.

4. 국제수지의 불균형과 조정

4-1 국제수지 조정의 필요성

국제수지 균형이란 한 나라가 대외거래를 통해 수취한 금액과 지급한 금액이 일치할 때를 말한다. 이와 달리 수취한 금액과 지급한 금액의 차이가 날 때 국제수지가 불균형을 이루고 있다고 말하는데, 국제수지 불균형은 그것이 적자이던지 흑자이던지 지속된다면 국민경제에 좋지 않은 영향을 미친다.

만약 국제수지가 적자인 경우 그것이 일시적이라면 외환보유고를 줄이거나 대외차입을 통해서 이를 해결할 수 있다. 그러나 국제수지의 만성적인 적자가 계속되는 경우에는 가지고 있던 외환보유고도 언젠가는 바닥이 나게 될 것이고, 무작정 돈을 빌려 줄 나라도 없거니와 빌려 온 돈도 언젠가는 갚아야 하므로 대외결제능력을 완전히 잃게 된다. 각국이 자국의 국제수지방어에 그토록 급급한 것은 이러한 극단적인 상황을 미연에 방지하기 위한 까닭도 있다.

또한 국제수지의 계속적인 흑자 역시 바람직한 일만은 아니다. 왜냐하면 우리가 수출을 많이 하여 외화를 벌어들이려는 것은 그러한 외화를 더 필요한 목적에 써야 효용이 있지, 사용하지 않는 외화는 국내에서는 아무런 쓸모도 없는 쓰레기에 지나지 않기 때문이다.

더구나 국제수지의 흑자가 계속되면 국내로 유입된 외화가 국내통화로 교환됨으로써 국내통화량이 증가하고 물가가 폭등하는 등 국내에 인플레를 가져올 수도 있고, 대외경제관계도 원만하게 유지하기가 힘들다. 이와 같이 국제수지의 불균형은 한 나라의 경제에 아주 나쁜 영향을 미치게 되므로, 적절한 수준으로 조정되어야 한다.

4-2 국제수지의 자동적 조정

어떤 나라가 국제수지에서 불균형을 이루게 되면 그러한 불균형은 즉각 그 나라 경제의 환율, 가격, 소득 등 여러 측면에 영향을 주어 불균형이 해소되도록 작용한다. 그에 따라 국제수지의 적자 또는 흑자는 시간의 흐름과 더불어 자동적으로 시정되는데 이를 국제수지의 자동적 조정과정(automatic adjustment process)이라고 한다.

1) 환율에 의한 조정메커니즘

국제수지 불균형은 환율에 의해서 자동적으로 완전히 조정되기도 하고 불균형의 일부만이 조정되기도 한다. 환율의 결정요인에는 여러 가지가 작용하지만 대개 외환의 수요와 공급에 의해 결정된다. 외환의 공급이 많으면 환율은 떨어지는데 예를 들어, 우리나라의 외환시장에 달러의 공급이 많아서 환율이 1달러 1,500원에서 1,000원으로 바뀌면 우리나라는 (달러)환율이 떨어진다고 한다.

수출을 많이 해서 외환이 국내로 많이 유입되면, 즉 국제수지가 흑자가 되면 환율은 떨어지게 되는데, 만약 위의 예만큼 환율이 떨어지면 수출가격은 1달러에서 1.5달러로 인상된다. 가격을 인상하면 수출가격의 경쟁력은 그만큼 떨어져 수출이 줄어들고, 수입의 경우에는 반대의 현상이 일어나 수입은 늘어나게 된다, 그렇게 되면 수출과 수입이 비슷한 수준이 되어서 국제수지는 균형을 이루게 되는 것이다.

2) 가격에 의한 조정메커니즘

이는 국제수지 불균형에 따른 가격 변화가 자동적으로 국제수지의 균형을 이루게 만든다는 것이다. 만약 수입을 수출보다 과도하게 많이 할 경우 수입자금을 해외로 지불하기 위해서는 국내통화를 주고 외국통화로 바꾸어야 하므로 국내통화가 환수되어 통화량이 감소하게 된다. 국내에서 통화량이 감소하면 자연히 재화에 대한 수요를 감소시키게 되고, 이러한 수요의 감소는 재화의 가격을 인하시키게 된다. 국내 재화의 가격이 떨어지면 상대적으로 외국의 재화가 비싸지므로 수입을 덜 하게 되어서 국제수지는 균형을 이루게 된다.

거꾸로 수출을 수입보다 과도하게 많이 할 경우에는 수출해서 받아 온 외화를 국내통화로 바꾸면 국내에는 통화량이 증가하고 이에 따라 재화에 대한 수요가 늘어나 국내재화의 가격이 인상된다. 그러면 해외로 수출하지 않고 국내에 판매하는 것이 유리하여 수출은 줄어들며 또한 상대적으로 외국 재화의 가격이 떨어져 수입이 증가하여 결국은 수출과 수입이 균형을 이루게 된다.

3) 소득에 의한 조정메커니즘

한편 소득에 의한 조정메커니즘에 따르면 한 나라의 국제수지가 불균형이 될 경우 이는 소득에 영향을 미쳐 국제수지가 자동적으로 조정되어 국제수지가 균형으로 복귀한다는 것이다. 예를 들어, 국제수지가 흑자일 경우 수출의 증가로 인해 국내생산이 늘어나면서 고용 및 소득이 증가하게 되고, 소득 증가는 다시 소비지출로 이어져 외국제품에 대한 수입증가를 초래하거나 해외여행 등을 하면서 해외지출이 많아지거나 하여 국제수지의 흑자폭이 줄어들어 국제수지가 균형 상태로 돌아가게 된다.

적자인 경우는 그 반대로 소득의 감소를 통한 수입의 감소로 그러한 국제수지의 불균형을 자동적으로 조정할 수 있다는 것이다.

4-3 국제수지 조정정책

국제수지의 자동적인 조정과정에서 결정되는 물가·소득·통화량이 그 나라 경제 전반적인 측면에서 바람직하지 않은 경우가 있다. 예를 들어, 물가가 지나치게 뛰어오른다든가, 소득수준이 완전고용을 실현시킬 수 있는 수준에 미치지 못할 수가 있다. 또한 국제수지의 조정과정이 지나치게 지연되어 인위적인 수단을 동원해서라도 국제수지의 불균형을 신속히 시정해야 할 필요가 있을 때도 있다.

이러한 경우 정책당국은 여러 가지 정책수단을 동원하여 국제수지의 조정과정에 개입하여 물가와 소득수준을 바람직한 방향으로 유도하거나, 조정과정에 걸리는 시간을 단축시키려 노력하게 된다. 이러한 정책적인 개입을 통틀어 국제수지조정정책이라고 하는데, 중요한 국제수지조정정책에는 다음과 같은 것들이 있다.

1) 재정 · 금융정책

이는 환율은 그대로 두고 유효수요의 관리를 통해 국제수지를 조정하려는 정책으로, 재정정책은 조세나 재정지출의 증감을 통해 국제수지를 조정하려는 것이고, 금융정책은 금리나 은행의 지불준비율의 조정을 통해 소기의 목적을 달성하려는 방법을 말한다.

예를 들어, 국제수지가 적자인 경우 정부가 재정지출을 감소시키면 민간부문의 총수요가 줄어들어 그에 따라 수입도 감소하게 되므로 국제수지는 그만큼 개선된다. 또한 국제수지가 흑자인 경우 금리를 인하시켜 확장적인 금융정책을 취하게 되면 민간의 화폐보유량이 늘어 구매력이 증대되고, 그에 따라 수입이 늘어나고 수출은 감소하게 되어 국제수지의 불균형은 시정된다.

2) 외환정책

외환정책은 인위적으로 환율을 인상 또는 인하하여 국제수지를 조정하려는 정책을 말한다. 예를 들어, 국제수지가 적자일 때 평가절하, 즉 환율인상(1\$=1,000원→1\$=1,500원)을 단행하면 수출상품의 가격이 상대적으로 싸게 되는 결과를 가져오므로 국제경쟁력이 향상되어 수출은 증가하고 반대로 수입은 줄어들게 되어 국제수지가 개선된다.

3) 통상정책

통상정책은 좁은 의미의 무역정책으로 국제거래 가운데 재화의 수출입을 규제하여 국제수지를 조정하려는 수단을 말한다. 이는 관세와 비관세장벽으로 나누어지는데, 관세는 국내 산업을 보호할 목적으로도 이용되지만, 관세의 부과로 수입이 감소되면 국제수지가 개선되는 효과가 있다. 비관세장벽 역시 수입을 억제하는 기능을 하므로 국제수지 조정의 정책수단이 된다.

외환시장과 환율

1. 외환

1-1 외환의 개념

물물교환이 아닌 이상 무역거래가 이루어지면 반드시 대금결제가 뒤따르게 되는데, 결제수단으로는 금이나 현금통화가 사용될 수도 있지만 수송상의 위험과 불편이 많기 때문에 대부분의 무역결제는 환(exchange)에 의해 이루어진다. 환은 지리적으로 떨어져 있는 장소에서 발생하는 채권과 채무를 현금의 이동 없이 지급위탁의 방식에 의해 결제하는 수단을 의미한다. 국내의 대차관계를 결제하는 데 이용되는 환을 내국환이라 하고, 국가 간의 결제에 사용되는 환을 외환(foreign exchange) 혹은 외국환이라 한다.

다시 말해서 외환은 서로 다른 나라에 있는 사람들 간의 경제적 거래에서 발생하는 대차(credit and debit)관계를 현금이나 금의 이동 없이 결제해 주는 수단을 말한다. 무역거래에서는 수출업자(채권자)와 수입업자(채무자) 간에 항상 채권·채무관계를 결제해야 하므로 외환거래가 따르게 된다.

외환은 내국환에 비해 다음과 같은 특징을 지니고 있다.

첫째, 채권자와 채무자가 서로 다른 나라에 떨어져 있어 서로 다른 화폐단위를 사용한다.

둘째, 화폐 간의 교환비율문제가 필연적으로 발생하며, 또 환율에 의해 외환을 사고파는 중개역할을 하는 외국환은행이 필요하게 된다.

셋째, 채권·채무의 결제에 상당한 시간이 소요되며 이에 따라 금리문제가 발생한다.

넷째, 거래 상대국의 정치·경제 및 사회 여건의 변화에 따라 환시세가 변하므로 환위험(exchange risk)이 따른다.

마지막으로, 각국마다 정도의 차이는 있어도 외환을 관리하기 때문에 자금이동이 자유롭지 못하다.

1-2 외환의 종류

1) 송금환과 추심환

외환은 자금의 이동방향에 따라 송금환과 추심환으로 구분된다. 송금(remittance)은 채무자가 채권자에게 채무액을 지급하기 위해 외국환은행에 원화 또는 외화를 지급하고 이를 채권자에게 송금해 줄 것을 위탁하는 경우를 말하는데 이 때 사용하는 환을 송금환 또는 순환이라고도 한다. 무역거래에서는 수입업자가 수입대금을 수출업자에게 은행을 통해서 송금해 주는 경우이다.

추심(collection)은 채권자가 채무자 앞으로 채무의 변제를 요청하는 증서(환어음 등)를 발행하여 채권을 회수하는 경우를 말하는데 이 때 사용하는 환을 추심환이라고 하고 송금의 순환에 대비시켜 역환이라고도 한다.[52] 무역거래에서는 수출업자가 수출대금을 받기 위해 환어음 등 결제요청서를 보내는 경우이다.

2) 매도환과 매입환

외국환은행이 고객에게 원화를 받고 외환을 매각할 경우를 매도환(selling exchange)이라 하고, 반면 고객이 가지고 있는 외환을 원화를 주고 매입할 경우를 매입환(buying exchange)이라 한다.

예를 들어, 수입업자가 외국에 있는 수출업자에게 수입대금을 지급하기 위해 필요한 외환은 외국환은행에서 사와야 되는데, 은행의 입장에서는 파는 것이므로 이를 매도환이라 한다. 반면 수출업자는 달러 표시의 환어음을 외국환은행에 제시하면 외국환은행은 원화를 지급하는데, 이 경우 외국환은행은 달러 표시 환어음, 즉 외환을 매입한 것이다.

3) 보통환과 전신환

우편을 이용하여 외환을 채권자에게 보낼 경우를 보통환이라 하고, 전신수단을 이용할 경우를 전신환이라 한다. 우편환에 의한 결제는 행위가 발생한 당일에 이루어지지 않으므로 이 기간 동안의 자금비용, 즉 이자의 문제가 생긴다. 우송기간의 이자를 환가료(mailday interest)라고 한다.

---

52) 환어음(draft, bill of exchange)은 채권자가 채무자에게 일정한 시일 및 장소에서 채권금액을 무조건적으로 지급할 것을 위탁하는 증권을 말하는데, 이에 관한 구체적인 내용은 제13장에 자세히 설명되어 있다.

4) 현물환과 선물환

외환거래가 매매계약과 동시에 결정되는 것을 직물환 또는 현물환(spot exchange)이라고 하며, 일정 기간 후에 일정 환율로 환거래를 할 것을 미리 예약하고 실제 거래는 그 일정 기간이 지나서야 이루어지는 것을 예약환 또는 선물환(forward or futures exchange)이라고 한다.

선물환은 주로 환위험을 예방하려는 목적으로 활용된다. 예를 들어, 국내의 수출업체가 2개월 후 미국의 수입업체로부터 100만 달러의 수출대금을 받기로 하고 선물환율 1,100원으로 외국환은행과 선물환계약을 맺었다면, 2개월 후 실질 환율이 1,000원으로 떨어지더라도 선물환율 1,100원에 달러화를 매도할 수 있다.

2. 외환시장

2-1 외환시장의 개념

외환시장이란 개인, 기업 및 은행이 외국통화를 매매하는 특정장소 또는 기구를 말하는데, 구체적 의미와 추상적 의미로 구분된다. 구체적 의미로서의 외환시장이란 외환거래가 실제 이루어지는 구체적 장소 또는 건물을 뜻하는데, 런던이나 프랑크푸르트 등 금융시장에서 형성되고 있는 부스(bourse)가 좋은 예라고 할 수 있다. 이에 비해 추상적 의미에서의 외환시장은 외환거래가 정기적 또는 지속적으로 이루어지는 거래메커니즘을 의미한다.

초기의 외환시장은 외환거래가 형성되는 장소 또는 건물이라는 구체적 의미가 강했으나, 국가 간 경제교류가 활발해지면서 외환의 거래내용·규모·방법 등이 복잡·다양해져 장소적 개념은 의미를 점차 잃게 되었다. 따라서 현대적 의미에서의 외환시장은 일반적으로 추상적·총체적 개념의 시장을 의미한다.

한편, 외환시장을 외환거래의 형태에 의해서도 구분할 수 있는데, 넓은 의미에서의 외환시장은 대고객 거래와 은행간 거래를 포함한 외환거래가 이루어지는 시장을 말하며, 좁은 의미의 외환시장은 은행간 거래가 이루어지는 장소를 말한다. 일반적으로 외환시장이라 함은 후자를 의미한다.

결국 이러한 외환시장의 정의를 종합해 보면 외환시장은 구체적이지 않은 곳이되, 은행간 거래가 성립되는 시장이라고 할 수 있다.

2-2 외환시장의 특징

외환시장은 실물거래시장 또는 주식시장 등과는 달리 다음과 같은 특징을 갖고 있다.

1) 범세계적 네트워크

제2차 세계대전 이후 자유무역추세에 의해 각국의 시장장벽이 무너지고, 과학기술이 발전됨에 따라 시장정보가 신속히 확산되어 오늘날의 세계시장은 하나의 시장으로 글로벌화되고 있다. 따라서 외환시장도 시장통합에 따른 거래범위가 넓어지면서 범세계적 시장, 글로벌 외환시장으로서의 기능을 수행하고 있다.

2) 풀타임시장

외환시장은 주요 외환시장의 거래시간이 중복 연결되면서 하루 종일 연속적으로 외환거래가 이루어진다. 따라서 이러한 특징 때문에 외환시장을 풀타임시장(full-time market) 혹은 24시간시장(24-hours market)이라고 한다.

샌프란시스코와 로스엔젤레스에서 은행의 정규 업무시간이 마감되면 싱가포르, 홍콩, 시드니 및 동경에서 은행 업무가 시작되고 이들 은행의 업무가 마감될 무렵이면, 런던, 파리, 취리히, 프랑크푸르트 및 밀라노에서 은행 업무가 시작되고 이들 은행의 업무가 마감되기 전에 뉴욕과 시카고의 은행들의 업무가 시작된다. 이와 같이 국가 간의 시차로 인해 세계 전체로 보면 24시간 내내 글로벌 외환시장이 샌프란시스코 → 동경 → 런던 → 뉴욕 → 샌프란시스코 순으로 형성되고 있는 것이다.

3) 장외시장

외환시장거래는 구체적인 특정 장소에서 거래가 이루어지는 것이 아니고 거래자들이 전화나 컴퓨터 단말기 등의 통신수단을 이용하여 은행간·대고객간 거래를 행한다. 그러므로 외환시장은 일종의 장외시장(over-the-counter market: OTC)의 거래형태로 볼 수 있다. 더불어 외환시장은 은행과 은행 간의 거래 비중이 높은 일종의 도매 거래 위주의 시장이다.

2-3 외환시장의 참가자

외환거래에 참여하는 주요 당사자들로는 외환을 필요로 하는 자, 외환을 공급하는 자, 그리고 외환거래가 이루어지도록 중개하는 자 등이 있다.

1) 외국환은행

외국환은행들은 자국의 국제금융활동 및 국제자금관리상 외환시장에 참여하기도 하지만 고객 또는 다른 외국환은행과 외환을 매매하기도 한다. 외국환은행들의 대고객 거래과정에서 환의 매입과 매도 차이가 발생할 수 있는데 이를 환 포지션(exchange position)이라 하며 환위험을 방지하기 위해 항상 매입과 매도를 일치시키려고 은행간 외환거래를 한다.[53]

2) 고객

이들은 대외거래에 따라 외환의 매매가 계속적으로 필요한 당사자들로서, 여기에는 무역회사, 해운회사 등의 기업뿐만 아니라 해외여행자, 개인송금자 등도 해당된다. 이들은 실제거래상의 목적뿐만 아니라 투기를 위해 외환거래에 참가하기도 한다.

3) 중앙은행

각국의 중앙은행은 정부의 효율적인 통화신용정책의 수행, 다른 나라의 중앙은행 및 국제기구와의 거래, 그리고 자국의 환율변동에 영향력을 행사하기 위해 외환시장에 참여한다. 즉 환율의 변동이 과도하다고 판단되면 중앙은행은 외환시장에 개입함으로써 환율의 지나친 변동을 억제하기도 한다.

4) 외환중개인

외환중개인(foreign exchange broker)은 외국환은행간의 외환거래를 중개하고 그 대가로 중개수수료를 징수하는 당사자들로서, 이들은 국제외환시장을 커버할 수 있는 통신시설을 구비하고 주요 외환거래센터에서 많은 은행들과 동시거래를 통해 국

---

53) 만약 외환거래에서 그날 유로화를 너무 많이 매입하여 오버 보트 포지션(over bought position)이 되었는데 그 다음날 유로화의 환율이 떨어지게 되면 환차손이 발생할 수 있다.

제적인 외환거래를 주선한다. 외환중개인은 외환을 직접 보유하지 않고 외환중개 업무만을 담당하므로 환위험에는 노출되지 않는다.

2-4 외환거래

외환거래는 외환의 매매를 말하는 것인데 그 성격에 따라 다음과 같이 구분된다.

1) 대고객거래와 은행간거래

이는 은행들의 거래상대에 따른 구분이다. 대고객거래는 은행들과 외환매매를 희망하는 고객(기업 또는 개인) 사이에 이루어지는 외환거래로서, 거래단위는 작은 편이다. 은행간거래는 외국환은행 사이의 환거래로서, 거래규모가 대고객거래에 비해 대규모이다.

대고객거래에는 고정 환율이 흔히 적용되는 데 비해 은행간 거래에는 외환의 수급상황에 따라 거래환율이 형성된다.

2) 직접거래와 중개거래

이는 은행간거래에 있어서의 환거래방식에 따른 분류이다. 직접거래(direct dealing)란 거래은행간 호혜주의(reciprocity)원칙에 따라 은행 사이에 환거래가 직접 이루어지는 것을 말하며, 중개거래는 중개인이 은행 사이의 환거래를 주선하는 것을 의미한다. 두 방법이 상호 보완적으로 활용됨으로써 은행간거래 전체의 균형을 이루게 된다.

3) 장내거래와 장외거래

이는 외환거래가 이루어지는 장소적 개념에 따른 분류이다. 장내거래(exchange floor trading)란 매일 일정 시간에 외환거래 당사자들이 특정 장소에 모여 외환거래가 이루어지는 것을 말하는데, 현재 독일, 프랑스, 벨기에 등의 유럽대륙 국가 들이 이 제도를 택하고 있다, 장외거래(over-the-counter transaction)란 외환거래 당 사자들이 특정 장소에 모이지 않고 은행거래실 등에서 인터넷, 전화 등을 통해 성립되는 거래를 의미한다.

4) 현물환거래 · 선물환거래 · 스왑거래

이는 환거래의 매매계약과 실제거래 사이의 시차에 따른 분류이다.

현물환거래(spot exchange transaction)는 외환매매계약이 체결된 후 2영업일 이내에 실제로 현물이 인도 결제되는 거래를 말하고, 선물환거래(forward exchange transaction)는 계약 당시에 약정된 환율로 외환을 미래의 특정일에 결제, 인수, 인도하기로 계약하는 거래이다. 그리고 스왑거래(swap transaction)는 현물환의 매매와 동시에 이에 대응하는 선물거래의 역 거래, 예를 들어, 현물환을 매도하고 선물환을 매입하는 것과 같이 동액의 외환거래를 대칭적으로 행하는 거래형태를 의미한다.

2-5 세계의 외환시장

세계 외환시장의 규모는 최근 세계경제의 호황으로 무역량이 늘어나고, 자본의 국제적 이동이 허용됨에 따라 지속적으로 증가하고 있다.

국제결제은행(Bank for International Settlement: BIS)에서 발표한 자료에 의하면, 선물환, 현물환 및 외환스왑 거래 등으로 구성된 세계 전체의 전통적 외환거래의 하루 평균 거래량은 2016년 4월 기준으로는 약 5.1조 달러이며, 2019년 4월 기준으로 6.6조 달러이다.[54]

거래상품별로는 1992년까지만 하더라도 현물환거래의 비중이 가장 높았으나, 최근 들어 거래자 간의 신뢰에 기초한 스왑 및 선물 등 파생상품의 거래량과 그 비중이 증가하고 있다. 거래통화는 약 90% 정도가 달러화이며, 최근 들어 중국 인민폐 거래가 늘어나고 있고, 우리나라 원화의 거래비중은 대략 1~2% 내외에 불과하다. 그리고 거래량의 국가별 분포를 보면 전통적으로 금융이 발달한 영국, 미국, 싱가포르, 홍콩 등의 순이다.

3. 환율

3-1 환율의 개념

물물교환의 국제거래에 있어서 두 상품의 교환비율이 필요하듯이 모든 국제거래

---

54) BIS Triennial Central Bank Survey 3년 주기 조사자료.

에는 관련된 화폐의 교환비율이 필연적으로 요구된다. 환율(exchange rate)은 한 나라의 통화와 외국통화, 즉 이종통화 간의 교환비율을 의미한다. 한편 모든 외환거래는 외국환은행이 외환을 매매하는 형태로 이루어지므로 환율은 외환 또는 외화라고 하는 특수한 상품의 가격이라고도 할 수 있다.

또한 일반적으로 한 나라 통화의 가치는 그 통화가 갖는 구매력(purchasing power)으로 나타나기 때문에 한 나라 통화의 국내에서의 구매력을 대내가치라 한다면 외국에서의 구매력은 대외가치가 된다. 그런데 한 나라 통화의 외국에서의 구매력은 외화와 교환됨으로써 평가할 수 있기 때문에 이런 관점에서 본다면 환율은 한 나라 통화의 대외가치를 나타낸다고 할 수 있다. 이런 대외가치는 <그림 5-2>에서처럼 양국 간의 경제력 차이에 따라 결정된다. 미국의 경제력이 우리나라 것보다 크기 때문에 양국 간에 경제균형을 맞추기 위해서는 지렛대 역할을 하는 환율이 미국 쪽으로 치우쳐야 하는 것이다.

| 그림 5-2 | 환율과 경제력 |

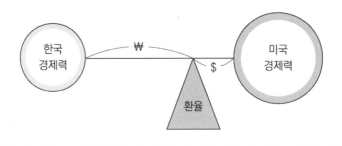

3-2 환율표시방법

환율을 표시하는 방법은 자국통화 한 단위에 대한 외국통화의 비율을 나타내는 방법과 상대 외국통화 한 단위에 대한 자국통화의 비율을 표시하는 방법 등이 있다.

1) 직접표시방법

직접표시방법은 외환 1단위 또는 100단위에 대하여 자국통화의 교환 대가를 표시하는 방화표시환율이다. 우리나라에서 환율을 US$1＝₩1,000식으로 표시하는 것은 직접표시방법에 해당된다. 또한 직접표시방법은 지급계정시세(pence rate, giving quotation)라고도 하는데, 우리나라를 비롯한 대부분의 국가에서는 이 방식으로 환율을 표시하고 있다.

2) 간접표시방법

간접표시방법은 직접표시방법과는 반대로, 자국통화 1단위 또는 100단위에 대하여 외국통화의 교환 대가를 표시하는 외화표시환율로서 수취계정시세(currency rate, receiving quotation)라고도 한다. 이 방식은 현재 영국, 호주 등지에서 채택되고 있는데, 영국은 전통적으로 환율을 반드시 파운드화를 중심으로 하여 Stg.£1 = US$1.6570 식으로 표시하는 간접표시방법을 채택하고 있다.

3) 미 달러 표시방법

이 방식은 미화 1달러에 대하여 각국 통화의 교환 대가를 나타내는 환율표시방법이다. 미 달러가 국제기준통화의 성격을 지니고 있기 때문에 국제금융시장에서는 관례적으로 미 달러를 기준으로 환율을 표시하고 있다.

4) 환율의 표시방법과 변동

환율이 어떠한 이유로든 오르거나 내리게 되면 시장의 여러 당사자들은 이해가 서로 엇갈리게 되는데, 궁극적으로 이러한 이해관계는 실제로 자국통화의 가격이 어떻게 변하느냐에 따라 달라진다.

환율이 1,000원에서 1,100원으로 올랐을 때, 이를 우리는 환율상승 혹은 원화의 가치하락(depreciation)이라고 한다. 이렇게 환율이 상승하는 국면을 원화 약세 혹은 달러 강세라고 표시하기도 한다. 이는 우리나라의 원화가치가 달러가치에 비하여 상대적으로 떨어진 것을 의미한다.

우리나라와 같이 자국통화의 표시환율을 사용하는 경우에는 환율이 오르게 되면 자국통화의 가격은 상대적으로 떨어지게 되므로 수출업자는 상품의 외화표시가격을 그만큼 낮출 수 있는 여지가 생겨 경쟁상 유리하게 되지만, 반대로 수입업자나 외국에 빚을 지고 있는 기업들은 불리해진다.

3-3 환율의 종류

1) 기준환율(시장평균환율)

미 달러에 대한 기준환율은 미 달러의 전일 외국환은행간 매매율을 거래량으로 가중평균하여 산출되는 율로 하는데, 이런 점에서 기준환율은 시장평균환율(market average rate: MAR)이 된다. 이 환율은 당일 외국환은행간 거래와 외국환은행의 대고객거래에 있어 재정환율과 함께 매매기준율의 역할을 한다. 외국환매매 중개기능을 담당하는 금융결제원에서는 매 영업일 오전 9시에 AP, Reuter 화면을 통하여 전일의 시장평균환율을 당일 외환거래의 기준이 되는 기준환율로 고시한다.

2) 재정환율

재정환율(arbitrated rate)은 미화 이외의 통화 대 원화의 환율을 말하며, 금융결제원이 최근 주요 국제금융시장에서 형성된 미화와 미화 이외 통화와의 크로스 환율(cross rate)을 기준 환율로 재정하여 산출한다. 크로스 환율은 자국통화가 개입되지 않은 상태에서 이국통화 간의 교환율을 말한다. <그림 5-3>은 원화와 달러 및 그 밖에 환율이 결정되는 관계를 보여주고 있다.

| 그림 5-3 | 기준환율과 재정환율 |

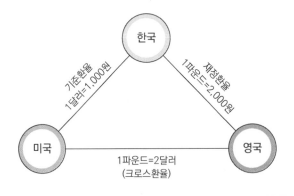

3) 매도환율과 매입환율

외국환은행이 고객에게 외국환을 팔 때 적용하는 환율을 매도율(offer rate)이라

하고, 반면 고객이 가지고 있는 외국환을 매입할 때 적용하는 환율을 매입률(bid rate)이라 한다. 만약 기준환율이 1,210.00−1,220.00으로 고시되면 앞의 것은 매입 환율이 되고 뒤의 높은 금액은 매도환율이 된다. 즉 외국환은행은 고객이 가지고 있는 1달러를 1,210원으로 매입하고, 고객이 1달러를 필요로 하면 1,220원에 매도 하는 것이다. 그리고 매도율과 매입률의 차이를 스프레드(spread)라 하고, 이것은 외국환은행의 외국환매매에 따른 이익에 해당된다.

4) 현물환율과 선물환율

현물환율(spot exchange rate)은 현물환을 거래할 때 적용되는 환율이고, 선물환율 (forward exchange rate)은 선물환을 거래할 때 적용되는 환율이다. 일반적으로 환율 이라고 함은 현물환율을 의미한다. 그리고 선물환율은 현물환율에 일정 금액(포인 트)을 가감하는 방식으로 고시되는데 만약 1개월 후 우리나라 원화가치가 달러화에 비해서 떨어질 것으로 예상되면, 1개월 후 필요한 달러를 매입하기 위해서는 지금 보다 더 많은 원화를 지급해야 하므로 현물환율에 일정 금액을 더하여 표시하거나 혹은 일정 금액만 할증으로 표시한다. 앞의 예에서 현물환 매도환율이 1달러에 1,220.00원이면 선물환 매도율은 가령 1,222.00원으로 고시되거나 프리미움 2원만 표시하기도 한다.

4. 환율결정이론

4-1 국제대차설

왜 1달러는 1,000원이 되는가? 그리고 내일은 얼마가 될까? 이를 설명하기 위해 외환을 마치 일반적인 재화와 동일한 개념으로 간주하여 환율은 외환의 수요와 공 급의 법칙에 따라 결정되고 이 수요와 공급은 국제대차관계에 의해 결정된다는 학 설을 국제대차설(theory of international indebtedness)이라 한다.

수요와 공급의 기본법칙에 의하면 우리나라 외환시장에 달러가 많으면 달러가치 는 떨어지고, 반면 달러가 부족하면 달러가치는 올라가는 것이다. 그러면 왜 외환 시장에 달러가 많은가? 국제대차설에 의하면 우리나라가 수출을 많이 해서 달러를 많이 벌어왔기 때문이고, 달러가 부족한 것은 수입을 많이 해서 달러를 해외로 유출했기 때문이다. 즉 외환의 수요와 공급은 무역거래의 흑자 혹은 적자에 의해 결정된다는 것이다.

국제대차설은 고전학파 경제학자들에 의하여 제기되었고, 고센(G. J. Goschen)에 의해 체계적으로 확립되었다. 이 주장은 19세기 후반에서 제1차 세계대전에 이르기까지 금을 외환의 기준으로 삼았던 금본위제도하에서 일반적인 통설로 인정받았다.

국제대차설은 환율의 결정요인으로서 외환시장의 수요와 공급 측면을 제시했다는 점에서 의의를 찾을 수 있다. 그러나 환율은 상대국가의 이자율, 물가, 금리정책, 정치적 요인 등에 의해서도 결정되며, 또한 외환시장의 수요와 공급은 무역거래에 의해서만 결정되는 것이 아니기 때문에 이 학설은 객관성을 인정받기에는 한계가 있다고 볼 수 있다.

4-2 구매력평가설

구매력평가설(theory of purchasing power parity)은 환율은 양국의 물가 수준비율과 같고 환율의 변동은 곧 양국의 물가수준의 변동을 반영한다는 이론이다. 즉 환율은 양국 화폐의 구매력에 의해서 결정된다는 것인데 이 학설은 카셀(G. Cassel)에 의해 주장되었다.

이 학설에 의하면 똑같은 볼펜이 우리나라에서는 1,000원이고 미국에서는 1달러라고 하면 환율은 '1달러=1,000원'이 된다. 만약 우리나라의 물가가 올라 볼펜이 1,100원이 되고 미국에서는 볼펜이 그대로 1달러라고 하면 환율은 '1달러=1,100원'이 되는 것이다. 그런데 볼펜이 1,100원으로 올랐는데 환율이 계속 1,000원으로 되어 있으면 1달러짜리 볼펜을 미국에서 수입하여 한국에서 팔면 1,100원을 받고 이를 달러로 바꾸면 1달러 이상이 된다.

볼펜을 수입하기 위해서는 너도나도 달러를 필요로 하기 때문에 우리나라 외환시장에서 달러에 대한 수요가 많아져 달러가치는 오르고 원화가치는 떨어져 결국 환율은 '1달러=1,100원'이 된다. 이와 같이 모든 물품이 자유롭게 이동한다면, 환율은 양국 화폐의 구매력이 양국에서 똑같도록 하는 수준에서 결정된다는 것이 구매력평가설이다.

구매력평가설에 의해 균형환율은 다음과 같이 결정된다.

$$균형환율(E) = \frac{우리나라의\ 물가수준(p)}{미국의\ 물가수준(p^*)} = \frac{미\ 달러화의\ 구매력}{우리나라\ 원화의\ 구매력}$$

이 산식에 의해서 우리나라의 물가가 오르면 그만큼 원화의 구매력이 떨어지므로 균형환율이 상승하고, 반면 미국에서 물가가 오르면 반대로 달러가치가 떨어지고 원화의 대달러환율은 하락하게 된다.

구매력평가설은 장기적이고 기본적인 환율수준을 알려주는 데 중요한 역할을 하지만 환율은 단기적으로 물가수준의 변동과 상관없이 미래에 대한 기대감 등으로 결정되는 경우도 있다. 즉 현실적으로 환율은 물가수준에 따라서 결정되지 않는 경우도 많이 있다는 것이다.

4-3 환심리설

카셀이 주장하는 구매력평가설은 물가변동에 의해 환율이 변동한다고 설명하고 있으나, 그 반대의 경우, 즉 환율이 먼저 변동하고 이에 따라 국내물가가 변하는 사실이 종종 현실에서 발생했다. 특히 프랑스에서는 1920년대 초 이래 이러한 사태가 여러 번 발생했던바, 프랑스 학자들은 구매력평가설을 비판하고 새로운 환율이론을 정립하고자 하였다. 이러한 배경하에서 아프따리옹(A. Aftarion) 등이 중심이 되어 환율결정요인에 대한 새로운 주장을 제기했는데, 그것이 바로 환심리설 (psychological theory of exchange)이다.

환심리설에 따르면 환율은 기본적으로 외환의 수요와 공급에 의해 변동되지만, 이러한 외환의 수급을 결정하는 요인은 외환업자들이 외화를 획득함으로써 얻을 수 있을 것이라고 기대하는 만족에 달려 있다. 따라서 이 학설은 환율의 변동을 외환에 대한 심리적·주관적 요인에 의해 설명하려는 것이 특색이라고 할 수 있다.

환심리설은 새로운 경험 하에서 제기된 것으로 외환이론을 크게 진전시켰다는 점에서 공헌했으나, 심리적 요인에 의한 환율변동을 객관적으로 수리화하기 어려운데다가 개인의 심리적 요인에 있어서도 질적 요인과 양적 요인을 명확하게 구분하지 못하는 등의 한계가 있다.

5. 환율제도

5-1 고정환율제도와 변동환율제도

외환거래는 실질적으로는 외환이라는 상품의 매매형태로 이루어지기 때문에, 외환의 가격인 환율도 모든 재화와 마찬가지로 원칙적으로는 외환에 대한 수요와 공급에 의해서 결정되고 변동한다. 그러나 환율은 보통 재화의 가격과는 달리 한 나라 경제에 미치는 영향이 매우 크기 때문에 때로는 정부가 그 가격결정에 개입하여 인위적으로 그 변동의 폭을 제한하는 경우가 많다.

이와 같이 환율이 결정되는 메커니즘을 환율제도라고 하는데, 사실 모든 환율제도는 크게 고정환율제도와 변동환율제도의 둘로 나눌 수 있다.

1) 고정환율제도

고정환율제도(fixed exchange rate system)는 정부가 환율을 일정 수준에 고정시키는 제도를 말한다. 만약 국제수지 불균형이 생기면 정부가 외환시장에 개입하거나 혹은 외환통제를 통하여 국제수지를 조정한다. 고정환율제는 환율이 일정 수준에 고정되어 있기 때문에 환위험과 환투기를 제거하고 환율과 물가의 안정을 도모할 수 있다.

그러나 이 제도는 인위적으로 환율을 고정시켰기 때문에 외환시장의 실제 가치를 제대로 반영하지 못하여 자국통화의 가치가 제대로 평가되지 못한다. 그리고 국제수지 불균형이 발생할 경우 이를 자동적으로 조정할 능력이 없어 국민소득 감소와 실업증대로 나타날 수가 있다.

환율이 고정되어 있다는 것은 곧 상품의 가격을 통제하는 것과 마찬가지이므로 자원배분이 효율적으로 이루어지지 못한다. 그리고 충분한 외환보유고가 있어야만 일정 환율을 유지할 수 있으므로 그 외환보유고를 유지하기 위한 또 다른 비용이 든다.

고정환율제도는 단일환율제도와 복수환율제도로 구분될 수 있는데, 전자는 한 나라가 자국화폐를 여러 통화에 대해서 단일기준율을 정하고 이 단일환율에 따라 모든 외환시장에서의 환율이 결정되어 환거래를 실시하는 것을 말한다. 반면 복수환율제도는 기준을 달리한 둘 또는 그 이상의 기준율을 정하고 특정 환거래에 따라 환율을 달리 적용하여 거래하는 제도를 말한다.

외환사정이 어려울 경우 주로 불요불급한 사치품의 수입에는 최고의 높은 환율을 적용해서 수입을 억제시키고, 국민생활에 꼭 필요한 물자의 수입에는 낮은 환율을 적용하게 된다. 또는 원유 거래에 적용되는 환율과 그 밖의 상품거래에 적용되는 환율을 운영하는 것처럼 국가시책에 따라 환율적용에 차별을 두는 제도이다.

2) 변동환율제도

변동환율제도(floating or flexible exchange rate system)는 환율을 외환시장의 수요

와 공급에 의해서 자유로이 변동할 수 있게 한 환율제도이다. 변동환율제도하에서는 환율이 자유롭게 변하므로 이론적으로 항상 국제수지의 균형이 이루어진다. 외환시장 개입이나 대외지불준비를 위한 충분한 외환보유고를 필요로 하지 않는다. 따라서 이에 쓰일 외화자산을 투자 등에 사용할 수 있게 된다.

그러나 변동환율제도하에서는 환율변동이 심하여 무역거래자나 자본거래자들에게 환위험을 증대시키게 되므로, 국제무역과 국제투자를 위축시킬 가능성이 있다. 특히 투기군들의 환투기행위로 환율이 불안할 경우 환율의 변동 폭이 더 커지게 되며, 이 경우 외환시장 및 경제가 더욱 불안정하게 된다.

그리고 환율이 지속적으로 변동할 경우 만약 환율이 상승하게 되면 이는 물가상승을 유발하고, 물가상승은 다시 환율을 상승시키는 악순환을 낳을 수 있다. 이 때문에 각국에서는 무리해서라도 환율을 어느 일정수준에 고정시키려 노력하는 경우가 많다.

지금까지 설명한 고정환율제도와 변동환율제도를 비교해 보면 <그림 5-4>와 같다. 이 그림에서처럼 고정환율제도이든 변동환율제도이든 어느 시점에서 환율은 항상 일치하게 된다.

그림 5-4 │ 고정환율제도와 변동환율제도의 비교

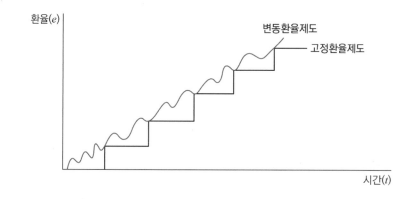

5-2 세계의 환율제도

제2차 세계대전 이후, 세계 각국은 고정환율제도를 유지해 왔으나, 각국의 국제수지 불균형으로 인하여 고정 환율을 유지하는 것이 힘들게 되었다. 이때 고정환율제도라고 하여도 환율이 일정 수준에서 완전히 고정되어 있는 것은 아니고, <그림

5-5>에서처럼 고정환율을 중심으로 상·하 일정한 폭의 범위 안에서는 환율의 변동이 허용되었다.[55]

그러나 1960년대 말 이후 달러화에 대한 신인도 하락으로 세계 주요 국가들은 변동환율제도로 이행하기 시작하여 자유변동환율제 혹은 관리변동환율제를 운용하고 있다. 변동환율제도하에서도 완전한 의미의 변동환율은 아니고 때때로 통화당국이 외국환시장에 개입하는 이른바 관리된 변동환율제도(managed floating exchange rate)인 경우가 대부분이었다.

현재 세계 각국의 환율은 점차 변동환율제도에 가까운 쪽으로 이동하고 있으며 그리고 관리의 정도가 점차 줄어들고 있는 실정이다. 선진국일수록 완전변동환율제도에 가깝고, 개도국이나 후진국의 경우에는 아직 고정환율제와 비슷하게 움직이는 경향이 있다.

그림 5-5 세계환율제도의 변천 개요

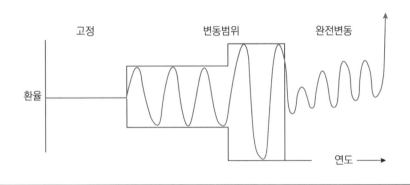

5-3 우리나라의 환율제도

우리나라는 현재 자유 변동환율제도를 실시하고 있다. 1997년의 외환위기 이후 환율의 상하 변동 폭에 대한 제한을 완전히 철폐하여 환율이 대외부문의 불균형을 해소하는 방향으로 충분히 변동하는 것을 보장하는 자유변동환율제가 1997년 12월

---

55) 이러한 시스템을 일명 snake system이라고 하는데 '이는 고정된 환율을 중심으로 상·하 일정한 폭의 범위 안에서는 변동할 수 있도록 허용을 하다 보니, 환율변동이 마치 뱀이 기어가는 것처럼 보인다'고 해서 붙여진 표현이다.

16일을 기하여 시행되기에 이르렀다.

자유변동환율제로 우리나라는 그동안 누적된 환율상승분이 제도변경과 함께 시장에 반영되면서 환율이 큰 폭으로 상승하였고, 물가상승, 기업의 환차손 증가와 같은 부작용이 나타났으나, 무역수지를 포함한 경상수지는 단기간 내에 적자에서 흑자로 반전되는 상반된 현상이 나타나기도 하였다.[56]

우리나라의 미 달러에 대한 환율의 변화는 <그림 5-6>에 잘 나타나고 있다. 우리나라는 1980년대 환율은 1달러에 600원대를 유지하다 1990년대 들어서서 무역수지 적자가 계속 누적되어 1996년에는 1달러에 대략 808원 정도로 환율이 상승하였다.

그러나 이 당시 정부는 환율의 급격한 변동에 따른 외채부담 가중과 물가상승 압력 등으로 외환시장에 개입하여 환율을 관리하여 왔다. 따라서 우리나라 환율은 실제가치가 제대로 반영되지 않은 상태에서 1998년 외환위기, 소위 IMF가 도래하여 환율은 1달러에 1,400원대에 이르렀다. 그 후 외환위기를 잘 극복하고 경상수지가 흑자로 돌아서면서부터 환율은 다시 하락하기 시작하여 2021년 12월 기준으로 대략 1달러에 1,180원 정도에 머물고 있다.

| 그림 5-6 | 우리나라의 환율 추이 |

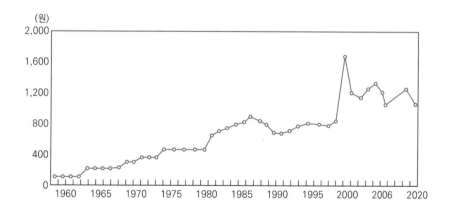

---

56) 1달러 1,000원에서 1,500원으로 환율이 상승하면 수출업자는 수출해서 1달러를 받아오더라도 1,000으로 교환되었지만 이젠 1,500원으로 교환되기 때문에 그만큼 수출이 호조를 띠게 된다.

SECTION 03 국제금융시스템

1. 국제금융시스템의 의의

1-1 국제금융시스템의 개념

국제금융시스템(international monetary system) 혹은 국제통화제도는 국가 간의 무역, 용역 및 자본거래가 원활히 이루어지도록 국제적으로 합의한 규칙 및 제도, 제반 여건 등을 통칭하는 것을 말하는데 여기에는 환율정책 및 통화정책, 외환시장에 대한 국가의 개입 수준, 자본의 국제적 이동에 대한 통제, 금융위기 발생 시 국가 간 협조체제 등이 포함된다.

국제금융시스템의 목적은 각국 간의 교역확대와 균형성장을 통한 국제적인 완전고용의 달성, 실질소득의 증대 및 세계경제의 발전을 촉진하는 데 있다. 그러나 이와 같은 세계 전체의 균형적인 성장을 달성하기 위해서는 상충되기 쉬운 각국 간의 경제정책목표가 우선적으로 조정되어야 하는데, 외환과 국제수지의 측면에서 이러한 역할을 담당하고 있는 것이 바로 국제금융시스템이라 할 수 있다.

1-2 국제금융시스템의 기능

1) 국제유동성의 공급기능

국가 간의 무역, 용역 및 자본거래가 원활히 이루어지기 위해서는 각국의 통화가 믿을 수 있는 대외거래의 결제수단으로서의 기능을 발휘할 수 있어야 한다. 그러나 각국의 경제사정과 통화의 신뢰성을 고려할 때 모든 나라의 통화가 국제거래에 사용될 수 있는 국제통화로서의 기능을 해낼 수는 없으므로, 국제거래를 원활하게 뒷받침하기 위해서는 국제유동성(international liquidity)의 공급을 가능하게 하는 제도적 장치가 필요하다. 이것이 바로 국제금융시스템이 수행하여야 할 근본적이고 반드시 필요한 기능이다.

여기서 국제유동성이란 간단히 이야기해서 대외채무의 결제를 위한 지급수단을 말한다. 모든 경제적 거래에는 지급수단인 화폐의 필요성이 따른다. 특히 국제거래에 있어서는 각국의 통화가 다르므로 국제간에 통용될 수 있는 대외지급수단, 즉 국제유동성이 반드시 요구된다.

오래 전부터 국제유동성으로 널리 사용된 것은 금이었다. 그러나 금은 산출량이 한정되어 있으므로 국제무역이 확대됨에 따라 늘어만 가는 국제유동성에 대한 수요를 금으로만 충당한다는 것은 불가능하다. 금의 뒤를 이어 국제유동성의 역할을 하게 된 것이 바로 달러나 파운드와 같은 국제통화이다. 그러나 이러한 국제통화들도 미국과 영국의 경제가 불안정할 경우, 국제유동성으로서의 역할을 충분히 해내지 못할 것으로 판단하여 새로이 등장하게 된 것이 국제통화기금(IMF)의 특별인출권(special drawing rights: SDR)이다.[57]

국제유동성이 중요한 까닭은 만약 국제유동성의 공급이 그 수요를 따르지 못한다면 국제무역은 위축되어 세계경제는 침체를 면치 못할 것이고, 반대로 과잉으로 공급되면 국제적인 인플레가 만연될 우려가 있기 때문이다. 따라서 적절한 규모의 국제유동성을 원활하게 공급해야 하는 것이 국제금융시스템이 수행하여야 할 가장 중요한 기능이라고 할 수 있다.

2) 국제수지의 조정기능

국제금융시스템이 갖추어야 할 또 다른 기능은 국제수지의 조정기능이다. 다시 말해서 국제금융시스템에는 국가 간에 국제수지의 불균형이 발생할 경우 이를 조정하기 위한 정책수단으로 사용할 때 지켜져야 할 규칙이 마련되어야 한다. 그렇지 않고 각국이 자국의 사정만을 고려하여 마음대로 독자적인 국제수지 조정정책을 실시하게 된다면 세계 전체적인 국제수지의 불균형은 더욱 악화될 수도 있다.

그런데 국제금융시스템의 국제유동성의 공급과 국제수지의 조정이라는 두 가지 기능은 서로 배타적이 아닌 밀접한 관계를 지니고 있다. 즉 국제수지의 조정기능이 제대로 작동하여 국제유동성이 각국에 잘 배분되면 국제유동성에 대한 수요는 그만큼 줄어들게 된다. 그러나 국제수지의 조정기능이 원활하게 작용하지 않으면 국제

---

57) 특별인출권은 국제통화기금에 의해 인위적으로 창출된 대외지급준비자산을 말하는데, 국제유동성을 증가시키는 효과가 있다. 화폐는 아니지만 외환에 대한 청구권으로서 교환성통화와 교환할 수 있으며, 우리나라 외환보유액에는 특별인출권도 포함되어 있다.

수지가 흑자국가에는 국제유동성이 남아돌고, 국제수지가 적자인 국가에는 국제유동성이 부족하게 되어 세계 전체적으로는 국제유동성에 대한 수요가 비정상적으로 늘어가게 된다.

3) 통화가치의 안정

통화가치의 변동이 이루어지면 무역, 서비스 및 자본거래에 영향을 미칠 수밖에 없다. 따라서 국가들은 통화가치의 변동이 자국 경제에 미치는 영향의 정도가 클 경우 이를 제어하는 조정정책을 실시하려 하고, 이는 다른 국가에도 영향을 미침으로써 자칫 세계시장의 불안을 초래한다. 그러므로 국제금융시스템에서는 가장 안정된 통화를 각국 통화의 교환비율을 정하는 기준으로 활용함으로써 각국 통화가치의 과도한 변동을 막아 세계시장의 안정을 가져오도록 한다.

2. 국제금융시스템의 변천

2-1 제1차 세계대전 이전의 금본위제

1816년 당시 세계 경제를 주도한 영국이 금본위제를 채택한 이후, 1870년에 들어서서 독일, 프랑스 등 유럽 주요 국가들이 이를 받아들이면서 제1차 세계대전에 이르기까지 세계 주요국들은 일반적으로 국제금융시스템에서는 금본위제를 실시하였다. 금본위제는 통화 한 단위의 가치가 일정한 무게의 금으로 정해져 있는 제도이다. 각국은 금화를 마음대로 주조하고, 금의 자유로운 수출입을 허용하며, 모든 통화는 언제든지 아무런 제한 없이 금과 바꿀 수 있도록 되어 있었다.

각국 통화 1단위당 금의 함량은 고정되어 있으므로 예를 들어서 금 1온스당 영국 파운드화는 4.252파운드, 미국 달러화는 20.646달러로 교환될 수 있으며, 이를 매개로 각국의 환율 역시 자동적으로 고정되므로 금본위제는 대표적인 고정환율제도이다. 앞의 예에서 영국 파운드화와 미국 달러화의 교환비율은 1파운드당 4.856달러로 고정된다(20.646/4.252).

금본위제에서는 가격-정화 메커니즘에 의해 국제수지 불균형이 자동적으로 조정된다. 예를 들어서 국제수지 흑자가 발생하면, 이는 곧 국내로 금의 유입이 많아져 통화량이 증가했음을 의미한다. 이는 자국에서 생산된 재화의 가치를 상승시켜 수출경쟁력을 약화시키므로 국제수지가 흑자에서 균형으로 돌아서게 되는 것이다.[58] 만약 국제수지가 적자일 경우에는 이와 반대의 과정을 거쳐 국제수지 적자가 조정된다.

금본위제는 당시 세계 경제를 주도했던 영국의 경제가 탄탄했고, 국제통화 역할을 했던 영국 파운드화의 가치가 안정적이어서 제1차 세계대전까지는 성공적으로 유지되었다. 그러나 각국의 경제가 발전함에 따라서 화폐수요가 많은데 금의 공급에는 한계가 있어 통화량을 인위적으로 조작하려는 움직임이 나타났고, 미국, 독일 등 후발공업국의 경제력이 상승함에 따라서 영국 파운드화의 지위도 흔들려 제1차 세계대전의 발발로 국제금융시스템은 무너졌다. 이어 1929년 세계 대공황으로 인해 각국은 금의 이동을 제한하고 또한 금의 공급에도 한계가 있어 영국을 비롯한 주요 국가들이 지폐를 금으로 바꾸려는 금의 태환을 중지함으로써 금본위제도는 완전히 붕괴되었다.

2-2 브레턴우즈 체제

1) 금-달러 본위제도의 등장

금본위제 붕괴 이후 국제금융시스템이 본연의 기능을 수행할 수 없게 되자 그나마 이루어지던 무역은 대개 정부 간의 협정을 통해 처리되었으며, 제2차 세계대전 중에는 민간이 행하는 국제무역은 거의 찾아볼 수 없고 정부 간의 물물교환이나 전쟁수행을 위한 무상원조가 고작이었다.

그러나 제2차 세계대전이 종식될 기미를 보이면서 각국의 경제학자들과 중앙은행 등은 세계경제의 회복을 위해서는 국제무역을 뒷받침할 새로운 국제금융시스템의 정립이 필요하다는 데 뜻을 모으고, 다각적인 노력을 펼친 끝에 1944년에 미국 뉴햄프셔 주의 브레턴우즈(Bretton Woods)에서 국제금융회의를 갖고 국제통화기금(International Monetary Fund: IMF)이라는 국제경제기구를 탄생시키게 된다.

IMF협정에 의하면, 각국은 특별한 경우를 제외하고는 금이나 미 달러화를 기준으로 자국통화의 공정가격 또는 공정 환율을 정해야 했다. 따라서 브레턴우즈 체제에서의 국제금융시스템은 금-달러 본위제였으며, 금과 달러가 국제유동성의 역할

---

58) 가격-정화 메커니즘에서 정화는 내재가치와 액면가치가 동일한 화폐, 즉 금을 말하는데 금을 매개로 각국의 통화 교환비율이 고정되어 있기 때문에 통화량의 증가로 인한 물가상승이 자국의 화폐가치를 떨어뜨리지 않는다.

을 수행하게 되었다.

한편 다른 통화의 가치는 금과 달러에 연계하여 안정시켰다. 브레턴우즈 체제하에서는 환율의 안정을 최대의 목표로 삼아 환율의 변동을 공정 환율에서 상하 1%의 범위 안에서만 허용하고, 공정 환율의 변경은 '근본적인 불균형'을 바로잡는 경우에만 한했다.[59] 따라서 브레턴우즈 체제하의 국제금융시스템, 즉 국제통화제도를 조정가능 고정환율제라고 한다.

브레턴우즈 체제가 이러한 방식으로 운용된 것은 각국이 대공황 이후 1930년대의 경쟁적 평가절하의 폐해를 뼈저리게 느꼈으나 그렇다고 만성적인 국제수지 불균형까지 방관하고만 있을 수는 없었기 때문이다. 또한 환율안정을 중요시하다 보면 국제수지가 불균형에 빠지게 마련인데 이를 위해서 각 가맹국에 일정액을 대여하는 일반신용제도도 마련하였다. 이와 함께 IMF는 세계무역의 커다란 장애물로 간주되고 있던 외환관리의 제거에도 많은 노력을 기울여 주요 가맹국들로 하여금 외환관리를 실시하지 않을 것을 약속하도록 규정하였다.[60]

한편 세계무역의 성장률보다 국제유동성의 증가율이 낮아지자 주요국의 통화당국은 이에 대해 우려를 나타내기 시작했다. 이러한 국제유동성에 대한 수요는 IMF에 의하여 특별인출권, 즉 SDR이라는 새로운 형태의 국제준비자산이 창출됨으로써 충족되었다. SDR의 가치는 당시 금에 의하여 보장되었으므로 사실상 '종이금(paper gold)'이나 다름이 없었다. 1970년 이후 금이나 마찬가지인 SDR이 각국에 배분됨에 따라 국제유동성의 문제는 크게 완화되었다.

2) 달러의 금 태환 정지

브레턴우즈 체제의 문제점이 서서히 나타나기 시작한 것은 1960년대 이후 미국의 국제수지 적자폭이 크게 확대되면서부터였다. 미국의 대외채무의 지속적인 증가는 달러에 대한 믿음을 저하시키고 달러의 금 태환 가능성을 불안하게 만들기 시작했다. 특히 월남전 이후 해외군비지출과 늘어만 가던 민간부문의 해외투자는 미국

---

[59] 근본적 불균형(fundamental disequilibrium)은 일반적으로 한 나라의 국제준비자산이 오랜 기간에 걸쳐 대규모로 감소하는 경우를 의미한다. 그러나 IMF에서도 여기에 대해서 정확한 정의를 내리고 있지 않다.

[60] IMF 8조국 및 IMF 14조국: 가맹국 중에서 외환관리를 실시하지 않을 것을 약속한 국가를 지칭할 때 IMF의 규정을 따서 IMF 8조국이라 하고, 이와 반대로 국제수지상 외환관리를 실시하는 것을 허용하고 있는 나라들을 말할 때 IMF 14조국이라 한다. 우리나라는 1998년에 IMF 8조국에 편입되었다.

내에 인플레를 일으켰고 그에 따라 국제수지가 지속적인 적자를 보여 미국의 금 준비가 크게 감소되자 달러에 대한 신인도는 더욱 급격히 저하되었다.

이에 대처하여 1971년 8월 미국의 닉슨 대통령은 신경제정책의 일환으로 국제수지개선과 달러 방위를 위해 달러의 금 태환을 정지시켰다. 이로써 금·달러 본위제도를 근간으로 하고 있던 브레턴우즈 체제는 사실상 붕괴되고 국제금융시스템은 새로운 전기를 맞이하게 된다.

2-3 스미소니언체제

1) 배경

미국 달러의 금 태환정지가 발표된 1971년 8월 이후 그 해 12월까지 대부분의 주요 통화는 다시 변동환율제로 이행하게 된다. 그러나 각국이 택한 변동환율제는 중앙은행이 환율결정에 개입하는 이른바 관리변동환율제도였다. 또한 이 시기에는 여러 나라가 정도의 차이는 있으나 외환관리를 포함한 각종 무역관리제도를 실시함으로써, 이러한 풍조가 만연하여 세계무역이 위축될지도 모른다는 우려가 크게 대두되었다.

이러한 맥락에서 1971년 말 결실을 본 IMF의 스미소니언(Smithsonian)협정에 의하여 새로운 금의 달러 값과 각국 통화 간의 새로운 '중심환율'(central rate)이 정하여졌으며, 주요 통화국의 중앙은행은 적어도 당분간은 이 새로운 중심환율을 이전의 공정 환율과 마찬가지로 외환시장개입을 통하여 방어하기로 하였다. 또한 중앙은행은 수시개입이 없이도 시장 환율을 중심환율에 가깝도록 유지하기 위해 환율의 변동 허용 폭을 종전의 공정 환율의 상하 1%로부터 중심환율의 상하 각 2.25%로 확대하였다.

2) 붕괴-고정환율제도의 종말

그러나 이러한 스미소니언체제는 오래 가지 못하였다. 왜냐하면 스미소니언체제는 브레턴우즈 체제의 모순점을 근본적으로 해결한 것이 아니라 발등에 떨어진 불인 국제통화의 불안을 진정시키기 위한 잠정적인 협정에 불과했기 때문이다. 따라서 주요국의 국제수지 불균형상태는 개선되기는커녕 더욱 확대되었다.

드디어 1972년 6월 영국이 파운드화에 대한 외환 투기자들의 공격을 견디다 못해 스미소니언체제를 이탈하여 변동환율제를 채택하고, 뒤를 이어 1973년 3월 EEC

국 6개국이 EEC국 이외의 통화에 대하여는 변동환율제를 택하게 되었다.[61] 이와 같이 주요 통화가 변동환율제도로 이행한 것은 1971년 미국의 금 태환정지보다 더 큰 의의가 있었는바, 이는 고정환율제의 종말을 의미하는 것이었기 때문이다.

2-4 킹스턴체제

1) 배경

1976년 자메이카의 수도 킹스턴에서 열린 IMF 임시위원회에서는 그때까지의 논의 결과와 선진 10개국의 합의내용을 바탕으로 금 문제, 환율문제, IMF 신용제도의 개선 문제 등 국제통화제도의 개혁에 관련된 현안 문제를 일괄 타결하게 되었다. 이에 따라 IMF협정 개정안이 채택되고 이른바 킹스턴체제라고 불리는 국제금융시스템이 탄생하게 되었다.

2) 변동환율제의 등장

킹스턴체제는 스미소니언체제 붕괴 이후 주요국이 변동환율제 등 자국경제에 적합한 환율제도로 이행하고, 금의 공정가격 및 금 평가제가 전면적으로 붕괴된 현실을 인정하게 되었으며, SDR의 기능 및 이용도를 제고하여 점진적으로 SDR 본위제로 이행할 수 있는 기틀을 마련했다. 한편 IMF신용제도의 확대 및 이용조건의 개선을 통해 개발도상국에 대한 IMF의 국제수지조정 지원기능을 제고하는 데 주력하였다.

스미소니언체제 붕괴 이후 가맹국의 대부분이 변동환율제를 이행함에 따라 IMF는 이에 대처하기 위해 1974년 6월 변동환율제 운용지침을 제정하였다. 이 운용지침에 의하면 변동환율제 실시국가들로 하여금 환율안정을 위해 외환시장에 개입하고 환율이 적정수준에서 멀어질 경우 이를 방지하기 위한 조치를 취하도록 하는 한편 경상거래에 대한 지급제한조치를 철폐토록 하였다.

킹스턴체제는 이와 같은 현실을 감안하여 모든 IMF 가맹국에 대해 자국의 여건에 적절한 환율체제를 자유로이 선택할 수 있는 권리를 갖도록 함으로써 변동환율제를 공인하고 국제수지조정과정의 경직성을 제거했다. 킹스턴체제는 이와 같이 환율제도 선택권을 부여하되 IMF의 감독기능을 강화한 관리변동환율제를 채택하고 있다.

---

61) EEC는 현 유럽연합(EU)의 전신인 유럽공동시장(European Economic Community)을 말한다. 자세한 것은 제4장에 설명되어 있다.

또한 1971년 미국이 금 태환정지조치를 취함으로써 국제통화로서의 금의 역할은 크게 약화되었으며, 이에 따라 금의 역할을 축소하고 궁극적으로는 금을 화폐로서의 역할을 폐지해야 한다는 주장이 강력히 대두되어 왔기 때문에 킹스턴체제에서는 금의 역할 축소조치가 이루어졌다. 즉 금의 공정가격을 폐지함으로써 공통화폐 단위 및 IMF의 권리나 의무를 표시하는 기준으로서의 금의 모든 기능을 공식적으로 중지시켰다.

아울러 킹스턴체제에서는 금의 역할을 폐지하는 대신 SDR을 주요 준비자산으로 격상시켰다. 즉 SDR을 IMF의 모든 권리·의무를 표시하는 가치단위로 사용토록 하고 IMF와 거래 시에는 각국 통화 간의 거래비율도 SDR을 기준으로 계산토록 함으로써 SDR을 가치기준으로 공식적으로 인정하였다. 그리고 SDR의 보유자 범위를 종전보다 확대하고 자유로운 사용을 제도적으로 보장했다.

끝으로 킹스턴체제는 가맹국의 국제수지 불균형문제가 국제통화체제의 안정을 저해하는 가장 큰 요인 중의 하나임을 인식하고 IMF의 국제수지조정 지원기능을 제고하기 위해 IMF신용을 크게 확대하고 그 이용조건을 완화했다. 또한 국제수지상의 필요요건 이외에 대외지급준비상 필요한 경우에도 SDR을 인출할 수 있도록 함으로써 차입이 보다 신축성 있게 되었다. 이것이 현재의 국제금융시스템으로서 운용되고 있는 킹스턴체제의 전모이다.

3. IMF의 기능과 전망

3-1 IMF의 주요 기능

IMF의 창설과 함께 국제금융시스템에 관한 모든 논의는 IMF의 주도로 이루어지게 되어 제2차 세계대전 이후 지금까지의 국제금융시스템을 통틀어 IMF체제라 부른다. IMF는 2011년 기준으로 전 세계 188개 회원국이 참여하고 있으며 보유기금도 약 3,000억 달러 이상에 이르고 있다. IMF의 주요 기능을 요약하면 다음과 같다.

1) 국제유동성의 공급

IMF는 국제유동성을 공급하는 기능을 수행한다. 현재 국제금융시장에 대한 추가적인 유동성 공급은 SDR의 창출과 배분을 통해서 이루어진다. IMF는 통상 5년을 주기로 SDR의 추가 발행이나 말소 여부를 검토하며, 새로 발행된 SDR은 IMF가맹국 중 SDR에 관한 의무사항을 수락한 국가에 쿼터 비례로 배분한다.

2) 구조조정자금의 지원

IMF는 회원국에게 단기 국제수지 조정자금, 중기 구조조정자금 등을 지원하는데 IMF의 자금지원형태는 다음과 같이 세 가지로 구분된다. 즉 사전에 자금지원을 위한 일정한 협약을 체결해 놓고 자금을 인출하는 정규신용제도와 사전협약이 필요 없는 특별신용제도 및 양허성금융제도이다.

정규신용제도를 이용하기 위해서는 사전에 IMF와 스탠바이협약(stand-by arrangement) 또는 확대협약을 체결해야 한다. 스탠바이협약은 단기적인 국제수지악화로 곤란을 겪고 있는 가맹국들이 자국에 배정된 쿼터의 일정 비율에 해당하는 금액을 일정 기간 동안 일정한 조건하에 추가 협의절차 없이 인출할 수 있도록 합의하는 것이다. 확대협약은 성격과 체결방법이 스탠바이협약과 동일하나 스탠바이협약보다 장기 또는 대규모 자금이 필요한 경우에 체결한다.

이 두 가지 협약에 의해서 회원국은 쿼터의 300%까지 대출을 받을 수 있다. 그리고 IMF는 스탠바이협약이나 확대협약을 체결할 때 자금지원에 관한 사항과 함께 통화량, 정부지출, 이자율 등과 관련된 정책준수사항을 가맹국에 부과할 수 있으며, 자금을 지원받는 가맹국은 이를 이행해야 할 의무가 있다.

특별신용제도는 주로 가맹국이 통제할 수 없는 외적인 요인으로 수출이 급격히 감소하거나 기초원자재 수입이 급증하는 등 단기적으로 국제수지사정이 크게 악화됐거나 악화될 가능성이 큰 경우를 대상으로 한다. 이 밖에 저소득 개발도상국의 장기적인 구조조정을 돕기 위한 양허성금융제도가 있다.

IMF 설립 후 20년 동안은 IMF가 제공하는 유동성 공급의 수혜자는 주로 선진국이었고 실제 IMF 대출의 절반 이상이 선진국에 집중되었다. 그러나 1980년 이래로 대부분의 대출은 개도국을 대상으로 이루어지고 있으며, 특히 구조적 문제를 해결하기 위한 중기자금의 대출비중이 높아지고 있다.

3) 규제 및 감독

IMF는 국제통화 질서를 교란시키는 원인을 사전에 방지한다는 차원에서 각국의 환율정책과 외환제도에 관한 규제·감독기능을 수행하고 있다. 각국이 환율제도를 자의적으로 운용함으로써 국제통화질서의 균형을 저해할 수 있는 가능성 때문에

IMF는 가맹국들의 환율정책과 환율에 미치는 경제정책의 운용에 대해 여러 가지 의무를 부과하고 부과된 의무의 준수 여부를 감독하는 기능을 추가했다.

가맹국의 환율정책을 감독하기 위해 IMF는 환율정책의 지침이 될 원칙을 정하고 가맹국들은 IMF의 감독활동에 필요한 제반 정보를 제공하며 요청이 있을 때 IMF와 협의하도록 규정하고 있다. 이와 함께 IMF는 대외지급제한의 운용에 관해서도 일정한 의무사항을 부여하고 있다.

대외지급제한의 운영에 관해서는 상충되는 것으로 보이는 두 가지 제도를 병행하고 있다. 즉 IMF협정 8조에는 복수통화조치나 경상거래상의 외환규제를 금지하고 있고, 14조에는 경상거래상의 대외지급제한을 잠정적으로 계속할 수 있게 허용하고 있는 것이다.

가맹국은 둘 중 어느 조항의 적용을 받을지 선택해야 하는데 14조를 선택한 국가는 국제수지사정이 호전되면 가능한 한 빠른 시일 내에 시행중인 외환규제를 철폐해야 한다. IMF는 14조를 선택해 경상거래상의 외환규제를 계속하고 있는 국가에 대해 매년 국제수지사정과 외환규제내용을 감독하며 감독결과에 따라서 필요한 경우에는 외환규제의 축소, 완화, 그리고 철폐를 권고할 수 있다.

이 밖에도 IMF는 회원국의 은행경영과 통화문제에 관한 정책자문요청에 응하는 등 다양한 영역에서 회원국들에게 서비스를 제공하고 있다. 그동안 IMF가 제공하는 서비스의 수혜대상은 주로 개발도상국들이었다.

3-2 IMF의 전망

그동안 IMF가 중남미 등의 외채위기에 개입하여 외채위기 관리능력을 국제적으로 인정받기도 하였지만 변동환율제하에서 IMF의 위상에 대해서는 논란이 많은 것도 사실이다. 특히 현실적으로 일부 주요 통화가 큰 폭으로 변동하게 되고 각국의 중앙은행이 개입해도 환율의 안정에 실효를 거두고 있지 못한 상황들이 계속 나타남에 따라 IMF가 환율안정과 국제유동성의 원활한 공급을 위해서 할 수 있는 역할은 매우 축소되었다고 볼 수 있다.

즉 외환시장에의 개입을 통해서 안정시키는 것은 한계가 있고 외환시장의 안정은 거시정책의 조정을 통해 할 수밖에 없다는 주장이 제기되고 있다. 달러를 기축통화로 한 고정환율제로 상징되는 IMF체제는 이미 변동환율제하에서는 세계금융의 관리자로서의 기능을 상실했다는 것이 일반적인 견해이다. 다시 말해서 자유화된 시장을 IMF가 전체적으로 관장하기는 불가능해졌다는 것이다.

현재의 국제금융시장의 문제는 IMF와 같은 단일기구로서는 해결될 수 없으며 G7과 같은 선진국 간 협의체에서 거시정책의 협조와 같은 구체적 합의안을 도출해 냄으로써 어느 정도 실효를 거둘 수 있다는 주장이 설득력을 얻어가고 있다.[62]

IMF의 목적은 국제통화 협력의 증진, 세계무역 및 투자확대, 안정된 환율, 국제 결제에 관한 정부의 간섭 축소 및 제거, 중·단기 국제통화 기금의 확보, 국제수지 불균형의 폭 및 기간 단축 등으로 요약할 수 있다. IMF의 창설과 함께 국제통화제도에 관한 모든 논의는 IMF의 주도로 이루어지게 되므로, 제2차 세계대전 이후 현재까지의 국제금융시스템을 통틀어 IMF체제라고 부를 수 있다. 그러나 사실은 IMF체제도 최초의 브레턴우즈 체제에서 몇 번의 변질을 겪었다.

4. 금융위기

4-1 금융위기의 개념

금융의 세계화가 진행됨에 따라 경상수지 적자국은 필요한 투자재원을 보다 용이하게 조달하여 경제성장과 발전을 이룩할 수 있었던 반면, 경상수지 흑자국은 해외투자를 통하여 더 높은 수익률을 얻는 동시에 위험을 분산하는 등의 이익을 얻을 수 있었다. 그러나 다른 한편으로는 이러한 금융의 세계화로 인해 한 국가의 금융위기가 다른 국가로 신속하게 전파되어 세계경제가 혼란에 빠지는 등의 부작용도 발생하게 되었다.

금융위기는 전혀 새로운 것이 아니지만 금융의 세계화와 더불어 그 양상이 복잡해지고 위기의 예측도 더 어려워지고 있다. 금융위기는 보통 은행위기와 통화위기 또는 이 두 가지가 결합한 형태로 발생한다.

먼저 은행위기는 은행이나 비은행금융기관의 부채가 자산보다 많아져서 이들 금융 기관들이 도산하거나 도산할 위험에 처해지는 경우 발생한다. 이 경우 금융기관에 대한 채권자들은 다른 사람들이 먼저 채권을 회수하기 전에 먼저 자기의 채권을 회수하려는 예금인출사태(bank run)가 발생할 수도 있다. 그 결과 가계의 저축을 기

---

62) G7은 서방 7개국정상회담(World Economic Conference of the 7 Western Industrial Countries) 으로 세계의 부와 무역을 지배하고 있는 서방 7개 선진공업국의 연례 경제정상회담(summit), 흔히 선진국수뇌회의라고도 한다. 참가국은 프랑스·미국·영국·독일·일본·이탈리아·캐나다 등이다.

업의 투자로 전환하는 은행의 금융중개기능은 마비된다.

은행위기가 발생하면 가계는 금융기관에 대한 일부 채권을 회수하지 못하게 되어 저축한 자금의 일부를 잃어버리며, 기업은 금융기관으로부터의 차입이 어려워지므로 투자를 줄이게 된다. 이러한 국내 소비와 투자의 위축은 경제의 다른 부문으로 전파되어 국내경기가 불황에 빠진다.

그리고 통화위기는 한 국가의 통화가치가 예상치 못하게 갑자기 급락하는 경우 발생한다. 예를 들면 고정환율제를 채택하는 어떤 국가의 외환보유고가 충분하지 않은 상태에서 경상수지 적자가 누적된다면 사람들은 이 국가가 현재의 고정환율제를 유지하지 못하고 조만간 평가절하를 할 것이라고 예상할 것이다. 그러면 사람들은 당장 외환시장에서 외환을 매입하려고 하며 결국 이 국가의 통화당국은 외환보유고의 부족으로 인해 평가절하를 하지 않을 수 없다. 이러한 현상은 변동환율제도에서도 발생할 수 있으며 이때 환율은 통제할 수 없을 정도로 빠른 속도로 평가 하락한다.

통화위기의 결과 이 경제는 심각한 불황에 빠지며 은행위기를 수반하기도 한다. 예를 들어, 금융기관이 해외에서 외화로 차입하여 국내에서 자국통화로 대출한 경우(통화의 불일치), 환율이 급락하면 국내통화로 표시한 해외부채는 급증하여 금융부문이 지급불능 상태에 빠져 은행위기로 번질 수도 있다.

4-2 최근의 금융위기

지난 30년 동안에도 1994년 멕시코의 페소화 위기, 1997~98년의 동남아시아 금융위기, 1998년의 러시아의 루블화 위기, 2001년 아르헨티나의 페소화 위기, 2007~2008년의 글로벌 금융위기 등 금융위기가 여러 차례 발생했다. 여기서는 우리나라에 직·간접적으로 커다란 영향을 미친 1997년과 1998년의 동아시아 금융위기와 2007년과 2008년의 글로벌 금융위기 및 2010년 유로존 위기를 간단히 살펴보고자 한다.

1) 1997년과 1998년 동아시아 금융위기

1997년과 1998년의 동아시아 금융위기는 1997년 7월 태국의 바트화에 대한 투기적 공격으로부터 시작하여 말레이시아, 필리핀, 인도네시아와 한국으로 전파되었으며 그 결과 이들 국가의 통화가치는 급격하게 하락했고 경제는 심각한 불황에 빠져들었다.

이러한 위기는 경상수지 적자, 환율제도, 금융부문의 취약성에서 그 원인을 찾을수 있는데, 먼저 동아시아 금융위기를 맞은 대부분의 국가들은 경상수지 적자를 보여 준다. 특히 태국의 경우 1996년 GDP대비 경상수지 적자는 8%에 달해 투자자들은 태국의 환율 방어능력에 대해 회의를 품고 태국의 바트화에 대해 투기적 공격을 감행했다. 그 결과 태국은 바트화의 평가를 절하하지 않을 수 없으며, 이러한 투기적 공격은 인근의 경상수지 적자 국가들에게 차례로 감행되었다.

그리고 동아시아 국가들이 채택한 환율제도도 금융위기를 초래한 한 원인이 되는데, 동아시아 국가들은 대체로 자국의 통화를 미국 달러화에 연계하는 환율제를 채택하였다. 그러나 1990년대 중반 중국이 위안화를 평가 절하하고 일본의 엔화가 약세를 보이는 가운데 미국의 달러화가 강세를 보이자 동아시아 국가들의 통화는 자동적으로 고평가되었고 그 결과 수출경쟁력이 잠식되었던 것이다.

이어서 동아시아 국가들은 금융부문에서 상당히 취약했는데, 이들 지역의 금융기관들은 해외에서 단기로 자본을 차입하여 부동산 대출 등과 같은 장기 대출을 한가운데(만기의 불일치) 신규여신 및 기존 여신에 대한 만기연장이 중단되자 지급불능사태를 맞게 되었다. 이러한 가운데 통화가치가 급격하게 하락하자 국내통화로표시한 대외채무가 급증하여(통화의 불일치) 이 지역의 금융기관은 더 큰 어려움에직면하였다.

이러한 금융위기의 결과 싱가포르와 대만을 제외한 동아시아 국가들은 심각한 침체에 빠져들었다. 싱가포르와 대만은 경상수지 흑자를 경험했고 충분한 외환보유고를 가지고 있었기 때문에 경기침체로부터 벗어날 수 있었다.

2) 2007년의 글로벌 금융위기

21세기 초의 세계경제는 호황을 누리고 있었으며 이자율은 낮은 수준에서 안정적이었다. 이 과정에서 미국의 주택금융기관은 신용등급이 최하위인(서브프라임) 그룹에 대한 저금리의 주택담보 대출을 확대하였다. 그러나 2006년 미국이 인플레이션을 억제하기 위해 이자율을 점차로 인상함에 따라 이들 그룹은 주택담보 대출을 상환하지 못하게 되고 주택가격이 붕괴하면서 주택금융기관들의 대출이 부실화되고이 위기가 범세계적으로 전파되어 세계경제는 극심한 침체를 경험했다. 특히 신금융 상품 및 금융의 세계화와 같은 요인들로 인해 미국에서 발생한 위기가 범세계적으로 전파되었다.

신금융 상품은 최초로 주택담보대출을 해준 기관이 이를 담보로 증권을 발행하고 판매하여 대출채권을 회수하고 또한 이 증권을 매입한 투자자는 다시 이를 담보로 증권을 발행하여 자금을 회수할 수 있는데 이러한 과정이 수없이 반복되는 것을 말한다. 그 결과 초기의 주택자금 대출자가 대출자금을 상환하지 못하면 연쇄적으로 영향을 받는다.

그리고 국제수지가 흑자국가로부터 미국과 같은 국제수지가 적자국가로 금융자본이 활발하게 이동하여 미국 내 이자율이 낮아질 수 있었기 때문에 주택부문의 거품이 발생할 수가 있었다. 또한 금융의 세계화로 인하여 신금융 상품이 범세계적으로 활발하게 거래되었다. 그 결과 각국의 금융기관들의 위험이 더 커졌던 것이다.

그 후 미국의 주택시장에서 거품이 터지자 위기는 전 세계적으로 신속하게 전파되어 위기가 글로벌화되었으며 그 피해는 막대하였다. 2009년에 주요 선진국 경제는 마이너스 성장률을 기록하였고 중국 역시 성장률이 둔화되었으며 우리나라도 −1%의 성장을 하였다. 또한 세계무역 역시 2009년 12% 감소하였고 경기부양을 위한 재정지출의 확대로 인해 세계 주요국의 재정적자 역시 큰 폭으로 증가하였다.

3) 유로존 위기

미국에서 시작된 글로벌 금융위기는 유로존(Eurozone)에도 영향을 미쳤다. 글로벌 금융위기의 결과 유럽의 부동산 시장도 동반 하락하여 많은 금융기관의 대출이 부실화되었고 실물경제도 침체를 맞이하게 되었다.

특히 그리스, 포르투갈, 이태리, 스페인 및 아일랜드와 같은 국가의 재정은 크게 악화되었는데, 그 이유는 금융위기 극복을 위한 자금지원 및 경기부양책으로 재정지출은 확대된 반면 경기침체로 인해 세수가 감소했기 때문이다. 이 외에도 이들 국가는 2009년 이래 마이너스 성장을 기록하는 한편, 국제수지 적자의 누적과 더불어 높은 실업률로 인해 경제 활력이 저하된 상태에 있었다.[63]

이러한 상황에서는 환율과 이자율이 변동하여 거시경제적 불균형이 자동적으로

---

63) 유로존은 유럽연합의 단일화폐인 유로를 국가통화로 도입하여 사용하는 국가나 지역을 통칭하는 말인데, 유로에어리어(Euroarea) 또는 유로랜드(Euroland)라고도 한다. 현재 유럽연합 국가이면서 유로를 국가통화로 도입하지 않는 나라(덴마크, 스웨덴, 헝가리 등)도 있고, 반면 유럽연합 가입국이 아니면서 유럽연합과 금융협정을 맺고 유로를 사용하는 나라 또는 지역(모나코, 바티칸시티 등)이 있는데, 2015년 1월 기준으로 유로존에 가입한 국가는 19개국이다. 유로존에 가입하려는 국가는 2년 동안 유럽의 환율변동을 조정하여 통화의 안정성을 확보하는 것을 목적으로 하는 유럽환율메커니즘(European Exchange Rate Mechanism)에 참여하여야 한다.

조정되는 것이 일반적이다. 그러나 일부 유로존 지역(독일)의 경제상황이 좋았기 때문에, 이들 남부 유럽 국가의 거시적 불균형을 조정할 수 있는 통화정책의 사용은 유로화라는 공동 통화 때문에 제한될 수밖에 없었다.

결국 이들 재정 취약국에 대한 금융시장의 신뢰가 폭락하여 투자자들이 이들 국가의 국채 매입을 기피하였다. 그 결과 2010년 그리스가 EU와 IMF에 구제 금융을 요청하였고 그 후 아일랜드와 포르투갈이 구제 금융을 요청하였으며, 2012년에는 스페인도 구제 금융을 신청하게 되었다.

유럽연합 기구들은 이러한 위기를 극복하기 위하여 다양한 정책수단을 강구하고 있으며 통화동맹의 한계를 극복하기 위한 통합 강화노력을 경주하고 있다. 그러나 일부 회원국의 정치상황이 불안정하고 은행부문이 취약하며 아직도 정부부채 수준이 높은 수준이라는 점 등의 불안요인이 정리되지 않고 있다.

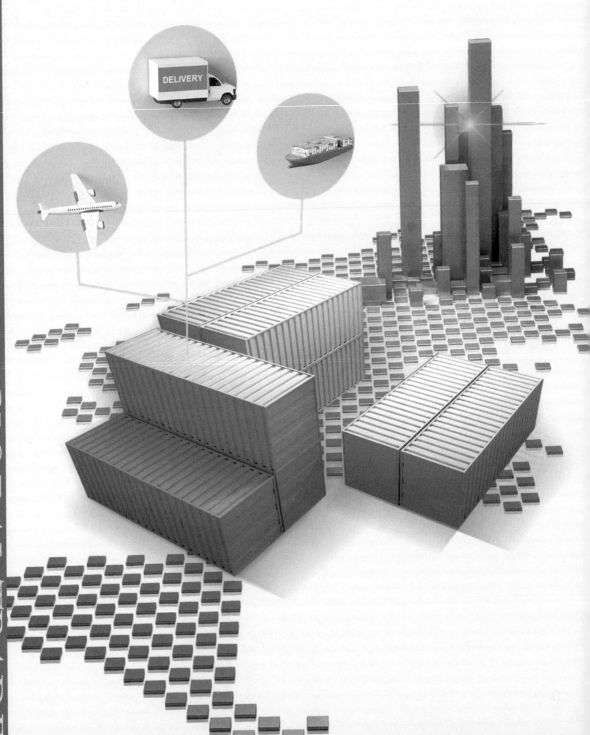

GLOBAL TRADE

PART

02
글로벌경영 분야

기업의 세계화와
글로벌기업

세계화 시대에서 기업의 세계화는 계속 기업으로서 생존과 성장을 위한 선택사항이 아니라 필요조건이 되고 있다. 세계화에 발맞추어 기업도 세계 시장을 하나의 단일 시장으로 보는 글로벌경쟁전략을 수행해야 한다. 이러한 필요성에 의해 최근 발전되어 온 분야가 글로벌경영학 분야이다. 그리고 다국적기업을 중심으로 한 글로벌기업은 외국의 자회사를 통한 해외생산 및 마케팅활동, 그러한 자회사에 대한 직접적인 통제, 국경을 초월한 범세계적 경영전략을 강조하고 있다. 이 장에서는 오늘날 기업의 세계화 현상과 이에 따라 발전한 글로벌경영 및 글로벌기업의 개념과 글로벌기업이 각국의 경제에 미치는 영향 등에 대해서 살펴보기로 한다.

SECTION 01 기업의 세계화

1. 기업 세계화와 글로벌경영의 개념

1-1 기업의 세계화 개념

기업의 세계화라는 용어는 세계화 추세에 따라 자주 접하게 되지만, 이에 대한 일치된 견해나 학문적 정의가 내려지지 않은 상태이다. 여러 학자들의 주장을 종합해 볼 때 기업의 세계화란 '기업이 보유하고 있는 인력, 자본, 기술 등의 내부자원을 해외로 이전하여 현지시장에서의 개입 정도를 점진적으로 높이고, 기업성장의 기회를 국내외적으로 달성하기 위한 기업전략의 변화과정'이라고 할 수 있다.

이는 과거에 사용되었던 기업의 국제화라는 용어와 혼용되기도 하지만 본질적으로 구분된다. 과거의 국제화는 기업이 본국을 중심으로 하여 내수중심에서 수출 등을 통해 해외시장으로 경영활동을 확대해 나가는 개념으로 세계시장을 이질적인 복수의 국가들로 구성되어 있다고 본다. 이에 비해 세계화에 대한 정의는 일반적으로는 '국경의 개념으로 나누어졌던 시장들이 전 세계적으로 하나의 시장으로 통합되는 것'을 의미한다.

따라서 국제화가 종전의 국가단위로 시장이 구성되었던 상황에서 한 국가에 있던 기업이 다른 국가로 진출한다는 것을 뜻하는 반면, 세계화는 국경에 따른 시장구분의 의미 자체가 없어져 전 세계시장을 하나로 보고 경영활동을 수행하는 의미인 것이다.

기업 활동이 세계적으로 확대되어 가는 것을 의미하는 기업의 세계화는 <그림 6-1>과 같이 시장다변화, 제품다양화, 기능의 다각화 그리고 진입방식의 다각화라는 차원에서 접근할 수 있다.

첫째, 기업은 처음에는 모든 부가가치 활동을 국내시장에 집중하고 있다가 점차로 다른 국가시장으로 활동의 폭을 넓혀 시장을 다변화시키는 세계화 활동을 하게 된다.

둘째, 기업은 경쟁력을 지니고 있는 사업 혹은 제품을 가지고 해외시장에 진출해서 이미지를 구축한 다음, 점차 다른 사업이나 제품으로 사업범위를 확대해 나간다.

셋째, 기업은 자신이 수행하고 있는 부가가치 기능을 해외에 이전시켜 세계화의 정도를 높인다. 즉, 기업은 해외에 진출할 때 초기에는 판매활동에만 초점을 맞추다가 점차 조립, 연구개발, 생산 등의 기능도 해외에서 수행하게 된다.

마지막으로, 기업은 해외시장에 참여하는 방식을 다각화하고 점차 확대해 나간다. 이는 기업이 해외시장 진출 초기에는 사업형태 중 사업위험이 적은 단순방식을 택하지만 경험이 쌓이면서 점차 적극적인 방식으로 다양화되는 것을 의미한다. 결국 기업의 세계화는 기업의 세계경쟁력을 해외시장에서 활용하거나, 이를 더욱 강화하기 위해 기업 활동을 세계 여러 국가로 확대하는 과정을 뜻한다.

그림 6-1 기업 세계화의 기본 방향

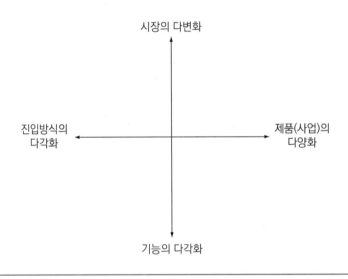

1-2 글로벌경영의 등장

최근의 세계화 추세에 맞추어 경제교류가 확대되면서부터 기업의 경영활동도 과거와 다른 양상을 띠게 되었다. 각국 기업들은 경쟁적으로 해외시장을 개척하여 과거에 비해 해외사업의 규모가 커지고 그 성격도 복잡 다양해짐에 따라 새로운 경영형태가 필요하게 되었다. 기업의 세계적인 경영활동이 본격화됨에 따라 관련 기업 및 정부들은 이제까지 경험할 수 없었던 여러 가지 어려운 문제들에 직면하게 되었다.

기업이 본격적으로 타국에서 경영활동을 수행하는 것을 처음에는 이를 국내경영에 대비하여 '국제경영'이라는 표현을 사용했는데, 최근에는 전 세계를 하나의 시장으로 보는 경영활동이라는 점에서 '글로벌경영(global business management)'이라는 용어를 쓰고 있기 때문에 이 책에서도 국제경영이라는 용어 대신에 글로벌경영이라는 용어를 사용한다.

국제경영 혹은 글로벌경영의 정의에 대해서는 다양한 견해들이 있지만 그 중 가장 일반적이고도 널리 알려진 견해들을 종합하여 글로벌경영에 대해서 정의를 내린다면 다음과 같다. 즉 "글로벌경영이란 전 세계를 하나의 시장으로 보고 국경을 넘어서거나 적어도 2개국 이상에서 동시에 이루어지는 경영활동을 말하며 이러한 경영활동에는 유형의 재화는 물론 서비스, 자본, 인력, 기술이전 그리고 인력관리 등이 모두 포함된다."고 이야기할 수 있다.

1-3 글로벌경영의 특성

기업이 단순히 국내에 머물러 있을 때와는 달리 글로벌경영 활동을 수행함으로써 직면하게 되는 독특한 측면은 국경을 넘는 경영 활동에 따른 특수한 문제점들과 이질적인 경영 환경에서 찾을 수 있다.

1) 국경을 넘는 경영 활동

기업의 활동이 국경을 넘어서 이루어질 때 기업이 마주치는 문제는 앞서 언급한 바와 같이 재화, 인력, 기술, 자본 등의 단순한 이전거래뿐 아니라 여러 가지 경제적·정치적·행정적 장벽에 부딪치게 되는 것이다. 즉 경영범위가 국가와 국가 간에 멀리 떨어져 있음으로써 많은 시간과 비용이 소요되고 위험이 증대되며, 그리고 생산·마케팅·재무를 비롯한 전반적인 경영관리 측면에서 어려운 문제가 제기된다.

또한 각종 관세 혹은 비관세장벽이 재화의 자유로운 이동을 직접 또는 간접으로 저해하고, 다양한 화폐가 개입되게 되어 환율상의 문제가 뒤따르며, 국제수지상의 문제로 자본이동을 통제하거나 정책적인 목적으로 국제기술이전을 제한하는 나라들도 많다. 아울러 다양한 거래에 필요한 복잡한 구비서류 등의 행정절차도 글로벌기업의 활동을 제약한다.

2) 이질적인 경영환경

외국에서 경영활동을 수행하는 데 있어서는 서로 다른 국가 주권과 정치적 특성에서 빚어지는 각종 차별적 대우와 규제, 상이한 언어·관습·종교·가치관을 포함하는 문화적 차이 등의 이질적인 경영환경을 극복해야 한다. 뿐만 아니라 국가마다 다른 경제발전단계, 조세제도, 경제 하부구조 그리고 상이한 생산·마케팅·금융 등에 종사하는 산업구조 등 경제 환경의 차이점과 소비자 및 노동조합의 형태를 포함한 전반적 사회구조 등 본국과 다른 이질적인 사회적 환경에서 빚어지는 문제들도 감수하고 이를 극복해야만 한다.

2. 기업 세계화의 동기

기업이 계속기업(going concern)으로 유지 발전하기 위해서는 생존(survival) 혹은 성장(growth) 중 적어도 하나를 목표로 삼아야 하는데, 생존과 성장을 위해서는 세계화가 필연적이다. 물론 국내시장에서만 사업 활동을 하더라도 생존하고 성장할 수 있는 기업은 위험을 감수하고 선뜻 해외시장에 진출하려고 하지 않을 것이다.

그러나 과거에는 해외진출을 하지 않더라도 국내시장에서 생존하고 성장할 수 있었지만, 세계화와 무한 경쟁이 전개되는 현재의 상황 속에서는 국내시장조차 확보하기가 쉽지 않다. 따라서 기업은 새로운 시장을 찾아 해외에 진출하게 되므로, 이런 의미에서 세계화는 기업이 계속기업으로 살아남기 위해 반드시 필요한 경영활동이라고 할 수 있다.

기업이 세계화를 추진하는 동기는 구체적으로 기업의 전략적 차원에서의 동기와 세계화를 할 수밖에 없는 환경적 변화 측면에서의 동기로 구분할 수 있다.

2-1 기업 세계화의 전략적 동기

기업은 시장 확보라는 목표를 달성하기 위해 세계화를 전략적 대안으로 택하게 된다. 세계화의 전략적 동기는 기업이 어려운 경영환경에서 자사와 자사가 확보하고 있는 시장을 방어하기 위한 방어적 동기와 생존이라는 소극적 관점에서 벗어나 성장을 위해 적극적으로 새로운 시장을 찾아 나서는 공격적 동기로 분류된다.[1]

---

1) 박광서 외, 앞의 책, p.138.

1) 기업 세계화의 방어적 동기

기업은 자신들을 보호하고 방어하기 위해 세계화를 추진하는데, 그 동기를 구체적으로 살펴보면 다음과 같다.

① 관세장벽이나 수입규제, 독점금지 또는 무역협정 등 비관세장벽으로부터 기업을 보호하기 위한 경우
② 해외시장에서의 민족주의 고조 등 제반 문제 때문에 해외 현지 생산을 하도록 요구 또는 강요받는 경우
③ 대리인 등과의 관계가 어려워져 직접 개입해야 할 경우
④ 해외시장에서 애프터서비스 제공의 어려움을 겪거나 다른 기술적 난관에 봉착하게 될 경우
⑤ 특허권을 보호할 필요가 있는 경우
⑥ 원자재 및 부품조달의 어려움을 극복해야 할 경우
⑦ 경쟁업체, 공급업체 또는 고객이 세계화되어 이에 대응하지 않으면 안 될 경우
⑧ 기업의 제반 위험을 지역분산화 혹은 제품다각화로 회피하고자 할 경우
⑨ 수송비용이 과다하게 들거나 수송 자체가 어려운 품목일 경우 등

2) 기업 세계화의 공격적 동기

기업은 단지 생존뿐만 아니라 계속 성장·발전하기 위해 적극적으로 해외시장을 찾아 나가는데 그 동기는 다음과 같다.

① 자본, 설비, 인적자원 및 노하우 등을 보다 적극적으로 활용하여 기업의 수익을 올리고자 하는 경우
② 세계시장전략 및 계획을 수립·추진함으로써 자원 및 시장에 관한 각종 기회를 범세계적인 차원에서 보다 적극적으로 이용하고자 하는 경우
③ 외국의 신기술 및 노하우 등을 얻고자 할 경우
④ 국내시장에서 기업 확장의 가능성이 없어 기업성장을 위한 진취적인 기업세계화 전략을 택하게 되는 경우 등

2-2 기업 세계화의 환경적 요인

최근 기업을 둘러싸고 있는 환경이 급격하게 변화하고 있는데, 이와 같은 제반 환경의 급격한 변화는 기업으로 하여금 세계화를 추진하도록 하는 데 중요한 작용

을 하고 있다. 기업이 세계화하도록 영향을 미치는 환경변화 요인은 <그림 6-2>와 같이 시장요인, 비용요인, 경쟁요인 및 정부요인으로 구분할 수 있다.

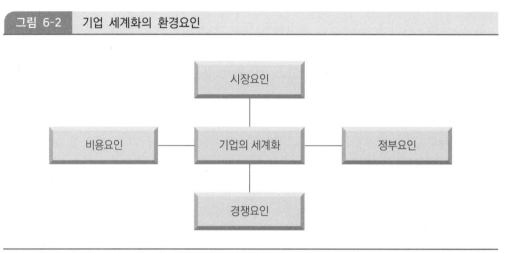

그림 6-2   기업 세계화의 환경요인

자료: 이장로, 「국제마케팅」, 무역경영사, 2005, p. 39.

1) 시장요인

세계시장은 세계화가 가속화되면서 하나의 동질적인 시장으로 변해가고 있는 추세이다. 정보기술과 교통수단의 발달 등 빠른 기술혁신으로 인해 각국 시장간 시간적·공간적 차이가 좁혀짐으로써 각국 소비자들의 생활패턴과 기호수준, 소비행태도 유사해지고 있다. 결국 시장의 세계화 추세는 기업으로 하여금 새로운 시장기회를 제공해 줌으로써 기업의 세계화를 촉진시키고 있다.

2) 경쟁요인

세계화 추세는 시장경쟁의 구조를 변화시키고 있다. 세계화로 인해 시장간 장벽이 무너지고 국경을 초월한 범세계적 경쟁이 전개됨으로써 특정 국가시장만을 대상으로 경영활동을 수행하는 기업은 어려움에 직면하게 된다. 세계화 시대는 모든 나라에서 국적을 초월한 기업들이 경쟁력을 바탕으로 치열한 경쟁을 벌이기 때문에 과거와는 달리 특정 시장에서 한 기업이 독점적 우위를 점하기는 힘들다. 따라서 이와 같은 경쟁 환경의 변화에 따라 생존과 성장을 추구하는 기업은 세계화를 추진할 수밖에 없다.

3) 비용요인

범세계적 경쟁구조에서 기업은 경쟁력을 강화하기 위해 지속적인 연구개발을 통한 신제품 개발, 생산방식의 혁신을 통한 비용절감, 해외직접투자를 통한 생산비 절감 등을 과감하게 추진하고 있다. 특히 기업들은 저비용구조를 확보하기 위해 자동화 시스템에 의한 생산방식으로 전환하는 등의 자본집약적 생산방식을 추진하면서 엄청난 투자를 하고 있다.

이와 같은 생산방식의 변화와 함께 더욱이 제품수명주기가 갈수록 과거에 비해 짧아지고 있는 현실에서 기업은 대규모 투자금액을 특정 소수의 시장만을 대상으로 한 경영활동을 수행해서는 회수하기가 쉽지 않다. 따라서 단기간에 투자금액과 이익을 회수하기 위해서는 전 세계를 대상으로 경영활동을 전개해야 하는 필요성은 더욱 높아질 수밖에 없다.

4) 정부요인

WTO가 출범하면서 각국 정부들은 세계화를 가속화하는 방향으로 정책을 수행하고 있다. 각국 정부는 세계화 추세로부터 고립될 경우 국가경제의 쇠퇴를 가져올 수 있다는 인식을 갖고, 관세 및 비관세장벽 등 무역장벽 완화, 시장 개방, 자유무역협정 체결 등 적극적으로 자유무역정책을 추진함으로써 세계시장이 하나로 형성되는 데 중요한 역할을 하고 있다. 이러한 정부 역할의 변화에 따라서 기업은 과거와 같이 정부 보호에 의존하지 않고 적극적으로 해외시장 개척에 나설 수밖에 없다.

3. 기업 세계화의 요건과 단계

3-1 기업 세계화의 요건

기업의 세계화가 지니고 있는 본질은 기업 활동이 국내시장을 벗어나 환경이 이질적인 해외시장으로 확대되는 과정이므로, 이러한 세계화가 제대로 이행되기 위해서는 점진적인 과정(incremental process)을 거쳐야 하고, 치열한 경쟁상황에서 살아남기 위해 경쟁력이 뒷받침되어야 한다.

1) 점진적 과정

세계화 경험이 없는 기업들이 세계화를 추진하려 할 경우 이들 기업은 시장 정보가 부족하기 때문에 해외사업 시 큰 위험과 불확실성에 직면하게 된다. 그러므로 세계화를 추진하려는 기업들은 해외사업에 따른 위험과 불확실성을 극소화하기 위해 점진적인 세계화 과정을 통해 해외시장과 해외사업에 대해 학습하면서 세계화 단계를 높이는 것이 바람직하다. 이러한 학습과정(learning process)을 무시하고 기업의 세계화를 추진할 경우 실패할 위험성이 크다.

기업은 세계 여러 국가로 사업영역을 넓힐 때 우선 물리적·심리적 거리감이 작고, 문화적·언어적 그리고 경제적 환경 등의 제반 환경이 비슷한 국가로 진입한 다음, 이 국가에서 축적한 경험을 바탕으로 환경이 다른 국가로의 진입을 순차적으로 확대해 나가는 것이 바람직하다.

마찬가지로 여러 사업 활동을 전개하고 있는 기업이 세계화에 따른 위험과 비용을 최소화하기 위해서는 경쟁력이 강한 사업이나 제품을 가지고 우선 진출하고, 학습과정을 통해 축적된 경험을 바탕으로 경쟁력이 떨어지는 다른 사업 분야로 점차 확대하는 것이 필요하다.

그리고 해외로 이전되는 기능범위의 정도나 수준에 따라 기업의 사업 형태는 달라진다. 기능범위 및 참여방식에 따른 기업의 세계화도 초기의 경우 현지 시장에의 개입 수준이 가장 낮은 기능이나 참여방식으로부터 시작하는 것이 필요하다. 예를 들어, 기능의 해외이전도 처음에는 마케팅에 중점을 두고, 그 후 경험을 쌓으면서 현지생산(조립), 현지통합생산, 연구개발의 기능을 점차 해외로 이전시킴으로써 위험과 자원투입을 조절해 나갈 수 있게 된다. 또한 해외시장 참여방식도 수출로 시작하여 라이선싱과 같은 계약방식 그리고 직접투자방식으로 점진적으로 고도화하는 것이 위험관리와 자원 활용 면에서 보편적이라고 할 수 있다.

2) 경쟁 여건의 구축

국내시장과는 달리 해외시장에서는 전혀 알지 못하는 경쟁자들이 곳곳에 존재하고, 그들이 다양한 경쟁무기를 가지고 경쟁에 참여하고 있다. 따라서 세계화는 곧 경쟁의 세계화를 불러일으킨다. 경쟁의 세계화란 세계화를 통해 단일화로 통일된 시장에서 전 세계의 기업들이 서로 경쟁하게 되는 것을 의미한다.

이러한 무한경쟁의 시대에서는 <그림 6-3>에서 볼 수 있듯이 결국 각 산업별로 범세계적인 경쟁력을 확보하는 소수의 기업만이 생존하는 과점체제가 정착된다.

따라서 기업은 경쟁력 확보를 위해 자신에게 필요한 자원을 범세계적인 차원에서 효율적으로 획득하고, 자신에게 가장 양호한 경영자원을 제공해 주는 곳으로 부가 가치 기능을 이전해야 하며, 나아가서 경쟁력 확보를 위해 다른 기업들과의 협력도 강화해야 한다.

최근 우리나라 기업들이 세계경쟁에서 고전하는 이유는 뚜렷한 경쟁우위 요소를 확보하지 못하고 있기 때문이다. 우리나라 기업들은 가격경쟁력에서는 저임금을 바탕으로 한 가격전략으로 세계시장을 확대하고 있는 중국, 인도 등의 기업에 비해 불리한 상황이고, 품질과 브랜드 이미지에서는 미국, 유럽, 일본 기업과 같은 선진국의 세계적 기업에 뒤져 있다.

| 그림 6-3 | 시장의 세계화와 경쟁구조 |

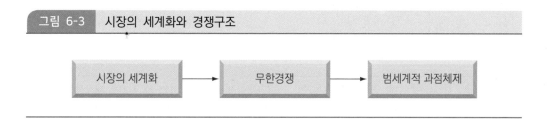

3-2 기업 세계화의 단계

기업은 처음부터 세계시장을 목표로 고도화된 세계화전략을 수행하기는 하지만, 대부분의 기업들은 국내시장을 목표시장으로 내수 위주로 활동하다가, 수출을 통해 해외시장에 진출하고, 해외시장에서의 경험축적을 바탕으로 현지시장에 직접투자를 함으로써 해외시장에의 개입 정도를 높인 다음, 결국 세계시장을 하나의 시장이라는 인식을 갖고 경영활동을 수행하는 단계에 이르게 된다.

이와 같은 기업의 세계화 단계는 <그림 6-4>와 같이 국내생산·판매단계 → 국내생산·해외판매단계 → 현지생산·판매단계 → 다국간 생산·판매단계의 4단계로 구분할 수 있다.

그림 6-4   기업의 세계화 단계

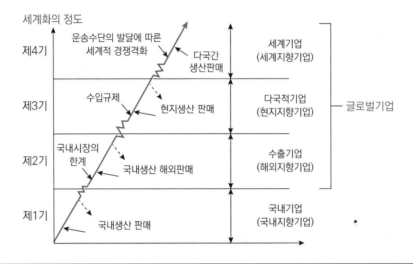

자료: 조동성, 「21세기를 위한 국제경영학」(제2판), 서울경제경영, 2007, p.411.을 기초로 재작성.
주: 점선은 환경적응에 실패하여 도태함을 의미함.

1) 국내 생산 · 판매단계

대부분 기업들은 처음부터 해외시장을 목표로 경영활동을 수행하기가 쉽지 않다. 해외시장 진출 시 국내시장보다 더 많은 자원이 투입되어야 한다는 부담감과 함께, 해외시장에 대한 정보 및 경험 부족으로 인해 처음부터 해외시장 기회를 모색하는 것은 어려운 과제이다. 그렇기 때문에 기업들은 설립 초기에는 내수 시장에 중점을 두고 국내시장 점유율 확대를 통해 생존과 성장의 기반을 구축하는 데 전략적 목표를 두게 된다.

단적인 예로 국내시장규모가 방대한 미국 제조업체들의 80% 이상이 아직도 국내지향적인 기업으로 머물고 있음은 많은 불확실성과 위험이 따르는 해외시장으로의 진출이 얼마나 어려운가를 간접적으로 시사해 주고 있다.

그러나 국내시장이 협소한 우리나라와 같은 경우에는 기업이 해외시장을 대상에 포함시키지 않고 성장을 도모한다는 것은 생각할 수 없으며 바람직하다고 볼 수도 없다. 이미 괄목할 만한 성장추세를 보이고 있는 스위스, 벨기에, 네덜란드 등 서구의 조그만 나라들을 본거지로 한 글로벌기업들은 우리나라 기업들이 뒤따라야 할 성공적인 본보기라 할 수 있다.

2) 국내생산 · 해외판매단계

국내시장을 목표로 활동하는 기업은 시간이 지나면서 성장의 한계에 직면한다. 시장의 규모는 한정되어 있는데도 불구하고, 날로 경쟁이 치열해지는 환경 하에서 기업이 국내시장만을 목표로 하여 경영활동을 수행할 경우 성장은커녕 생존에도 어려움을 겪게 된다. 그러므로 기업들은 시장규모나 경쟁조건 등에서 내수보다 유리한 해외시장으로의 진출을 모색하게 된다.

이 단계의 기업들은 해외시장점유 확대를 전략적 목표로 삼고 수출 위주의 활동을 통해 해외시장을 개척하게 된다. 수출기업들은 수출 초기에는 내수시장에서 경험하지 못한 환율, 대금결제, 가격변동, 무역관습, 관세 등의 위험에 직면하기 때문에 해외시장 진출에 따른 위험을 극소화하기 위해 본국과 환경이 유사한 국가로의 수출활동을 전개하다가 경험을 축적하면서 수출활동을 확대해 나간다.

3) 현지생산 · 현지판매단계

수출을 통해 해외시장 개척에 성공한 기업들은 국내기업 단계에 비할 수 없을 정도로 급성장하는 경우가 많다. 그러나 수출기업은 국내외 여건 변화로 인해 수출상 애로에 직면하게 된다. 즉 인건비 상승으로 인해 국내생산비가 상승하여 수출경쟁력이 약화되거나, 수입국 정부가 자국 산업의 보호를 명목으로 관세나 비관세장벽과 같은 수입규제정책을 강화함으로써 수출기업은 해외시장을 확대하는데 한계를 맞이하게 된다.

이러한 상황을 타개하기 위해 수출기업은 국내생산/해외수출 방식에서 탈피하여 현지국가 시장에서 생산하여 현지시장에서 판매하는 해외직접투자전략을 택하게 된다. 이러한 현지지향기업단계에서는 막대한 자본, 인력, 경영층의 노력 등이 해외운영에 투입되어야 하며, 따라서 그만큼 기업위험도 커지게 된다.

그러나 이러한 위험부담을 안고서도 해외직접투자를 한다는 것은 그 기업의 세계화 과정에 있어서 매우 중요한 계기가 된다. 이는 현지에 직접투자를 통해 개입하게 되는 경영자는 이제까지 본사국가에만 한정되었던 시야를 근본적으로 바꾸지 않고는 제반 경영여건이 현저하게 다른 현지국가에서 적응해 나갈 수 없기 때문이다.

4) 다국간 해외생산 · 판매단계

해외직접투자에서 성공을 거둔 현지지향기업은 그때까지 얻은 경험을 토대로 투자대상국과 투자규모를 확대해 나가게 된다. 그러나 이러한 기업의 시야가 특정 현지국의 한정된 테두리에서만 맴돌고 있다면 세계시장이 점차 하나의 거대한 시장으로 변모해 감에 따라 더욱 격심해질 세계 도처의 경쟁기업과의 싸움에서 살아남기 어렵다.

이와 같은 문제점을 경영자가 인식하고 여러 나라에 산재해 있는 자회사들의 생산·재무·인사·조직·정보·마케팅능력을 유기적으로 결합하여 세계에서 가장 저렴한 원가구조를 갖는 나라에서 제품을 생산하고 이를 다양한 세계시장에 내다파는 등의 방식으로 경영을 합리화해야 한다. 이와 같이 글로벌기업 전체의 경영성과를 극대화하기 위한 범세계적 경영전략(global business strategy)을 추구하게 된다면, 이러한 기업은 드디어 마지막 단계인 세계지향기업으로 발전하게 된다.

이상과 같이 기업이 세계화 과정에서 거치게 되는 단계들을 논리적으로 살펴보았다. 그러나 여기서 한 가지 밝혀둘 것은 모든 기업들이 이러한 단계들을 전부 거쳐야 한다는 것은 아니라는 점이다.

즉, 어떤 기업은 수출단계를 생략하고 바로 해외직접투자를 시행하는 기업이 있는가 하면, 또 다른 기업은 수출과 해외직접투자의 중간단계로서 기술이전의 방식으로 세계화 과정을 지속하기도 한다. 또한 이러한 세계화 과정의 각 단계에서 대부분의 기업은 많은 시련과 난관에 봉착하게 되는데, 이를 적절한 전략으로 극복해 내지 못하는 기업은 생존에 위협을 받을 수도 있다.

SECTION 02 글로벌기업

글로벌기업은 글로벌경영활동을 수행하는, 즉 전 세계를 하나의 단일 시장으로 보고 경영활동을 전개하는 기업이라 할 수 있다. 오늘날 글로벌기업의 가장 대표적인 형태는 다국적기업 및 세계기업이라 볼 수 있다.

1. 다국적기업

1-1 다국적기업의 정의

다국적기업(multinational corporation: MNC)은 2차 대전 이후 급속히 증가했음에도 불구하고, 아직까지 세계기업(world enterprise), 국제기업(international corporation), 다국간 기업(transnational corporation), 초국적기업(supranational corporation) 등 다양한 용어가 혼용되고 있다. 각 용어의 정확한 해석에 대해서 많은 논란과 주장이 대립되고 있는데 이는 많은 다국적기업들이 동질적인 측면 못지않게 상당한 이질성과 다양성을 함께 지니고 있기 때문이라고 할 수 있다. 이 책에서는 개론서라는 입장을 감안하여 현재 가장 널리 사용되고 있는 '다국적기업'이라는 용어를 그대로 사용하기로 한다.

다국적기업에 대해 1973년 UN의 한 보고서에서는 특정 기업체가 다국적기업으로 분류되려면 2개국 이상에서 기업 활동을 전개해야 한다는 점만을 명시하고 있다. 그러나 이 정의에서도 그 밖에 다양한 해외기업 활동의 형태, 해외기업 활동이 특정 기업체의 전체 생산, 자산, 매출액, 이익액, 종업원수 등에서 차지하는 비중 등을 기준으로 활용할 수 있다고 언급하고 있을 뿐 구체적 기준은 제시하지 않고 있다.[2]

이에 따라서 다국적기업에 대한 정의도 학자들의 연구관점에 따라 다양하게 정립

---

2) UN Department of Economic and Social Affairs, *Multinational Corporations in World Development*, New York: United Nations, 1973.

되고 있는데, 이러한 다양한 견해들을 종합해 보면 다국적기업의 개념은 구조적 기준, 경영성과, 행태적 특성 등에 의해 정의내릴 수 있다.

먼저 구조적 기준은 특정 기업이 글로벌경영활동을 전개하고 있는 시장의 수, 주주 또는 중역진을 포함한 최고경영진의 국적, 해외자회사의 수 등으로 다국적 기업의 정의를 내린다. 예를 들어, 버논(R. Vernon)은 다국적기업을 "포춘(Fortune) 지가 선정한 500대 회사에 연 2회 이상 등재되어 있는 기업으로서, 6개국 이상의 국가에서 생산 및 판매활동을 영위하고 있는 기업"이라고 구체적으로 평가 기준을 제시하여 정의를 내렸다.

다음으로 경영성과 기준은 특정 기업이 해외시장에서 거둔 매출액, 이익, 생산, 고용 등의 성과지표가 기업 전체의 성과에서 차지하는 비중에 의해 다국적기업을 정의내리고 있다. 비즈니스 인터내셔널(Business International)지는 다국적기업을 "적어도 매출액과 수익의 35% 정도를 해외사업에서 얻는 기업"이라고 정의하고 있다.

또한 행태적인 특성은 기업을 이끌어가고 있는 최고경영진의 경영철학이나 사고방식 등이 세계 지향적인지 여부에 따라 다국적기업의 정의를 정립한다.

결국 다양한 다국적기업에 대한 정의를 종합적으로 요약하면 다국적기업이란 "여러 국가에 계열회사를 가지고 다양한 기업 활동을 영위하며, 본사가 설정한 다국적기업 체계 전체적인 기업목표에 의해서 일률적으로 통제·관리되는 기업"이라고 할 수 있다.

1-2 다국적기업의 특질

다국적기업의 가장 중요한 특질은 전체적인 기업목표를 수립하고 이를 달성하기 위하여 기업체계 내의 각각의 계열회사가 '전체로서의 하나(integral as a whole)'처럼 행동하는 이른바 체계 통합적인 기업전략이다. 이러한 기업전략은 다국적기업이 각기 어떠한 시장을 목표로, 어떤 경영관리 이념을 가지고, 경영활동을 영위해 나가느냐에 따라 여러 가지 다양한 형태로 나타날 수 있다.

펄뮤터(H. Permutter)는 다국적기업이 지향하고 있는 목표시장에 따라 다국적 기업의 전략적 특질이 서로 달라진다고 주장하면서, 다국적기업을 모국시장 지향형(ethnocentric) 기업, 현지국시장 지향형(polycentric) 기업, 지역시장 지향형(regiocentric) 기업 및 세계시장 지향형(geocentric) 기업의 네 가지 형태로 구분하였다. 네 가지 형태의 머리글자를 따서 이를 펄뮤터의 EPRG프로필(EPRG profile) 또는 EPRG스킴(EPRG scheme)이라고 부른다.

1) 모국시장 지향형 기업

모국시장 지향형 기업은 주로 모국시장의 수요를 충당하기 위한 목적으로 기업활동을 수행한다. 따라서 해외에서의 기업 활동은 모국의 기업 생산활동에 부수되는 부차적인 사업 활동이므로, 현지 자회사의 모든 의사능력과 경영통제권은 모국의 본사로 귀속되며, 본사의 경영전략이 별다른 수정 없이 현지국 시장에서 그대로 사용된다.

2) 현지국시장 지향형 기업

현지국시장 지향형 기업은 주로 현지국시장의 수요를 충당하기 위한 목적으로 기업 활동을 수행한다. 현지국에 소재한 자회사는 본사의 간섭을 거의 받지 않고 독자적인 마케팅 목표와 계획을 세워 자회사의 책임 아래 국제사업을 추진한다. 이러한 방식의 다국적기업 활동은 현지국의 시장규모가 방대하고 시장상황이 특수하여, 현지사정에 걸맞은 경영관리를 하지 않으면 효율적인 사업 활동의 효과를 기대할 수 없는 경우에 이용되는 사업형태이다.

3) 지역시장 지향형 기업

지역시장 지향형 기업은 주로 현지국 주변의 국제지역시장의 수요를 충당할 목적으로 기업 활동을 영위한다. 따라서 이 경우에는 지역사업본부의 역할과 권한이 매우 강력해지고, 각각의 자회사는 지역사업본부의 의사결정과 통제에 따라 경영활동을 수행하게 된다.

4) 세계시장 지향형 기업

세계시장 지향형 기업은 자회사의 소재지역과 관계없이 범세계적인 시장을 목표로 가장 생산비가 싼 곳에서 생산하고 가장 수송비가 적게 드는 방법으로 세계 각 시장의 수요를 충당하고자 하는 세계병참 지향적인 기업이다. 따라서 기업 조직, 의사결정, 인사정책 등의 제반 경영활동이 범세계적인 관점에서 이루어지는 특성을 가지고 있다.

참고로 <표 6-1>는 펄뮤터의 EPRG 프로필에 따른 다국적기업의 유형별 전략적 특징을 요약한 것이다.

표 6-1   다국적기업의 전략적 특징

기업유형 구분	모국시장지향형 기업 (ethnocentric)	현지국시장지향형 기업 (polycentric)	지역시장지향형 기업 (regiocentric)	세계시장지향형 기업 (geocentric)
조직의 복잡성	본사에서는 복잡하나 자회사에서는 단순함	다양하고 독립적임	지역시장에 기반을 둔 상호 의존적인 형태임	세계시장에 기반을 둔 고도의 상호 의존적인 복합형태임
권한 및 의사결정	본사 중심	비교적 본사의 권한이 적음	지역사업본부의 독자적 의사결정 또는 자회사 상호간의 긴밀한 유대하에서 의사결정을 하는 것이 일반적임	본사와 전 세계 자회사의 공동참여에 의한 의사결정
평가 및 통제	본사 기존에 의한 평가	현지국시장 중심으로 결정	지역시장 중심으로 결정	전 세계 및 지역적으로 결정
상벌제도	본사 중심	자회사의 업무수행에 대한 보상이 있는 경우에 따라 높을 수도 있고 낮을 수도 있음	지역시장의 목표달성에 대한 보상	지역 및 세계시장의 목표달성에 기여한 경영관리자에게 보상
의사소통 (정보의 흐름)	본사가 자회사에게 주로 명령 또는 조언을 함	본사로부터 간섭이 거의 없으며, 자회사 간의 정보교환도 없음	본사로부터 간섭은 거의 없는 편이나, 지역사업본부로부터의 간섭은 많은 편임	본사 및 자회사 간의 활발한 정보교환
조직 구성원의 국적	모국의 국적이 절대 다수임	현지국의 국적이 많음	지역시장 소재국의 국적이 많음	범세계적인 국적 구성
인사관리	전 세계적 요직에 모국 국적의 인재를 중용하여 배치함	현지국 국민을 중용함	지역시장 국가의 국민을 중용함	국적과 관계없이 최적의 능력 있는 인물을 중용함

1-3 다국적기업의 우위

다국적기업은 전 세계적인 생산 및 유통망을 통해 단순한 국내기업에 비해 여러 가지 경쟁상의 이점을 지니게 되는데, 다음에서는 이러한 경쟁적 우위는 어디에서 비롯되는가와 아울러 그것이 경영전략에 어떻게 활용되고 있는가를 살펴보기로 한다.

1) 기술적 우위

기술혁신과 연구개발에 많은 투자를 요하는 산업에서 선도적인 위치에 있는 기업들은 해외시장과 밀접한 관련을 맺고 있다는 사실이 경험적으로 알려져 있다. 이러한 기업들은 기술상의 우위를 최대한 활용하면서 다양한 해외시장진입 및 개입전략을 구사하고 있다.

기술적 우위가 뚜렷한 초기단계에는 개발된 제품을 해외에 수출하다가 제품이 성숙기에 접어들면서 기술적 우위의 중요성이 감소됨에 따라 해외시장에서의 위치를 보호하고 유지하기 위해 해외직접투자의 가능성을 탐색하게 되는 것이 보통이다. 이는 기술적 우위가 다국적기업에게 있어서 얼마나 중요한 것인가를 단적으로 보여주는 것이다.

2) 통합전략

다국적기업의 경쟁적 우위는 해외자회사와의 수직적 또는 수평적 통합을 통해서 얻어지기도 한다. 상당수의 거대한 다국적기업들은 수직통합을 통해 원자재와 중간재의 안정적인 공급원을 확보할 수 있다. 또한 사내무역(intra-firm international trade)을 효율적으로 활용함으로써 외부시장 메커니즘을 통할 경우의 높은 거래비용과 불완전성을 피하여 보다 많은 이익을 얻을 수 있다.

그리고 때로는 해외자회사를 통해 보다 잘 갖추어진 분배 및 서비스 망을 확보함으로써 경쟁기업들과의 혹심한 경쟁에서 이겨낼 수 있다. 또한 다국적기업들은 수평결합을 통해서 각종 부품들의 생산을 전문화하여 상호보완적인 생산이 가능하고, 제품을 지역적 특성과 기호에 적응시킬 수 있으며, 독점적 시장지배력을 잘 보존하고 활용할 수 있다.

심지어 다국적기업들은 기존제품의 생산 및 수요와는 관련이 없는 분야에까지 통합을 전개하여, 하나의 기업이 서로 다른 다수의 사업활동을 영위하는 다각적 통합전략을 통해 기업 내부에 축적된 경영자원을 보다 효율적으로 활용할 수도 있다. 이러한 다각적 통합전략은 위험의 분산이라는 측면에서도 바람직한 것으로 받아들여지고 있다.

3) 규모의 경제

다국적기업의 경쟁상의 이점은 생산, 금융, 연구개발 및 시장정보의 수집과 분석 등에 있어서 규모의 경제를 기할 수 있다는 점에서도 찾을 수 있다. 다시 말해서 다국적기업은 생산규모가 방대하기 때문에 분업과 특화 등을 통해 상대적으로 규모가 작은 국내기업에 비해 효율적인 생산이 가능한 것이다.

또한 기업의 명성과 안정성을 바탕으로 국제자본시장에서 보다 유리한 조건으로 쉽게 자본을 조달할 수 있으며, 따라서 막대한 재원을 요하는 투자사업도 실시할 수 있다. 그리고 풍부한 전문 인력과 시설을 활용하여 적합한 나라에서 집중적으로 연구개발을 할 수 있으며, 이에 소요되는 간접비도 절감할 수 있다.

나아가서 다국적기업은 해외의 여러 관련회사들로 구성되는 정보망을 통해 순수한 국내기업보다 더 정확하고 효율적으로 필요한 정보를 수집·분석·평가하여 새로운 해외시장이나 해외생산입지의 개발에 활용할 수 있다.

4) 환경의 통제능력

다국적기업들은 국내기업보다 자기들이 처한 제반 경영환경을 바람직한 방향으로 변화시키고 통제할 수 있다. 예를 들어, 다국적기업들은 해외생산입지의 선정에 있어 조세, 보조금, 생산비 등을 고려하여 최적인 나라에 자리를 잡을 수 있다. 그리고 그러한 투자조건의 협상에 있어서도 거대한 경제적 규모를 등에 업고 막강한 협상력을 행사할 수 있다.

심지어 다국적기업들은 사내거래라는 이점을 최대한 활용하여 이전가격(transfer price)의 조작을 통해 조세율이 높은 나라에 있는 자회사에 대해서는 인위적으로 높은 가격으로 부품을 공급하고, 낮은 가격으로 완제품을 납품시키는 방식으로 조세부담을 극소화할 수 있다. 이러한 인위적 이전가격의 책정은 외환통제를 회피하는 수단으로도 활용될 수 있다.

2. 세계기업

2-1 세계기업의 개념

세계기업, 혹은 초국적기업(transnational corporation)은 세계를 하나의 시장으로 간주하고 기업의 국적을 초월하여 사업 활동을 수행하는 기업을 말한다. 다국적기업이 국경을 넘어 단순히 여러 국가에서 사업을 벌이는 것에 비해, 세계기업은 국경과 국적을 초월하여 운영되는 기업이라고 할 수 있다.

세계화가 급진전됨에 따라 국경의 벽이 무너지고 있는 추세에서 세계시장에 대한 기업의 시각도 변할 수밖에 없다. 과거에는 기업들이 세계시장을 이질적인 복수의 현지시장(local market)으로 구성되어 있다고 인식했었지만, 현재는 시장의 세계화로 인해 세계시장을 하나의 동질적인 글로벌한 시장(global market)으로 바라보게 되었다.

따라서 세계기업에서는 본사와 자회사라는 구분이 약해지면서 해외자회사가 특정사업이나 특정 기능을 주도적으로 수행해 나가게 되고, 경영인을 비롯한 인력도 국적에 관계없이 채용하여 배치한다. 또한 세계기업은 전 세계를 단일시장으로 파악하여 수립한 전략을 각 국가에서 실행하기 위해서 각국의 환경에 적합한 현지화 전략을 수립하게 되는데, 결국 세계기업은 현지화와 세계화를 동시에 추구하는 기업이라고 할 수 있다.

2-2 세계기업의 조직구조

세계기업의 본질적인 기능을 수행하기 위해 세계기업의 조직구조도 과거 본사에 모든 권한이 집중되었던 체제에서 자회사가 자율적으로 활동할 수 있는 체제로 바뀌고 있다. 즉, 다국적기업의 본사─자회사 사이의 관계가 수직적이고 종속적인 구조였던 것에 비해, 세계기업은 수평적인 글로벌 네트워크형 조직을 구축하고 있다. 네트워크형 조직이란 경쟁기업, 공급업체 그리고 고객들이 서로 유기적으로 연계되어 기업들이 다양한 전략적 제휴를 하는 조직을 의미한다.

따라서 과거에는 해외자회사들이 현지에서 모든 사업과 기능을 전부 수행하던 것과는 달리 세계기업의 네트워크형 조직에서는 자회사들이 핵심역량을 가진 활동에만 주력하고, 본사나 다른 나라에 소재한 자회사들과 수평적으로 연계하여 부족한 역량을 본사나 다른 자회사로부터 조달하여 활용한다.

이와 같은 세계기업의 네트워크형 조직이 효율적으로 운용되기 위해서는 해외자회사들이 보유하고 있는 핵심역량을 정확히 파악하고, 자회사들에게 그 핵심 역량의 성격에 상응하는 권한을 부여하는 것이 필요하다. 이와 더불어 본사와 자회사들이 하나의 일체된 세계기업으로 활동하기 위해서는 조직 전체의 일체감을 조성할 수 있는 조직문화의 형성, 비공식 의사소통 채널의 개발 그리고 자회사들에 대한 적절한 조정이 필수적이다.

3. 글로벌기업과 국가경제

오늘날 다국적기업을 중심으로 한 몇몇 글로벌기업은 연간 매출액이 특정 국가의 국민총생산을 훨씬 상회하고 있는 실정이다. 이들 거대기업들이 세계의 정치·경제·사회 및 문화 전반에 걸쳐 미치는 영향은 실로 지대한데 다음에서는 글로벌기업들의 글로벌경영활동이 현지국(host country) 및 모국(home country)에 대해 미치는 영향을 긍정적 측면과 부정적 측면으로 나누어 살펴보고자 한다.

3-1 현지국 경제에 미치는 효과

1) 긍정적 효과

글로벌기업이 현지국가에 미치는 영향을 구체적으로 살펴보면 다음과 같다.

첫째, 글로벌기업은 자본·기술·경영관리능력 등의 생산요소를 현지국가에 제공함으로써 현지국가의 경제성장에 일차적으로 기여하며 나아가 현지인의 고용을 확대시키는 효과가 있다.

둘째, 글로벌기업은 현지국가의 공단개발 등 산업입지 발전에 기여함으로써 지역개발효과를 가져온다. 이 같은 지역개발과 경제성장효과에 따라 최근에는 개발도상국들이 외국인 전용공단을 설치하여 외국인 투자를 적극 유치하고 있는 실정이다.

셋째, 글로벌기업은 개발도상국의 기술수준 향상과 이를 통한 경제개발 촉진에 기여할 뿐 아니라, 세계적으로 신기술 개발 및 기술전파·확산에 크게 이바지하고 있다.

넷째, 글로벌기업은 현지 경영활동 과정 및 사업수익과 같은 경영성과에 대해 관세·법인세 등을 지불함으로써 현지국의 조세수입 증대에 기여한다.

마지막으로 글로벌기업은 현지투자에 의한 자본수지 개선과 수출 증대 혹은 수입대체 등의 무역수지 개선을 통해 현지국가의 국제수지에 긍정적으로 기여할 수 있다.

2) 부정적 효과

글로벌기업의 경영활동은 본질적으로 현지국의 이익과 상충되기 쉽고, 또 각 주권국가와 충돌할 소지를 다분히 안고 있기 때문에 다음과 같은 부정적 효과를 예상할 수 있다.

첫째, 현지국 경제의 종속 문제가 예견될 수 있다. 즉 글로벌기업의 해외직접투자 활동이 현지국의 산업구조를 왜곡시키며, 특히 현지국가의 유치산업을 황폐화시킬 가능성이 있다.

둘째, 정치주권 침해문제를 예견할 수 있다. 글로벌기업은 기업 활동을 영위하면서 일종의 경제적 치외 법권을 추구하고 있다. 그러나 글로벌기업의 사업장이 위치해 있는 현지국은 글로벌기업의 제반 활동에 대해 때로는 간섭 내지 통제하려고 하므로, 글로벌기업과 각 주권국가는 본질적으로 충돌할 소지를 많이 가지고 있다. 따라서 글로벌기업은 본국 정부에 요구해 현지국 정부에 압력을 행사하는 등 현지국 정치주권을 침해할 소지가 있는 것이다.

셋째, 국제수지가 악화될 수 있다. 글로벌기업이 투자한 현지자회사가 부품이나 원자재를 해외로부터 수입 조달하거나, 투자수익의 과실송금, 로열티 지급, 본사나 다른 자회사로의 자금공여가 이루어질 경우 오히려 현지국의 국제수지에 악영향을 주게 된다.

마지막으로 글로벌기업은 전략적으로 해외에 투자하여 현지국 기업의 기술을 습득할 수 있고 나아가 기술을 모국으로 유출할 수도 있다.

3-2 모국 경제에 미치는 효과

글로벌기업이 모국(본사국)에 미치는 효과는 정부의 정책에 반영되어 다시 글로벌기업의 전략에도 심각한 영향을 미칠 수 있다. 따라서 글로벌기업으로서는 모국의 국민, 정부 또는 각종 이해집단이 글로벌기업의 활동에 대해 어떤 생각을 갖고 있는가가 매우 중요한 문제이다.

1) 긍정적 효과

먼저 글로벌기업이 모국에 미치는 긍정적 효과로는 다음과 같은 것들이 있다.

첫째, 해외자회사로부터 경영성과에 따른 배당금 송금, 로열티 수입 등으로 국제수지가 개선된다.

둘째, 글로벌기업이 해외경영활동으로 벌어들인 소득에 대한 과세를 통해 정부의 재정수입이 늘어난다. 그러나 글로벌기업의 해외소득에 대한 과세는 현지국 정부의 과세에 따른 이중과세로 이슈화될 수 있다.

셋째, 글로벌기업은 해외사업 활동에 적합한 인력을 확보하려 하므로 새로운 일자리가 늘어나는 등 고용창출 효과를 기대할 수 있다.

마지막으로 자원의 효율적 이동으로 높은 수익성을 실현하여 종국에는 국민소득을 증대시킨다.

2) 부정적 효과

이와는 반대로 글로벌기업의 부정적 효과로는 다음을 들 수 있다.

첫째, 국내 고용이 감소될 수 있다. 글로벌기업이 해외에서 사업활동을 전개함으로써 상대적으로 모국에서의 생산 활동이 위축을 받게 된다. 이로 인해 모국의 생산인력들을 중심으로 한 고용상황이 악화될 수 있다. 최근 한국기업들이 중국, 인도, 베트남 등으로 공장을 이전함에 따라 우리나라에서 제조업 분야의 공동화(空洞化)로 인해 실업이 늘고 있는 것이 하나의 예이다.

둘째, 정부의 조세수입이 감소될 수 있다. 글로벌기업이 모국의 높은 조세를 회피하기 위해 해외투자를 할 경우, 모국 정부의 재정수입이 감소할 수 있다.

마지막으로 글로벌기업은 해외에 투자하면서 자사가 보유하고 있는 기술을 현지에 이전함으로써 시장에서 기술적 우위를 상실할 수 있다.

4. 글로벌기업에 대한 유인과 규제

앞에서 살펴본 바와 같이 글로벌기업은 현지국과 모국, 나아가서는 세계경제 전체에 긍정적인 효과뿐 아니라 부정적인 효과를 동시에 가져다 줄 수 있다. 이러한 이유로 각국은 글로벌기업의 활동을 지원하거나 이를 유치하기 위하여 여러 가지 유인을 제공하고, 때로는 글로벌기업으로 인한 폐해를 방지하기 위하여 각종 규제 수단을 동원하기도 한다.

4-1 현지국의 유인과 규제

부족한 자본과 기술의 도입을 통한 경제개발을 도모하기 위하여 현지국은 글로벌기업에 대하여 일정기간 동안 조세를 감면해 주거나 장·단기의 차관을 저리로 제공해 주기도 하며 외환의 송금을 보장해 주는 등 재정적·금융적·행정적인 측면에서 각종 유인을 제공하는 경우가 있다.

그러나 산업지배, 기술적 종속, 경제계획의 교란 등을 포함하여 글로벌기업의 목표와 국익의 상충으로 주권이 위협받거나, 위협받을 우려가 있을 경우에는 이에 대응해서 다음과 같이 글로벌기업을 규제하고 있다. 이러한 규제는 특히 개도국의 경우에 그 정도가 심한 것으로 나타나고 있다.

첫째, 글로벌기업의 진출을 전혀 허용하지 않거나 산업별 또는 지역별로 외국인 직접투자를 선별적으로 허가한다.

둘째, 일정액 이하로 투자규모를 제한하거나 현지인 또는 현지국 정부와 일정비율 이상으로 합작투자를 하겠다는 경우에만 허가하기도 한다. 심지어는 글로벌기업의 소유지분을 일정한 계획에 따라 점진적으로 현지인에게 이양할 것을 요구하는 경우도 있다.

셋째, 이익이나 배당금 또는 로열티 등의 본국 송금을 제한한다.

넷째, 보다 심한 경우에는 기업의 강제매각을 요구하거나, 외국인재산에 대해 국유화조치를 단행한다.

이상과 같은 현지국 정부의 각종 정책수단에 대응하여 다국적기업들은 그 가능성과 비용/편익 등을 엄밀히 분석해 의사결정에 반영시킬 필요가 있다.

4-2 모국의 유인과 규제

대개의 경우 모국은 글로벌기업이 국제수지, 고용 및 기타의 경제정책에 심각한 영향을 미칠 우려가 있다고 생각되는 경우 외에는 별다른 규제조치를 취하지 않고 있다. 오히려 많은 나라들은 글로벌기업의 긍정적 효과를 높이 평가하고 국내에 기반을 둔 글로벌기업에게 좋은 일이라면 그 나라에도 나쁠 것은 없다는 평범한 인식으로 각종 지원을 아끼지 않고 있다.

이러한 관점에서 투자국들은 각종 정책적 기금이나 은행을 통하여 자금사정이 어려운 국내기업에게 해외투자에 소요되는 자금을 유리한 조건으로 공여해 주고 있으며, 비영리적인 정책보험제도(우리나라의 무역보험제도)의 운영을 통해 해외투자에 수반되게 마련인 높은 위험을 담보해 주고 있다.

또한 세제상의 유인으로서 해외소득에 대해서는 아주 낮은 세율을 적용하거나 세액산정에서 공제해 주기도 하며, 또는 본국에 송금될 때까지 세금의 납부를 연기시켜 주기도 할 뿐 아니라, 투자 상대국과의 이중과세방지협정의 체결을 통해 글로벌기업의 조세부담을 덜어주기도 한다. 나아가서는 정부가 앞장서서 글로벌기업의 이익을 대변해서 현지국과의 투자제한의 완화라든가 투자분쟁의 해결에 대해 협상을 하기도 한다.

다만, 최근 경기침체로 실업률이 증가하면서 리쇼어링(reshoring)을 정책적으로 추진하는 선진국이 증가하였다. 리쇼어링은 비용절감 등의 이유로 국외로 생산기지를 옮겼던 글로벌기업이 다시 본국으로 돌아오는 현상을 말한다. 2000년대 중반 이후 선진국 정부들은 글로벌 금융위기를 겪으면서 제조업의 가치에 다시 주목하고 해외에서 자국으로 기업이 돌아오는 리쇼어링의 중요성을 인식하고 있다. 제조업은 인력의 고용과 자본의 재투자를 견인할 수 있는 가치가 있다. 우리나라도 우리의 글로벌기업이 국내로 생산기지를 이전할 경우 각종 세제 혜택과 규제 완화 등을 통해 리쇼어링을 하도록 유도하고 있다.

4-3 글로벌기업의 국제적 규제

근본적으로 글로벌기업의 규제란 글로벌기업이 세계경제에 미치는 긍정적인 효과를 손상시키지 않는 범위 내에서, 글로벌기업과 관련된 제반 부정적 측면에서의 문제들을 경감시키기 위한 노력을 의미한다고 할 수 있다.

그런데 최근에는 글로벌기업의 문제가 글로벌기업과 모국 또는 글로벌기업과 현지국 간에 발생하는 문제에서 투자국과 투자수용국, 즉 국가 대 국가의 문제로까지 초점이 확대됨에 따라 국제적인 차원에서의 글로벌기업에 대한 규제의 필요성을 놓고 활발한 논의가 이루어지고 있다.

이러한 글로벌기업의 국제적 규제는 글로벌기업의 본사와 자회사는 물론 투자국과 투자수용국까지를 대상으로 이들이 반드시 준수해야 할 어떠한 구속력 있는 행동강령이나 임의적·도덕적으로 따라야 할 행동지침이나 권고 등을 영향력 있는 국제기구에서 제정하거나 행하는 형태로 이루어지고 있다.

일찍이 국제상업회의소(International Chamber of Commerce: ICC)를 비롯하여 OECD, UN 및 그 부속기구인 UNCTAD와 같은 국제기구에서는 각기 상당한 관심을 기울여 구체적인 대안들을 공표한 경우도 있다. 그러나 국제기구의 특성에 따라 규제내용과 방법이 다르고, 또 글로벌기업과 모국 및 투자수용국의 이해가 상충되어 실질적인 효력이 발생하거나 전면적인 합의가 이루어지는 단계에까지는 이르지 못하고 있다.

하지만 한 가지 분명한 점은 이상과 같은 글로벌기업에 대한 규제논의가 글로벌기업의 존재를 전면적으로 부정하는 것이라기보다는 오히려 글로벌기업을 세계경제에 있어서 또 다른 하나의 세력으로 인정하고, 이전가격조작, 경쟁제한 등 이들의 제한적 상관행으로 인한 부정적 효과는 억제하는 반면에, 국제협력의 강화와 세계경제의 발전에 대한 기여 등의 긍정적 효과를 극대화하는 데 뜻을 두고 있다는 것이다.

해외시장진입

기업이 국내시장을 벗어나 세계화를 추구하는 과정에서 최우선적으로 마련해야 할 전략 중의 하나가 곧 해외시장의 진입 전략이다. 해외시장 진입은 국내기업 때와는 다른 경쟁자와 경쟁하는 커다란 위험을 감수해야 하므로 쉽게 결정내리기가 어렵다. 무한경쟁의 세계시장에서 성장을 지속하고 살아남기 위해서는 기업의 특성에 가장 적합한 진입 전략을 선정해야만 한다. 해외시장진입을 위한 전략적 대안에는 기본적인 수출방식, 한걸음 더 나아간 계약형태의 진입방식, 그리고 해외직접투자와 전략적 제휴방식이 있지만 이 장에서는 수출방식과 계약방식에 대해서 살펴보기로 한다.

SECTION 01 해외시장진입의 의의

1. 해외시장의 진입 절차

기업은 국내시장의 한계, 규제, 과열경쟁 등으로 인해 해외시장 진입을 검토하게 된다. 그러나 해외시장 진입은 반드시 성공만을 보장하지 않는다. 기업에게는 해외시장 진입이 경영 방향의 커다란 전환점이 될 수 있고, 이질적인 해외시장 환경에 직면하면서 국내기업 때와는 다른 경쟁자와 경쟁하는 등 커다란 위험을 감수해야 하므로 쉽게 결정내리기가 어렵다. 또한 글로벌경쟁이 전개되고 있는 상황에서 경쟁력이 뒷받침되어 있지 않다면 해외시장 진입은 오히려 기업의 생존에 치명적인 영향을 미칠 수 있다. 이러한 점에서 특히 해외시장 경험이 짧은 기업에게는 해외시장 진입 여부가 결정하기 쉽지 않은 과제이다.

따라서 기업은 기업 내부적인 상황과 기업 외부적 환경을 종합적으로 검토하여 해외시장의 진입 여부를 신중하게 결정해야 한다.

해외시장에서 활동하고자 하는 기업은 일반적으로 먼저 해외시장에 대한 진입 여부를 고려하고, 해외시장에 진입하기로 결정했다면 어느 시장에 진입할 것인가에 대한 의사결정을 해야 한다. 목표시장이 정해지면 마지막으로 그 시장에 성공적으로 진입하기 위해 어떤 방식을 선택할 것인가를 결정하게 된다. 즉 기업은 해외시장에 대한 진입 여부에 관한 결정 → 해외진입시장 선택 → 해외시장 진입방식의 결정과정을 거치면서 글로벌경영활동에 본격적으로 참여하게 된다.

물론 기존에 이미 해외시장을 대상으로 활동하고 있는 기업이라면 시장 확대와 함께 진입방식의 변경도 이루어질 수 있지만, 해외시장에 처음으로 진출하는 기업은 본격적인 진입 이전에 시장 여건이나 자사 상황 등에 대해 세밀한 검토가 필요하다.

2. 해외시장의 선택

2-1 해외시장 선택의 의미

일단 해외시장에 진입하기로 결정하면 그 다음 단계에서는 어느 시장으로 진입할 것인가를 결정해야 한다. 시장선택을 잘못할 경우 아무리 경쟁력 있는 기업이라도 실패할 가능성이 커지므로, 해외 진입을 하는 기업들은 보유자원의 효율성을 극대화시켜 경영성과를 달성할 수 있는 시장을 선택하려고 한다.

그렇기 때문에 기업들은 진입시장을 선택하기 위해서 여러 가지 변수들을 고려하게 되는데, 일반적으로 시장잠재력, 사업 혹은 제품의 현지시장 적합성과 같은 시장특성, 기업의 목적이나 비용과 같은 기업의 전략적 태도, 산업구조 등이 시장선정에 영향을 미치는 주된 요소들이라고 할 수 있다.

특히 진입하고자 하는 시장이 생산기지의 역할인지 아니면 판매시장인지에 따라 우선적으로 고려해야 할 요인들은 달라진다. 생산기지를 위한 해외시장을 선정할 때에는 임금, 노동력의 질, 토지 임대료와 같은 생산요소 측면과 전력·도로 등의 사회간접자본, 그리고 정부정책 등을 고려해야 하고, 반면에 판매시장을 위한 해외시장을 선정하기 위해서는 시장규모, 잠재력, 경쟁상황, 소비자 특성 등 시장 환경을 검토해야 한다.

한편 시장을 선택한다는 의미는 기업이 진입시장에서 경쟁할 경쟁자들을 선택한다는 뜻으로 해석할 수도 있다. 이는 기업이 특정 시장으로 진입한다는 것 자체가 그 시장에서 이미 활동 중인 기업들과 경쟁을 하겠다는 의미로 받아들일 수 있기 때문이다. 그러므로 기업들은 특정 시장을 선택할 경우 그 시장의 경쟁구조, 경쟁자의 전략, 경쟁자와 비교할 때의 자사의 경쟁력 등의 전반적인 경쟁상황을 고려해야 한다.

따라서 기업이 해외시장에 진입하면서 특정 목표시장을 선택하기 위해서는 특정 시장 진입에 따른 기회와 위험이라는 상반된 차원의 자료들을 바탕으로 철저한 시장조사가 이루어져야 한다.

2-2 해외시장의 선택방법

기업은 유망한 시장을 선정하기 위해 국별 투자환경 내지 사업 환경을 평가하게 되는데, 평가 기준 혹은 요인들에 따라 다음과 같은 시장평가방법이 있다.

1) 그리드(Grid) 방법

이 방법은 해외시장을 선택하는 데 필요한 중요한 변수들을 먼저 선정한 후, 중요도에 따라 요인별로 가중치를 주고, 이에 따른 시장별 종합점수를 계산하여, 점수 순으로 진입대상 국가를 순차 결정하는 방법이다. 이 방법에서 중요한 것은 많은 진입대상 국가 중에서 일차적으로 탈락될 수 있는 국가들을 구별할 수 있는 조건들을 먼저 선정하고, 이 조건에 따라 진입대상 국가들을 줄여 나가는 작업이 필요하다.

그 다음에 남은 진입대상 국가들에 대하여 평가자는 시정 선택 기준이 되는 요인을 선정하여 요인별 점수를 합계한 다음 가장 좋은 평가점수를 받은 국가를 우선적으로 선정한다. 이 방법에서 무엇보다 중요한 점은 시장 선택의 기준이 될 수 있는 요인들을 선정하는 과정인데, 자칫 중요한 요인들이 배제될 경우 잘못된 시장 선택이 이루어질 수 있다.

2) 기회-위험 매트릭스

기업은 특정 시장에 진입하면서 시장 기회와 위험이라는 상반된 요인에 직면한다. 기회-위험 매트릭스(matrix)는 진입대상국가의 시장 기회와 위험을 평가하여 진입 국가를 선정하는 방법이다. 우선 진입대상 국가에 대한 기회요인을 수평축에 놓고, 위험요인을 수직축에 위치시킨다.

그런 다음 기회요인들과 위험요인들에 대한 평가지수를 선정하고, 이들 지표에 대한 점수를 합계한 후 이 합계점수를 사각형에 각 진입대상 국가의 해당점수를 도표화하는 방법이다. 기회에 해당되는 요인으로는 현지시장규모, 인구, 경제성장률, 국민소득 등이 포함되고, 위험 요인들로는 외환규제, 정치적 불안정, 외국기업에 대한 차별 등을 들 수 있는데, 선정된 평가요인들은 중요도에 따라 가중치를 달리 줄 수 있다.

이 방법은 현재의 위치뿐만 아니라 미래의 위치를 동시에 평가함으로써 각 시장별로 동태적인 평가가 가능하다는 장점이 있다.

3) 시장포트폴리오 방법

이 방법은 기업이 진출하게 되는 시장이 많아지면서 국별 시장에 대한 투자 여부를 결정하기 위한 효과적인 방법으로서, 특히 시장다변화를 추구하는 기업 입장에서 매우 효과적으로 활용하고 있다.

이 방법은 <그림 7-1>에서 볼 수 있듯이 국가매력도와 기업의 경쟁력을 기준으로 개별 국가의 전략적인 위치를 파악하고, 이에 근거해서 진입시장을 정하게 된다.

국가매력도를 측정하는 데 활용되는 요소는 시장규모, 시장성장률, 국민소득, 정부규제, 정치 환경의 안정성 등 국가특유적인 변수들이고, 경쟁력 요인으로는 자사의 시장점유율, 제품적합성, 마케팅 능력, 경쟁우위 요소, 자원보유 능력 등 기업특유적인 변수들이다.

이와 같이 측정된 국가매력도와 경쟁력 지표에 기업의 입장에 따라 가중치를 주고, 이를 지수화하여 개별 국가들이 어디에 위치하느냐에 따라 진입 여부를 결정한다.

이 방법은 다수의 국가에 진입하는 기업이 개별 시장을 평가하여 진입 여부를 결정하는 데 도움을 줄 뿐만 아니라, 시장에 이미 진입한 기업이 해당 시장에서의 사업계속 여부를 평가하는 데도 시사점을 제공하고 있다. 그러나 이 방법을 택하기 위해 많은 변수들을 고려해야 하고 세계화 경험이 짧거나 세계화 초기단계의 기업에게는 효용성이 떨어진다.

그림 7-1 시장포트폴리오

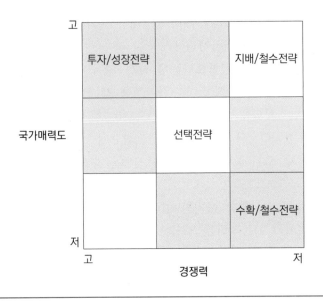

3. 해외시장 진입의 시점 및 규모

기업이 해외 진입 국가를 결정하면 다음으로 고려해야 할 것은 경쟁기업보다 먼저 진입할 것인지 아니면 늦게 진입할 것인지에 대한 진입 시점과 진입할 때 투자 규모를 어느 정도로 할 것인지에 관한 문제이다.

3-1 해외시장 진입의 시점

해외시장 진입을 언제 하느냐 하는 것은 다른 기업에 비해 먼저 진출할 것인가, 그렇지 않으면 다른 기업의 진출 상황을 판단한 후에 진출할 것인가의 문제인데 각각 장단점은 있다. 선발 진입의 장점은 후발 진입의 단점이 되고, 그 단점은 후발 진입에서의 장점이 될 수 있다.

1) 선발 진입의 장점

해외시장에 선발 진입할 경우 브랜드, 경쟁력 및 네트워크 확보 면에서 우위를 점할 수 있다. 첫째, 기업이 해외시장에 경쟁업자보다 먼저 진입하면 소비자가 기억할 수 있는 브랜드로 자리를 잡게 된다. 그리고 브랜드 지명도가 높아지면 그 결과 브랜드에 대한 충성도 높아져서 후발 경쟁자가 진입해도, 현지소비자들은 후발 경쟁 제품이 앞서 시장에 진입한 제품보다 확실한 우위 요소가 없는 이상 후발 경쟁 제품으로 구매를 전환하지 않는 성향이 있다.

둘째, 먼저 시장에 진입한 경험을 바탕으로 확보된 학습효과로 원가를 낮춤으로써 나중에 진입하는 경쟁자들에 비해 원가우위를 확보할 수 있으며, 셋째, 경쟁자보다 일찍 진입함으로써 현지 사회 및 정부, 유통망 등 다양한 네트워크를 형성할 수 있다.

2) 선발 진입의 단점

선발 진입의 경우 위와 같은 장점만 누리는 것이 아니라 다음과 같은 단점도 안고 갈 수 밖에 없다. 먼저 경쟁자보다 일찍 진입함에 따라 시장에 대한 이질적인 해외의 사업 환경에 적응할 때까지 상당한 시간과 노력, 비용 등이 초래된다.

두 번째, 시장에 빨리 진입하면 기업 활동에 필요한 인프라가 부족할 수 있다는 어려움을 감수해야 한다. 이러한 현상은 특히 후진국 시장에 진입할 때 겪을 수 있는데 우리나라 기업도 1990년대 중국 시장 진입 초기에는 도로, 전력, 통신 등 사회기반 시설 부족에 어려움을 상당히 겪었었다.

세 번째, 현지 소비자들이 외국 브랜드 및 제품에 대한 정보가 부족할 때, 현지에 진입한 외국기업들은 광고비용 및 소비자에 대한 교육비용을 늘리게 된다. 예를 들어, 식사대용품인 외국의 시리얼 제품이 한국 시장에 처음 진입했을 때 시리얼 제품에 대해 익숙지 않은 한국 소비자들의 식문화 변화를 위해 외국기업은 지속적인 광고, 판매촉진, 그리고 소비자들에 대한 교육비용을 늘림으로써 극복할 수 있었다.

네 번째, 외국인 기업 혹은 외국제품에 대한 현지정부의 규제, 외국제품에 대한 현지소비자의 배타적인 성향 등을 극복해야 하는 어려움이 있다. 특히 이러한 현상은 민족주의 성향이 강하거나, 전통적인 문화를 지키려는 국가로 일찍 진입하는 기업이 겪게 된다.

3-2 해외시장 진출의 규모

해외시장 진출시점을 결정하면서 투자를 어느 정도의 규모로 할 것인지도 신중하게 결정해야 한다. 해외시장 투자 규모는 초기에 대규모 투자를 시행해 신속하게 진입하는 방법과 처음에는 소규모로 진입하고 현지 시장에서의 경험을 축적한 다음 점진적으로 투자를 확대하는 방법이 있다.

1) 대규모 투자의 장점

초기 대규모 투자는 기업이 그 시장을 얼마나 중요하게 여기는지를 상징적으로 보여주는 것으로서, 현지 정부, 소비자, 유통업자 등에게 기업이 그 시장에서 장기적인 경영활동을 수행할 것이라는 믿음을 주게 된다. 이로 인해 경쟁자들이 진입하지 못하게 하는 견제 효과도 얻을 수 있다. 대규모 투자를 함으로써 규모의 경제, 수요 선점, 유통망 확보 등을 통해 경쟁우위를 확보할 수 있다.

2) 대규모 투자의 단점

한정된 자원을 보유하고 있는 기업으로서는 특정 시장에 대한 초기 대규모 투자가 그만큼 다른 매력적인 시장에 대한 투자를 제한시킴에 따라 위험을 분산할 수

없다. 이는 자칫 자원의 비효율적인 배분을 초래하고, 전략적 유연성을 떨어뜨리게
되므로 기업은 대규모 초기 투자 시점에서 얻을 수 있는 혜택과 부정적인 영향을
비교하여 적정 투자 규모를 결정하는 것이 바람직하다.

4. 해외시장 진입방식의 유형

어떤 국가로 진입할 것인가가 결정되면 다음으로는 선택된 시장에 어떠한 방식으
로 진입할 것인가, 즉 진입방식을 결정해야 한다. 시장 진입방식은 한 번 결정되면
단기간에 변경하기 어려운데다가, 대규모 자원이 투입되어야 하므로 기업에게는 중
요한 전략적 결정사항이다. 자칫 잘못된 진입방식을 선택할 경우 해외시장 진입 자
체가 실패로 돌아가거나, 시장기회도 놓칠 수 있게 되므로 사전에 신중한 검토가
필요하다.

특히 진입방식에 따라 해외경영활동과 관련된 통제권, 자원투입 수준, 위험, 환경

| 그림 7-2 | 해외시장 진입방식 |

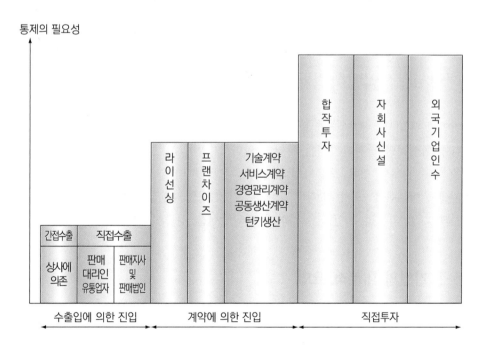

자료: 장세진, 「글로벌경영」(제10판), 박영사, 2021, p. 186.

변화에 따른 탄력적 대처 여부 등이 달라질 수 있으므로, 진입방식은 기업내부 요인과 기업외부 요인을 종합적으로 검토하여 결정되어야 한다.

일반적으로 기업이 해외시장에 진입하는 방식은 자원의 유형에 따라 수출, 계약 그리고 직접투자를 통한 방식으로 구분할 수 있는데 이를 정리해 보면 <그림 7-2>와 같다.

수출(export)은 재화와 같은 유형 자산이 국가 간에 교환되는 것을 의미하고, 계약에 의한 진입방식은 주로 외국의 현지기업과의 계약에 의해 사업을 운영하는 방식이며, 그리고 해외직접투자(foreign direct investment)는 자본과 기타 기업의 경영활동에 필요한 자원이 패키지(package)로 국제간에 교환되는 형태의 사업 활동이다.

수출은 단기적이고 위험의 정도가 가장 낮은 단순한 방식으로 세계화 초기단계의 대부분 기업들이 가장 많이 채택한다.

계약 방식으로는 라이선싱(licensing)과 프랜차이징(franchising)이 대표적인 형태인데, 이들은 상표, 생산기술, 특허권 등과 같은 무형자산의 국제간 운영을 하지만 수출보다는 당사자 간에 장기적인 관계를 형성한다.

직접투자는 해외활동에 대한 기업의 통제력이 강한 반면 많은 자원과 인력의 투입에 따른 위험이 큰 방식으로, 특정 해외시장에의 의존도가 높을 때 채택되는 경우가 많다.

5. 해외시장진입방식의 결정요인

기업이 해외시장에 어떠한 방식으로 진입할까 하는 문제는 단순하게 최고경영자의 의지에 의해서만 결정하기에는 무리가 있다. 기업이 해외시장에 진입할 때 최적의 방식을 택하지 못할 경우 보유자원의 낭비, 시장에서의 경쟁력 확보 실패 등으로 기업 생존에도 어려움을 줄 수 있다. 그러므로 기업은 해외시장에 진입하면서 기업 내부적 요인과 기업 외부적 요인을 고려하여 진입방식을 신중히 결정해야 한다.

5-1 기업의 내부적 요인

해외시장 진입 시 고려해야 할 기업의 내부적 요인은 <그림 7-3>과 같이 크게 기업 요인과 제품 요인으로 구분된다.

1) 기업 요인

기업이 보유하고 있는 인력, 자본 등과 같은 인적·물적 자원, 세계화 경험, 최고경영자의 세계화에 대한 의지 등 기업의 여건들이 진입방식을 결정하는 데 영향을 준다.

① 보유자원: 일반적으로 자본, 노동, 기술, 마케팅노하우 등 자원이 풍부한 기업은 해외시장에 진입하는 방식을 폭넓게 선택할 수 있는 반면, 자원이 부족한 기업은 자원투입이 적은 진입방식 중에서 택해야 하는 어려움이 있다.

② 핵심역량: 기업이 경쟁자를 압도할 핵심역량을 보유하고 있다면 이를 바탕으로 위험이 큰 해외시장 진입방식을 택할 수 있게 된다.

③ 세계화 경험: 해외경영 경험이 없거나 짧은 기업은 해외시장에 대한 위험을 느껴 상대적으로 위험이 적은 방식을 택하는 데 반해, 경험이 풍부한 기업은 해외사업에 대한 불안을 덜 느껴 적극적인 진입방식을 택할 가능성이 높다.

④ 최고경영자 의지: 최고경영자가 해외시장활동에 대한 중요성을 인식하고, 세계화에 대한 의지가 강할수록 위험이 다소 높은 방식을 택할 수 있다.

2) 제품 요인

기업의 전반적인 상황이 아닌 기업이 생산하는 제품과 관련한 요인도 진입방식 결정에 영향을 준다.

① 제품의 특성: 제품의 유형이나 부피, 중량 등의 제품특성은 진입방식에 영향을 줄 수 있다. 예컨대 제품의 부피가 크거나 중량이 무거워서 운송비 부담이 큰 제품의 경우 수출이 아닌 현지생산을 고려해 볼 필요가 있게 된다.

② 차별화 정도: 차별화가 높은 제품일수록 수송비 혹은 관세의 부담이 크더라도 경쟁력을 유지할 수 있으므로 수출에 의한 진입을 시도할 수 있으나, 차별화 정도가 낮은 제품은 가격에서 우위를 점하려 하므로 수출에 따른 제반 비용을 줄이기 위해 직접투자를 통한 현지생산을 택할 가능성이 크다.

③ 서비스 요구 수준: 철저한 사전 및 사후 서비스가 필요한 제품의 경우 수출이 아닌 고객에 밀착해서 효율적인 서비스를 제공할 수 있는 진입방식이 요구된다.

그림 7-3 | 해외시장 진입방식의 결정 요인

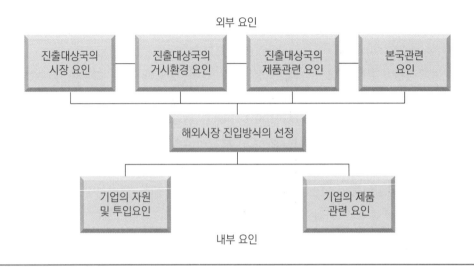

자료: F.R. Root, *Entry Strategies for International Markets*, Mass.:Lexington Books, 1987, p. 9.

5-2 기업의 외부적 요인

기업의 외부적 요인은 <그림 7-3>과 같이 진입대상국의 시장요인, 거시환경 요인, 제품관련 요인 및 본국관련 요인으로 구분되는데 요인별 세부적 사항을 살펴보면 다음과 같다.

1) 진입대상국의 시장 및 거시환경 요인

① 시장규모: 현지 시장의 절대적 규모, 잠재규모 등이 진입방식 선택에 주요 변수가 될 수 있다. 예를 들어, 현지시장 규모가 작을 경우 많은 자원의 투입이 필요한 직접투자방식의 선택은 효율적이지 못한 반면, 현재 시장규모는 작지만 잠재성이 큰 시장이라면 좀 더 적극적인 진입방식을 택할 수 있다.

② 환경의 안정성: 해외시장의 정치적·경제적 환경 등 제반 환경이 불안할 경우, 투자자산의 회수라는 위험관리 측면에서 상대적으로 자원투입이 적은 진입방식을 택하는 것이 바람직하다.

③ 생산관련 요인: 생산비에 직·간접적으로 영향을 미치는 여러 가지 요소들, 예

를 들어, 인건비, 토지임대료 그리고 도로·항만·전력과 같은 사회간접자본 등은 현지 직접생산에 대한 의사결정에 영향을 미친다. 따라서 현지 생산비가 많이 소요될 경우 직접투자가 아닌 방식을 선호하게 될 것이다.

④ 현지국 정부의 정책과 규제: 현지국 정부가 관세 혹은 쿼터 등의 수입규제정책을 시행하고 있거나, 단독투자에 대해 규제가 있을 경우에도 진입방식의 선택이 달라질 수 있다.

2) 본국 관련 요인

① 본국 시장규모: 국내시장 규모가 작을 경우 국내시장만으로는 더 이상의 성장이 어렵다고 판단하여 기업은 생존과 성장의 차원에서 적극적인 방식의 해외진출을 모색할 가능성이 크다.

② 생산비용: 인건비 등의 상승으로 인해 더 이상 국내생산으로는 가격경쟁력을 확보하기 어려울 경우 직접투자를 통한 현지생산을 추진할 가능성이 커진다.

3) 산업 특성

산업 내의 경쟁상황이나 시장구조도 해외시장 진입방식을 결정하는 데 영향을 미친다. 산업이 완전경쟁 상태에 가까울수록 시장을 주도하는 경쟁자가 없으므로 이 경우에는 수출방식이 선호되나, 소수의 공급업자가 시장을 주도하는 독과점적인 구조를 갖게 되면 효율적인 경쟁을 위해 직접적인 진입방식이 선호될 수 있다.

6. 점진적 진입 방식 모형

기업은 해외시장에 진입하면서 거래관계에서 행사할 수 있는 통제력(control)과 부담해야 할 위험(risk) 두 가지 측면을 고려해야 하는데 통제력을 강하게 행사하려면 더 많은 기업의 자원을 투여해야 하고 그에 따른 위험을 부담해야 한다. 통제력과 위험은 서로 상반된 관계에 있을 뿐 아니라 이에 대한 기업의 태도도 항상 변할 수 있다. 따라서 해외진입기업들은 이런 점을 감안하여 진입방식을 점진적으로 변경하게 되는데 이러한 진입방식에 대한 변화 과정은 <그림 7-4>에서 잘 보여주고 있다.

기업은 해외 활동에 대한 통제력을 점차 높이기를 바란다. 그러나 통제력을 늘려나가기 위해서는 보다 많은 자원을 현지 시장에 투입해야 하므로 위험이 커질 수밖에 없고, 이에 따라서 기업은 해외시장에서의 경쟁력 여하에 따라 통제와 위험 회피간의 상반적인 관계를 고려하여 진입방식을 결정하려고 한다. 즉, 경쟁력이 확보되면 위험을 감수하더라도 통제력을 강화할 수 있는 진입 방식을 택하려 할 것이다.

결국 기업은 이와 같은 통제와 위험이라는 관계 속에서 통제력이 약하지만 위험 부담이 작은 간접수출로부터 시작하여 종국적으로는 위험수준이 높지만 강력하게 통제력을 행사할 수 있는 단독투자로 점진적으로 변경해 나가게 된다.

그림 7-4　제조업체의 진입방법 결정의 진화 과정

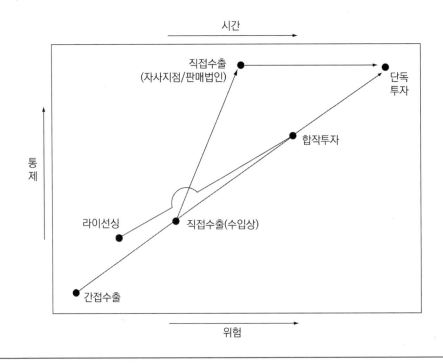

자료: Franklin Root, *Entry Strategies for International Markets*, Mass.: Lexington Books, 1994, p. 39.

SECTION 02 수출 방식

1. 수출의 의의

수출은 특정 제조업체가 해외시장에 진입 및 개입할 때 활용할 수 있는 여러 전략적 대안 중에서도 가장 기본적인 전략이라고 할 수 있다. 다만 서비스업체의 경우에는 외국에 판매할 서비스를 국내에서 생산할 수는 없고, 기술·자본·인력·기업 자체 등 자사의 자원을 해외로 이전시키는 방안을 강구해야 한다.

수출이 기초전략으로서 널리 활용되고 있는 이유는, 낯선 해외시장에 처음 진입하려는 기업에게도 상대적으로 많은 자원의 투입 없이 판매이익은 물론, 해외시장에 대한 경험을 쌓을 수 있기 때문이다. 뿐만 아니라, 그만큼 위험이 적어 다른 전략과 함께 동시에 활용될 수도 있으므로 기초전략으로서는 효율적이기 때문이다.

기업이 수출활동을 전개하게 되는 동기를 살펴보면 다음과 같다.

첫째, 과잉 생산품을 처분하거나 유휴 생산시설을 활용하기 위해서이다. 비록 수동적인 성격을 지니는 수출활동이지만, 많은 기업들이 이러한 이유로 해외시장에 처음으로 눈을 돌리게 되는 경우도 있다.

둘째, 국내시장이 협소한 나라들의 기업이 대량생산을 통한 규모의 경제로 효율적인 생산 활동을 전개하기 위해 적극적으로 해외시장에로의 진입을 꾀하는 수가 있다. 특히 고정투자의 비중이 높은 산업에서는 간접비의 흡수를 통한 원가절감의 효과도 기대할 수 있어 수출이 매우 바람직하다.

셋째, 국내시장에 판매하는 것보다는 수출을 통해서 더 많은 이익을 올릴 수 있다거나 경쟁조건 등의 측면에서 해외시장이 보다 유리한 경우, 이러한 특수한 시장기회를 활용하기 위해 수출하는 경우도 있다.

마지막으로, 특정한 해외시장 국가에서의 자기 제품에 대한 시장잠재력을 시험하기 위한 수단으로서 수출이 활용되는 수도 있다. 이러한 경우 시장잠재성이 풍부한 것으로 판단되면, 수출을 확대하거나 해외직접투자와 같이 보다 적극적인 방법으로 해외시장에 진출할 수도 있다.

2. 간접수출

2-1 간접수출의 의미

간접수출이란 전문무역상사, 수출대행업자, 수출조합 또는 국내에 거주하고 있는 외국 상인 등을 통하여 수출함으로써 수출국 내에서 요구되는 수출관련기능을 제조업체가 스스로 수행하지 않고 제품을 해외에 판매하는 방법이다.[3] <그림 7-5>에서 제조업체가 다시 중간 경로를 경유하여 수입국과 연결되는 절차이다.

이러한 간접경로를 택하면 추가적인 인력이나 고정자본을 투입하지 않고도 수출판매이익을 향유할 수 있다. 또한 이러한 기업은 남보다 한발 앞서 해외시장에 발을 들여 놓음으로써 수출을 증대시킬 수도 있을 뿐 아니라 새로운 수출품목의 추가 내지 직접수출로의 이행도 가능하다.

그러나 간접수출은 실질적으로는 국내 판매와 크게 다를 바가 없기 때문에, 그만큼 해외시장을 배우는 경험에 있어서는 부족한 점이 많다. 제조업체의 입장에서 본 간접수출의 장·단점을 좀 더 구체적으로 살펴보면 다음과 같다.[4]

2-2 간접수출의 장·단점

1) 간접수출의 장점

① 수출업무에 전문적인 지식을 갖추고 있고 경험이 풍부한 수출중간상을 활용하기 때문에 안심하고 수출거래를 할 수 있다.

② 대규모 무역회사들은 세계적인 정보망과 판매망을 가지고 있으므로 이들을 통하여 신속한 시장정보를 입수하고, 시장별 수요에 맞는 상품의 수출을 증대시킬 수 있다.

③ 수출업체는 제조업체로부터 제품을 매입하여 자기의 계정으로 수출하기 때문에 수출클레임에 따른 위험과 번거로움을 피할 수 있다.

④ 제조업체는 수출부서·해외지사 등을 운영하지 않아도 되므로, 수출운영비·수출광고비·판매촉진비 등을 절감할 수 있다.

---

3) 전문무역상사는 중소기업의 수출을 대행해 주는 무역거래자인데 이에 관한 자세한 것은 제10장에 설명되어 있다.

4) 반병길, 「글로벌경영론」, 박영사, 1986, pp. 169-170.

그림 7-5 | 간접수출과 직접수출

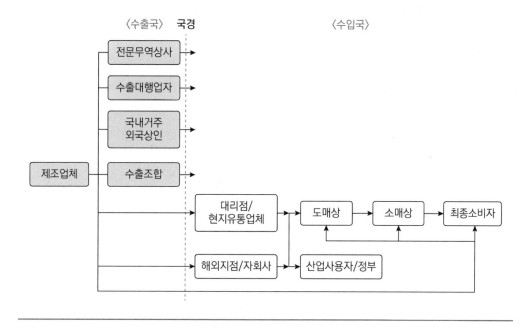

⑤ 수출업체로부터 제품생산에 필요한 자금지원을 받을 수 있다.

2) 간접수출의 단점

① 간접적인 수출이므로 수출업체에게 제품을 맡긴 이후에는 그 제품의 해외마케팅에 대한 통제권을 상실하고 어느 해외시장에서 어떤 가격으로 판매되었는지조차 알 수 없는 경우가 많다.

② 해외고객과 직접 접촉할 수 있는 기회가 적어 독자적인 해외시장기반을 구축하기가 어렵다.

③ 수출업체도 자체이익을 보다 중시하는 독립기업이므로 이익기회가 확실한 경우를 제외하고는 스스로 앞장서서 해외시장개척을 시도하거나 수출에 필요한 인력·비용 등을 충분히 투입하지 않는 경우가 많다. 심지어는 제조업체가 해외시장정보에 어두운 점을 악용하여 제조업체의 수입을 감소시키면서까지 지나치게 많은 이익을 올리는 수가 있다.

④ 수출업체들은 제품수출에 따른 사전 및 사후서비스를 게을리 함으로써 해외고객의 제조업체에 대한 성과를 손상시킬 우려가 있다.

3. 직접수출

3-1 직접수출의 의의

직접수출은 제조업체가 본사의 수출전담부서나 계열무역회사를 통해 수출과 연관된 제반 업무와 기능의 대부분을 타인에게 위임하지 않고 직접 수행하는 수출방법이다. 직접수출을 하게 되면 일반적으로 간접수출의 경우보다 수출판매액이 늘어나게 되는데, 이는 제조업체가 해외시장조사를 포함한 제품의 해외마케팅에 보다 적극적인 노력을 기울이게 되기 때문이다.

또한 직접수출을 하게 되면 제품의 유통경로에 대한 통제를 강화할 수 있고, 국제마케팅에 대한 전문적인 지식을 축적할 수 있다. 그러나 수출고의 증대와 비례하여 제조업체 내에 수출을 전담하는 인원이나 부서 또는 별도의 수출전담기업을 설치해야 하고, 더 나아가서는 해외에서의 마케팅을 담당할 현지지점이나 해외자회사까지 운영해야 할 경우도 생기므로, 그만큼 수출경비도 늘어나게 된다.

따라서 직접수출 시에는 기업 및 제품의 특성, 목표시장의 규모와 무역환경, 수출의 상대적 및 절대적 중요성 등을 고려하여, 기업의 목표에 가장 적합한 수출조직구조와 구체적 수출경로의 선택에 대한 의사결정을 내리는 신중함이 요망된다.

제조업체의 입장에서 본 직접수출의 장·단점은 간접수출과 비교하여 대개 반대로 생각하면 되므로 여기서는 구체적인 언급은 생략하기로 한다. 다만 강조하고 싶은 것은 우리나라의 경우만 살펴보아도 알 수 있듯이 오늘날 거의 모든 대기업들은 간접수출보다 직접수출에 의존하고 있으며, 해외시장 및 국제마케팅·무역실무에 대한 지식이 어느 정도 보편화됨에 따라 중·소규모의 제조업체들도 상당수가 직접수출을 하고 있다는 점이다.

3-2 직접수출의 경로

직접수출(direct export)은 현지중간상을 통한 수출과 현지판매 법인을 통한 수출로 구분할 수 있는데, 이는 현지중간상을 통한 수출과 현지판매 법인을 통한 수출이 거래구조면에서 상이한 속성을 지니고 있기 때문이다.

1) 현지중간상을 통한 수출

이는 국내생산자가 해외에 거주하고 있는 대리점, 현지유통업채 등 중간상(foreign agent)을 통해 해외의 최종소비자에게 재화를 전달하는 형태이다.

현지중간상을 통한 직접수출에서는 국내생산자가 단순생산기능 외에 무역박람회에의 참여, 인터넷 등을 활용한 자기제품 소개 등과 같은 제한된 수출마케팅 기능을 수행하기는 하지만 현지의 최종수요자에 대한 마케팅 활동은 현지의 중간상들이 수행하게 된다.

현지중간상을 통한 직접수출은 간접수출에 비해 국내생산자들의 현지시장 개입정도가 약간은 증대하지만, 장점과 단점은 간접수출과 상대적으로 반대라고 이해하면 된다.

2) 현지판매 법인을 통한 수출

지점이나 자회사 등과 같은 현지판매법인(foreign marketing subsidiary)을 통한 수출은 국내생산자가 수출 시장인 현지에 해외직접투자를 통하여 판매 법인을 설립하고, 이 판매법인과의 수출입계약을 통해 수출을 하는 형태로서, 국내생산자와 해외의 최종수요자 사이의 최초중간상 기능을 국내생산자의 자회사인 현지판매 법인이 수행하는 수출방식이다.

현지판매 법인을 통한 수출은 생산기능과 함께 현지의 최종소비자에게 재화가 전달되기까지의 거의 모든 중간상 기능을 국내생산자가 스스로 수행하는 형태이기 때문에 국내생산자 입장에서 볼 때 다양한 수출 형태 중에서도 현지시장에 대한 개입의 정도가 가장 높은 방식으로서, 다음과 같은 장·단점을 갖게 된다.

먼저 장점을 살펴보면 첫째, 현지판매 법인을 통한 수출은 사실상의 기업 내부 간 거래이기 때문에 수출거래조건에 있어 국내 제조업자의 자율성이 최대한 보장될 수 있다. 둘째, 현지판매 법인을 통해 해외시장, 경쟁기업, 소비자 동향 등 정보를 비교적 정확하고 신속하게 파악할 수 있다. 마지막으로 해외시장에서 스스로 마케팅 활동을 수행함으로써 경쟁력 강화와 시장개척능력 증대 등의 효과를 얻을 수 있다.

하지만 현재판매 법인을 통한 수출은 현지판매 법인의 설립을 위한 초기투자와 수출마케팅 비용 지출로 인해 비용부담이 가중되고, 현지시장에서 효율적인 마케팅 활동을 전개할 수 있는 유능한 전문 인력을 확보하기가 쉽지 않다. 뿐만 아니라 현지판매 법인이 현지시장 개척활동의 주체가 되어야 하므로 이에 따른 책임을 결국 국내제조업자가 부담해야 하는 단점이 있다.

계약 방식

1. 계약형태의 의의

　　그동안 국제간에는 섬유류·전자제품·자동차 등과 같은 유형의 재화가 주요 거래대상이었다. 그러나 오늘날에는 공업소유권·상표·물질특허·저작권 등을 비롯한 지적소유권, 컴퓨터 소프트웨어 등의 기술적 노하우, 그리고 경영관리·마케팅을 포함한 경영적 노하우 등의 무형자산도 어엿한 하나의 상품으로서 계약을 통해 거래가 이루어지고 있는데, 이를 계약 방식에 의한 해외시장 진입이라 한다.

　　이미 오래 전부터 대부분의 글로벌기업들은 이러한 기술상의 우위를 글로벌기업 활동에 있어서 주요한 전략도구로서 활용해 왔다. 앞으로 이러한 계약형태의 해외시장진입방식이 글로벌기업에 의한 국제기술이전에서 차지하는 역할과 비중은 더욱 급속히 증대될 것으로 예상된다.

　　한편 계약형태의 진입방식은 수출기회를 창출하는 수도 있지만, 이는 본질적으로 기술이나 노하우의 판매를 주요 대상으로 하고 있으므로 일반상품의 수출방식과는 근본적으로 다르다. 또한 주식투자가 수반되지 않으므로 해외직접투자에 의한 진입 방식과도 확연히 구분된다.

　　여기서는 수출과 해외직접투자의 중간성격을 지니는 다양한 계약형태의 진입방식의 종류와 각각의 구체적인 내용에 대해 살펴보고자 한다.

2. 계약형태의 유형

2-1 라이선싱

1) 라이선싱의 의미

광의의 라이선싱(licensing)은 특정 기업이 보유하고 있는 특허·상표 및 상호·노하우 등을 외국에 있는 기업으로 하여금 일정한 조건하에서 활용할 수 있도록 허가하는 대신에 로열티 또는 기타 형태로 그 대가를 지급받기로 당사자 간에 계약을 체결하는 것을 말한다. 라이선싱 계약의 핵심은 무형자산의 이전으로서, 단지 전문적 서비스를 제공하는 경영관리계약과 기술원조계약이나 실물자산의 이전을 수반하게 되는 해외건설계약 또는 턴키계약(turnkey contract) 등과는 성격을 달리한다.

라이선싱 계약을 체결하게 되는 이유는 대개 다음과 같다.

첫째, 국내에서 이미 사용된 기술을 해외에 이전시킴으로써 추가적인 이윤의 확보가 가능하다.

둘째, 해외시장에서 특허나 상표를 보호하는 동시에 크로스 라이선싱(cross licensing)을 통한 연구결과의 상호교환을 기대할 수 있다.

셋째, 해외자회사와의 형식적인 라이선싱을 통해서 현지국에서 외환규제 시에도 본국으로의 과실송금이 어느 정도 가능하다. 이 밖에 해외시장에의 보다 적극적인 개입을 위한 발판을 마련하기 위해 라이선싱이 활용되기도 한다.

2) 라이선싱의 장점

① 라이선싱이 수출방식에 비해 유리한 점은 관세인상이나 기타 수입 장벽에 대한 우회수단으로 활용될 수 있다는 것이다. 일반적으로 라이선싱은 제조업체가 급작스러운 관세부과나 쿼터적용으로 더 이상 수출을 계속할 수 없을 때, 과당경쟁으로 인하여 수출로는 더 이상의 이윤을 기대할 수 없을 때, 또는 과중한 수출운송비가 소요될 때 효율적으로 활용될 수 있다.

② 라이선싱은 해외직접투자에 비해 정치적 위험에 따른 피해가능성이 적다. 이는 대부분의 진출대상국들이 기술습득의 방편으로 여타 방법에 비해 라이선싱을 선호·장려하고 있으며, 현지에 유형 자산을 소유하고 있지 않으므로 최악의 경우에도 라이선서(licensor)가 잃게 되는 것은 라이선싱에 대한 대가(licensing fee)에 지나지 않기 때문이다.

③ 비교적 적은 비용으로 해외시장에 진출하는 방식으로서 라이선싱은 특히 소규모 제조업자에게 매력적인 유인을 제공한다. 특히 목표시장에서의 판매가능성이 낮고 불확실한 경우에는 수출이나 직접투자방식보다는 라이선싱이 훨씬 유리하다.

④ 사양기술을 활용할 수 있다. 라이선서가 보유한 기술이 더 이상 전략적으로 활용가치가 없거나, 경쟁업자들이 쉽게 개발할 수 있을 정도의 표준화된 기술

일 경우 기술보유 기업은 라이선싱을 통해 보유한 기술의 수익을 최대한 확보할 수 있다.

3) 라이선싱의 단점

① 통제의 어려움이 있다. 라이선싱은 라이선서가 보유하고 있는 무형자산이 외부로 확산되는 것이 불가피하게 된다. 그리고 라이선싱은 기술 등의 무형자산을 제공한 후 계약내용에 포함되지 않은 사항에 대해서는 라이선시(licensee)가 독자적으로 의사결정을 할 수 있으므로 라이선서의 입장에서는 라이선시에 대한 통제의 문제가 발생하게 된다.

② 현지에서의 마케팅활동 또는 생산 활동에서 생길 수 있는 이익을 스스로 포기하는 셈이 되며, 계약조건에 따라 수입도 일정비율로 제한되는 것이 보통이다.

③ 특별한 기술이나 상표 등을 보유하고 있지 못한 기업은 라이선싱을 활용할 수가 없다.

④ 라이선싱은 계약기간 동안 라이선시가 독점적인 권리를 행사할 수 있도록 보장하여 주기 때문에 일단 기술 등을 제공하고 나면 계약이 종료될 때까지 그 나라에서 다른 활동을 하거나 라이선시를 교체할 수 없게 된다.

⑤ 라이선싱을 통해 라이선서업체의 기술을 습득한 라이선시 업체는 현지시장은 물론 다른 나라의 시장에서 무서운 경쟁자로 등장할 수도 있다. 이러한 위험에 대하여 기술 등을 공여하는 제조업체는 계약조건에 여러 가지 제한적인 내용을 삽입하려고 하지만, 상당수의 나라에서 이러한 시도는 독점금지법(antitrust act)으로 금지시키고 있다.

따라서 외국기업과 라이선싱 계약을 체결하게 되는 기업은 사전에 이러한 위험에 대해 엄밀한 분석을 해야 할 필요가 있다. 특히 제조업체가 추후 당해 시장에서 진출 및 개입수준을 확대하기 위한 준비단계로서 라이선싱을 활용할 경우에는 보다 세심한 주의가 필요하다.

⑥ 대개의 경우 라이선싱 협정을 통해 라이선시업체는 계약기간 동안 그러한 기술을 상품화한 제품의 판매에 대해 독점권을 갖는다. 따라서 이러한 경우 라이선서업체는 대안적인 진출방식을 활용할 수 없을 뿐 아니라, 라이선싱 실적이 불만스러운 경우에도 라이선시업체에 대한 통제에는 많은 어려움이 따르게 된다.

2-2 프랜차이징

1) 프랜차이징의 의미

프랜차이징(franchising)은 광의의 라이선싱의 한 형태로서 특정 기업이 갖고 있는 상표나 상호의 사용권을 다른 개인이나 기업에게 허가하는 동시에 원료 및 관리시스템까지 일괄 제공하여 양자가 직접·간접으로 다같이 경영에 참가하는 방식이다. 프랜차이징을 통한 해외시장진출의 대표적인 예로서 코카콜라, 펩시콜라, 맥도날드 햄버거, 켄터키 치킨 등은 오늘날 세계 어디서나 찾아볼 수 있는 유명상표가 되었다.

프랜차이징은 기업의 제품이 성격상 완제품 형태로는 해외 시장국에 수출될 수 없는 경우이거나 생산 공정 내지 관리시스템이 쉽게 상대방에게 이전될 수 있는 경우에 활용가치가 높다. 이 방식은 때로는 장차 합작 내지 단독투자를 시행하기 위한 과도기적 진출방식으로 활용되기도 한다. 프랜차이징은 프랜차이지업체(franchisee)에 대한 끊임없는 지원과 통제를 보다 강조하고 있다는 점에서 좁은 의미의 라이선싱과 구별되기도 한다.

2) 프랜차이징의 장점

프랜차이징은 라이선싱과 유사한 형태이기 때문에 해외진입기업 입장에서의 프랜차이징의 장점은 앞의 라이선싱과 거의 비슷하다.

① 신속한 시장 진입이 가능하다. 글로벌기업 입장에서는 적은 비용으로 해외시장에 빨리 진입할 수 있다

② 규모의 경제 효과를 기대할 수 있다. 글로벌기업이 표준화된 마케팅을 수행함으로써 이미지를 통일시키면서 규모의 경제 효과를 얻을 수 있다.

③ 가맹사들에게 동기부여가 가능하다. 프랜차이징 가맹사가 계약에 따른 가맹 수수료 이외는 자사의 수익이 될 수 있으므로 스스로 매출액 증대를 위해 적극적인 경영활동에 참여하 게 된다.

④ 리스크가 감소될 수 있다. 직접투자에 비해 현지시장에 대한 개입 및 자원의 투여가 적은 사업 형태이므로, 현지국에서 정치적 변화가 일어난다 하더라도 정치적 위험을 극소화 할 수 있다.

3) 프랜차이징의 단점

① 통제의 어려움이 따를 수 있다. 기본적으로 영업본부가 가맹사를 통제하기 어렵다. 특히 가맹사가 많을수록 통제의 어려움은 가중될 수 있다.
② 수많은 경쟁자가 양산될 수 있다. 국제기업의 경영 노하우와 기술을 배운 가맹사가 계약기간이 종료된 이후에 강력한 새로운 경쟁자로 나타날 수 있다.
③ 수익성이 보편적으로 낮은 편이다. 국제기업의 관점에서는 직접 생산 및 마케팅을 하는 것보다는 수익성이 낮을 수밖에 없다.
④ 현지규제가 심할 수 있다. 현지 정부가 국내산업 보호 등을 이유로 프랜차이징 방식에 대 한 규제를 강도 있게 시행할 가능성이 높다.

프랜차이징은 19세기에 등장하여 1960년대에 성행하기 시작했으며 1970년대 이후 해외시장 진입전략으로 각광을 받고 있는데, 일반적으로 피자헛이나 맥도날드와 같은 음식점과 힐튼·쉐라톤 등 호텔, 주유사업 등과 같은 서비스 업종에서 많이 나타난다.

2-3 경영관리계약

경영관리계약(management contract)은 기업의 소유와 경영을 분리하여 전문경영인에게 기업경영을 위임하는 오늘날의 세계적 경영현실을 글로벌경영에 적용시킨 것이다. 계약을 통해 현지국 기업의 일상적인 영업활동을 관리할 권한을 부여받고 이러한 경영서비스를 제공하는 데 대해 일정한 대가를 수취하는 방식이다.

이러한 계약 하에서는 본격적인 해외직접투자의 경우와는 달리 새로운 자본투자, 배당정책의 결정, 기업정책의 변경 또는 소유권 변경과 같은 중요한 의사결정에 대해서는 관여하지 못하는 것이 보통이다. 경영관리계약은 경영층의 특수한 지식이나 경험이 요구되는 전문 서비스업종에서 자주 이용되고 있으며, 때로는 현지국에서 일정비율 이상의 주식보유를 허용하지 않는 경우 현지 합작선과의 합작투자로 설립된 기업의 경영권을 장악하기 위한 수단으로 활용되기도 한다.

관리계약만을 따로 떼어 생각할 경우 낮은 위험으로 해외시장에 진출한다는 장점은 있지만, 자기 제품의 시장위치를 확보할 수 없으므로 제조업체들에게는 그리 만족스러운 방식은 아니다. 따라서 합작투자·플랜트수출 등 다른 방식과 결합되어 이용될 때 더욱 바람직한 효과를 기대할 수 있다.

2-4 국제하청생산

국제하청생산(international subcontracting) 혹은 계약생산(contract manufacturing)은 외국기업이 해외의 독립기업으로부터 제품을 조달하여 그 제품을 현지국 혹은 제3국에 판매하는 형태를 말하는 것으로서, 대표적으로 OEM(original equipment manufacturer) 방식에 의한 수출을 들 수 있는데, 과거 나이키나 리복 등이 우리나라 신발 하청업자들과 납품계약을 체결하고 있는 것이 좋은 예이다.

국제하청생산은 외국기업이 일정 품질에 도달하는 제품을 생산하기 위해 하청업자에게 생산기술과 품질관리를 제공해 준다. 국제하청생산은 하청업자의 입장에서는 적은 비용과 노력, 낮은 위험을 감수하면서 해외시장으로 진출할 수 있는 효율적인 시장진입 방식인 반면, 주문자들의 가격인하 등의 부당한 압력을 받을 수 있다.

반면 외국기업의 관점에서는 현지의 양호한 입지 여건을 자신의 제품디자인 및 기술능력과 결합하여 국내시장 혹은 제3국 시장에서의 경쟁력을 높일 수 있는 방법이다. 또한 외국기업은 자신이 직접 현지에서 공장을 운영하지 않으면서도 신속하게 시장진입이 가능하고, 시장 환경이 좋지 않을 때 시장으로부터 빨리 철수할 수 있다는 장점이 있다.

그러나 일정 수준의 품질을 유지할 수 있는 적당한 제조업체의 물색이 어렵고, 자격 있는 제조업자를 찾았다 하더라도 엄격한 품질관리가 뒤따라야 하며, 계약기간이 종료되면 하청업자가 새로운 경쟁업체로 등장할 가능성도 많다.

2-5 턴키프로젝트

오늘날 많은 국가의 정부·공공기관·기업들은 각종 사회간접자본, 다양한 제조공장 및 생산설비 등을 건설 또는 설치하는 사업들을 외국인 기업체들에게 국제입찰을 거친 계약을 통해 발주하고 있다. 이에 따라 벡텔(Bechtel)을 포함한 선진국의 다국적 건설업체는 물론 우리나라의 대형 건설업체들도 고속도로·철도·상하수도시설·항만시설·통신시설·공업단지 등의 다양한 건설프로젝트를 해외에서 수주 및 시공해 주는 형태의 글로벌경영활동에 개입하고 있다.

또한 국내외의 중공업업체들은 해외의 발주자를 위하여 원자력발전소·생산공장·석유시추시설 등을 건설 내지 시공하고 이를 가동 직전의 단계에서 넘겨주는 턴키운영(turnkey operations) 방식을 많이 활용하고 있다. 흔히 턴키운영방식을 플랜트수출이라고도 한다.

이보다 한 단계 더 나아가 발주자가 당해 사업을 독자적으로 영위할 수 있도록 경영관리나 근로자훈련 같은 서비스를 제공할 의무를 추가로 부담하게 되는 방식도 있는데, 이를 턴키 플러스(turnkey plus)라고 부르기도 한다.5)

일괄수주계약의 형태로 이루어지는 방식은 고용 및 국제수지 등의 측면에서 현지국은 물론 본사국의 국민경제에 미치는 파급효과가 매우 크다. 우리나라의 경우 해외건설과 플랜트 수출은 상품수출과 더불어 중추적인 글로벌경영전략으로 활용해 왔고, 이들이 우리나라의 경제발전과 기업성장에 기여한 바에 대해서는 결코 과소평가할 수 없다.

한편 이러한 계약을 체결하려면 쌍방 간에 복잡한 협상과정을 거치게 되며, 막대한 비용과 시간이 소용되고, 또 법적 절차도 간단하지가 않다. 따라서 이러한 계약에는 시설 및 공장의 명세, 계약당사자의 의무와 책임, 불가항력조항, 계약위반 및 법적 책임 그리고 분쟁해결방법 등이 계약서상에 상세하게 밝혀져야 한다.

또한 대부분의 경우 이러한 계약은 현지국 정부와 체결하게 되므로, 계약취소·계약조건의 강제적 재협상과 같은 정치적 위험이 다른 방식에 비해서 특히 높다. 그리고 현지국 정부는 계약과 함께 입찰, 선지급, 하자 및 이행에 대한 보증으로 일급은행의 보증을 요구하고 있어 막대한 위험이 뒤따른다. 따라서 국제기업은 일반적인 정치적 불안정을 포함한 정치적 위험과 함께 이러한 특수한 위험에 대해 보다 세심한 주의를 기울일 필요가 있다.

2-6 BOT(Build-Operate-Transfer) 방식

BOT 방식이란 외국기업이 공장이나 설비를 건설한 후, 일정한 기간 동안 직접 운영함으로써 건설을 위해 투입된 투자비와 적당한 이익을 회수한 다음, 공장 혹은 설비를 현지국 정부나 기업에게 이양하는 방식의 국제사업이다.

BOT 방식은 턴키프로젝트와 달리 외국기업이 투자자 입장에서 재원을 조달하고, 소유권은 사업의 발주자인 현지 정부나 기업에게 이양하며, 투자금은 공장이나 설비의 운영을 통해 회수한다. 따라서 이 방식은 사업의 발주자 입장인 현지국 정부나 기업이 자금사정이 여의치 못한 상태에서 공장 및 설비를 건설하고자 할 때 외국기업이 활용하는 사업방식이다.

---

5) 반병길, 앞의 책, p. 245.

해외직접투자

해외직접투자는 기업의 경영자원을 총체적으로 해외에 이전시킴으로써 기업 활동을 해외에까지 확대하는 형태의 글로벌경영전략의 하나이다. 오늘날 글로벌기업들의 해외직접투자는 기업체들이 활용할 수 있는 해외시장진입전략 중에서 가장 중요하고 복잡한 전략이다. 해외직접투자는 기업이 보유하고 있는 경쟁적 우위를 보다 효율적으로 활용할 수 있는 기회를 제공하지만, 투자기업은 상대적으로 높은 착수비용, 긴 회수기간을 부담해야 하며, 또한 전략실패에 따른 손실규모도 상대적으로 크다. 이 장에서는 해외직접투자의 의의와 이론 그리고 글로벌 전략적 제휴에 대해 살펴보기로 한다.

SECTION 01 해외직접투자의 의의

1. 해외직접투자의 개념

1-1 해외직접투자의 의미

해외직접투자(foreign direct investment)는 기업의 경영자원을 총체적으로 해외에 이전시킴으로써 기업 활동을 해외에까지 확대하는 형태의 글로벌경영전략의 하나이다. 이를 좀 더 부연하면 해외직접투자는 기업목표인 이익과 성장을 전제로 투자기업이 외국의 투자대상기업에 대한 경영지배 또는 경영참여를 목적으로 유형의 경영자원인 자본뿐 아니라 무형의 경영자원인 기술·특허·상표권·경영 또는 마케팅 노하우 등 기업의 제반 자원을 패키지 형태로 해외에 이전시키는 방식이라고 할 수 있다.

따라서 해외직접투자는 기업체들이 활용할 수 있는 해외시장진입전략 중에서 가장 중요하고 복잡한 전략이다. 해외직접투자와 상반되는 개념으로 해외간접투자 또는 국제증권투자가 있다. 해외직접투자가 투자대상기업의 경영통제를 목적으로 하는 데 반해, 해외간접투자 혹은 국제증권투자는 단지 배당수익 또는 이자수익 등의 자본이득의 수취를 주목적으로 삼고 있어 글로벌경영에서는 상대적으로 그 역할을 중시하지 않는 경향이 있다.

오히려 글로벌경영전략 차원에서 해외직접투자는 수출의 상대개념으로 정의되고 있는 것이 보통이다. 즉 수출이 국내의 생산요소들을 국내에서 결합하여 제품의 상태로 해외로 이전시키는 방법이라면, 해외직접투자는 국내의 자본·생산기술·경영기술 등의 생산요소를 해외로 이전하여 당해국의 생산요소인 노동·토지 등과 결합하여 생산 및 판매를 하는 것이라는 점에서 양자는 구별된다.

직접투자의 개념 내지 성격을 간접투자와 대비시켜 좀 더 구체적으로 설명하면 다음과 같다.

첫째, 투자동기 면에서 간접투자는 단순히 이자나 배당을 목적으로 외국의 채권이나 주식을 매입하는 것인 데 비해서, 직접투자는 투자대상기업에 대한 직접적인 경영 지배를 통해 기업의 궁극적 목표를 달성하는 데 뜻을 두고 있다. 그러나 10%의 주식소유만으로도 경영을 지배할 수 있는 경우가 있는가 하면, 49%를 소유하고 있더라도 나머지 51%를 한 사람의 다른 대주주가 소유하고 있다면 실질적인 경영통제를 행사할 수 없는 경우도 있어서 양자의 한계가 반드시 명확하게 구분되는 것만은 아니다.

둘째, 해외직접투자는 간접투자와는 달리 반드시 자본의 이동을 수반하는 것은 아니며 기술·특허권·상표권과 같은 무형자산 또는 기계·설비 등의 실물자산에 의한 투자로도 이루어질 수 있다. 이러한 의미에서 해외직접투자는 기업경영능력의 이전을 보다 중요시하고 있다고 하겠다.

셋째, 해외간접투자가 자본의 단순한 이동인 데 반해, 해외직접투자는 기업의 세계적인 확대이다. 즉 해외직접투자는 기업의 성장 관점에서 보면 일국의 기업이 국내지향적인 경영에서 세계지향적인 경영으로 발전하는 것을 의미한다.

이상과 같은 해외직접투자는 오늘날 신보호무역주의의 만연으로 각국이 관세·비관세 무역장벽을 강화함에 따라 수출에 많은 어려움을 겪고 있는 기업들이 세계시장진출에 활용할 수 있는 가장 적극적인 전략적 대안의 하나로서 각광을 받고 있다. 또한 해외직접투자는 오늘날 전 세계적으로 다각적인 활동을 전개하고 있는 글로벌기업의 특성과 경쟁적 우위를 가장 잘 반영하고 있는 전략형태로서 투자수용국·투자국·세계경제적인 관점에서도 그 영향 내지 효과에 대해 활발한 연구가 이루어지고 있다.

1-2 해외직접투자의 장·단점

1) 해외직접투자의 장점

해외직접투자는 기업의 경영자원을 투자수용국에 총체적으로 이전하게 됨으로써 자본·기술·마케팅·재무 등의 측면에서 기업이 보유하고 있는 경쟁적 우위를 보다 효율적으로 활용할 수 있는 기회를 제공해 준다. 이를 좀 더 구체적으로 살펴보면 다음과 같다.

① 해외직접투자를 통한 현지생산으로 기업은 수출에 비해서 해외시장에서의 공급가격을 낮출 수 있다. 이는 운송비와 관세의 절감, 현지의 값싼 노동력·원료·에너지·공장부지의 활용으로 기대되는 제조원가상의 이점이 크기 때문이다.

② 생산 및 마케팅에 대한 통제를 강화할 수 있다. 현지생산을 통해 양질의 제품을 시장에 내놓을 수 있게 되고, 제품을 현지의 기호와 구매력에 적응시키는 데도 유리하다. 따라서 시장으로부터 보다 나은 반응을 기대할 수 있고, 국제마케팅에 대한 경험축적이 가능하다.

③ 라이선싱에 따른 로열티 수입에 한정되지 않고 자본참가에 따른 수익도 기대할 수 있다.

2) 해외직접투자의 단점

해외직접투자에는 본질적으로 다른 진출방법에 비해 더 많은 기업자원의 투입이 요구되므로 그만큼 높은 위험이 따르게 된다. 즉 투자기업은 상대적으로 높은 착수비용, 긴 회수기간 등을 부담해야 하며, 또한 전략실패에 따른 손실규모도 상대적으로 크다.

뿐만 아니라 해외직접투자는 투자 현지국가에 미치는 영향이 지대하므로 현지 정부의 정책변경 등을 포함한 정치적 위험(political risk)에도 더욱 민감하게 노출되기 쉽다. 따라서 해외직접투자에 관한 의사결정에는 보다 많은 정보의 수집과 면밀한 전략적 계획의 수립이 필요하다.

2. 해외직접투자의 동기

글로벌기업들이 위험을 무릅쓰고 해외에 많은 자본을 투자하는 동기를 몇 가지 형태로 나누어 보면 다음과 같다.

2-1 천연자원지향형

천연자원지향형(raw material seeker)은 부존자원이 풍부한 지역에의 자원개발투자를 통해 여기서 얻어진 원료를 투자기업체의 본사 생산 활동에 활용하기 위해 국내로 반입하거나, 본사국의 타 기업체에 수출하거나 또는 제3국에 판매하는 형태의 해외직접투자이다. 이러한 천연자원지향형 투자는 단순히 자원의 개발에 그치는 것이 아니라 개발·정제·판매가 수직적으로 통합되는 경우가 많으며, 막대한 자본투입, 높은 위험부담과 함께 투자의 장기화 등을 특징으로 한다.

그동안 상당수의 대규모 기업들이 이러한 자원개발투자를 통해 본격적인 글로벌 기업으로 성장하게 되었고, 지금도 수직적 통합을 통한 규모의 경제 및 경쟁기업에 대한 진입장벽의 구축을 위해 천연자원지향형의 직접투자를 계속하고 있다.

특히 우리나라와 같이 부존자원이 빈약한 나라의 기업들은 개발이익의 참가뿐 아니라 자원의 저렴하고도 장기적으로 안정적인 확보를 위해서도 이와 같은 투자형태의 자원개발수입을 적극적으로 추진할 필요가 있으며, 실제로 이러한 동기에서 상당수의 업체가 인도네시아의 원목·원유개발, 알래스카의 유연탄개발 등에 참여하고 있다.

2-2 시장지향형

시장지향형(market seeker)의 투자는 관세 및 비관세무역장벽을 회피하여 기존의 수출시장을 방어하거나 새로운 시장을 개척하기 위하여 현지생산 및 현지판매를 전개하는 것을 뜻한다. 이러한 경우 무역장벽은 오히려 현지국 외부로부터의 경쟁을 제한시키는 역할을 해 주게 된다는 장점이 있다.

또한 수출마케팅을 보조하기 위한 현지마케팅자회사의 설립을 위한 투자도 시장지향형 투자의 범주에 든다고 할 수 있다. 이러한 시장지향형 투자의 대표적인 예로는 우리나라의 LG전자, 삼성전자가 미국에서 운영하고 있는 TV·전자레인지 등의 현지 제조공장이나 미국 알라바마 현대자동차 공장을 들 수 있다.

2-3 생산효율지향형

생산효율지향형(production efficiency seeker)의 투자는 생산성에 비해 생산요소의 가격이 상대적으로 저렴한 지역에 투자를 하여 생산 활동을 전개하는 것으로 비교적 땅이 넓거나 인건비가 저렴한 저개발국이나 개발도상국가에 집중 투자된다. 글로벌기업들이 후진국의 풍부한 노동력을 활용하기 위해 이러한 나라에 조립공장을 운영하는 방식으로 현지에 진출하고 있는 경우를 자주 볼 수 있다.

이는 근본적으로 자본에 비해 노동과 토지 같은 생산요소는 국제적 이동에 많은 제약이 따르거나 전혀 불가능하기 때문이다. 최근에는 우리나라의 봉제업자들도 국내인건비의 상승으로 임금이 상대적으로 싼 동남아지역에 직접투자를 확대하고 있다.

2-4 지식지향형

지식지향형(knowledge seeker)의 투자는 외국의 선진기술이나 경영관리기법을 보다 신속하고 가까이에서 습득하기 위한 동기에서 이루어지게 된다. 우리나라의 기업들도 최근 이러한 지식지향형 투자에 대한 관심이 부쩍 높아지고 있다. 즉 현대전자·삼성반도체·LG전자 등이 최첨단기술을 습득하기 위해 미국의 실리콘 밸리에 설치하고 있는 현지법인이 바로 이러한 지식지향형 투자의 대표적인 예이다.

이상과 같은 전략적 동기는 상호 배타적이 아니라 보완적인 성격을 지닌다. 따라서 어느 한 가지 동기만을 이유로 해외직접투자가 일어나기보다는 일반적으로 한 가지 이상의 동기가 결합되어 투자가 이루어진다.[6] 좋은 예로 과거 카리브 연안지역에 진출했던 우리나라의 섬유업체들은 현지의 값싼 노동력을 활용함과 동시에 목표시장인 미국의 수량제한(quota)을 포함한 각종 무역장벽을 회피하기 위해 현지공장을 운영했었다.

3. 해외직접투자의 유형

해외직접투자는 무엇을 기준으로 하느냐에 따라 다양한 형태로 구분될 수 있는데, 그 중에서도 대표적인 것이 바로 소유권을 중심으로 한 합작투자와 단독투자이다.

그리고 설립을 어떻게 하느냐에 따라서 신설방식과 인수합병으로 구분할 수 있다.

3-1 단독투자

1) 단독투자의 의미

단독투자(sole venture 혹은 wholly-owned subsidiary)는 해외사업에 투자자가 투자소요액 100%를 전액 투자함으로써 해외자회사를 완전히 소유하여 통제하는 형태를 의미한다. 단독투자의 장·단점을 살펴보면 다음과 같다.

---

6) 이 밖에도 소유권 몰수나 정부규제 등과 같은 정치적 위험을 회피할 목적으로 정치가 안정된 국가에 투자하는 정치적 안정의 추구형태(political safety seeker)도 있고, 과점적 시장경재 하에서 한 기업이 해외직접투자를 하면 다른 과점적 경쟁기업도 재빠르게 뒤따라 투자하는 선도 기업 추종형태(follow-the-leader)도 있다.

2) 단독투자의 장점

① 갈등회피: 모든 기업 활동을 투자기업이 스스로 운영 변경할 수 있기 때문에 다른 기업과의 의견충돌이나 불필요한 마찰을 회피할 수 있다.

② 기밀 노출 방지: 투자기업의 기술, 노하우 및 기타의 기업기밀이 누설되는 것을 방지할 수 있다. 따라서 기술집약적인 업종일 경우 기밀 유지가 중요하기 때문에 단독투자의 경향이 높아진다.

③ 신속한 의사결정: 기업 활동에 대한 의사를 신속히 결정하여 해외사업을 기민하게 추진할 수 있다.

3) 단독투자의 단점

① 위험 증대: 단독으로 해외 투자를 추진하는 것은 투자자금 조달에 대한 부담이 클 뿐만 아니라 만일 이러한 사업을 단독으로 추진하다 실패할 경우에는 그에 따른 손실을 혼자 감당하므로 위험이 매우 크다. 특히 대규모 자금이 필요한 사업에 대한 단독투자는 위험 부담이 클 수밖에 없다.

② 현지정보 입수의 어려움: 단독투자를 할 경우 투자기업이 현지 정부가 시행하는 각종 정보를 획득하거나 현지 정부가 베푸는 특혜 등을 이용하는 것이 어렵다.

③ 진입의 어려움: 외국인 투자 자체를 금지하거나, 혹은 단독투자를 금지하는 국가의 경우 투자 자체가 불가능하다.

3-2 합작투자

1) 합작투자의 의미

특정 기업이 해외직접투자를 통해 현지기업의 경영에 참여할 때 수치상으로는 그 기업의 주식을 100% 소유하면 단독투자, 100% 미만이면 합작투자가 된다. 국제합작투자(international joint venture)란 서로 다른 국적을 가진 두 개 이상의 기업체가 특정한 목적을 달성하기 위하여 각 기업의 경영자원과 능력을 결합하여 공동사업체를 세우고 그러한 기업체의 운영에 대해서 공동소유권을 행사하는 것을 말한다.

합작투자는 다시 구체적으로, 소유권 비율에 따라 50%가 넘는 다수 지분, 50 대 50, 50% 미만인 소수 지분인 경우로 세분될 수 있고, 합작파트너를 현지 업체, 현지정부기관, 제3국 기업 중 누구로 하느냐에 따라서 구분될 수도 있다.

2) 합작투자의 장점

이러한 합작투자는 단독투자에 비해 다음과 같은 장점을 지니게 된다.

① 상대적으로 적은 자본과 경영자원으로 대규모 사업에도 큰 위험부담 없이 참
   여할 수 있다.
② 적절한 합작선의 물색을 통해 낯선 환경에 신속히 적응할 수도 있고, 정치적
   위험도 줄어든다.
③ 단독투자를 허용하지 않는 나라도 합작기업에 대해서는 각종 금융·세제상의
   혜택을 부여하고 있는 경우가 많다.
④ 현지파트너와의 합작기업은 현지기업으로 인식되므로 현지국민에게도 좋은
   인상을 심어줄 수 있고, 종업원의 사기 등 노사관계 측면에서도 많은 이점이
   있다.
⑤ 제3국의 파트너와의 합작으로 현지 정부에 대한 협상력을 증대시킬 수 있다.

3) 합작투자의 단점

반면에 합작투자에는 다음과 같은 문제점도 있다.

① 단독투자의 경우와는 달리 합작선과 이익을 나누어야 하는 등 서로 다른 국
   적을 가진 합작선간의 이해상충요인이 항시 존재한다.
② 경영통제권의 약화는 물론 기술과 노하우 등이 외부로 흘러 나갈 수 있다.

3-3 소유권비율의 결정요인

이상과 같은 합작투자와 단독투자의 장·단점을 고려해 보면 직접투자 형태로 해
외에 진출할 경우 소유권 비율에 관한 의사결정이 매우 중요한 의미를 지니게 됨을
알 수 있다. 일반적으로 소유권비율의 결정에 중대한 영향을 미치는 요인으로는 다
음을 들 수 있다.

1) 제품의 특성

투자 기업체의 기술적 우위를 바탕으로 생산되는 제품 자체 또는 생산 공정에
대한 기업비밀이 외부로 유출되는 것을 꺼릴 경우에는 완전 또는 다수통제를 선호
하게 된다. 좋은 예로 고도의 첨단기술제품을 생산하고 있는 IBM은 전적으로 완전

소유에 의한 해외직접투자를 고집하고 현지 정부가 이를 허용치 않을 경우에는 차라리 현지시장진입을 포기하는 회사로 유명하다.

2) 현지국의 경영환경

경제가 저개발단계에 있고 정치적으로 불안정한 나라일수록 투자지분을 줄이는 것이 바람직하다. 이는 이러한 나라에 투자할 경우에는 국유화나 외환통제 등 높은 위험이 수반되기 때문이다.

3) 기업의 경영자원

일반적으로 인력·자본·기술 등 제반 기업자원이 풍부한 경우에는 굳이 합작투자를 택할 필요가 없다고 본다. 그러나 그렇지 못한 소규모 기업의 경우에는 적절한 합작선의 선정을 통해 현지시장에 대한 적응력을 높일 수 있고 부족한 자원동원능력도 보완할 수 있다.

4) 최고경영층의 태도

대개의 경우 직접투자와 같은 중대한 의사결정은 최고경영자의 결재를 받아야만 하므로 소유권비율에 대한 최고경영층의 생각과 태도도 고려해야 한다. 그러나 어떠한 경우라 하더라도 소유권비율의 분할에 따르는 비용 측면과 편익 측면을 충분히 고려하여, 이에 대한 분석결과를 최종적인 의사결정에 반영하는 것이 바람직하다.

3-4 신설방식과 인수합병

1) 개념

해외직접투자는 해외자회사 설립방식에 따라 신설투자(greenfield investment)와 인수·합병(merger and acquisition: M&A) 방식으로 구분한다. 신설투자는 단독 투자 혹은 합작투자를 통해 양 합작선과는 별개의 독립된 법인체를 설립하는 것을 의미하는 것을 말한다.

인수(merger) 혹은 매수는 한 기업이 다른 기업의 주식이나 자산 등을 매입하여 경영권을 장악하는 것을 말하고, 합병(acquisition)은 독립된 기업들이 인적, 물적, 자본 등의 결합을 통하여 동일한 관리체제 하에서 기업 활동을 영위하는 경우를 말한다. 따라서 인수의 경우는 인수되는 현지기업을 그대로 존속시키면서 경영권을 행사하지만 합병은 한 기업이 다른 기업을 흡수하여 하나의 기업이 되는 것이다.

하지만 현실적으로는 인수와 합병을 엄밀히 구분하는 것이 어렵기 때문에 보통 이를 통칭하여 인수·합병이라고 한다. 그리고 국제인수·합병 방식이라 함은 상이한 국적을 가진 기업 간의 인수합병으로서, 양 합작선 중 어느 일방이 소유하고 있는 기존의 법인에 대한 소유권을 공유하는 방식으로 직접 투자하는 것을 의미한다.

2) 인수·합병의 유형

인수·합병은 결합 형태에 따라서 여러 가지로 구분되는데 먼저 같은 산업 내의 생산 단계가 다른 기업과 결합할 경우를 수직적 합병이라 하고, 같은 산업 내의 동일한 생산 단계의 경쟁기업과 결합할 경우를 수평적 합병이라 한다.[7] 그리고 2개 이상의 기업이 합병 후 새로운 기업으로 재탄생되는가 아니면 한 회사가 다른 회사에 흡수되는가에 따라서 신설합병과 흡수합병으로 구분되고, 합병방식이 자산의 취득인가 아니면 주식의 취득인가에 따라서 자산합병과 주식합병으로 구분된다.

제품 확장형 합병은 제품라인이나 브랜드, 혹은 기술 분야를 확장함으로써 단기간에 다각화를 추구하고자 하는 것을 말하고, 시장 확장형 합병은 해외시장의 확대를 위해 특정 지역에서 활동하고 있는 기업을 인수하는 것으로, 시장의 다변화를 추구하는 기업이 선택한다. 또한 기업이 자사의 사업 분야와는 전략적 연관을 갖고 있지 않은 기업을 인수하는 경우가 있는데 이를 복합형 합병이라 하고 사업의 다각

표 8-1   인수·합병의 유형

유형	내용
수평적 합병 : 수직적 합병	생산 단계의 동일성 혹은 이질성
신설 합병 : 흡수 합병	새로운 회사의 탄생 및 기존 회사의 흡수
자산 합병 : 주식 합병	자산의 취득으로 합병, 주식의 취득으로 합병
제품확장 합병 : 시장확장 합병	제품 라인의 보완 목적, 시장 확대 보완 목적
복합형 합병	전략적 연관관계가 없는 기업 대상

---

7) 수직적 합병을 완제품 기업이 부품공급 기업을 인수하거나(후방통합), 유통망을 인수(전방통합)하는 경우, 수평적 합병을 비슷한 목표시장에서 비슷한 제품라인으로 활동하고 있는 경쟁자를 인수하는 경우를 뜻하기도 한다.

화를 통해 위험을 분산시키고자 할 경우 추진된다.

인수·합병의 유형과 그 내용을 요약해 보면 <표 8-1>과 같다.

3) M&A의 장·단점

글로벌기업이 현지 기업을 인수·합병하여 해외로 진출하는 경우에는 기존의 현지기업이 보유하고 있는 경영자원을 자신의 자원과 효율적으로 결합함으로써 시너지 효과를 창출할 수 있고, 현지기업이 확보하고 있는 고객, 판매망, 기타 시장노하우를 활용하여 시장진입에 소요되는 시간을 단축할 수 있다.

특히 인수합병은 유휴시설이 많은 산업에서 효과가 크게 나타나는데, 그 이유는 성숙산업에서는 그 산업의 특성 자체가 신규업체에게는 진입장벽이 되기 때문에 이 경우에는 신규투자보다 기존업체를 인수함으로써 산업 내 과잉생산시설을 방지하면서도 시장을 확보할 수 있기 때문이다.

그러나 현지기업을 인수 또는 합병할 경우에는 자기 기업과 다른 경영관리시스템과 기업문화 때문에 통합과정에서 조직 간의 갈등을 초래할 가능성이 매우 크고, 기존기업의 이미지가 좋지 않을 경우 부정적인 이미지를 긍정적인 이미지로 바꾸어 놓는 것이 쉽지 않다.

그 밖에도 인수프리미엄의 제공 등으로 거액의 인수자금이 필요함과 함께 복잡한 인수·합병 절차 등이 장애요인이 된다. 경우에 따라서는 인수·합병 시점에서 계산되지 않았던 새로운 부채가 인수·합병 후 발견되는 경우도 발생하기도 한다.

해외직접투자이론

1. 해외직접투자이론의 의의

1-1 해외직접투자이론의 성격

전통적인 무역이론은 한 나라와 다른 나라 사이의 교역을 설명하는 데 있어서 실질적인 주체라고 할 수 있는 개인이나 기업의 입장은 고려하지 않고 있다. 즉 개인이나 기업은 그들이 속해 있는 국가와 이해관계가 같은 것으로 생각하고 이론을 전개한 것이 대부분이었다.

그러나 글로벌기업의 경우 그 본부와 해외현지법인 간의 거래는 비록 국경을 넘는 무역거래라고는 해도 같은 기업 내부의 거래이므로 독립된 당사자 사이의 무역거래와는 교역대상 상품의 성격이나 거래가격 등이 다를 가능성이 많다. 또한 직접투자, 기술이전 등 새로운 거래형태는 단순한 물품매매보다 그 성격이 매우 복잡하여 이제까지와는 다른 각도에서 설명되지 않으면 안 된다.

특히 해외직접투자는 자본뿐만 아니라 제품, 기술, 특허, 경영관리능력 등과 같은 각종 경영자원의 이동이 동시에 일어나는 글로벌경영활동이다. 단순히 배당이나 이자수입만을 바라기 위해 자본을 이동시키는 것이 아니라 해외에서 경영지배 또는 통제권을 행사함으로써 직접 사업을 수행하기 위한 것이다. 따라서 전통적인 국제경제이론인 무역이론이나 국제자본 이동론 만으로는 설명할 수 없는 독특한 성질을 가지고 있다.

또한 해외직접투자는 여러 국가에 동시 다발적으로 진입하기보다는 모국과 비슷한 환경을 가진 국가에서 투자가 이루어지고 이어서 상이한 국가로의 진입이 시도된다. 그리고 투자기업들도 모든 부서가 동시에 진입을 시도하기보다는 기업 내에서 가장 경쟁력이 있는 분야부터 점진적으로 투자가 이루어지는 특징이 있다. 따라서 해외직접투자이론은 이와 같은 제반 특징들을 고려하지 않을 수 없다.

1-2 해외직접투자이론의 요건

일반적으로 해외직접투자이론으로서 정립되기 위해서는 적어도 다음과 같은 주제에 대하여 설명할 수 있어야 한다.[8]

첫째, 왜 기업은 해외직접투자를 통해 해외로 진출하려 하는가? 즉 외국기업으로서 현지국 기업에 비교하여 여러 가지 불리한 입장임에도 불구하고 왜 해외직접투자를 행하는가?

둘째, 보다 익숙한 기업환경 하에서 사업을 영위하는 현지국기업과의 경쟁에서 어떻게 이겨낼 수 있는가? 즉, 현지국기업과의 경쟁에서 이길 수 있는 기업특유의 우위가 있는가?

셋째, 왜 수출이나 라이선싱을 하지 않고 위험부담도 더 높고 자원도 많이 투입되는 해외직접투자의 형태를 취하는가?

이 밖에도 해외직접투자이론이 갖추어야 할 또 하나의 요건은 규범적인 측면이다. 즉 해외직접투자의 이유, 효과 등을 이론적으로 검토하는 데는 사실상 실증적접근이 거의 불가능하므로 오히려 규범적인 가치판단이 요구되는 경우가 많다. 또한 우리가 해외직접투자를 연구하는 목적도 해외직접투자현상의 진상을 규명하고 그에 대한 명확한 지식을 갖는 것 외에, 해외직접투자의 바람직한 방향을 제시하고자 하는 동기도 큰 비중을 차지하므로 해외직접투자에 관한 규범적 이론의 확립도 반드시 필요하다 하겠다.[9]

그러나 다국적기업이 본격적인 활동을 개시한 지도 벌써 수십 년이 지났지만 위에 언급한 요건들을 동시에 모두 충족시키는 해외직접투자이론은 아직까지 존재하지 않고 있으며, 여러 이론들이 상호보완적으로 다국적기업의 해외직접투자형태를 설명해 주고 있다. 따라서 다음에서는 대표적인 해외직접투자이론들에 대해서 간단히 설명하기로 한다.

---

8) Franklin R. Root, *International Trade and Investment*, 5th ed., Ohio: South Western Publishing Co., 1984, p. 455.

9) John H. Dunning, *International Production and Multinational Enterprise*, London: George Allen & Unwin, 1981, pp. 9-18; 조동성, 「국제경영학」, p. 182.

2. 해외직접투자의 거시적 이론

거시적 관점에서의 해외직접투자이론은 국가적 관점에서 해외직접투자의 발생 원인을 규명하려는 시도이다. 이하에서는 대표적인 이론으로 국제자본이동론 및 무역보완론을 살펴보기로 한다.

2-1 국제자본이동론

이 이론은 각국 간의 이자율의 차이를 국제자본이동의 원인으로 보는 것으로 자본은 이자율이 낮은 자본 풍부국가에서 이자율이 높은 자본 희소국가로 두 나라의 이자율이 같아질 때까지 끊임없이 이동한다는 것이다. 즉, 해외직접투자를 단순한 국제적 자본이동의 측면에서 파악하려는 것이다.

그러나 이 이론은 전통적인 국제증권투자나 단기적인 자본이동에 대해서는 설득력이 있으나 자본과 함께 기술 및 경영기법까지 함께 이동하는 해외직접투자를 충분히 설명해 주고 있다고 보기는 어렵다. 해외직접투자는 단순한 자본이동 이상의 것으로 오직 배당이나 이자수입만을 바라는 것이 아니라 해외에서 경영지배 또는 통제권을 행사함으로써 직접 사업을 수행하기 위해 투자하는 것이기 때문이다.

다만 해외직접투자도 어디까지나 자본이동이 주가 되고, 기술 및 경영기법은 이전된 자본의 효율적인 활용을 위해 부가적으로 필요한 요소일 뿐이라고 생각한다면 일부의 해외직접투자에 대해서는 해명이 가능하다. 그러나 해외직접투자에 수반되는 높은 위험과 현지의 불리한 사업환경을 고려할 때, 글로벌기업들이 해외자회사를 설립하는 이유가 단지 이자율의 차이뿐이라고 주장하는 것은 너무 그 동기를 단순화시킨 불충분한 설명이다.

특히, 이 이론은 미국과 EU 간에 이루어지고 있는 동일산업 내에의 상호투자에 대해서는 설명이 불가능하며, 그리고 투자국의 이자율이 투자 수용국의 이자율보다 반드시 낮지는 않다는 실증적인 연구도 나와 있다.[10]

---

10) John Fayerweather, *International Business Management*, New York: McGraw-Hill, 1969. p. 170.

2-2 무역보완론

이 이론은 해외투자를 상품무역의 대체 내지 보완이라는 측면에서 설명하고 있다. 즉 전통적 무역이론에 따른 비교우위산업이 국내시장에서 투자기회를 상실한다든가 수입국의 인위적인 관세·비관세장벽에 의해 수출이 불가능해질 경우 그 산업에 특화했던 기업은 투자기회를 해외로 돌리지 않을 수 없다는 것이다.[11]

그러나 현실적으로는 무역과 해외직접투자가 동시에 증대되어 온 것이 사실인데, 이는 무역장벽이 약화되거나 제거되면 각국 기업들의 수출경쟁이 더욱 치열해지므로 각 기업은 생산비용이 보다 저렴한 국가로 해외진출을 강화하지 않을 수 없기 때문이다. 따라서 이 이론도 해외직접투자가 일어나는 것에 대한 완전한 설명을 해 주고 있다고 보기는 어렵다.

3. 해외직접투자의 미시적 이론

글로벌기업 또는 글로벌기업이 속한 산업의 미시적인 관점에서 해외직접투자를 설명하고 있는 이론들에 대해 검토해 보면 다음과 같다.

3-1 독점적 우위이론

특정국에서 사업 활동을 수행할 때 외국기업은 현지의 시장정보에 어두울 뿐 아니라 여러 가지 법률적인 규제, 멀리 떨어진 자회사의 통제에 드는 비용 등 현지기업보다 불리한 여건에 있다. 그럼에도 불구하고 외국기업이 해외직접투자를 통해 현지기업과 효율적으로 경쟁할 수 있기 위해서는 현지기업은 갖지 못한 외국기업 특유의 우월한 요소가 있어야 한다.

즉 독점적 우위이론에 의하면 해외직접투자는 그 기업특유의 독점적 우위를 가진 기업이 불완전시장에 진출하여 그러한 시장을 지배하고 이익추구 등 기업목표를 달성하기 위한 행동을 하는 것이 해외직접투자라는 형태로 나타난다는 것이다.

---

11) C. P. Kindleberger, *American Business Abroad*, New York: Yale University Press, 1969, pp. 2~3.

여기서 외국기업이 갖고 있는 독점적 우위는 어떠한 사업형태를 취하든 특정 기업에게 경쟁상의 우위를 가져다주는 기술, 경영 및 조직능력, 마케팅 능력 등의 우월한 지식을 말한다.[12] 이러한 모든 지식은 과거의 투자를 통해서 형성된 것이므로 해외직접투자를 통해 이러한 지식을 활용하는 데 드는 한계비용은 제로에 가깝다.

그러나 현지기업이 새로이 그러한 지식을 얻는 데는 상당한 투자가 필요하므로, 투자기업은 이러한 독점적 우위의 활용을 통해 경쟁제품보다 우월한 '차별화된 제품'을 만들어낼 수 있으며, 제품차별화로 더 높은 가격을 받거나 높은 매출액을 올려 초과이윤을 얻을 수 있게 된다.

이상과 같은 독점적 우위이론에 따르면 직접투자는 주로 지식집약적인 산업에서 일어날 것으로 생각된다. 이는 실제로도 정유, 제약, 화학, 사무기기 등의 기술집약적인 산업에서의 해외직접투자가 활발한 것을 보아도 알 수 있다. 그러나 기술 또는 지식집약적인 산업이라고 해서 모두 해외직접투자가 일어나는 것은 아니다. 예를 들어, 항공기산업은 고도의 기술을 요하는 산업이지만 해외직접투자가 별로 눈에 띄지 않는다. 따라서 우월한 지식을 바탕으로 한 독점적 우위는 해외직접투자의 필요조건이라고 할 수 있으나 충분조건은 아니라고 할 수 있다.[13]

3-2 과점적 경쟁이론

일반적으로 과점은 한 시장에서 소수의 제한된 기업만이 경쟁을 하는 불완전경쟁의 한 형태를 의미한다. 과점이론(oligopoly theory)은 이러한 과점산업에 속하는 기업들의 특유한 행동양식에 착안하여 해외투자를 설명하는 이론이다.[14]

해외직접투자를 하는 기업들은 대개의 경우 소수의 지배적 기업으로 특징지어지는 산업에 속해 있는 대기업들인 경우가 많다. 이러한 과점산업에 속하는 기업들은 경쟁기업의 행동에 극히 민감하며, 기업들 간의 이러한 상호의존성은 과점적 경쟁이라는 과점산업 특유의 기업행태를 낳는다.

---

12) Root, *op. cit.*, p. 458.

13) 정구현, "국제경영이론," 「국제경영」 제 2 집, 고려대학교 무역연구소, 1982, p. 57.

14) F. Knickerbocker, *Oligopolistic Reaction and Multinational Enterprise*, Boston, Mass: Harvard University Press, 1973.

예를 들어, 과점산업 내의 한 기업이 최신기술을 개발하거나 새로운 시장을 개척한다든지 또는 새로운 원료 공급처를 확보하기 위하여 해외직접투자를 함으로써 경쟁에서 앞서 나가려 한다면 여타의 경쟁기업들은 그러한 움직임에 대한 반응으로 선도 기업을 따라 똑같이 해외에 진출하게 된다.

이는 경쟁에 뒤쳐져 시장에서의 위치를 상실하거나 성장의 기회를 놓칠까 두려워하는 방어적인 동기에서 비롯되는 행동이다. 또한 과점하의 기업들은 원료단계에서부터 최종제품단계까지 시장을 완전히 지배하여 신참기업들의 진입을 저지하고 과점체제를 유지하려는 목적으로 수직적 투자를 행하기도 한다.

이러한 과점이론은 동일 산업의 기업들이 특정 투자대상국에 집중적으로 몰려서 투자활동을 펼치는 이른바 '밴드웨건 효과'(bandwagon effect)를 이론적으로 규명해 주고 있으며,15) 또한 독점적 우위이론으로는 설명이 불가능한 표준화된 제품을 생산하는 기업의 수직적 해외직접투자를 설명하는 데 특히 유용하다. 그러나 이 이론은 다른 기업들로 하여금 과점적 반응을 보이도록 하는 최초의 선도기업의 투자결정을 설명하지 못한다는 한계를 지닌다.

3-3 제품수명주기이론

제1부에서 새로운 무역이론으로도 다루었던 제품수명주기이론(product life cycle theory)은 해외직접투자의 발생 원인을 밝히는 데도 활용될 수 있다. 해외직접투자이론으로서의 제품수명주기이론은 신제품이 시장에 도입되어 성장기·성숙기에 이르기까지의 생산입지의 결정요인을 중심으로 해외직접투자의 가능성을 설명해 주고 있다.

버논(R. Vernon)에 의하면 신제품의 도입기에는 수요도 많지 않고 새로운 기술로 인한 제품차별화의 능력 또는 독점적 우위를 효율적으로 보존하기 위해 국내에서만 제품을 생산하게 된다.

그러나 시간이 경과하면서 성장기에 접어들면 국내는 물론 좀 더 시간이 흐르면 해외에도 기술이 점차 알려져 경쟁이 치열해지면서 대량생산에 의한 규모의 경제, 경영능력의 제고가 기업의 성패를 좌우하는 중요한 요인이 된다. 그리고 이 단계에서는 기업 간의 제품차별화는 실질적으로 소멸되기 시작하는 반면에, 생산비용을 절감할 필요성은 점점 커진다.

---

15) 밴드웨건 효과는 대중이 투표나 여론조사 등에서 뚜렷한 주관 없이 대세를 따르는 현상을 말한다.

다음으로 제품이 성숙기에 접어들어 제품기술이 널리 표준화되는 표준화제품의 경우에는 경쟁의 초점은 누가 더 싸게 생산할 수 있는가로 집중되며, 이때의 무역패턴은 임금이 낮은 국가가 비교우위를 갖게끔 바뀌게 된다.

이러한 제품주기의 여러 단계에서 해외직접투자가 일어나는 시기는 다음의 두 경우이다.[16]

첫째, 여타 선진국(기술 모방국)의 기업이 제품을 생산하거나 또는 모방국 정부가 국내생산을 촉진하기 위해서 관세보호를 포함한 각종 유인책을 제공하는 시기이다. 대략 성장기 후반이라 볼 수 있으며 이때부터 기업은 해외직접투자를 고려하게 된다. 따라서 기술을 처음 개발한 선진기업은 기존의 수출시장을 방어하기 위해 현지에 생산시설을 세우게 된다.

둘째, 제품이 성숙기에 접어들어 가격경쟁이 격화되고, 모방국이 기술혁신국으로 역수출을 함에 따라 본국시장에서의 시장위치를 빼앗기지 않으려는 목적으로 임금이 낮은 개발도상국으로 생산시설을 이전하게 되는 경우이다. 성숙기단계, 즉 표준화제품단계로서 선진국에서는 사양화하기 시작하지만 개도국에서는 보호무역장벽이 강화되는데다 저임금확보라는 이점도 활용할 수 있다.

그러나 PLC 이론 역시 직접투자가 꼭 발생한다는 필연적인 조건을 제시하고 있지는 않으며, 해외투자경험이 적은 중진국 기업의 교역 및 투자패턴을 설명하는 데는 유용한 이론이나, 반대로 범세계적인 정보망과 생산, 유통시스템을 갖추고 여러 나라에서 동시에 같은 제품을 생산하는 글로벌기업의 형태를 설명하는 데에는 부족하다.

3-4 내부화이론

내부화이론(internalization theory)은 이제까지의 해외직접투자이론이 주로 생산 측면에만 치우친 나머지 R&D, 마케팅, 직업훈련 등 중간생산물의 흐름과 밀접한 관계를 지니고 있는 생산외적 요소들을 무시했다고 보고 기업 활동에서 이들이 차지하는 역할을 강조하고 있다.[17]

---

16) Raymond Vernon, "The Product Cycle Hypothesis in a New International Environment," *Oxford Bulletin of Economics and Statistics*, Nov. 1979, pp. 255-267.

17) P. Buckley & M. Casson, *The Future of the Multinational Enterprise*, London: Macmillan, 1976, pp. 33-65.

즉 기업의 중간생산물은 단순한 반제품이 아니라 특허, 인적자본 등을 활용하여 만들어진 지식의 형태인 경우가 많으며, 이러한 중간생산물의 외부시장기능은 매우 불완전하므로 이윤극대화를 추구하는 기업은 이를 자체 조직 내로 흡수하려는, 즉 내부화하려는 유인을 갖게 되며, 이러한 내부화과정이 국경을 초월하여 일어나는 것이 바로 해외직접투자라는 것이다.

이러한 관점에서 내부화이론은 독점적 우위이론이 해명을 하지 못했던, 해외직접투자가 수출이나 라이선싱보다 효율적인 해외시장진입의 전략으로 선호되는 이유를 밝혀낸 대표적인 해외직접투자 이론이라 하겠다. 내부화이론은 독점적 우위이론에서 한걸음 더 나아가 독점적 우위 그 자체보다는 그러한 자산을 직접 외부시장을 통해 판매하지 않고 기업 내에 내부화하는 과정에서 기업이 이익을 얻는다는 것이다.

그러나 이 이론도 해외투자의 동기가 기업이 소유하고 있는 우월한 지식의 효율적인 활용을 통해 이윤극대화를 꾀하려는 데 있다는 점에서 독점적 우위이론과 그 맥을 같이 하고 있다고 할 수 있다.

3-5 절충이론

더닝(J. H. Dunning) 등은 이제까지의 해외직접투자이론들이 상호배타적인 관계에 있다기보다는 보완적인 관계에 있음을 주목하고 앞에서 살펴본 거시적 이론과 미시적 이론을 종합한 절충이론을 제시하였다.[18] 즉 국가적 관점에서 입지특수적인 요인을 중시하는 거시적 이론과, 기업 특유의 소유권적 요인에 중점을 두고 있는 미시적 이론 중에서 어떤 이론 하나만으로는 수출, 라이선싱, 해외투자 등의 다양한 활동을 동시에 전개하고 있는 글로벌기업을 설명하는 데는 불충분하다는 것이다.

따라서 해외투자의 결정요인, 나아가서 글로벌기업의 다양한 해외시장진입 전략을 완전히 설명하기 위해서는 독점적 우위와 같은 기업 특수적 요인뿐 아니라 투자현지국의 기업 활동 여건, 즉 입지 특수적 요인도 고려되지 않으면 안 된다는 것이다.

절충이론에 의하면 기업 특유의 독점적 우위를 라이선싱을 통해 외부시장에 판매하는 것보다는 내부화하는 것이 유리할 때, 기업은 라이선싱 방법보다는 수출이나 해외직접투자를 선호하게 된다. 그리고 자본·기술·경영기법 등을 해외로 이전하여 현지의 저임금이라든가 풍부한 원료 등을 활용하여 해외에서 직접 생산하는 것이 유리할 때는 해외직접투자를 택하게 된다.

---

18) Dunning, *op. cit.*, 1982, Ch. 2.

SECTION 03 글로벌 전략 제휴

1. 전략적 제휴의 개념

기업의 세계화가 빠른 속도로 진행됨에 따라 생존과 성장을 위한 기업 간의 경쟁도 범세계적 차원으로 확대되고 있다. 이 결과 대규모의 기업이라고 해도 세계의 한 국가시장에서 경쟁기업에 패배한 기업은 다른 국가시장에서의 경쟁적 우위도 위협받을 가능성이 커, 궁극적으로 기업의 존립기반 자체가 상실될 우려가 있다. 특히 생산, 구매, 마케팅, 연구·개발 면에서 규모의 경제가 큰 산업의 경우에는 더욱 그러하다고 하겠다.

이러한 이유 때문에 글로벌기업들도 세계시장에서 경쟁적 우위를 유지·강화하기 위하여 많은 노력을 기울이고 있다. 기술 등 지적자산의 창출과 축적을 위한 연구·개발 등 독자적으로 저원가의 우위나 차별화의 우위를 확보하려 함은 물론 기업 간의 제휴전략도 구사하고 있다.

아무리 규모가 큰 세계적인 글로벌기업이라고 하여도 한 기업의 기술과 자원능력에는 한계가 있으므로 지금과 같은 세계적인 경쟁시대에 자력으로만 경쟁적 우위를 확고히 하는 데는 큰 어려움이 있다. 따라서 글로벌 경쟁전략의 차원에서 다른 기업과의 기술교류 및 공동연구, 자원능력의 공유, 기능의 결합 등 다양한 제휴관계가 필요하다.

이에 따라 최근 기업의 세계화방식의 변화 가운데서 가장 대표적인 것 중의 하나가 기업 간의 글로벌 전략적 제휴(global strategic alliances)의 추구경향일 것이다.

예를 들어, 전자산업에서 세계적으로 유명한 네덜란드의 필립스는 중요한 제품라인에서 범세계적으로 경쟁적 우위를 강화하기 위하여, 첨단전화시스템 분야에서는 미국의 AT&T와, 콤팩트디스크 분야에서는 일본의 소니와, 전자크레딧카드 분야에서는 프랑스의 샹파니 데 마싱 뷜(Campagnie des Machines Bull)과, 조명 및 전자부품에서는 일본의 마쓰시다, 홍콩의 일렉트로닉 디바이스(Electronic Devices)와, 미니컴퓨터 소프트웨어 부문에서는 영국의 ICL PLC, 독일의 지멘스와 닉돌프 컴퓨터

(Nixdorf Computer), 이탈리아의 올리베티(Olivetti), 프랑스의 샹파니 데 마싱 빌과 다각적인 제휴관계를 갖고 있다.

또한 퍼스널 컴퓨터 분야에서는 미국의 컨트롤 데이터 시스템, 독일의 지멘스와 제휴하고 있으며, 반도체 및 마이크로 칩 부문에서는 미국의 인텔, 독일의 지멘스, 네덜란드의 ASMI(Advanced Semiconductor Materials Inter-national)와 범세계적인 전략적 파트너십의 관계를 맺고 있다.

더욱이, 최근 들어서 협력관계를 통한 경쟁은 점차 금융·유통 등 전체 산업분야로 확산되고 있으며, 협력의 당사자들도 선진국의 선도적 글로벌기업들로부터 우리나라 기업들을 포함하여 상당수의 글로벌기업들로 확장·다변화되고 있는 실정이다.

2. 전략적 제휴의 특성과 요인

2-1 전략적 제휴의 특성

글로벌 전략적 제휴는 전통적인 기업 간의 결합이라고 할 수 있는 합작투자와 다른 점이 적지 않다. 합작투자는 특정국이나 특정지역의 시장만을 겨냥하여 이루어지는 경우가 많으나, 범세계적인 전략과 파트너십은 그야말로 세계시장에서의 경쟁적 우위를 강화하기 위한 것이다.

또한 합작투자는 투자선 간의 항구적인 협력을 전제로 하여 형성되는 경직성을 갖는 기업 간의 결합인 데 반하여, 전략적 파트너십은 참여기업들이 각각 독립성을 유지하면서 연구개발·생산·마케팅·자원조달 등의 모든 기능면에서 기업능력을 결합하는 유연한 협력관계이다.

앞으로 전 세계적으로 기업 간의 전략적 제휴관계는 급증할 것으로 예상되므로 글로벌 시장에서의 경쟁은 더욱 치열해질 것으로 예상된다. 따라서 우리나라 기업들은 이를 주시하여야 하며, 기업의 글로벌 경쟁력을 강화하기 위해서 외국기업들과 다양한 제휴관계를 모색할 필요가 있다.

2-2 전략적 제휴의 촉진 요인

글로벌기업들이 국제적인 제휴를 전략적으로 활용하려는 사례가 늘어나는 이유는 자사의 경쟁우위를 이용하여 세계시장에서의 위치를 확고히 하거나, 다른 기업의 경쟁우위를 획득하여 자사의 경쟁력을 강화하려는 판단 때문이라고 할 수 있다. 이러한 글로벌 제휴를 촉진시키는 구체적인 요인으로는 기술적 측면의 변화, 고정비용의 증가, 시장의 세계화, 지역경제통합 등으로 볼 수 있다.

1) 기술개발

소비자의 선호가 다양화되고, 경쟁은 치열해지는 상황이 전개되면서 기업들은 경쟁에서 살아남기 위해 새로운 제품 개발을 위한 연구개발에 지속적인 투자를 한다. 기술개발에 대한 투자는 대규모일 뿐만 아니라 기술개발의 성공 여부도 불확실하다. 설혹 기술개발에 성공하더라도 모방 기술이 뒤따름으로 인해 지속적인 우위를 확보하기가 쉽지 않다. 따라서 글로벌기업은 새로운 기술개발을 위한 투자를 전개하면서도 독자적인 기술투자에 대한 위험을 줄이기 위해 다른 기업과의 제휴를 추진하게 된다.

2) 비용의 증가

범세계적 경쟁이 벌어지는 상황에서 글로벌기업은 연구개발비용뿐만 아니라 광고와 같은 마케팅 관련분야 등에 막대한 고정비용을 투입해야 한다. 또한 생산비를 절감하기 위해 생산방식을 자동화된 시스템으로 바꾸기 위한 비용에도 막대한 지출이 필요하다. 따라서 앞으로 기업의 경영활동은 경쟁력 확보를 위해 고정비용에 초점을 맞추는 방향으로 전개될 것으로 예상되기 때문에 글로벌기업들은 엄청난 고정비용에 대한 부담을 줄이기 위해 다른 기업들과의 제휴를 시도하게 될 것이다.

3) 시장의 세계화

대규모 기술개발 투자를 통해 신제품을 개발한 글로벌기업들은 대량생산을 통해 빠른 시간 내에 투자액과 이익을 회수하려고 한다. 대량생산을 통한 규모의 경제효과를 달성하기 위해서는 무엇보다도 판매가능한 시장의 다변화가 이루어져야 하는데, 글로벌기업들은 지리적으로 판매시장을 넓히기 위해 마케팅 능력이 있거나 판매시장을 확보하고 있는 다른 기업들과의 제휴를 적극적으로 추진한다.

4) 지역경제통합

최근 세계경제는 WTO 출범으로 세계시장 단일화 추세가 이루어지고 있는 동시에, 이러한 현상과 상반되어 EU나 NAFTA, APEC 등 지역경제통합이 심화되고 있다. 지역경제 블록화는 회원국들로 하여금 기술과 산업을 비회원국인 역외국으로부터 보호하기 위해 역외국가의 기업들을 차별적으로 대우하는 보호주의 성향의 정책을 추진하도록 만든다. 따라서 역외국들은 지역경제통합에 따른 차별의 손해를 극소화하기 위해 역내기업들과 적극적으로 제휴를 시도하게 된다.

5) 산업표준화

전략적 제휴를 맺는 이유 중의 하나는 기술의 표준화를 달성하기 위한 것이다. 자사가 신기술을 개발하더라도 시장에서 많은 기업들이 다른 기술을 채택하고 있다면 자사가 개발한 기술은 시장에서 사장될 가능성이 있다. 따라서 산업표준이 확립되지 못할 경우 기업이나 소비자 모두 혼란에 빠지게 되므로 산업에서 보편적으로 이용될 수 있는 표준기술에 따르는 제품을 개발하기 위해 다른 기업들과의 제휴를 추진하게 된다.

3. 전략적 제휴의 유형

3-1 제휴전략의 유형

넓은 의미에서의 글로벌 제휴전략 유형은 단독투자를 제외한 모든 해외시장진입전략을 말한다. 다만 합작투자가 지분 참여와 법인설립을 하는 데 비해, 글로벌 제휴전략은 합작투자를 포함하여 지분참여와 관계없이 사업이나 경영기능 부문 별 계약을 통한 모든 협력관계를 포함하는 넓은 의미이다.

즉, 글로벌 제휴전략은 ① 국적이 다른 둘 또는 그 이상의 기업들이 자본지분을 가지고 공동으로 운영하기 위해 법인을 설립하는 합작투자, ② 생산 라이선싱, 판매제휴, 프랜차이징, 기술제휴 등 중단기적인 계약적 협약, ③ 특정 신제품의 연구개발과 특정 해외시장의 공동침투를 목적으로 해서 일시적으로 협력하기 위한 단기협력계약 등으로 구분할 수 있다.

글로벌 제휴전략은 기업의 모든 활동분야에서 이루어질 수 있는데, 특히 기술, 조달, 생산, 판매활동에서 활발하게 이루어진다. 글로벌 제휴전략의 유형과 유형별 특징은 <표 8-2>와 같이 정리할 수 있다.

표 8-2	제휴전략의 유형과 특성		
유형	목적	종류	특성
기술제휴	기술의 공동개발과 상호 교환	공동기술개발, 기술도입 및 교환, 특허공유, 연구참여	• 기술력 격차 해소 용이 • 신기술 · 제품의 공동개발 • 생산 · 판매제휴로 발전
조달제휴	범세계적 조달활동으로 비용 절감 및 조달 원활화	생산위탁 · 수탁, 부품조달, 단순외주 가공	기업의 글로벌화와 연계
생산제휴	생산비 절감 및 자사 브랜드의 시장 지배력 강화	공동생산, 생산위탁 · 수탁, OEM, 세컨드 소싱	합작형태로 공동판매단계로 발전
판매제휴	상대국 시장접근 및 판매 강화	공동브랜드, 판매위탁, 공동규격 설정	판매지역 · 제품의 선택적 활용으로 Cross Marketing

자료: 전용욱 외, 「국제경영」, 문영사, 2003, p. 500.

3-2 제휴전략과 합작투자

제휴전략과 합작투자는 다음과 같은 점에서 유사한 전략이라 볼 수 있다.

첫째, 서로 다른 기업들이 공동의 목표를 추구하기 위해 자사들이 보유하고 있는 자원들을 합하여 시너지 효과를 추구하는 점이다.

둘째, 적합한 파트너의 선정과 파트너 상호간의 신뢰가 공동목표를 달성하는 데 중요한 점이다.

셋째, 갈등의 소지가 상존한다는 점이다.

그러나 두 가지 방식은 다음과 같은 점에서는 엄연히 차이가 난다.

첫째, 합작투자는 지분참여가 전제가 되는 반면, 전략제휴는 지분참여 없이도 협력이 가능할 수 있는 방안을 포함하므로 제휴전략이 합작투자보다 넓은 개념이라는 점이다.

둘째, 합작투자는 특정국 혹은 특정지역만을 목표로 성립되는 경우가 많은 반면, 제휴전략은 경쟁우위를 확보하는 것을 목표로 하므로 전 세계시장에서 다양하게 이루어지는 것이다.

셋째, 합작투자는 파트너들이 지속적인 협력을 전제로 이루어지는 경직적 협력관계인 데 비해, 제휴전략은 파트너들이 독립성을 유지하면서 다양한 경영기능에서 협력관계를 구축한다는 점에서 신축적인 협력관계라고 할 수 있다.

3-3 제휴전략의 성공조건

기업은 제휴전략을 통해 상호보완적인 경영자원을 활용함으로써 제휴의 장점을 극대화시켜 전략적 목적을 달성할 수 있다. 그러나 현실적으로 제휴전략이 성공할 확률은 높지 않아, 그 성공률이 산업에 따라 50%를 넘지 못하는 경우도 있다는 연구도 발표되었다. 이러한 제휴전략의 실패요인은 불분명한 제휴목적, 제휴파트너와의 경영문화 차이로 인한 갈등, 제휴파트너에 대한 불신 등으로 다양하다.

특히 국적이 다른 기업 사이의 전략적 제휴는 성공의 가능성이 더욱 낮아진다는 점을 감안할 때, 제휴전략의 성과를 높이기 위해서는 무엇보다 지역 혹은 제품상의 중복을 피하고 지분율에 관심을 기울여야 한다.

첫째, 제휴파트너를 선정 시 제휴파트너의 주요 시장과 제품이 자사와 중복되지 않도록 하는 것이 바람직하다. 즉, 자사와 제휴파트너가 동일한 지역에서 시장 점유율이 높으면 이런 제휴관계는 자칫 경쟁적인 갈등을 초래할 수 있기 때문에, 가급적 지역적 중복이 되지 않는 기업과의 제휴를 통해 갈등 관계를 피하면서 제휴에 따른 시너지 효과를 추구하는 것이 바람직하다. 또한 이와 같은 논리로 제휴 파트너와 제품이 중복되지 않도록 하는 것이 제휴의 성과를 높일 수 있게 된다.

둘째, 제휴파트너와 50 대 50의 동수 지분율을 가질 때가 불균등 지분일 때보다 제휴의 성공 확률을 높일 수 있다. 즉, 제휴파트너보다 지분을 많이 소유한 기업들은 경영의사 결정과정에서 자사의 의사를 관철하려는 의지가 강해 자칫 소수 지분을 가진 제휴파트너로 하여금 제휴에 대해 후회 내지 소극적 참여를 초래함으로써 제휴에 따른 시너지 효과를 실현하지 못할 수 있다. 이는 몰입성과 연관하여 설명할 수 있는데, 소유권이 불균등할 경우 소수지분을 가진 기업은 제휴를 성공적으로 이끌기 위해 열심히 경영에 참여하려는 성향이 낮아질 가능성이 있기 때문에 결과적으로 50 대 50의 소유권을 균등하게 보유하는 것이 제휴의 성과를 높일 수 있는 가능성이 크다.

글로벌경영전략과
경쟁전략

범세계화가 보편화되는 추세에서 글로벌기업들이 직면하고 있는 글로벌경영환경은 예전과 전혀 다르다. 글로벌기업은 최근 범세계화와 현지화라는 상반된 환경의 압력을 받고 있다. 따라서 글로벌기업은 이러한 상반된 상황에서 지속적인 경쟁우위를 확보하기 위해 효율적인 전략을 수립하는 것이 매우 중요한 과제로 대두되고 있다. 이 장에서는 글로벌기업들이 치열한 경쟁 환경에서 살아남기 위해 필요한 글로벌경영전략의 의미와 기본 과제, 구성요소를 살펴보고, 이를 바탕으로 한 구체적인 글로벌경쟁전략의 모델을 검토해 본다.

SECTION 01 글로벌경영전략

1. 글로벌경영전략의 의의

1-1 경영전략의 개념과 구성요소

1) 경영전략의 개념

전략(strategy) 혹은 경영전략은 경쟁을 전제로 하는데 만약 경쟁자가 없는 독점적 위치에 있다면 소비자들은 선택의 여지가 없으므로 기업은 자신의 제품을 팔기 위한 노력을 덜 하게 된다. 그러나 경쟁자가 생기면 기업은 경쟁자를 이겨야만 자기 제품이 판매가 되므로 경쟁자를 이기기 위해 필사적인 노력을 하게 된다. 이러한 기업의 노력을 경영전략이라고 할 수 있는데, 결국 경영전략은 경쟁에서 이기기 위한 수단과 방법을 말한다.

경영전략을 좀 더 구체적으로 정의하면 조직이 설정한 목표를 달성하기 위해 한정된 보유자원을 효율적으로 배분하는 최적의사결정 과정이라고 할 수 있는데, 이러한 경영전략은 크게 사업 분야를 결정하는 의사결정차원을 고려하여 기업전략(corporate strategy), 사업전략(business strategy) 혹은 경쟁전략(competitive strategy), 그리고 기능전략(functional strategy)의 세 가지로 구분된다.

2) 경영전략의 구성요소

한정된 자원을 가장 효과적으로 배분하고자 하는 경영전략은 크게 다음의 세 가지 구성요소로 이루어져 있다.

첫째, 사업영역의 결정문제이다. 사업영역의 결정은 시장의 매력도를 고려하여 기업이 보유하고 있는 장점을 최대한으로 활용함으로써 기업이 시장경쟁에서 가장 유리한 위치를 차지할 수 있도록 장기적으로 이익잠재력이 큰 유망한 사업 또는 업종을 선택하는 문제이다.

예를 들어, 어느 특정 대기업이 전자, 조선, 건설, 자동차 등 여러 사업영역(사업 포트폴리오)이 있다면 각 업종별로 시장의 매력도와 자사의 경쟁력 등을 고려하여 얼마나 유리한 또는 얼마나 열악한 위치에 있는지를 파악하여 가장 유리한 위치에 설 수 있도록 전략을 수립하여야 할 것이다. 이것을 그림으로 예시해 보면 <그림 9-1>과 같다.

그림 9-1　시장 포트폴리오

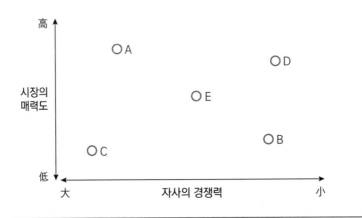

<그림 9-1>에서와 같은 경우 이 대기업은 전자산업에서 자사가 어디에 위치해 있는가를 파악해야 하고, A와 같은 유리한 고지를 점유하기 위해 어떠한 전략을 수립해야 하는가를 판단하여야 한다. 왜냐하면 기업의 장기적인 성장과 이익은 어떤 사업영역을 선택하느냐에 따라 결정적인 영향을 받게 되기 때문이다.

둘째, 지속적 경쟁우위의 확보문제이다. 지속적 경쟁우위의 확보는 기업이 선택한 업종, 즉 자사의 사업영역에서 자신의 경쟁력을 높이기 위한 경쟁의 우위를 확보하기 위한 문제이다. 경쟁우위의 대표적 형태는 어떻게 하면 경쟁사보다 싼값(low cost)으로 시장에 판매할 수 있느냐 하는 저가격 우위와 남보다 우수한 품질이나 특유한 품질(product differentiation)로 경쟁할 수 있느냐 하는 제품차별화 우위로 요약할 수 있다. 이와 같이 다른 기업이 가지지 않은 우위를 확보함으로써 경쟁에서 승리하여 성공기업으로 발전할 수 있다.

셋째, 경쟁력을 가장 잘 발휘할 수 있는 구체적인 실행계획의 문제이다. 이러한 실행계획에는 생산, 재무, 마케팅 등의 경영관리기능별 세부지침까지 마련되어야 한다.

이러한 세 가지 구성요소를 군사용어로 바꾸어 표현한다면, 사업영역의 결정문제는 '유리한 고지'의 확보문제라고 할 수 있으며, 지속적 경쟁우위의 확보문제는 '우세한 화력'의 보유문제라고 할 수 있다. 그리고 실행계획은 우세한 화력을 '언제, 어느 곳에, 어떠한 방식으로 퍼부을 것인가 하는 전술계획'의 문제라고 생각할 수 있다.[19]

사업영역의 결정문제는 장기적인 기업의 사활을 좌우하게 되기 때문에 전사적인 차원에서의 의사결정을 필요로 한다. 이에 비해 지속적 경쟁우위의 확보를 위해서는 특정한 사업 분야에서 자신의 강점을 최대한 유지할 수 있도록 사업별로 상이한 의사결정이 요구된다.

1-2 글로벌경영전략의 개념

기업의 활동 무대가 해외시장일 때는 국내시장을 대상으로 할 때보다 경영전략을 수립하고 실행하는 데 신중을 기해야 한다. 해외시장은 국내시장과 제반 환경이 상이한데다가, 경쟁상황까지 다를 수 있기 때문에 해외시장에서 경쟁력을 확보할 수 있는 전략을 수립하기가 쉽지 않다.

기업의 경영활동은 여러 가지의 하위활동으로 분류할 수 있는데, 대부분의 기업의 경우 경영활동은 시장조사로부터 시작해 연구개발, 제품디자인, 조달, 생산, 마케팅, 유통, 판매, A/S로 이루어진다. 기업은 경쟁력을 확보하기 위해 이러한 하위활동들이 효율적으로 이루어질 수 있도록 전략적 접근이 요구된다.

더욱이 세계시장을 대상으로 활동하는 글로벌 기업이 범세계화에 대한 상반된 압력에 대응해서 하위활동을 얼마만큼 집중 또는 분산 · 배치하고 어느 정도 조정 · 통합할 것인가를 결정하는 것은 중요한 의사결정 문제이다.

글로벌전략을 모색하는 기준은 구체적으로 크게 두 가지로 구분할 수 있다.

첫째, 생산, 연구 개발, 조달, 마케팅 등의 사업 활동을 국제적으로 어느 정도의 수준에서 집중 또는 분산 배치할 것인가 하는 것이다.

둘째, 분산 배치된 사업 활동들을 어느 정도의 수준에서 조정 · 통합할 것인가 하는 점이다. 따라서 분산 · 배치 혹은 조정 · 통합의 관점에서 봤을 때 글로벌전략의 개념은 기업의 하위활동을 활동별로 혹은 전체적으로 전 세계에 배치하여 글로벌한 관점에서 조정하는 것을 말한다.

이 두 가지의 조합은 결국 범세계화와 현지화의 압력이 어느 정도의 수준이냐에

---

19) 방호열, 「국제경영학」, 법문사, 1990, p. 367.

따라서 결정된다. 즉, 범세계화의 요구가 강하면 사업 활동을 한 장소에 집중해 통합의 정도를 높이고, 현지화의 필요성이 강하면 통합의 정도를 줄이고 분산 배치의 정도를 높이게 된다.

예를 들어, 글로벌 신발회사인 나이키사는 신발에 대한 주요 시장 소비자들의 동질적인 욕구를 포착하여 이를 충족시켜 줄 수 있는 디자인을 개발하고, 이 신발을 생산해낼 수 있는 곳에서 글로벌 아웃소싱을 한다. 그런 다음 마케팅, 광고, 판촉, A/S는 세계적인 관점에서 통제하고 조정하고 있다.

과거에는 글로벌기업의 경영방식은 기업의 모든 활동이 한 나라에서 이루어져야 한다는 관점에서 이루어졌으나, 최근 범세계화 추세에 따라 글로벌경쟁이 벌어지는 시점에서는 세계를 하나의 시장으로 보고 각각의 가치 창출활동을 세계적으로 배치하고 세계적인 관점에서 조정하는 글로벌전략이 힘을 얻고 있는 추세이다.

2. 글로벌경영전략의 과제

2-1 범세계화와 현지화

1) 압력 요인

기업이 해외시장에 진입하면서 직면하는 문제 중의 하나는 기업의 활동을 현지시장의 환경에 맞출 것인가 아니면 세계적인 관점에서 통합된 전략을 채택할 것인가에 대한 의사결정과정이다. 즉, 근래 들어 세계적으로 경영활동을 수행하는 기업은 진출지역의 특성에 맞는 현지화(localization)와 함께 규모의 경제를 달성할 수 있는 범세계화 혹은 글로벌화라는 이중적인 경영환경에 직면하고 있다.

범세계화의 압력은 사업 활동에 있어서 규모의 경제 필요성, 시장의 범세계화에 따른 소비자욕구의 동질화, 국가 간 무역장벽의 완화에 따른 자유무역의 확대, 정보통신산업의 발달에 따른 시장정보의 공유 등에 의해 높아지고 있다. 반면 현지화에 대한 필요성은 보호무역의 강화, 지역경제통합 심화, 국가마다 상이한 시장구조 및 제반 환경, 소비자의 이질적인 선호 등에 의해 요구되는 경향이 있다.

그림 9-2　범세계화와 현지화의 압력요인

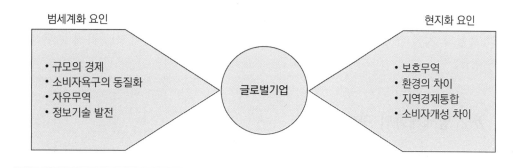

범세계화 요인

- 규모의 경제
- 소비자욕구의 동질화
- 자유무역
- 정보기술 발전

글로벌기업

현지화 요인

- 보호무역
- 환경의 차이
- 지역경제통합
- 소비자개성 차이

2) 압력 요인의 발생 현상

그런데 범세계화와 현지화라는 상반된 압력이 일정하게 발생하는 것이 아니라 국가와 지역, 또는 산업과 제품에 따라서 달리 나타난다.

실제로 범세계화의 필요성이 강조되는 산업은 표준화된 제품을 대량 생산하는 산업으로 제품수명주기 상 성숙단계에 들어선 CD플레이어나 전 세계에서 동일한 제품을 소비하는 메모리용 반도체 등을 들 수 있다. 이와 함께 최근에는 범세계화의 추세에 의해서 수요가 급속도로 동질화되는 경향이 가속화되고, 이에 따라 규모의 경제효과가 발생할 수 있는 산업의 수도 증가하고 있다. 예를 들어, TV, VTR, 전동공구와 같은 가전산업, 기계산업 등에서는 제품의 규격과 사양이 세계적으로 표준화되는 경향이 있다.

반면 범세계화 추세가 진전되는 환경 하에서도 국가 간에 엄연히 존재하는 사회적, 문화적 환경으로 인해서 기호품, 식품 등과 같은 산업에서는 현지시장 소비자들이 선호하는 맛에 맞도록 해야 하는 현지화에 대한 압력을 받게 된다.

그러나 동일한 산업이라 할지라도 범세계화와 현지화의 압력이 동시에 존재할 수도 있는데 대표적으로 자동차산업을 예로 들 수 있다. 자동차산업의 경우 만약 세계시장 전체를 대상으로 제품을 개발한다면 상당한 규모경제의 효과를 누릴 수 있지만, 자동차에 대한 소비자들의 욕구가 국가마다 상이하다는 점을 고려한다면 현지화에 대한 유인도 존재하는 것이 사실이다.

또한 동일한 산업이라도 기업의 전략에 따라 범세계화 혹은 현지화의 전략적 선택이 달라질 수 있다. 예를 들어, 우리나라의 자동차 회사는 세계시장에서 팔릴 수 있는 보편적인 모델을 개발하여 시장간 환경차이를 크게 감안하지 않는 반면, 미국의 GM사는 현지기업과의 합작을 통해 되도록이면 현지시장에서 요구하는 수요에 적응하려는 경영활동을 추구한다.

따라서 글로벌기업이 범세계화와 현지화에 대한 전략적인 선택을 위해서는 사업의 특성과 지역의 특성, 기업의 전략 등을 종합적으로 고려하여 신중하게 판단해야 한다.

2-2 범세계화의 장단점

범세계화와 현지화의 압력은 글로벌기업에게 상반된 이익과 비용을 초래하게 된다. 즉, 글로벌기업이 범세계화에 입각한 전략을 수행할 경우 얻을 수 있는 장점은 현지화를 수행할 때 얻을 수 없는 반면, 현지화를 추구하면서 얻을 수 있는 이익은 반대로 범세계화를 수행하면서는 달성하기 어렵게 된다는 점이다. 글로벌기업이 범세계화전략을 수행할 경우의 장단점을 간략하게 정리하면 다음과 같다.

1) 범세계화의 장점

① 비용절감: 다수의 시장에서 개별적으로 수행하는 가치활동을 통합적으로 조정함으로써 규모의 경제를 통한 비용을 절감할 수 있다. 예컨대 국가별 환경에 적응하기 위한 다양한 제품을 생산하지 않고 전 세계시장을 동질적으로 보고 소수의 글로벌한 제품에 집중적으로 생산함으로써 생산비를 절감할 수 있다.
② 이미지 제고: 세계시장에서 동일한 전략을 수행함으로써 글로벌한 기업이미지를 구축할 수 있게 되고, 세계소비자들 사이에 일체감을 조성할 수 있다.
③ 일관된 전략수립: 세계시장을 대상으로 동일한 전략을 수행할 경우 기업은 체계적이고 질서 있는 계획을 수립할 수 있다.
④ 고객의 충성도 제고: 세계시장에서 쉽게 구입할 수 있고, 서비스도 가능하며 소비자의 혼란도 없기 때문에 글로벌기업 혹은 그 기업이 생산·판매하는 제품에 대한 소비자들의 충성도를 높일 수 있다.
⑤ 자원의 효율적 이용: 글로벌한 소수의 제품생산에 집중할 수 있어, 자원이 한정된 기업 입장에서는 다양한 제품을 생산해서 발생할 수 있는 자원의 낭비를 줄일 수 있다.

2) 범세계화의 단점

① 현지시장 적응 곤란: 최근 범세계화 추세로 인해 각국 소비자의 선호수준이 비슷해지고 있기는 하지만, 언어 등 국가 간에는 극복할 수 없는 환경 차이가 존재하고 있다. 이러한 환경 차이로 인한 개별 시장의 특성을 무시하고 모든 시장을 대상으로 동일한 전략을 시행할 경우 현지시장에서 경영활동을 어렵게 만들 수 있다.

② 현지법인의 효율성 저하: 글로벌기업은 글로벌전략을 수행하기 위해 본사가 의사결정권한을 행사하는 것이 일반적이다. 이와 같이 본사로 의사결정권한이 집중화될 경우 현지자회사의 자율성이 저하되고 구성원들의 사기 혹은 동기부여에도 부정적인 영향을 미치게 된다.

3. 글로벌경영전략의 수립절차

특정 기업이 기업의 사명과 목표를 달성하기 위하여 앞에서 언급한 세 가지 경영전략의 핵심적 의사결정 문제를 효과적으로 다루기 위하여 실제 경영전략을 수립하는 데는 다음과 같은 체계적인 절차를 거치는 것이 바람직하다. 이러한 경영전략의 수립절차는 국내에서만 활동하는 기업이나 고도로 세계화된 글로벌기업이나 근본적으로 다를 바가 없다.

전략수립의 첫 번째 단계는 기업 내·외부의 환경 분석이다. 기업의 환경은 정치·경제·사회·문화·법률·기술적 환경 등의 일반적 환경과, 경쟁기업·잠재적 진출기업·구매자·공급자·대체품 등의 경쟁적 환경, 그리고 기업의 자원·조직·문화 등의 내부적 환경으로 구성된다.

이러한 환경 분석의 의의는 환경변화에 따른 기회와 위협, 그리고 이에 대처하기 위한 기업의 강점과 약점, 즉, 기업의 글로벌경쟁력에 관한 평가에 있다. 환경 분석에 있어서 특히 중요한 것은 특정 시장의 매력도와 당해 시장에서의 핵심성공요인, 즉, 특정 사업영역에서 성공하기 위해서 최소한으로 필요한 요소에 관한 것이다. 최적의 전략적 상황은 어떤 유망한 성장사업에서 자사가 핵심적 성공요인에 대해 강점을 가지고 있고, 경쟁기업들은 이러한 강점이 없거나 이러한 강점을 획득할 가능성이 없는 상황이라 하겠다.

철저한 환경 분석을 통해 사업영역이 결정되면 그 다음의 과제는 특정사업을 수행함에 있어서 지속적으로 우위를 확보하고 이를 강화하기 위한 전략대안의 개발이다. 치열한 글로벌경쟁에서 살아남기 위해서는 본원적 경쟁전략에서 범세계적 경쟁전략, 글로벌제휴전략, 해외시장진출전략 등에 이르기까지 다양한 차원에서의 적절한 전략대안의 개발이 요구된다.

전략개발의 다음 단계는 전략수행에 따른 비용과 효과를 고려하여 최적의 전략대안을 선정하고, 이를 실제로 활용하기 위한 세부적인 행동계획 또는 운용계획을 마련해야 한다. 이러한 세부운용계획에는 전략수립 초기단계에서 예측하지 못했던 환경변화에 대응하기 위한 비상계획(contingency plan)도 포함되어야 한다.

이러한 단계를 거쳐 일단 전략을 수행한 후에는 그 결과가 다시 차후의 전략수립과정에 반영되어야 함은 물론이다. 이러한 글로벌경영전략의 수립 및 실행절차를 <그림 9-3>과 같이 요약할 수 있다.

그림 9-3 글로벌경영전략의 수립 및 실행절차

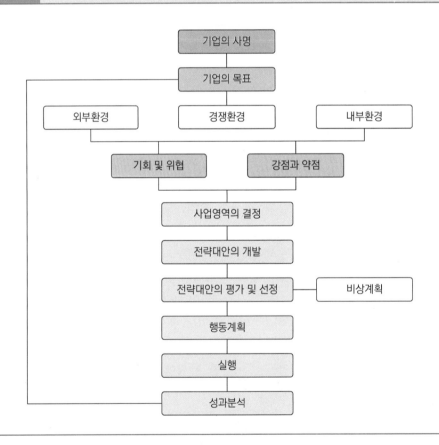

글로벌경쟁전략

1. 글로벌경쟁전략의 수립을 위한 기초개념

아무리 세계가 하나의 단일시장으로 변하더라도 기업은 각 국가마다의 상이한 시장구조와 서로 다른 선호도를 반드시 고려할 필요가 있으므로 기업이 범세계적인 경쟁에서 성공을 기약받기 위해서는 범세계화 속의 현지화라는 전략적 융통성을 중심으로 기업 자신의 경쟁우위와 각 국가들 간의 비교우위를 최적으로 결합할 수 있는 경쟁전략을 수립해야 할 것이다. 먼저 경쟁전략수립의 기반이 되는 가치사슬 및 본원적 경쟁전략에 대해서 간략히 살펴보고자 한다.

1-1 가치사슬

1) 가치사슬의 의미

기업이 세계화하여 성공적으로 기업을 운영하기 위해서는 기업의 제반 활동을 범세계적으로 통합할 수 있는 경쟁우위의 능력이 있어야 한다. 이 경쟁우위를 파악하기 위해서 포터(Porter)는 기업의 활동을 세분화시키고 있는데, 이렇게 세분된 기업 활동을 가치사슬(value chain)이라고 부른다.[20]

다시 말해서 가치사슬은 부가가치를 창출하는 기업 내 모든 가치 활동들이 연결된 체계이다. 따라서 가치사슬은 기업이 창출하는 모든 가치를 보여준다고 할 수 있다. 이러한 가치사슬의 구성요소를 보다 알기 쉽게 도표를 통해 살펴보면 <그림 9-4>와 같다.

---

20) M. E. Porter, *Competitive Advantage of Nations*, New York: The Free Press, 1990, pp.40-47.

그림 9-4   가치사슬

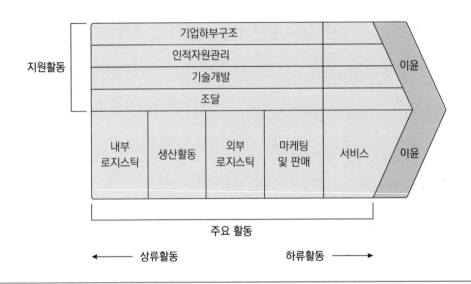

자료: M. E. Porter, *Competitive Advantage: Creating and Sustaining Superior Performance*, New York: The Free Press, 1985, P.37.

이 그림에서 주요 활동(primary activities)은 상품의 물리적 변화에 직접 관련된 기능을 수행하는 활동으로서 내부 로지스틱(logistic), 생산 활동, 외부 로지스틱, 마케팅 및 판매, 사후 서비스의 다섯 활동으로 구분된다.

여기서 내부 로지스틱은 원료공급원으로부터 자사 공장으로의 운송, 창고 보관, 화물의 하역 등을 뜻하며, 외부 로지스틱은 자사의 공장에서 소비자에게의 판매를 위한 유통센터 및 대리점 등으로의 운송, 창고보관 및 포장 등을 뜻한다.

그리고 지원활동(support activities)은 주요 활동을 지원하는 활동으로서 기업하부구조(일반관리, 회계, 법률, 재무, 전략적 계획, 기타 기업의 전반적 운영에 있어서 필수적인 활동), 인적자원관리(인력의 충원, 동기부여, 훈련, 개발), 기술개발(상품 및 제반 가치 활동을 개선하기 위한 노력이나 활동), 조달(원재료, 서비스, 기계 등의 구입)의 네 가지 활동으로 구성된다.

또한 가치사슬에서 하류(downstream)로 갈수록, 즉 그림에서 오른쪽으로 갈수록 소비자 또는 시장과의 접촉이 중요시되는 가치 활동이다. 그리고 상류 또는 왼쪽으로 갈수록 소비자와의 거리는 상대적으로 떨어진다고 볼 수 있다.

2) 가치사슬의 유용성

이와 같은 가치사슬은 경쟁우위 분석을 위한 도구로서 그리고 경쟁우위의 창출과 유지를 위한 도구로서 유용하게 활용된다.

즉, 한 기업의 전체적인 경쟁우위는 기업을 구성하고 있는 각 활동을 세분하여 살펴보아야만 각 활동 간의 연계관계에서 오는 경쟁우위요인을 명확히 할 수 있을 뿐만 아니라 다른 가치사슬(공급자, 경로, 구매자)과의 관계에서 오는 경쟁우위요인까지도 진단할 수 있다. 또한 가치사슬에 대한 이해는 경쟁우위를 창출하기 위하여 각 활동들의 질을 정의하고 이를 유지하기 위한 체제를 갖추는 데도 반드시 필요하다.

가치사슬의 주요 활동별로 기업의 경쟁우위를 결정짓는 요인들을 좀 더 세분화하여 구체적으로 살펴보면 <표 9-1>과 같다.

표 9-1   기업의 경쟁우위 결정요인

대분류	항목
경영자의 역할 및 전반 경영능력	경영자의 태도 및 경영철학, 성장의지, 경영체제개선 및 기업간 협력관계 유지, 시장환경변화에 대한 능동적 대처, 투자결정, 입지선정 및 대 정부 관계, 다각화 및 경쟁전략, 경영관리 경험축적 정도
인적자원관리능력	교육·훈련 및 노사관계, 숙련노동자의 확보 정도, 복지 후생
R&D 능력	모델선정능력 및 모델개발능력, 신제품개발체계, 제품라인 수 결정, 연구개발비 투자, 투자효율, 기술도입실적 및 기술축적 정도
조달능력	저렴한 자본조달비용과 조달가능성 정도, 자본구조, 원자재 확보용이성, 수입원의 전환가능성, 하청업체와의 협력관계 유지
생산능력	생산설비규모의 결정과 생산설비의 현대화 정도, 생산성, 가동률 및 생산공정의 개선, 생산성의 신축성과 생산기술, 생산공정과 관련된 조직화 및 부품의 표준화, 규모의 경제와 생산경험축적 정도
마케팅 능력	시장개척실적 및 마케팅 경험의 축적 정도, 시장세분화, 표준화, 현지적응화 정도, 현지유통능력, 가격전략, 촉진전략, 상표·상품에 대한 신뢰성 구축, 애프터 서비스, 해외시장정보 및 수용변화에 대한 유연성

자료: 이장로, 「한국 자동차산업의 국제경쟁력 분석 및 국제화전략」, 국제무역경영연구원, 1990, p. 50에서 적의 수정함.

1-2 본원적 경쟁전략

지속적 경쟁우위를 달성하기 위한 본원적 경쟁전략은 원가우위전략, 차별화전략 및 집중전략의 세 가지 유형 중에서 하나에 근거를 두고 있다. 이들을 알기 쉽게 그림으로 나타내 보면 다음의 <그림 9-5>와 같다.

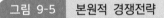

그림 9-5   본원적 경쟁전략

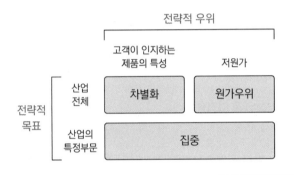

1) 원가우위전략

원가우위(cost leadership)의 본원적 경쟁전략은 기업의 생산성 향상 및 원가절감 효과로 여타의 경쟁기업보다 낮은 가격으로 경쟁에 임하는 것이다. 이러한 원가우위전략의 이론적 근거는 기업의 경험이 증대될수록 단위당 생산비는 감소한다는 경험곡선효과(learning curve effect)에서 찾을 수 있다. 하지만 원가우위를 성취하는 데에도 가치 활동을 어떠한 방법으로 수행하느냐에 따라 다른 방법도 얼마든지 있다는 사실을 명심할 필요가 있다.

원가상의 우위를 달성하기 위한 구체적인 방법으로는 적정규모의 설비, 경험축적에 의한 원가절감, 원가 및 총 경비에 대한 엄격한 통제, 연구개발, 서비스, 판매인력, 광고 등에 있어서의 원가최소화 노력 등을 생각할 수 있다. 그렇다고 원가우위전략이 반드시 모든 면에서의 비용최소화를 의미하는 것은 아니다.

예를 들어, 어떤 산업에서 선도적으로 원가상의 우위를 누리고 있는 기업은 막대한 광고비를 투입하고 있을 수도 있다. 다만 높은 매출액으로 인하여 단위당 광고비는 가장 낮은 수준에 머무르게 할 수 있는 것이다.

이러한 원가우위전략으로 성공을 거두고 있는 기업의 예는 한둘이 아니다. 실제로 적지 않은 수의 우리나라 기업들이 그동안 해외시장의 여러 산업에서 상당한 시장점유율을 유지하여 올 수 있었던 것은 바로 이러한 원가우위 전략에 기인한 것이라고 볼 수 있다.

2) 차별화전략

차별화(differentiation)전략은 특정 산업 전반에 걸쳐 그 기업이 무엇인가 독특하다고 인식될 수 있는 차별화된 제품이나 서비스를 창출해내는 본원적 전략이다. 차별화에는 고객에 대한 서비스, 디자인, 상표 이미지 및 기호, 평판 등 여러 가지 방법이 있을 수 있다. 차별화는 일단 성취하기만 하면 원가우위전략과는 또 다른 차원에서 시장지위를 방어하고 평균 이상의 수익률을 보장하는 효율적인 전략이다.

차별화 전략으로 성공한 기업의 예로 롤렉스시계는 고급 디자인과 성능, 그리고 차별화된 브랜드로 성공하였고, 스타박스는 최고의 평판으로 성공하였으며, 벤츠자동차는 엔지니어링, 디자인과 성능으로 성공하였다. 그러나 대부분의 우리나라 기업들은 독특한 경쟁우위의 부재로 차별화전략을 통한 세계시장 확보를 추구하는 데 많은 어려움을 겪고 있다.

3) 집중전략

집중(focus)전략은 특정 세분시장을 다른 어떤 경쟁기업보다도 효과적이고 효율적으로 집중 공략하는 본원적 경쟁전략이다. 이러한 집중전략은 산업 전체를 대상으로 하고 있는 앞서의 두 전략과는 달리 특정 시장에만 집중한다는 데서 그 차이점을 찾을 수 있다.

따라서 집중전략을 채택하고 있는 기업은 특정 시장을 대상으로 하여 이들의 욕구를 만족시키는 차별화전략을 추구하든지, 아니면 원가를 낮춤으로써 당해 시장부문에 대한 우위를 지켜 나갈 수 있다. 집중전략을 통해 산업평균 이상의 수익을 올리고 있는 기업들도 우리 주위에서 쉽게 찾아볼 수 있다.

차별적 집중화전략의 예로, SK하이닉스는 반도체 사업 중 메모리 사업에 집중하여 성공하였으며, 인텔은 반도체 사업 중 비메모리 사업에 집중하여 경쟁자와 차별화된 역량을 통해 성공하였다. 원가 집중화 전략의 예로, 다이소(daiso)는 잡화점에서 가격 대비 성능(가성비)에서 우위를 확보하여 연평균 30%에 가까운 성장세를 보이고 있다.

이상에서 살펴본 세 가지 본원적 전략은 <표 9-2>에 나타난 바와 같이 여러 가지 면에서 차이점을 지닌다. 이 표는 기업이 이들 본원적 전략을 성공적으로 수행하기 위해서는 상이한 자원과 기술이 요구된다는 것을 보여준다. 또한 이들은 서로 다른 조직과 통제시스템을 수반하게 됨을 알 수 있다.

따라서 특정 기업이 성공하기 위해서는 어느 한 가지 전략을 지속적으로 추구하는 것이 바람직하다. 만일 세 가지 전략 중 어느 하나도 아직 수행하지 못하는 어중간한 상태에 있는 기업은 아주 어려운 상황에 처하게 된다. 즉, 이러한 기업은 대부분 낮은 수익성으로 고전을 면치 못하게 됨으로써 낮은 가격을 요구하는 대규모 고객을 잃거나 원가우위 또는 차별화를 달성하고 있는 경쟁기업에 밀려 결국은 도태되어 버리게 된다.

표 9-2 세 가지 본원적 경쟁전략의 특징

전략유형	기술과 자원	조직요건
원가우위전략	• 지속적인 자본조달과 자본투자 • 공정기술 • 노동력에 대한 집중적 감독 • 제조가 용이하게 설계된 제품 • 유통시스템의 원가절감	• 철저한 원가관리 • 빈번하고 자세한 통제보고 • 구조화된 조직과 책임
차별화전략	• 강력한 마케팅능력 • 제품기술 • 창의적 재능 • 기초연구분야의 우수한 능력 • 기업의 명성과 오랜 경험 • 유통경로로부터의 협조	• 연구개발, 마케팅분야의 상호조정 • 고도로 발달된 기술, 과학자, 창의적 인재를 유인할 수 있는 좋은 분위기
집중전략	특정 시장에 대한 이상의 전략들의 결합	특정 전략목표에 대한 이상의 전략들의 결합

자료: 조동성, 「21세기를 위한 국제경영」, p. 256에서 적의 수정함.

2. 글로벌경쟁전략의 유형

일반적으로 볼 때 각 국가들 간의 특유한 비교우위는 기업의 가치사슬상의 특정한 활동들을 어느 국가에서 수행하는 것이 유리한지를 의사 결정하는 데에 중요한 역할을 한다. 그리고 차별화 우위 또는 원가 우위로 대변되는 기업 특유의 경쟁우위는 가치사슬상의 여러 활동들 중에서 어느 활동에 자사의 자원과 노력을 집중하여 경쟁력을 확보하느냐 하는 의사결정에 중요한 역할을 한다. 이하에서는 이에 대해 좀 더 구체적으로 연구·개발된 기업의 범세계적 경쟁전략의 유형들에 대해 알아보기로 한다.

2-1 가치 활동의 배치 · 조정에 따른 글로벌경쟁전략

앞에서 살펴본 바와 같이 가치사슬은 글로벌경쟁전략의 개발에 매우 유용한 안목을 제공해 준다. 이는 가치 활동의 형태에 따라 경쟁양상도 달라지고, 따라서 경쟁전략도 달라지기 때문이다. 다시 말해서 하류활동은 구매자와의 근접성이 중요하므로 이러한 가치 활동으로부터 파생되는 경쟁우위는 국가 특유의 성격을 지니게 된다.

예를 들면, 기업의 명성, 상표, 유통 및 서비스망 등의 경쟁우위는 주로 특정 시장국에 있어서의 기업의 활동에 의해 파생되므로 타 기업의 입장에서 볼 때는 진입하기 어렵고, 또 진입해도 경쟁에서 이기기 어려운 장벽의 역할을 하게 된다. 이에 비해 상류활동(upstream activities)과 지원활동은 단일국가의 시장이 아니라 기업이 활약하고 있는 전체 국가의 시장 시스템에서 자라나게 된다.

이러한 맥락에서 하류활동이나 구매자와 연계된 활동이 경쟁우위의 형성에 중요한 산업은 대체로 국별로 글로벌경쟁이 벌어지는 양상을 띠게 되는 것이 보통이다. 서비스 산업이 이의 대표적인 예이다. 그러나 기술개발이나 운영 등과 같은 지원활동 내지 상류활동이 경쟁우위의 형성에 중요한 역할을 하는 산업은 글로벌경쟁이 보편적인 현상이다.

이러한 가치창출활동과 경쟁우위와의 관계를 고려할 때, 기업이 범세계적으로 어떠한 경쟁전략을 펼쳐나갈 것인가 하는 관점에서 가치창출활동을 다음의 두 가지 중요한 차원에서 조명해 볼 수 있다.

첫째, 배치(configuration)의 문제이다. 이는 세계의 어디에서, 또 얼마나 많은 곳에서 각각의 가치 활동이 수행되는 것이 바람직한가를 의미한다.

둘째, 조정(coordination)의 문제이다. 이는 상이한 시장국에서 수행되는 가치 활동을 어느 정도나 유사하게 또는 연관이 되도록 서로 조정할 것인가와 관련된 것이다.

먼저 가치 활동의 배치와 관련하여 기업들이 취할 수 있는 대안은 집중과 분산으로 나눌 수 있다. 여기서 집중이란 연구개발이나 생산 등의 특정한 가치 활동을 한 개 또는 소수의 입지에서 수행하여 세계시장을 상대하는 것을 뜻한다. 한편 분산이란 당해 활동을 거의 모든 시장국가에서 수행함을 의미한다. 극단적인 분산의 경우 모든 시장국가에서 완벽한 가치사슬을 보유할 수도 있다. 그러나 오늘날에는 가치창출활동별로 몇몇 나라에 집중시키는 기업들이 늘어나고 있다.

다음으로 조정의 측면에서 기업은 조정수준을 높게 할 수도 있고 낮게 할 수도 있다. 극단적인 예를 들어, 한국과 미국, 그리고 영국에 세 개의 생산 공장을 가지고 있는 기업의 경우, 세 개의 공장을 완전히 자율적으로 운영할 수도 있다. 반면에 이 기업은 똑같은 정보시스템, 똑같은 생산 공정, 똑같은 부품과 규격 등을 사용하는 방식으로 각 공장에서 가치창출활동을 철저하게 조정할 수도 있다.

포터(Porter)는 범세계적인 관점에서의 다양한 가치 활동의 적절한 배열과 조정을 통한 범세계적 경쟁전략에서 원가 우위 또는 기업 특유의 차별적 경쟁우위가 창출되며, 이러한 경쟁우위가 세계시장에서의 성패를 좌우한다고 지적하고 있다.[21]

그러면 가치 활동의 배열과 조정이라는 관점에서 기업들이 택할 수 있는 전략대안에는 어떠한 것들이 있는가? <그림 9-6>은 가치 활동의 지역적 집중화 또는 분산화, 그리고 가치 활동의 조정수준의 높고 낮음이라는 두 가지 차원을 기준으로 글로벌경쟁전략의 대안을 예시한 것이다.

<그림 9-6>에 나타난 바와 같이 가치 활동의 배열과 조정을 통하여 기업이 택할 수 있는 글로벌경쟁전략의 대안은 다음의 네 가지 유형으로 나눌 수 있다.[22]

그림 9-6 가치 활동의 배치·조정에 따른 글로벌경쟁전략

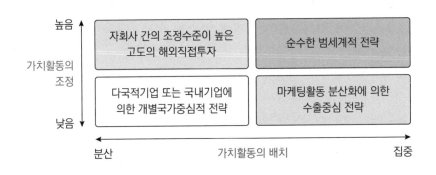

자료: M. E. Porter, "Competition in Global Industries: A Conceptual Framework," in M. E. Porter(ed.), *Competition in Global Industries*, Harvard Business School Press, 1986, p.28.

---

21) M. E. Porter, "Competition in Global Industries: A Conceptual Framework," in M. E. Porter(ed.), *Competition in Global Industries*, Harvard Business School Press, 1986, pp.1-60.
22) 조동성, 「21세기를 위한 국제경영학」, 서울경제경영, 2007, p. 275; 국제경영연구회, 「글로벌 시대의 국제경영」, 문영사, 2000, pp. 252-54.

1) 순수한 범세계적 전략

기업이 택할 수 있는 글로벌경쟁전략의 하나는 가치 활동을 지역적으로 집중시키되 가치 활동의 조정을 철저히 수행하는 것이다. 이는 가장 단순한 범세계적 전략으로 가능한 한 기업 활동의 많은 부분을 특정국에 집중시키고 구매자 근처에서 수행해야 할 활동들은 표준화를 통해 엄격히 조정하는 것이다.

이러한 전략은 1960년대와 1970년대에 걸쳐 토요타(Toyota)를 비롯한 일본기업들에 의하여 많이 채택되었다. 복사기 제조업체인 제록스(Xerox)의 경우도 최근까지 R&D 활동은 미국에 집중시켰으며, 여타 활동은 세계적으로 분산시켜 합작투자 등을 통해 수행하였다. 그러나 조정수준이 높아 제록스 상표, 마케팅, 서비스 절차 등은 거의 전 세계적으로 표준화되어 있었다. 이는 원가 우위를 달성하는 데 유용한 전략이라 할 수 있다.

2) 수출중심전략

이는 가치 활동을 지역적으로 집중시키되 가치 활동의 조정은 별로 하지 않는 전략이다. 즉 순수한 범세계적 전략처럼 기업의 가치사슬 중 규모의 경제에 민감한 기능들은 가급적 한 지역으로 집중시켜 관리하고, 최소한으로 현지화에 필요한 마케팅활동만을 분산시켜 각 지역별 적응의 요구에 부응하고자 하는 수출 위주의 전략이다.

3) 고도의 해외직접투자전략

이 전략은 가치 활동을 지역적으로 분산시키는 한편, 분산된 가치 활동의 조정을 철저하게 중앙에서 통제하는 전략이다. 이러한 전략을 수행하는 기업은 보통 해외직접투자를 통해 세계 여러 지역에 자회사를 설립하고, 각 지역의 자회사를 강력하게 통제하여 하나의 기업으로 묶는 방법을 사용한다.

4) 개별국가중심전략

이는 가치 활동을 지역적으로 분산시키면서 가치 활동의 조정은 별로 하지 않는 전략이다. 이는 국내기업이나 개별국가 중심적인 전략을 택하고 있는 글로벌기업들에게서 흔히 찾아볼 수 있는 전략유형이다.

이상의 네 가지 전략은 가치 활동의 조정과 배열의 극단에 위치한 전략으로 가치 활동의 구체적인 조정수준과 지역적 집중화의 정도에 따라 글로벌경쟁전략을 수행하는 기업의 위치가 정해지게 된다.

2-2 경쟁범위와 시장점유율 목표에 의한 글로벌경쟁전략

어떤 산업이 범세계적 산업으로 변모하는 추세에 있다고 하여 당해 산업의 모든 기업들이 반드시 범세계적인 차원에서 경쟁전략을 수행해야 한다는 것은 아니다. 그러한 산업 내에서도 지역, 제품, 기술적 특성이 다른 세분시장이 존재함에 따라 국별 접근방법이 효과적인 경우가 있다.

이러한 맥락에서 지리적 경쟁범위와 시장점유율 목표에 따라 글로벌경쟁전략 대안을 살펴보면 다음과 같다.[23]

1) 범세계적 고점유율 전략

이 유형의 전략을 채택하는 기업은 일반적으로 원가 우위를 가지고 시장에 진출하여 시장점유율을 확보하는 전략을 펴는데, 이 전략을 추구하는 기업들은 당해 산업에서 거대기업에 속하는 것이 보통이다. 예를 들어 셸(Shell), 제너럴 모터스(General Motors), IBM 등과 같은 대규모 글로벌기업들이 이러한 경쟁전략을 구사하고 있으며, 이들 기업은 경쟁자와 시장기회를 범세계적인 차원에서 파악하고 있다. 이들의 글로벌경영활동은 세계시장에서 높은 점유율을 차지하기 위해 가치 활동을 범세계적으로 배치하고, 고도의 통합 및 조정을 통해 이루어지게 된다.

2) 범세계적 적소전략

사업의 정도에 따라 차이는 있겠지만 세계시장점유율을 획득하는 데 요구되는 기업자원을 모두 가지고 있는 기업은 그다지 많지 않다. 그러므로 일반적으로 한 기업은 자사의 특화된 기술 및 제품을 갖고 시장에 진출하게 된다. 그러므로 이 전략은 시장을 세분화하여 세분된 시장에서 자사의 경쟁우위를 확보하는 전략이다. 비록 범세계적 안목을 가지고는 있으나 기업자원이 충분치 않은 기업들은 보통 시장 적소(market niche), 즉 전문화된 세부시장에 전략의 초점을 맞추게 될 것이다. 'niche'는 틈바구니 사이에 끼어든다는 뜻으로 여러 시장 가운데 자사에 꼭 맞는 틈

---

23) 국제경영연구회, 「글로벌 시대의 국제경영」, pp. 254-56.

을 찾아 아늑하고 편한 자리를 차지한다는 뜻이다.

3) 국별 고점유율전략

이 전략은 전 세계를 대상으로 하는 전략이 아니라 국별로 자사의 경쟁우위를 확보해 나가는 전략이다. 보통 이 전략을 추구하는 기업은 현지국에 근거한 경쟁우위를 통해서 당해 시장국 내의 점유율을 제고하는 데에 주력하게 된다. 이러한 전략에서 마케팅 목표와 구체적인 마케팅 프로그램은 당해 국내의 다른 경쟁자들보다 높은 매출액과 낮은 비용을 달성할 수 있도록 계획된다.

그러나 국별 고점유율전략이 성공을 거두기 위해서는 범세계적인 차원에서 대규모의 영업활동을 벌이고 있는 기업들에게 어떻게 대항하는가가 관건으로 남게 된다. 따라서 이러한 전략을 추구함에 있어서는 국별 진입장벽, 현지국 정부의 지원, 현지시장상황에 대한 긴밀한 접촉과 지식, 현지여건에 대한 유연성을 최대한 활용할 필요가 있다.

4) 국별 적소전략

이 전략은 특정 국내의 환경 내에서 고도의 전문성을 갖추고, 이러한 고도의 전문성을 기반으로 다른 경쟁기업들과 경쟁해 나가는 것이다. 특히 이러한 전략을 추구하는 기업의 목표시장은 다른 대기업들이 탐내게 됨으로써 직접적인 경쟁을 유발할 우려가 없을 만큼의 적정한 규모인 것이 바람직하다.

이러한 전략을 추구함에 있어서도 국별 고점유율전략의 경우와 같이 관세, 정부의 우대조치 등의 국별 진입장벽을 최대한 활용할 필요가 있다. 또한 이 전략을 효과적으로 수행하기 위해서는 초기단계에 해외에 직접 투자하여 직접 그 나라에 들어가 현지국의 정치 및 경제 환경에 적응할 필요가 있다.

지금까지 설명된 경쟁범위와 시장점유율 목표에 의한 글로벌경쟁전략의 유형을 그림으로 나타내면 <그림 9-7>과 같다.

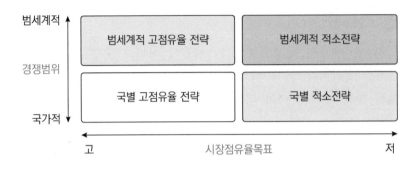

| 그림 9-7 | 경쟁범위와 시장점유율 목표에 의한 글로벌경쟁전략의 유형 |

자료: J. C. Leontiades, *Multinational Corporate Strategy: Planning for World Markets*, Lexington, Mass,: D. C. Heath & Co., 1985, p. 53.

2-3 경쟁범위에 따른 글로벌경쟁전략

경쟁범위는 기업이 경쟁하는 데 있어서의 활동의 폭을 의미한다. 경쟁의 범위를 어떻게 선택하는가에 따라 4가지 유형의 경쟁전략으로 구분된다.

먼저 범세계적 저원가·차별화전략은 광범위한 제품라인에서 경쟁하기 위해서 기업의 가치 활동을 지역적으로 집중하고, 지역적으로 집중된 가치 활동을 강력하게 통제하는 형태의 전략이다. 즉, 각 개별시장을 독립된 개개의 시장으로 보지 않고 하나의 범세계적 시장으로 보고 원가우위전략 또는 차별화전략을 수립하여 시행한다.

두 번째, 범세계적 세분화전략은 자동차산업의 벤츠와 같이 특정세분시장을 대상으로 하여 범세계적 경쟁전략을 추구하는 것이다. 즉, 기업의 자원이 한정되어 있을 경우 범세계적 시장의 특정시장을 목표시장으로 하는 전략이다.

세 번째, 보호된 시장침투전략은 관세, 쿼터, 수출자율규제, 보조금 등을 통하여 정책적으로 보호를 받는 산업 내에서 광범위한 세분시장을 대상으로 하는 전략이다. 한 국가 안에서의 경쟁이 여타 국가에서의 경쟁에 무관한 식품산업과 같은 산업에서 수행되는 전략이다.

마지막으로 현지시장 적응전략은 현지국의 독특한 시장상황으로 인하여 생겨나는 세분시장에 선별적으로 진출하는 전략이다. 특정국가 내의 수요가 어느 정도 클 때 그리고 제품, 유통경로, 광고 등의 면에서 국가별 차이가 상당히 존재할 때 추구된다.

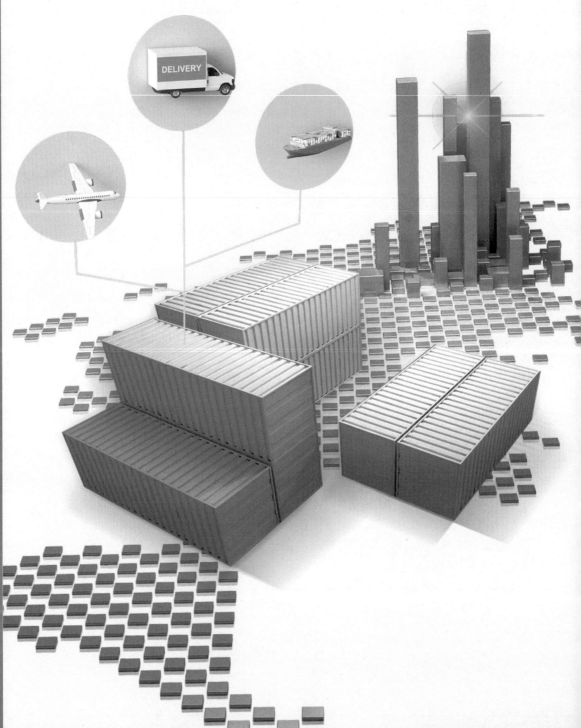

PART

03
무역실무분야

무역의 관리와 형태

무역은 물품을 사고파는 국가 간의 거래이다. 무역의 자유화는 국제
협조의 제1원칙이지만 대부분의 국가들은 자국의 경제발전을 위해
대외무역을 관리한다. 우리나라의 경우도 국제수지의 균형과 통상의
확대를 도모할 목적으로 여러 가지 무역관계법규를 통해 대외무역을
관리하고 있다. 따라서 우리나라에서의 모든 무역거래는 무역관계법
규에서 규정한 질서와 범위 내에서 이루어진다. 이 장에서는 먼저 우
리나라 무역관리의 기본법인 대외무역법에서 규정하는 수출입의 정
의, 무역거래자, 수출입물품 등에 관해서 살펴보고, 무역의 여러 가지
형태와 전자무역에 대해서 알아 보고자 한다.

SECTION 01 무역의 관리

1. 무역관리의 의의

무역은 한 나라의 경제발전에 많은 영향을 미치기 때문에 대부분의 국가들은 대외무역을 관리하고 있다. 국가가 무역거래에 개입하여 대외무역의 질서를 유지하고 자국의 경제정책에 맞추어 수출을 촉진하고 수입을 적정하게 조정하는 것을 무역관리라 한다.

일반적으로 부존자원이 빈약한 국가나 개발도상국들은 대외무역의 효율적 관리를 통해 자국의 경제발전을 도모한다. 즉 국제수지를 개선하고 국내유치산업을 보호하기 위해 수출진흥, 수입제한 등과 같은 정책을 통해서 대외무역을 관리한다. 또한 선진국들도 자국의 경제발전을 목적으로 대외무역을 어느 정도 조정하고 있다. 우리나라의 경우 대외무역을 진흥하고 공정한 수출입 거래질서를 확립하여 국제수지의 균형과 통상의 확대를 도모함으로써 국민경제의 발전에 이바지함을 목적으로 대외무역을 관리한다.

그러나 오늘날의 무역관리는 무역자유화라는 국제적 논리에 따라 무역거래를 제한하는 관리 형태는 가급적 최소화하려는 경향이 있다. 따라서 무역관리를 통한 정부의 정책은 억제 또는 제한적인 것보다 오히려 공정한 거래질서를 유지하고 국제무역의 효율성을 기하려는 자율적인 형태를 띠고 있다.

2. 무역관계법규

무역거래는 무역관계법규에서 규정한 거래질서와 범위 내에서 이루어진다. 우리나라의 경우 대외무역법, 관세법 및 외국환거래법이 무역의 3대 기본법으로서 무역관리의 근간을 이루고 있고 그 밖의 관련 법규들이 있다.

2-1 대외무역법

대외무역법은 우리나라의 대외무역거래를 전반적으로 조정하기 위한 기준법으로서 1986년 12월 31일부터 시행되고 있다. 아울러 대외무역법에서 위임된 사항과 그 시행에 따른 필요 사항을 정하기 위해 대외무역법시행령 및 대외무역관리규정이 시행되고 있다. 따라서 우리나라의 대외무역법령은 대외무역법, 대외무역법시행령 및 대외무역관리규정으로 구성되어 있다.

대외무역법은 대외무역을 진흥하고 공정한 거래질서를 확립하여 국제수지의 균형과 통상의 확대를 도모함으로써 국민경제의 발전에 이바지함을 목적으로 한다(대외무역법 제1조).

현행 대외무역법이 지니는 특징을 살펴보면 다음과 같다.

첫째, 대외무역법은 대외무역에 관한 일반법이며 기준법으로서 헌법 제125조 "국가는 대외무역을 육성하며 이를 규제·조정할 수 있다."는 규정에 따라 제정되었다.

둘째, 대외무역법은 대외무역의 자유화를 원칙으로 한다. 통상의 확대를 통한 국민경제의 발전을 도모하기 위하여 모든 품목의 수출과 수입은 자유롭게 이루어지도록 한다. 다만, 수출은 수출자율규제나 국내수급의 조정이 필요한 경우, 수입은 1차산품이나 불요불급의 사치품인 경우 예외적으로 규제한다.

셋째, 대외무역법은 자유롭고 공정한 무역을 원칙으로 한다. 정부는 헌법에 의하여 체결·공표된 무역에 관한 조약과 일반적으로 승인된 국제법규가 정하는 바에 따라 자유롭고 공정한 무역이 이루어지도록 한다.

넷째, 대외무역법은 국제성의 인정 및 제한의 최소한을 원칙으로 한다. 대외무역법은 국제상관습법이나 국제조약을 준수하며, 국제법규나 국제협정에 무역에 관한 제한 규정이 있을 경우에는 최소한의 범위 내에서 운영되도록 한다.

마지막으로, 대외무역법은 수출입질서와 대외신용의 유지 및 향상을 중요시한다. 수출입질서 유지를 위한 협약을 체결하고, 불공정 수출입행위를 금지시키는 등의 수출입 질서와 대외신용의 유지·향상을 위해 적극적인 역할을 하고 있다.

2-2 기타 무역관계법

1) 관세법

관세법은 관세의 부과와 징수, 수출입물품의 통관 등을 적정하게 하고 관세수입을 확보함으로써 국민경제의 발전에 기여하기 위한 법이다.

2) 외국환거래법

외국환거래법은 외국환거래와 그 밖의 대외거래의 자유를 보장하고 시장기능을 활성화하여 대외거래의 원활화 및 국제수지의 균형과 통화가치의 안정을 도모함으로써 국민경제의 건전한 발전에 이바지함을 목적으로 한다.

3) 수출용 원재료에 대한 관세 등 환급에 관한 특별법

이 법은 수출용 원재료에 대한 관세 등의 환급을 적정하게 함으로써 능률적인 수출지원과 균형 있는 산업발전에 이바지하기 위하여 관세법 등에 대한 특례를 규정함을 목적으로 한다. 약칭으로 관세환급특례법이라 한다.

4) 무역보험법

이 법은 무역이나 그 밖의 대외거래와 관련하여 발생하는 위험을 담보하기 위한 무역보험제도를 효율적으로 운영함으로써 무역과 해외투자를 촉진하여 국가경쟁력을 강화하고 국민경제발전에 이바지함을 목적으로 한다.[1]

3. 수출과 수입의 정의

3-1 수출의 정의

수출은 일반적으로 상품을 외국에 매각하는 행위라고 할 수 있지만 우리나라 대외무역법에서는 다음 각 목의 어느 하나에 해당하는 경우를 수출로 정의하고 있다 (대외무역법시행령 제2조 3).

　가. 매매, 교환, 임대차, 사용대차, 증여 등을 원인으로 국내에서 외국으로 물품이 이동하는 것(우리나라의 선박으로 외국에서 채취한 광물 또는 포획한 수산물을 외국에 매도하는 것을 포함한다)

　나. 보세판매장에서 외국인에게 국내에서 생산(제조 가공 조립 수리 재생 또는 개조하는 것을 말함)된 물품을 매도하는 것

---

1) 무역보험제도는 해외거래에서 발생하는 정치적 위험이나 신용위험으로 인하여 해외거래자가 입게 되는 손실을 보상해 주는 비영리 정책보험을 말한다.

다. 유상으로 외국에서 외국으로 물품을 인도하는 것으로서 산업통상자원부장관이 정하여 고시하는 기준에 해당하는 것

라. 거주자가 비거주자에게 산업통상자원부장관이 정하여 고시하는 방법으로 대통령령이 정하는 용역을 제공하는 것

마. 거주자가 비거주자에게 정보통신망을 통한 전송과 그 밖에 산업통상자원부장관이 정하여 고시하는 방법으로 전자적 형태의 무체물을 인도하는 것

이상의 정의를 크게 구분해 보면 우리나라의 물품이 우리나라에서든 외국에서든 외국으로 이동하는 것, 우리나라에 거주하는 자가 그렇지 않은 자에게 용역을 제공하거나, 전자적 형태의 무체물품을 전송 혹은 인도하는 것이다.

1) 물품의 외국으로의 이동

대외무역법에서는 우리나라의 물품이 외국으로 이동하는 것을 수출로 정의하면서, 첫째, 이동하는 원인을 구체적으로 명시하였고, 둘째, 이동하는 장소를 명확하게 확정하였다. 수출거래가 복잡 다양화되고 특수화됨에 따라 물품의 매매뿐만 아니라 교환, 임대차, 사용대차, 증여 등도 수출의 범위에 포함시켰다.[2] 또한 우리나라 선박이 공해상이나 외국의 영해에서 채취 또는 포획한 광물이나 수산물 등을 현지에서 매각하는 것도 그 물품이 우리나라에 속한 것이고 매매에 의해서 외국으로 인도되는 것이기 때문에 수출로 간주되고 있다.

물품이 우리나라에서 외국으로 이동하는 것뿐만 아니라, 우리나라 내의 보세판매장(외국으로 출국하는 자 등에게 물품을 판매하는 특허보세구역의 일종)에서 외국인에게 물품을 판매하는 것도 수출에 포함된다. 보세판매장이 우리나라에 설치되어 있어 비록 물품이 우리나라 내에서 이동하지만 곧 외국으로 나가는 것으로 간주하고 수출로 보는 것이다.

그리고 외국에 있는 우리나라의 물품을 외국으로 인도하는 것도 수출로 간주된다. 외국에 있는 우리나라 물품을 제3국으로 수출할 때는 외국에서 외국으로 직접 이동하는 것이 편리하기 때문이다. 따라서 해외건설에 사용했던 기자재 등을 현지에 판매하는 것도 수출로 간주된다.

---

2) 사용대차는 당사자의 일방이 무상으로 사용·수익을 한 후 돌려주기로 약속하고 상대방으로부터 물품을 인도받는 계약을 말하는데, 무상이라는 점에서 임대차와 구분된다. 무상으로 그림을 빌려서 전시회를 개최한 후에 반환하는 것은 사용대차에 해당된다.

2) 거주자의 비거주자에 대한 용역의 제공

수출은 물품과 같이 유체물의 이동만 의미하는 것이 아니라 거주자가 비거주자에게 서비스, 지적재산권 등 무형의 용역을 제공할 경우에도 수출로 간주된다. 대외무역법에서는 다음과 같은 두 가지 경우를 수출로 간주되는 용역으로 규정하고 있다(대외무역법시행령 제3조).

첫째, 다음에 해당하는 사업을 영위하는 자가 제공하는 용역은 수출로 인정된다.

가. 경영 상담업

나. 법무 관련 서비스업

다. 회계 및 세무 관련 서비스업

라. 엔지니어링 서비스업

마. 디자인

바. 컴퓨터시스템 설계 및 자문업

사. 「문화산업진흥기본법」에 따른 문화산업에 해당하는 업종

아. 운수업

자. 「관광진흥법」에 따른 관광사업에 해당하는 업종

차. 그 밖에 지식기반용역 등 수출유망산업으로서 산업통상자원부장관이 정하여 고시하는 업종

둘째, 국내의 법령 또는 대한민국이 당사자인 조약에 의하여 보호되는 특허권·실용신안권·디자인권·상표권·저작권·저작인접권·프로그램저작권·반도체집적회로의 배치설계권의 양도, 전용실시권의 설정 또는 통상실시권의 허락도 용역으로 간주된다.[3]

3) 거주자의 비거주자에 대한 전자적 무체물 전송

정보통신기술의 발달로 소프트웨어, 디지털 방식의 정보 등 전자적 형태의 무체물을 거주자가 비거주자에게 전송하는 것도 수출에 해당된다. 전자적 형태의 무체물은 다음 각 호의 1에 해당하는 것을 말한다(대외무역법시행령 제4조).

---

3) 디자인권은 상품의 형상, 모양, 색채 등으로 미감을 일으키는 아이디어를 독점적으로 사용할 수 있는 권한을 말한다. 그리고 저작인접권은 직접적인 저작권은 아니지만 저작물의 실제 공연, 방송물 등에 대하여 부여하는 저작물에 준하는 권리를 말한다.

1. 「소프트웨어진흥법」에 따른 소프트웨어
2. 부호·문자·음성·음향·이미지·영상 등을 디지털방식으로 제작하거나 처리한 자료 또는 정보 등으로서 산업통상자원부장관이 정하여 고시하는 것(여기에 해당되는 것은 영화·게임·애니메이션·만화·캐릭터를 포함한 영상물·음향·음성물, 전자서적 및 데이터베이스이다).
3. 위의 제1호 및 제2호의 집합체와 기타 이와 유사한 전자적 형태의 무체물로서 산업통상자원부장관이 정하여 고시하는 것

3-2 수입의 정의

일반적으로 수입은 물품을 외국에서 구매해 오는 것을 말하는데 우리나라 대외무역법에서는 다음 각 목의 어느 하나에 해당하는 경우를 수입으로 규정하고 있다(대외무역법시행령 제2조 4).

가. 매매, 교환, 임대차, 사용대차, 증여 등을 원인으로 외국으로부터 국내로 물품이 이동하는 것
나. 유상으로 외국에서 외국으로 물품을 인수하는 것으로서 산업통상자원부장관이 정하여 고시하는 기준에 해당하는 것
다. 비거주자가 거주자에게 산업통상자원부장관이 정하여 고시하는 방법으로 대통령령에 따른 용역을 제공하는 것
라. 비거주자가 거주자에게 정보통신망을 통한 전송과 그 밖에 산업통상자원부장관이 정하여 고시하는 방법으로 대통령령이 정한 전자적 형태의 무체물품을 인도하는 것

수입의 정의를 크게 구분해 보면 외국으로부터 국내로 물품이 이동하는 것, 비거주자가 거주자에게 용역을 제공하거나, 전자적 형태의 무체물품을 전송 혹은 인도하는 것이다.

1) 물품의 국내로의 이동

매매나 임대차뿐만 아니라 교환, 사용대차, 증여 등으로 인하여 물품이 외국에서 우리나라로 이동하는 것은 모두 수입으로 간주된다. 수출의 경우와 마찬가지로 물품이 국내로 이동하는 원인을 분명하게 명시하였다. 그리고 외국에서 국내로 이동

하지 않고 외국으로 직접 이동하는 것이 편리할 경우 수입으로 간주한다. 해외건설 현장에 필요한 기자재를 외국에서 구입하여 현장으로 직접 이동하는 것도 수입에 해당된다.

2) 비거주자의 거주자에 대한 용역의 제공

비거주자가 거주자에게 서비스, 지적재산권 등을 제공하는 것도 수입으로 간주된다. 수입으로 인정되는 용역의 범위는 수출의 경우와 동일하다.

3) 비거주자의 거주자에 대한 전자적 무체물의 전송

정보통신기술의 발달로 소프트웨어, 디지털 방식의 정보 등 전자적 형태의 무체물을 비거주자가 거주자에게 전송하는 것도 수입에 해당된다. 전자적 형태의 무체물로 인정되는 범위는 수출의 경우와 동일하다.

4. 무역거래자

무역거래자는 수출 또는 수입을 하는 자, 외국의 수입업자 또는 수출업자의 위임을 받은 자 및 수출·수입을 위임하는 자 등 물품의 수출·수입 행위의 전부 또는 일부를 위임하거나 행하는 자를 말한다(대외무역법 제2조 3). 무역거래자를 편의상 무역업자 및 무역대리업자로 구분하여 살펴보기로 한다.

4-1 무역업자

우리나라는 2000년 1월 1일부터 무역업이 완전 자유화되어 누구나 사업자등록증만 있으면 무역거래를 할 수 있다. 다만 산업통상자원부에서는 전산관리체제의 개발과 운영을 위하여 무역거래자별 무역업 고유번호를 부여하고 있다.

이 제도는 의무사항은 아니지만 무역업 고유번호가 없으면 수출실적을 공인받을 수 없는 등 여러 불편이 따른다. 무역업 고유번호를 받고자 하는 자는 한국무역협회장에게 신청하여야 하며 한국무역협회장은 신청서류를 접수하는 즉시 무역업 고유번호를 부여한다.

그리고 우리나라는 수출 진흥과 해외시장 개척 등을 목적으로 무역거래자 중에서 수출노하우가 풍부한 업체를 전문무역상사로 지정·운영하고 있다(대외무역법 제8조의 2). 전문무역상사의 지정 요건은 ① 최근 3년간 평균 또는 직전년도 수출실적 100만 달러 이상, 그리고 ② 전체 수출실적 대비 타 중소·중견기업제품의 최근 3년간 평균 수출비중 또는 직전년도 수출비중이 20% 이상 두 가지 요건을 모두 갖춘 경우이다. 두 번째 요건은 주로 수출 초보기업의 수출지원을 유도하기 위한 것이며, 전문무역상사로 지정될 경우 수출신용보증우대, 해외전시회 참가 우대 등의 혜택을 누릴 수 있다.

4-2 무역대리업자

무역대리업자는 무역거래자 중에서 외국의 수입업자 또는 수출업자의 위임을 받아 수출 또는 수입을 대신해 주는 업자를 뜻한다고 볼 수 있다. 우리나라의 경우 관습적으로 오퍼상, 구매대리업자 등으로 불리는 무역대리업자들이 활동하고 있다. 무역대리업도 2000년 1월 1일부터 무역업과 마찬가지로 완전 자유화되었다.

1) 오퍼상

우리나라에서 오퍼상이라고 하면 외국의 수출업자를 대리하여 국내 수입업자들에게 물품매도확약서를 발행하고 부수적으로 수입 업무를 대행해 주는 무역대리업자를 말한다. 물품매도확약서는 무역대리업자가 매매당사자에게 상품명세, 가격조건 등을 주요 내용으로 하는 매입 또는 매도의사를 문서로 발행한 물품공급에 관한 확약서를 말한다. 물품매도확약서를 무역거래에서는 통상 '오퍼'(offer)라고 하므로 이런 무역대리업자들을 오퍼상으로 부르고 있다.[4]

오퍼상들은 해당 분야에 대한 전문 지식과 정보를 가지고 국내 수입업자가 요구하는 물품에 대해 여러 해외 수출업자들로부터 거래조건을 받아 가장 유리한 조건으로 수입할 수 있는 경우를 선정하여 이를 수입업자에게 제시하고 일정한 수수료를 받는다. 그러나 오퍼상은 단순히 오퍼만 발행하지 않고 수입거래에 따른 여러 가지 부대업무도 처리해 주기 때문에 일종의 수입대행업자로 간주될 수 있다. 전문적으로 무역 부서를 운영하고 있지 않은 경우나 무역에 대한 지식이나 정보가 부족할 경우 오퍼상을 통하여 대행 수입하는 경우가 유리하다.

---

4) 오퍼에 대한 자세한 내용은 제11장에 서술되어 있다.

2) 구매대리업자

구매대리업자는 외국의 수입업자를 대리하여 국내에서 물품의 구매, 구매알선 또는 이에 부대되는 업무를 취급하는 외국 기업의 국내 대리점이나 국내 지사를 말한다. 보통 외국 수입업자들은 국내 관련업계에 정통한 사람이나 업체를 구매대리점으로 지정하거나, 구매대리 업무만을 전문으로 수행하는 지사를 운영한다. 이들은 외국 수입업자의 국내 대리인으로서 외국의 수입업자로부터 위임을 받아 우리나라 수출업자와 물품구매계약을 체결하고 구매물품을 외국으로 선적해 보낸다.

5. 수출입물품

대부분의 국가들은 경제적·정치적·사회적 목적에 따라 수출입물품의 범위를 제한하고 있다. 우리나라의 경우 수출입공고를 통해 수출입물품의 품목, 수량, 금액, 대상지역 등을 한정한다.

5-1 수출입물품의 제한

모든 물품은 원칙적으로 아무런 제한 없이 자유롭게 수출입이 이루어지지만 대부분의 국가들은 경제적, 정치적, 사회적 등의 목적에 따라 수출입물품의 범위를 제한하고 있다.

우리나라의 경우 산업통상자원부장관은 다음 각 호의 어느 하나에 해당하는 이행 등을 위하여 필요하다고 인정하여 지정·고시하는 물품 등의 수출 또는 수입을 제한하거나 금지할 수 있다(대외무역법 제11조 제1항).

① 헌법에 따라 체결·공포된 조약과 일반적으로 승인된 국제법규에 따른 의무의 이행
② 생물자원의 보호
③ 교역상대국과의 경제협력 증진
④ 국방상 원활한 물자 수급
⑤ 과학기술의 발전
⑥ 그 밖에 통상·산업정책에 필요한 사항으로서 대통령령으로 정하는 사항

이에 따라 수출 또는 수입이 제한되는 물품 등을 수출하거나 수입하려는 자는 산업통상자원부장관의 승인을 받아야 한다(대외무역법 제11조 제2항).

5-2 수출입공고

산업통상자원부장관은 필요하다고 인정하는 경우에는 수출입승인물품 등의 품목별 수량·금액·규격 및 수출 또는 수입지역 등을 한정할 수 있다. 이에 따라 수출입의 제한, 금지, 승인, 신고, 한정 및 그 절차 등을 정했을 경우 이를 공고해야 한다. 이와 같이 개별적인 수출 또는 수입물품에 대하여 수출·수입이 제한되는지의 여부와 이에 따른 추천 또는 확인사항 등을 산업통상자원부장관이 종합적으로 정리하여 공고하는 것을 수출입공고라 한다.

수출입공고에는 수출금지품목[별표 1], 수출제한품목[별표 2] 및 수입제한품목[별표 3]을 게기한다. 따라서 수출입공고상의 수출제한품목 혹은 수입제한품목으로 게기되지 않은 품목은 원칙적으로 수출입자유화 품목이다. 수출입제한품목을 수출입하려면 동 공고상의 품목별 수출입요령에 따라 수출입승인을 받아야 한다.

그리고 수출제한품목의 수출요령, 수입제한품목의 수입요령 및 수출입절차 간소화를 위한 수출입요령에서 정하는 승인기관의 장은 산업통상자원부장관의 합의(승인)를 얻어 동 승인요령을 공고하여야 한다.

최근 발표된 수출입공고에서 각 별표에 해당되는 예를 일부만 살펴보면 아래와 같다.

별표 1 수출금지품목

HS	품목	수출요령
0208	기타의 육과 식용설육(신선·냉장 또는 냉동한 것에 한한다)	
40	고래, 돌고래류(고래목의 포유동물) 및 바다소(바다소목의 포유동물)의 것	다음의 것은 수출할 수 없음. ① 고래고기

별표 2	수출제한품목	
HS	품목	수출요령
2505	천연모래(착색된 것인지의 여부를 불문하며, 제26류의 금속을 함유하는 모래를 제외한다)	
10	규 사	다음의 것은 한국골재협회의 승인을 받아 수출할 수 있음.
90	기 타	① 규산분(SiO_2)이 90% 이하의 것

별표 3	수입제한품목	
HS	품목	수입요령
3920.99.1000	플라스틱제의 기타 판, 쉬트, 필름, 박 또는 스트립(셀룰라가 아닌 것으로서 기타 재료로 보강, 적층, 지지 또는 이와 유사하게 결합되지 아니한 것) 중 항공기용의 것	한국항공우주산업진흥협회의 승인을 받아 수입할 수 있음
4011.30.0000	고무제의 공기타이어(신품)중 항공기용의 것	

5-3 통합공고

우리나라의 경우 필요에 따라 대외무역법 이외의 다른 법령에서도 해당 물품의 수출입 요건, 절차 등을 정하고 있다. 예를 들어, 식품 등의 수입에 대해서는 「식품위생법」 등에 의거해 식품검사, 검역 등을 받도록 하고, 전기용품은 「전기용품안전관리법」 등에 의거해 전기용품안전인증을 받아 수입할 수 있도록 한다. 이와 같이 수출입을 제한하지는 않으나 요건을 갖추도록 하는 내용을 표시한 공고를 통합공고라 한다. 현재 약사법 등 60개 관련 법령 중 수출입과 관련된 부문이 통합·고시되고 있다.

통합공고에 대한 자료는 관계행정기관의 장이 산업통상자원부장관에게 제출해야한다. 그리고 산업통상자원부장관은 제출된 소관물품의 수출입요령에 관한 자료에 대해서 수출입규제의 필요성, 대상물품의 타당성, 유사물품과의 혼동, 무역관행 등을 검토·조정하여 수출입요령을 정한다. 만약 수출입 통합공고에서 정한 요건확인의 내용과 수출입공고의 제한 내용이 동시에 적용될 경우에는 모두 충족되어야만 수출 또는 수입이 가능하다.

5-4 전략물자 및 플랜트 수출입

1) 전략물자의 수출입

현재 주요 국가들은 세계적인 테러 행위를 방지하기 위해 대량살상무기의 제조에 사용되는 원료, 물품, 기술 등을 전략물자로 분류하여 이의 유통을 엄격히 제한하고 있다. 우리나라의 경우도 국제수출통제체제의 원칙에 따라 국제평화 및 안전유지와 국가안보를 위하여 수출허가 등 제한이 필요한 물품(기술 포함)을 전략물자로 지정하여 고시하고 있다(대외무역법 제19조 1항). 그리고 무역거래자는 수출하려는 물품 등이 전략물자에 해당하는 지에 대한 판정을 산업통상자원부장관이나 관계 행정기관의 장에게 신청할 수 있다.

물품 등의 무역거래자는 만약 전략물자로 지정·고시된 물품을 수출하거나, 기술을 이전할 경우, 혹은 전략물자를 제3국에서 다른 제3국으로 이전하거나 매매를 위하여 중개할 경우, 산업통상자원부장관이나 관계 행정기관의 장의 수출 혹은 중개허가를 받아야 한다.

그리고 전략물자에는 해당되지 않더라도 대량파괴무기와 그 운반수단인 미사일의 제조, 개발, 사용 또는 보관 등의 용도로 전용될 가능성이 높은 물품 등을 수출할 경우에도 수입업자나 최종 사용자가 그 물품 등을 대량파괴무기 등의 제조, 개발 등에 전용할 의도가 있음을 아는 경우에는 산업통상자원부장관이나 관계 행정기관의 장으로부터 상황허가를 받아야 한다.

2) 플랜트 수출

플랜트 수출은 단순한 물품의 수출만이 아니라 물품인 기계, 설비, 장치 등과 이들을 설치해서 가동시킬 수 있는 설계, 시공, 기술 등이 결합된 복합적인 수출을 말한다. 따라서 플랜트 수출은 기술, 인력 등이 함께 묻어가는 수출이기 때문에 일반 수출과는 달리 산업통산자원부장관의 승인을 요하고 있다.

이에 따라 다음 각 호의 어느 하나에 해당하는 플랜트수출을 하려는 자는 산업통상자원부장관에게 수출승인을 받아야 하고 그 승인된 사항을 변경할 때에도 마찬가지이다(대외무역법 제32조).

① 농업·임업·어업·광업·제조업, 전기·가스·수도사업, 운송·창고업 및 방송·통신업을 경영하기 위하여 설치하는 기재·장치 및 대통령령으로 정하는 설비 중 산업통상자원부장관이 정하는 일정 규모 이상의 산업설비의 수출
② 산업설비·기술용역 및 시공을 포괄적으로 행하는 수출(일괄수주방식에 의한 수출)

6. 수출입물품의 분류

6-1 수출입물품의 분류방식

무역거래에서는 수많은 상품이 거래되고 있는데 이들 상품의 이름은 국가마다 조금씩 차이가 있고 동일한 이름의 상품도 독특한 기능이 추가됨에 따라 여러 가지로 분류될 수 있다. 또한 똑같은 기능을 가진 상품이더라도 그 용도에 따라서 적용되는 관세율이 달라질 수 있다.[5] 따라서 무역상품에 대한 업무를 신속히 처리하거나 수출입 통계를 작성하고 적절한 관세율을 적용하기 위해서는 상품을 체계적으로 분류하는 기준을 만들어 그 기준에 따라서 세계 각국이 공동으로 사용할 수 있는 고유번호를 부여하는 것이 필요하다.

1) 표준국제무역분류(SITC)

이에 따라 1950년 유엔에서 표준국제무역분류(standard international trade classification: SITC) 방식을 제정했는데 이 방식은 1960년에 전면 개정되었고 이후 2차례 개정되어 오늘에 이르고 있으며, 대부분의 국가들이 무역통계를 집계할 때 이 방식을 사용하고 있다.

이 분류체계는 경제 분석 및 산업정책 그리고 상품별 무역자료의 통계를 내는 데 편리하도록 상품을 식료품과 원재료·화학제품·기계류 등으로 통합하여 상품의 제조단계별 또는 산업용도별로 분류하여 수록하고 있는데 총 45,000여 개의 품목을 구분하고 있다.

---

5) 예를 들어, 우리나라에서 스쿠버 다이빙을 할 때 적용되는 재킷의 경우 일반의류 재킷으로 판단되면 13%의 관세율이 적용되지만 수상운동용품으로 판단되면 8%가 적용된다.

2) 신국제통일상품분류(HS)

한편 1955년 관세협력이사회에서는 관세를 공정하게 부과하고 제각각인 세계 여러 나라의 관세행정을 통일시키기 위해 상품을 재료, 제조과정, 노동과정 및 용도를 중심으로 총 60,000여 개의 상품을 분류한 관세협력이사회 품목표(Customs Cooperation Council Nomenclature: CCCN)를 만들어 사용했다. 이 품목표는 새로운 방식이 채택되기 전까지 전 세계의 관세율표로 활용되었다.

그러나 과학기술의 발달로 새로운 상품이 많이 개발됨으로써 모든 상품을 분류할 수 있는 방식이 필요하여 관세협력이사회에서는 국제무역의 촉진을 위해 기존의 관세협력이사회 품목표(CCCN)를 바탕으로 '통일 상품명 및 부호체계에 관한 국제협약' (The International Convention on the Harmonized Commodity Description and Coding System)을 채택하였으며 이 협약은 1988년 1월 1일부터 발효되고 있다. 우리나라를 포함한 전 세계 대부분의 국가가 이 협약에 가입되어 있다.

협약 부속서는 품목분류표인 통일 상품명 및 부호체계(Harmonized Commodity Description and Coding System)인데 이 체계에 의해 상품을 분류하는 방식을 'HS 방식'이라 한다. 현재 세계 각국은 HS 방식에 따라 상품을 공통으로 분류하고 있다.

6-2 HS 분류체계

HS 분류체계는 먼저 대분류 수준에서 21개의 부(section)를 수평으로 배열하고, 각 부는 중간 단계 차원에서 류(chapter)로 중분류하고, 각각의 류는 그 다음의 낮은 단계 차원에서 호(heading)로 소분류하고, 호는 다시 더 낮은 단계의 소호 (sub-heading)로 세분류하는 순으로 하향 수직 배열되어 있다. 류 → 호 → 소호 순으로 각각 2단위의 코드번호가 부여되는데 총 6단위의 코드번호는 세계 공통이다.

1) 부

부는 대분류 수준에서 비슷하거나 관련된 상품을 분류한 것인데 <표 10-1>과 같이 제1부부터 제21부까지 총 21개의 부로 구성되어 있고 각 부에는 편의상 표제가 설정되어 있다. 제1부는 '산 동물 및 동물성 생산품', 제11부는 '방직용 섬유와 그 제품'과 같이 각 부별로 표제가 있지만 이는 참조로 설정된 것이고 법적 구속력은 없다. 그리고 부가 21개의 부로 나누어지지만 각 부에 대한 번호는 부여하지 않는다.

2) 류

류는 중간 단계 수준에서 특정 부에 속하는 품목을 재질, 가공형태, 용도 등에 따라 분류한 것인데 반드시 두 단위 수로 표시된다. 제1류부터 제97류까지 총 97개의 류가 있는데 제77류는 유보된 상태이므로 현재는 96개의 류를 사용하고 있다.

류는 앞의 부를 세분한 것인데 각 부는 그 성질에 따라 1개 류가 있을 수도 있고 여러 개의 류가 있을 수도 있다. 예를 들어, 제3부에는 동식물성유지(제15류)의 1개류만 있지만 제11부에는 견(제50류)을 비롯하여 기타 섬유제품(제63류) 등과 같이 14개의 류가 있다. 각 부별에 있는 류를 합하면 모두 97개이다.

3) 호

호는 류를 품목에 따라 4단위로 세분한 것으로서 2012년 현재 총 1,244개의 호가 있다. 앞의 2단위는 류를 의미하고 뒤의 2단위는 류 내에서의 품목번호를 나타낸다. 호의 용어는 4단위 코드번호와 연결하여 설정되어 있는 품목 명을 의미하며 이는 품목 분류에 있어서 법적 구속력이 있는 협약된 용어이다.[6]

4) 소호

소호는 호(4단위)를 5단위 또는 6단위로 세분한 것으로 총 5,225개의 소호가 있다. 소호의 용어는 코드번호(6단위)와 연결된 품목을 의미하며 법적 구속력이 있는 협약된 용어이다.

HS 코드 번호는 모두 6단위를 기본으로 하는데 제일 먼저 상품의 성질에 따라 부가 결정되면 그 다음 2단위의 류 번호가 부여된다. 류가 확정되면 다시 성질에 따라 2 단위의 호 번호가 부여된다. 따라서 호 번호는 류의 번호를 포함하여 모두

---

6) 호의 예를 보면 01류(살아있는 동물)에는 다음과 같이 6개의 호가 있다.

호	호의 용어
0101	말, 당나귀, 노새, 버새
0102	소
0103	돼지
0104	면양과 산양
0105	가금류〈 (닭-갈루스 도메스티쿠스(Gallus domesticus) 종으로 한정), 오리, 거위, 칠면조, 기니아새로 한정 〉
0106	

표 10-1	HS 상품 분류 체계: 부			
1부	2부	3부	4부	5부
01류 산동물 02류 육과 식용설육 03류 어패류 04류 낙농품 · 조란 · 천연꿀 05류 기타동물성생 산품	06류 산수목 · 꽃 07류 채소 08류 과실 · 견과류 09류 커피 · 차 · 향신료 10류 곡물 11류 곡물의 분과 조분 밀가루 · 전분 12류 채유용종자 · 인삼 13류 식물성엑스 14류 기타식물성 생산품	15류 동식물성유지	16류 육 · 어류조 제품 17류 당류 · 설탕 과자 18류 코코아 · 초코렛 19류 곡물, 곡분의 주제품과 빵류 20류 채소 · 과실의 조제품 21류 기타의 조제식 료품 22류 음료, 주류, 식초 23류 조제사료 24류 담배	25류 토석류 · 소금 26류 광,슬랙,회 27류 광물성연료, 에너지
6부	7부	8부	9부	10부
28류 무기화합물 29류 유기화합물 30류 의료용품 31류 비료 32류 염료, 안료, 페인트잉크 33류 향료 · 화장품 34류 비누, 계면 활성제 · 왁스 35류 카세인 · 알부민 · 변성 전분 · 효소 36류 화약류 · 성냥 37류 필름인화지, 사진용 재료 38류 각종화학공업 생산품	39류 플라스틱과 그 제품 40류 고무와 그 제품	41류 원피 · 가죽 42류 가죽제품 43류 모피, 모피제품	44류 목재 · 목탄 45류 코르크 · 짚 46류 조물재료의 제품	47류 펄프 48류 지와 판지 49류 서적 · 신문인쇄물

11부	12부	13부	14부	15부
50류 견 · 견사견 직물 51류 양모 · 수모 52류 면 · 면사면 직물 53류 마류의사와 직물 54류 인조필라멘트 섬유 55류 인조스테이플 섬유 56류 워딩 · 부직포 57류 양탄자 58류 특수직물 59류 침투, 도포한 직물 60류 편물 61류 의류(편물제) 62류 의류(편물제 이외) 63류 기타섬유제품 · 넝마	64류 신발류 65류 모자류 66류 우산 · 지팡이 67류 조제우모 · 인조제품	68류 석, 시멘트, 석면제품 69류 도자제품 70류 유리	71류 귀석, 반귀석, 귀금속	72류 철강 73류 철강제품 74류 동과 그제품 75류 니켈과 그제품 76류 알루미늄과 그 제품 78류 연과 그제품 79류 아연과 그제품 80류 주석과 그제품 81류 기타의 비금속 82류 비금속제 공구, 스푼 · 포크 83류 각종비금속 제품
16부	17부	18부	19부	20부
84류 보일러 · 기계류 85류 전기기기 · TV · VTR	86류 철도차량 87류 일반차량 88류 항공기 89류 선박	90류 광학 · 의료 · 측정 · 검사 · 정밀기기 91류 시계 92류 악기	93류 무기	94류 가구류 · 조명 기구 95류 완구 · 운동 용구 96류 잡품
21부				
97류 예술품 · 골동품				

4단위로 구성된다. 소호는 상품의 분류 성질에 따라서 앞의 류 및 호의 번호 4단위에다 다시 2단위의 번호가 부여되는데 실린더 2000~3000cc 사이의 신차 HS 코드의 예를 살펴보면 다음과 같다.

먼저 제17부에는 철도차량(제86류), 일반차량(제87류), 항공기(제88류) 및 선박(제89류)의 4개 류가 있다. 신차는 일반차량으로서 제87류에 해당되므로 87 번호가 부여되고 87류에는 다시 16개의 호로 구분되는데 그 중 주로 사람을 수송할 수 있도록 설계·제작된 승용자동차와 기타의 차량의 코드번호는 03이다. 따라서 8703의 번호가 확정된다. 그리고 8703 코드번호 내에는 실린더의 용량, 신차와 중고차 등의 여부에 따라 여러 개의 소호로 분류되어 있는데 실린더 용량이 1,500cc 초과 3,000cc 이하인 것은 8703.23.이다. 따라서 실린더 용량이 2000~3000cc 사이의 신차는 세계 공통으로 8703.23.이다(<표 10-2> 참조).

표 10-2 신차(2000~3000cc) HS 코드

명칭	자리 수	번호	품목명
류	2	87류	자동차
호	4	8703호	자동차-승용자동차
소호	6	8703.23소호	자동차-승용자동차-1500cc초과 3,000cc이하

6-3 관세·통계통합품목분류

HS 방식을 사용하는 모든 국가는 6단위까지는 동일한 분류체계를 사용하고 6단위를 초과하는 세부분류는 자국의 사정에 따라 별도로 정한다. 미국·EU·중국은 HS 8단위까지 세분류하고, 일본은 HS 9단위까지 세분류하고 있다. 우리나라는 세계 공통의 6단위 분류에다 국내의 제반사정을 감안하여 자체 분류 4단위를 합해 모두 10단위로 품목을 분류해 놓고 있는데 이를 관세·통계통합품목분류, 혹은 한국통일상품분류(Harmonized System Korea: HSK)라 한다.

HSK의 마지막 4단위는 개별품목에 대해 우리나라가 관세율 적용, 통계작성 등으로 부여한 자체 번호에 해당된다. 산업통상자원부 고시로 공포·시행되며, 관세율표, 수출입공고, 통합공고, 무역통계 작성 등에 활용되고 있다.

SECTION
02

무역의 형태

1. 유형무역과 무형무역

우리나라 대외무역법(제2조)에 의하면 무역은 물품, 용역 및 전자적 형태의 무체물 중 어느 하나에 해당하는 것의 수출과 수입을 말한다. 이 중 형태를 갖추어 눈으로 볼 수 있는 물품을 수출입하는 경우를 유형무역이라 하는데, 우리가 알고 있는 일반적인 상품의 수출입이 여기에 해당된다. 반면 경영 상담을 한다든지, 법무 관련 서비스를 제공한다든지 등 서비스(용역)를 거래하거나, 소프트웨어, 애니메이션 등 전자적 형태의 무체물을 전송하는 거래는 무형무역에 해당된다.

2. 제3국과 관련된 무역

2-1 중계무역

중계무역은 물품을 외국으로부터 수입하여 이를 가공하지 않고 원형 그대로 제3국으로 수출하는 무역거래를 말한다. 예를 들어, 우리나라의 수입업자가 중국의 물품을 수입하여 부산항 보세창고에 보관 중이었는데, 때마침 일본과 거래가 성사되어 아무런 가공도 하지 않고서 이 물품을 일본으로 수출할 경우를 말한다. 중계무역은 우리나라 대외무역법 상 특정거래형태의 수출입에 해당되며, 수출액과 수입액의 차이가 우리나라의 수출실적이 된다.

중계무역은 주로 해상운송이 편리한 중계무역항을 통하여 이루어진다. 중계무역항은 외환거래가 자유롭고 관세가 부과되지 않는 자유항을 말하며 대체로 홍콩, 싱가포르 등과 같이 지리적으로 물품이 집산될 수 있는 지역에 위치한다.[7]

---

7) 제1장에서 살펴보았듯이 우리나라의 주요 수출대상국에는 반드시 홍콩 및 싱가포르가 들어가는데 이 두 나라가 자국의 소비를 위해 우리나라로부터 수입해 가는 것이 아니라 대부분

중계무역은 제조시설을 갖추지 않고 무역서류만으로 거래가 가능하기 때문에 일반 수출에 비해 시간, 비용 등이 절약된다. 그리고 자국 물품의 공급능력에 한계가 있는 경우 제3국의 물품을 수입하여 수출하면 수출시장을 상실하지 않는 장점이 있다.

그러나 최종 수입업자는 중계료가 포함된 필요 이상의 높은 가격으로 물품을 수입하기 때문에 가능한 한 중계무역업자를 배제하려 한다. 또한 수입국이 무역정책상 최초 수출국과의 무역거래를 억제하고 있는 상황에서 중계무역업자가 최초 수출국의 상품을 중계하면 수입국은 중계국가와의 교역에 제동을 걸 수 있어 중계무역에는 어느 정도 한계가 따른다.

2-2 중개무역

우리나라 대외무역법 상 무역의 유형으로 규정되어 있지는 않지만 간혹 제3국의 무역업자가 개입하여 무역거래를 성사시키고 양 당사자로부터 수수료를 받는 경우가 있다. 즉, 중개업자들은 자신들이 가지고 있는 무역정보망을 이용하여 수출업자와 수입업자 간의 거래를 알선하고 중개수수료를 받는데 이런 형태의 무역거래를 제3국의 입장에서 중개무역 혹은 삼국 간 무역이라 한다.

예를 들어, 우리나라의 기업이 중국의 수출업자와 일본의 수입업자를 중개하여 수출입거래를 성립시키고 각각으로부터 5%의 수수료를 받은 경우 우리나라 기업은 중개무역을 한 것이다.[8] 이 경우 물품은 중국에서 우리나라를 경유하여 일본으로 가지 않고 보통 중국에서 직접 일본으로 간다.

2-3 통과무역

통과무역(transit trade)은 물품이 지리적 여건으로 수출국에서 수입국으로 직접 운송되지 않고 제3국을 경유하는 경우에 제3국의 입장에서 본 무역을 말한다. 예를 들어, 우리나라의 수출업자가 가전제품을 시베리아 대륙 횡단철도를 이용해서 폴란드로 수출할 경우 이를 러시아의 입장에서 보면 통과무역이 된다. 통과국은 물품이

아프리카 등의 남반구에 위치한 국가에 다시 수출하기 위한 것이다. 이 두 나라의 무역의존도는 대략 300% 이상으로 총 무역액이 국내총생산(GNP)의 3~4배에 해당된다.

8) 중개무역은 대외무역법 상의 무역형태가 아니기 때문에 우리나라 기업이 받은 수수료 5%는 수출실적에 해당되지 않는다. 오늘날에는 정보통신기술이 발달하여 세계의 온갖 정보를 실시간으로 공유할 수 있어 중개무역이 잘 성사되지 않는다.

통과·운송되는 동안 운송료, 보험료, 보관료 등의 수익을 얻을 수 있어 각국은 통과무역을 장려하고 있다.

3. 연계무역

양국 간의 수출입 균형을 유지하기 위해 수출과 수입을 연계시킨 거래를 연계무역(counter trade)이라 한다. 우리나라 대외무역법에서는 물물교환, 구상무역, 대응구매 및 제품환매 거래를 연계무역으로 규정하고 있다.

3-1 물물교환

당사국 간에 외환거래가 없이 물품만을 서로 교환하는 무역거래를 물물교환(barter trade)이라 한다. 물물교환은 하나의 매매계약서로 수출입거래가 이루어지고 상품의 양과 질에 의해 쌍방 간의 지급의무가 상쇄되는 가장 초보적인 연계무역의 형태이다.

물물교환은 양국 간에 수출·수입할 수 있는 물품이 적절할 경우에만 이용될 수 있는 한계점이 있지만, 외환거래를 하지 않기 때문에 금융기관에 지급하는 수수료 등을 절약할 수 있으며, 또한 환율변동에 따른 환위험도 발생하지 않는 좋은 점도 있어 국경을 중심으로 많이 거래되고 있다.

3-2 구상무역

구상무역(compensation trade)은 수출입물품의 대금을 그에 상응하는 수입 또는 수출로 상쇄하는 무역거래를 말한다. 즉, 수출한 만큼 수입하고, 수입한 만큼 수출함으로써 수출과 수입을 서로 상쇄시킨다. 중국이 미국으로 1억 달러 수출하면 반드시 미국으로부터 1억 달러 수입해야 하는 것이다. 양국의 수출입 균형을 맞출 수가 있어 무역 분쟁이 발생하지 않는다.

구상무역은 물물교환과 마찬가지로 하나의 계약서로 수출입거래가 이루어지지만 환거래가 발생하여 쌍방 간에 합의된 통화로 대금이 결제된다. 물물교환을 할 때는 양국 간에 서로 교환할 수 있는 물품이나 시기가 마땅할 경우 가능한데, 구상무역은 구체적인 물품이 아니라 금액으로 일치시키는 것이라 물물교환보다 한 걸음 나간 연계무역의 형태라 할 수 있다.[9)]

3-3 대응구매

대응구매(counter purchase)는 연계무역의 가장 보편적인 형태로 수출액의 일정 비율만큼을 반드시 구매하겠다는 별도의 계약서를 체결하고 수출하는 거래방식이다. 구상무역과 별 차이는 없지만 두 개의 계약서에 의해 쌍방 간의 거래가 이루어진다는 점이 다르다.

구상무역의 경우는 양국 간에 매 거래 시마다 수출입금액을 일치시켜야 하므로 만약 금액을 일치시키지 못할 경우 거래가 성사될 수 없는 다소 경직된 거래인데, 대응구매에서는 비율로서 조정하므로 훨씬 탄력적이라 할 수 있다. 미국과 중국처럼 경제력이 비슷하면 서로 1억 달러만큼 구매할 수도 있어 구상무역이 가능하지만 중국과 베트남이 서로 1억 달러만큼 동시에 수출 수입한다는 것은 어렵기 때문에 일정 비율로 대응할 수 있도록 한 것이다.

3-4 제품환매

제품환매(buy back)는 수출업자가 플랜트, 장비, 기술 등을 수출하고 이에 대응하여 동 설비나 기술로 생산된 제품을 다시 구매해 가는 것을 의미한다. 이는 수입국의 산업을 발전시킬 목적으로 자본, 기술 등을 공여하는 산업협력의 일환으로 이용되기도 하고 생산비를 절약하기 위해서 해외에 공장을 설립한 경우에도 이용된다.

예를 들어, 우리나라가 스키 제조에 필요한 공장이나 장비들을 베트남에 수출하고 거기서 생산된 모든 스키 제품을 우리나라가 다시 사 가는 경우이다. 베트남에서 스키 제품은 국내 소비가 거의 없기 때문에 우리나라가 생산된 제품을 구매해 가지 않으면, 스키 생산 기자재 등을 베트남에 수출할 수 없게 된다. 베트남은 기술을 습득하고 고용을 창출하는 등의 이점이 있으며 향후에는 제3국으로 수출할 수도 있다.

---

9) 이와 유사한 것으로 일본과 중국이 1970년대 초 시작했던 각서무역(memorandum trade)이 있는데 일본의 수출업자가 중국으로 일정액을 수출하게 되면 일정 기간 후 동일금액 만큼을 중국에서 수입하겠다는 각서를 발행해야만 한다.

3-5 절충교역거래

절충교역거래(off-set deal)도 군수품을 거래할 경우 많이 이용되는 연계무역의 일종이라 할 수 있다. 예를 들어, 우리나라가 미국에서 전투기를 도입할 때 미국의 수출업자로 하여금 일부 부품을 우리나라에서 수입하도록 함으로써 전투기수입과 부품수출을 연계시킨다.

우리나라는 항공기 부품 생산을 시작으로 항공기 산업을 육성할 수 있는 기반을 마련할 수 있다. 초기에는 항공기 부품의 극히 일부분만 한국산 부품을 사용하도록 요구하지만 갈수록 그 비중을 높여 나가면 미국에서 도입한 항공기일지라도 그 부품의 상당 부분은 우리나라가 만든 부품인 것이다.

4. 가공무역

가공무역은 가득액(완제품 수출금액－원자재 수입금액)을 얻기 위해 원료의 일부 또는 전부를 외국에서 수입한 후 이를 가공하여 다시 외국으로 수출하는 모든 거래를 말한다. 가공무역 중에서 원료를 위탁받아 가공하여 이를 위탁자 또는 그가 지정하는 자에게 수출하는 가공무역을 수탁가공무역 그리고 그 반대를 위탁가공무역이라 한다.

4-1 수탁가공무역

수탁가공무역은 가득액을 얻기 위해서 원료의 전부 또는 일부를 거래상대방의 위탁에 의하여 외국으로부터 수입하고, 이를 가공한 후 위탁자 또는 그가 지정하는 자에게 수출하는 거래이다. 수탁가공무역은 원료의 조달방법에 따라서 유환수탁가공무역과 무환수탁가공무역으로 구분된다.

유환수탁가공무역은 대상 원료를 유환으로 수입하여 이를 가공한 후 완제품을 수출하는 거래로서 원료의 수입대금과 완제품의 수출대금이 직접 지급되고 수취된다. 반면 무환수탁가공무역은 대상 원료를 무환으로 수입하여 가공한 후 가공임만을 받고 그대로 수출하는 거래이다.

4-2 위탁가공무역

위탁가공무역은 가공임을 지급하는 조건으로 가공할 원료의 전부 또는 일부를 외국의 거래상대방에게 수출(위탁)한 후 가공 완제품을 다시 수입하는 거래를 말한다. 생산을 의뢰(위탁)하는 업체는 원자재를 제공하는 한편 생산될 제품의 브랜드, 품질, 규격, 수량 등을 지정해주는 것이 일반적이다. 위임을 받은 업체는 생산 장비와 노동력만을 투입해 제품을 생산 수출한 후 위탁업체로부터 가공임을 받는다.

보통 자국에 비해서 가공임이 저렴한 국가나 기술이 상대적으로 발달한 국가로 원료를 수출하고 가공해 줄 것을 위탁하는 경우가 많다. 원자재와 수출품의 소유권은 모두 생산의뢰(위탁)업자에게 있고 제품은 확실히 수출되므로 생산국 입장에선 별 부담이 없다. 우리나라의 경우 인건비가 저렴한 방글라데시 등의 동남아시아 국가와 위탁가공무역을 하고 있다.

4-3 보세가공무역

가공무역 중에서 보세가공무역은 수출을 촉진시키기 위해서 정부가 지정한 특정 보세지역(예: 창원 마산구의 자유무역지역)에 가공설비를 설치하여 외국에서 수입한 원료를 가공한 후 다시 외국으로 수출하는 거래를 말한다. 모든 거래가 보세지역에서 이루어지기 때문에 원료를 수입할 때 관세를 부담하지 않는다.

우리나라가 가공무역을 할 경우 일단 해외로부터 원재료가 수입되어야 한다. 그런데 수입 시에는 반드시 관세를 부담해야 하고 원재료를 가공하여 수출할 경우에는 다시 관세를 환급해 주는 절차를 거친다. 이런 불편을 들고 가공무역을 활성화시키기 위해 일정 지역 내에서는 관세부담 없이 원재료가 수입되고 완성품이 수출될 수 있도록 한 것이 보세가공무역이다.

5. 수위탁판매무역

5-1 위탁판매수출

위탁판매수출은 위탁자(수출업자)가 외국에 있는 수탁자(중개업자)에게 물품을 무환으로 수출하면서 판매를 위탁하고 물품이 판매된 범위 내에서 수출대금을 회수하는 거래이다. 수출업자는 자기의 비용과 위험 부담으로 물품을 위탁·수출하므로 물품의 소유권은 수출업자에게 있으며 판매하고 남은 물품도 수출업자에게 반송된다.

위탁판매수출방식은 신시장의 개척이나 신규 상품인 경우 많이 이용된다. 즉 현지 내의 광범위한 판매망을 가진 중개업자에게 판매를 위탁해서 먼저 수출대상지역의 시장성을 시험해 본 후 본격적인 거래를 시작한다. 그리고 상품의 가격변동이 심할 경우에도 정식으로 수출계약을 체결하지 않고 위탁판매를 의뢰하여 가격이 가장 유리할 때 판매하도록 한다.

그러나 위탁판매의 경우 일정 기간에 전량이 판매되지 않으면 잔여분을 재고품으로 처리해야 하므로 이에 따른 비용이 소요된다. 또한 수출대금은 물품이 판매된 후 결제되므로 대금회수에 상당한 시간이 소요되고 경우에 따라서 대금회수불능의 위험도 발생할 수 있다.

5-2 수탁판매수입

수탁판매수입은 물품을 무환으로 수입하여 당해 물품이 판매된 범위 내에서 수입대금을 결제하는 거래를 말한다. 위탁판매수출을 수탁자(수입업자)의 입장에서 보면 수탁판매수입이 된다.

수탁자(수입업자)는 판매 대리인으로서 위탁자가 지정한 조건에 따라 상품을 시판하고 그 판매대금에서 경비, 수수료 등을 공제한 잔액을 송금한다. 그리고 잔여분은 위탁자에게 반송한다. 따라서 수입업자는 수입에 따른 자금 부담이 전혀 없을 뿐만 아니라 판매에 대한 위험도 없다.

5-3 보세창고도거래

보세창고도거래(bonded warehouse transaction: BWT)는 수출업자가 자신의 비용과 위험부담으로 해당지역에 지점, 출장소 또는 대리점을 설치하고 거래상대국 정부로부터 허가받은 보세창고에 상품을 운송한 후 현지의 시장상황에 따라 판매하는 일종의 위탁판매방식의 거래를 말한다. 보세창고에 보관중인 물품은 관세, 내국세 등이 부과되지 않는다. 우리나라는 보세창고도 거래를 지원하기 위해 파나마의 콜롱(Colon)에 보세창고를 설치·운영하고 있다.

6. 임대차무역

6-1 임대수출

임대수출은 임대(사용임대 포함)계약에 의하여 물품을 수출하고 일정 기간 후 이를 재수입하거나 또는 임대기간이 만료되기 전이나 만료된 후 당해 물품의 소유권을 수입업자에게 이전해 주는 수출을 말한다. 시설, 기자재 등은 가액이 높기 때문에 임대기간 동안 임대료를 분할·지급받는 조건의 방식으로 많이 수출된다.

임대조건으로 수출하면 수입업자의 자금 부담이 완화되어 시설, 기자재 등의 수출판로가 확대되며 또한 이들의 가동에 필요한 기술제공에 따라 양국 간의 경제협력체제를 이룰 수 있다. 그리고 노임, 원료 등 기타 생산여건이 불리할 경우 이들 조건이 유리한 국가로 시설, 기자재 등을 이전하고 동 시설을 이용하여 생산된 완제품을 수입할 수 있다.

6-2 임차수입

임차수입은 임차(사용임차 포함)계약에 의하여 물품을 수입하고 일정 기간 후 다시 수출하거나 또는 임차기간이 만료되기 전이나 만료된 후에 당해 물품의 소유권을 이전받는 수입을 말한다. 임대수출을 반대의 입장에서 보면 임차수입이 된다.

임차수입을 하면 수입업자는 시설, 기자재 등 고액의 자본재를 자금부담 없이 확보할 수 있으며 또한 임대인의 기술제공에 따라 시설 가동에 필요한 새로운 기술을 도입할 필요가 없다. 그리고 임차한 시설을 이용하여 생산된 제품은 모두 임대인에게 수출할 수 있다.

7. 외국인도수출과 외국인수수입

7-1 외국인도수출

외국인도수출은 국내에서 통관되지 않은 물품을 외국에서 외국으로 인도하여 수출하고 그 대금은 국내에서 영수하는 거래방식을 말한다. 원칙적으로 수출물품은 우리나라의 세관에서 수출통관 절차를 필하고 수출면허를 받은 후 선적이나 항공기적재가 가능한데, 경우에 따라서는 수출은 분명하지만 그 물품이 우리나라에 있지 않고 외국에 있을 경우 그 물품을 우리나라로 운송했다가 수출통관 절차를 필하는 것보다 외국에서 외국으로 직접 운송하고 서류상으로 통관절차를 필하는 것이 합리적인 경우가 있다.

따라서 이 방식의 수출은 외국에 있는 우리나라 물품을 외국으로 직접 수출할 때 이용된다. 예를 들어, 해외건설현장에서 사용했던 중고시설 기자재를 국내로 반입하지 않고 이를 다시 외국으로 매각할 때나 항해 중이거나 어로작업 중인 선박을 현지에서 매각할 경우 이 방식의 수출거래가 이용된다.

7-2 외국인수수입

외국인수수입은 국내에서 수입대금을 지급하지만 물품은 외국의 사업 현장으로 직접 운송되도록 하는 거래방식이며 해외건설, 해외투자, 위탁가공 등 해외의 사업 현장에 필요한 기자재를 외국에서 수입할 때 많이 이용된다. 즉 해외에서 필요한 물품을 우리나라로 운송했다가 이를 현지로 보내려면 시간과 비용이 많이 들기 때문에 수입대금은 국내에서 지급하고 물품은 외국에서 사업현장으로 직접 운송되도록 한다.

8. 기타의 무역형태

8-1 OEM 방식의 수출

OEM(original equipment manufacturing) 방식의 수출은 외국의 수입업자로부터 제품의 생산을 의뢰받아 생산된 제품에 주문자의 상표를 부착하여 인도하는 주문자 상표부착방식의 수출을 말한다. 이 방식의 거래는 주문자의 요청에 따라서 생산된 제품은 모두 수출되므로 수출확대와 기술축적의 계기는 될 수 있다.

그러나 자사 상표의 제품을 수출하는 경우보다 일반적으로 저가로 수출되므로 수출채산성이 불리하고, 주문량이 줄어들거나 중단될 경우 수출도 자동으로 영향을 받아서 독자적인 수출활동이 어려운 점이 있다. 그리고 주문자의 상표를 계속 사용함으로써 새 모델을 개발한다든지, 자사 상품의 이미지를 알리는 기회가 없게 된다.

8-2 녹다운 방식 수출

녹다운(knok-down) 방식의 수출은 완제품을 수출하는 것이 아니라 조립생산설비를 갖춘 거래처에 부품이나 반제품을 수출하고 실수요지에서 제품을 완성하는 현지조립방식의 수출을 말한다. 부품이나 반제품의 형태로 수출함으로써 완제품에 대한 수입제한이나 고율의 관세가 부과되는 것을 피할 수 있다. 자동차 등 기계류의 수출에 이 방식이 많이 이용된다.

예를 들어, 우리나라의 쌍용자동차는 이 방식으로 자동차를 러시아로 수출하고 있는데 자동차 부분품을 영일신항만을 통해 러시아 블라디보스톡 공장으로 보내면 현지에서는 도장·용접 등의 절차 없이 단순 조립·생산해서 러시아 전역으로 판매하고 있다. 그리고 일본의 마쓰다 자동차도 러시아로 신차를 KD 방식으로 수출하고 있는데 일본에서 신차가 우리나라 영일신항만으로 수송되고 거기서 부분품으로 분해되어 러시아로 운송된 후 러시아에서 자동차로 조립 완성되고 있다.[10]

8-3 국영무역

국영무역(state trade)은 국가가 무역의 주체가 되는 것으로 국가의 계획과 협정에 의하여 정부 또는 정부의 대행기관이 수행하는 무역형태를 말하는데 과거 사회주의 국가에서는 모든 대외무역이 국영무역이었다. 국영무역과는 반대로 민간 무역업자가 자유로운 경쟁 하에 행하는 무역을 민간무역(private trade)이라 한다.

오늘날 무역은 대부분 민간무역이지만 필요에 따라서 국영무역이 이루어지기도 하는데, 예를 들면 우리나라의 경우 공공기관에 필요한 물자는 조달청이 정부대행기관으로 직접 수입하고 있다. 이처럼 정부가 무역거래의 책임을 지는 당사자로서 직접 무역거래를 수행하는 형태를 국영무역 혹은 정부무역(government trade)이라고도 한다.

---

10) 완성차의 경우에는 아주 높은 관세가 부과되므로 자동차를 해체하여 부품 상태로 수출하는 것이다.

전자무역

1. 전자무역의 개념

만약 컴퓨터와 인터넷이 발명되지 않았다면 지금 우리 일상생활은 어떠할까? 아마 은행 볼 일이 있으면 오후 5시까지 은행으로 뛰어가야 할 것이고, 무역하는 사람들은 수출통관서류를 마감시간에 제출하려고 세관 등으로 뛰어가야 할 것이며, 수출대금을 받으려고 공휴일과 주말을 모두 참아서 다음 월요일 아침까지 기다려야 한다.

그러면 지금은 어떤가? 우리의 일상생활에 대한 언급은 생략하고 간단한 무역거래만 보더라도, 이젠 수출신고하려고 세관에 가지 않는다. 그리고 복잡한 신고서류 작성한다고 시간이나 종이를 낭비하지도 않고, 수출통관이 필했다는 서류를 받으려고 세관에서 종일 기다릴 필요도 없다. 회사 컴퓨터에서 인터넷으로 수출신고하면 즉시 수출신고가 완료되고 곧 수출물품을 선적할 수 있다.

이처럼 컴퓨터와 인터넷이 일상생활화하면서 무역거래에서도 이를 많이 이용하기 시작했는데, 초창기에는 컴퓨터를 이용하여 무역거래에서 사용되는 서식을 표준화 하였으며, 그 후에는 무역절차를 간소화하여 단순한 무역 업무는 자동적으로 완료될 수 있도록 하는 무역자동화를 달성하여 일부 종이 서류 없는 무역시대를 열었다. 2000년대 들어서서는 인터넷으로 무역기반을 네트워크화 하였으며 최근에는 드론 등의 4차 산업혁명기술을 활용하여 무역거래의 전반을 지능화하려는 작업을 진행 중이다.

다시 과거의 이야기로 돌아가면, 한때 무역거래에서 컴퓨터나 인터넷을 이용한 무역을 무엇이라고 불려야 하는가? 하는 문제로 많은 연구자들이 논의를 했는데, 인터넷무역, 사이버무역 등으로 표현하기도 하였다. 그리고 우리나라 대외무역법에서도 기존의 무역과 구분해서 전자무역이라 하면서 그에 대한 법적 정의를 내렸지만 오늘날 컴퓨터나 인터넷이 일상생활이 되다 보니 그런 정의도 무의미해져 삭제되었다.

전자무역이라는 용어를 계속 사용하면 이에 상응하는 일반무역이거나 전통적 무역이라는 용어가 있어야 되는데, 그러면 그것은 어떻게 정의를 내릴 것인가? 난센

스이지만 무역거래에서 컴퓨터나 인터넷을 전혀 사용하지 않는 무역거래라고 정의를 내릴 수밖에 없다. 그래서 수출신고서류를 들고 해당 세관에 수출 신고하는 판인데 요즈음은 해당 세관에서 그런 수출신고는 받아주지도 않는다.

따라서 오늘날 컴퓨터나 인터넷 그리고 4차 산업혁명기술을 활용한 무역거래를 굳이 새로운 이름으로 명명할 필요 없이 무역이라고 표현해도 전혀 어색함이 없다. 오히려 무역거래의 전자화가 그 내용을 정확하게 전달하는 것으로 볼 수 있다. 하지만 전자무역이라는 용어가 그래도 오랫동안 우리나라에서 사용되었기 때문에 이 절에서도 편의상 그대로 사용하고자 한다.

2. 전자무역의 특징

무역거래에서 컴퓨터나 인터넷을 활용함으로써 무역거래는 다음과 같은 특징을 가지게 되었고 혜택을 누리게 되었다.

첫째, 전자무역은 전 세계시장을 대상으로 한다. 인터넷은 그동안 국가별로 구분되었던 시장을 하나의 시장으로 통합하였다. 따라서 최소의 비용으로 시간과 공간의 제약 없이 전 세계를 대상으로 광고 활동을 할 수 있고 전 세계 어느 곳의 누구와도 무역거래를 할 수 있다.

둘째, 전자무역에서는 시장에 관한 모든 정보를 쉽게 얻을 수 있다. 기존의 무역거래에서는 거래처를 물색하는 데 많은 시간과 비용이 들었고 정보가 부족하여 무역중개업자를 이용하기도 하였다. 그러나 전자무역에서는 인터넷을 통해 특정 상품을 어느 나라의 어떤 기업이 공급하고 있는가를 쉽게 찾아볼 수 있게 된다. 또한 시장정보를 실시간으로 얻을 수 있기 때문에 특정 상품을 필요로 하는 거래당사자들 간에는 철저한 시장원리가 적용되어 가장 합리적인 기준에 의해 거래가 이루어지게 된다.

셋째, 무역거래 비용이 절감된다. 전통적인 무역거래에서는 정보를 취득하거나 거래를 성사시키기 위해서는 상담을 하거나 서류를 주고받아야 하므로 비용과 시간이 많이 필요했다. 그러나 전자무역에서는 인터넷을 통해 정보와 서류를 주고받기 때문에 통신비용이 절감된다. 또한 전자무역에 관련된 결제시스템이 개발되어 안전하고 확실한 대금결제가 보장되고 있어 금융 수수료를 절감할 수 있다.

넷째, 전자무역을 하게 되면 원천적으로 제품이나 서비스의 가격이 낮아진다. 전자무역은 인터넷과 컴퓨터를 통해 수출업자와 수입업자가 바로 연결되기 때문에 유통구조가 간단하여 유통비용이 하락한다. 생산과정에 대한 정보가 공개됨에 따라 가격구조가 평준화되어 제품이나 서비스의 가격이 전반적으로 하락하게 된다.

　마지막으로, 전자무역에서는 중소기업들의 활동영역이 넓어진다. 인터넷을 이용해 일반 중소기업들도 네트워크를 구축하여 과거 대기업만이 독점했던 전 세계를 대상으로 하는 광고나 시장개척활동을 할 수 있다.

3. 전자무역 관련법규 및 관련기관

3-1 전자무역 관련법규

1) 전자무역촉진에 관한 법률

　「전자무역 촉진에 관한 법률」(법률 제13155호)은 무역 절차의 간소화와 무역 정보의 신속한 유통을 실현하고 무역 업무의 처리 시간 및 비용을 줄임으로써 산업의 국제 경쟁력을 높이고 국민경제의 발전에 이바지함을 목적으로 하는 법률이다. 이 법은 현재 우리나라 전자무역의 기반이 되는 법인데, 전자문서가 종이 서류와 같이 법적 효력 및 증거 능력을 가지고 있다고 인정한다.

　이 법은 1992년 7월 1일부터 시행되었던 「무역업무자동화촉진에 관한 법률」을 인터넷 기반의 전자무역 인프라를 구축하고 무역 프로세스의 근본적 혁신을 위해 개정한 것으로 2006년 6월 24일부터 시행되고 있다. 이 법에서는 전자무역의 촉진을 위해 전자무역기반 사업자를 지정하여 전자무역기반 업무를 수행할 수 있도록 하고 있으며 전자무역 문서를 통해 무역 업무를 수행하려는 경우 전자무역기반 시설을 이용하도록 하고 있다.

2) 전자문서 및 전자거래기본법

　「전자문서 및 전자거래기본법」(법률 제17353호)은 전자상거래를 기존의 상거래와 마찬가지로 안전하게 거래할 수 있도록 규율하는 기본법이다. 이 법은 과거의 「전자거래기본법」이 개정되어 2013년부터 시행되고 있는데, 전자상거래에 대한 정부규제의 최소화, 민간주도에 의한 추진, 신뢰성의 확보 및 국제협력강화를 기본원칙으로 하고 있다. 이 법에서는 전자상거래에서 반드시 필요한 전자문서 및 전자서명에 대하여 그 법적 효력을 인정하고 있다.

3-2 전자무역 관련기관

1) 전자무역 기반사업자

전자무역의 경우 관련 당사자들이 직접 만나보지 않은 상태에서 관련 업무가 처리되기 때문에 그 성격상 신뢰성과 안전성이 무엇보다 중요하다. 그리고 전자무역이 활성화되려면 먼저 정부가 전자무역을 공식적으로 인정하고 이를 종합적으로 지원하는 기관이 필요하다. 이에 따라 정부는 전자무역을 효율적으로 지원하고 이를 신속히 확산시키기 위해 전자무역 기반사업자를 지정하고 있다.

전자무역 기반사업자는 전자무역을 활성화하기 위해 실제 전자무역을 하려는 기업에게 무역거래의 알선, 전자무역문서의 전달 등 전자무역에 필요한 모든 서비스를 한곳에서 제공하는 전자무역 종합지원기관을 가리킨다. 현재 전자무역 기반사업자로는 한국무역정보통신(KTNET)이 단독으로 지정되어 있다.

2) uTradeHub (Ubiquitous Trade Hub)

전자무역 기반사업자로 지정된 한국무역정보통신이 운영하고 있는 전자무역기반시설을 uTradeHub라고 한다. 전자무역 기반시설이란 정보통신망을 통하여 무역업자와 무역관계기관을 체계적으로 연계하여 전자무역문서의 중계, 보관 및 증명 등의 업무를 수행하는 정보시스템을 말하며(전자무역촉진에 관한 법률 제2조 5항), 한국무역정보통신은 uTradeHub를 통해 무역업체 및 화주가 모든 무역업무 프로세스를 단절 없이 처리할 수 있는 단일창구(single window)를 제공하고 있다.

uTradeHub에서는 사용자에게 통합로그인(single sign on) 서비스를 제공하여 하나의 아이디로 모든 서비스를 이용할 수 있어 인터넷을 통한 한 번의 접속으로 모든 무역업무 프로세스를 신속하고 편리하게 원스톱으로 처리할 수 있다.

무역계약과
Incoterms 2020

무역거래에서는 먼저 시장조사를 통해서 잠재구매력을 지닌 수입업자를 물색하고, 외국의 수입업자가 원하는 상품이 무엇인가를 찾아야 한다. 신규 거래처가 선정되면 자기 회사와 상품을 직접 소개하거나 해외광고를 통해서 거래를 제의한다. 상대방이 구체적인 거래조건을 문의해 오면 오퍼를 보내면서 무역계약을 체결할 준비를 한다. 무역계약을 체결할 때 매매당사자들의 중요한 관심거리 중 하나는 상품의 가격을 결정하는 것이다. 특히 무역거래에서는 운송비, 보험료, 관세 등 부대비용이 많이 소요되기 때문에 이들 중 무엇을 상품가격에 포함시킬 것인가, 그리고 당사자 간의 책임 한계점을 어디로 할 것인가 등을 결정해야 한다. 이 장에서는 해외시장조사, 오퍼, 무역계약 약정사항, 정형거래조건 등 무역계약과 관련된 내용을 살펴보기로 한다.

SECTION 01   시장조사와 신용조사
SECTION 02   오퍼와 무역계약
SECTION 03   Incoterms 2020

시장조사와 신용조사

1. 해외시장조사의 의의

무역거래에서는 국내거래와 달리 지역적인 격리, 상이한 문화와 법체계, 종교, 상관습, 언어 등의 차이 때문에 거래당사자들이 극복해야 할 어려운 점이 많다. 그러므로 무역거래에 따르는 위험을 감소시키고, 이윤을 극대화하기 위해서는 정확한 시장조사가 선행되어야 한다. 해외시장조사는 흔히 수출업자의 임무로만 보고 잠재적인 판로를 개척하는 것으로 생각하기 쉽다. 그러나 수입업자의 입장에서 가장 유리한 조건으로 구매할 수 있는 공급처를 찾는 것도 해외시장조사의 일환에 속한다. 따라서 해외시장조사는 특정 상품에 대한 판매가능성이나 구매가능성을 조사하는 것을 의미한다고 볼 수 있다.

즉 수출업자는 해외시장조사를 통하여 잠재구매력을 지닌 수입업자를 물색하고, 수입업자가 원하는 상품이 무엇인가를 살펴본 후 이러한 기본 정보를 토대로 자기가 생산하는 물품을 언제, 어느 지역에, 가장 많이 그리고 가장 값비싸게 수출할 수 있는가를 조사해야 한다. 한편, 수입업자는 구매하고자 하는 물품의 공급처를 사전에 탐색하여 언제, 어느 지역으로부터, 가장 유리한 조건으로 수입할 수 있는가를 알아보아야 한다. 무역거래에서 수입업자는 최종 소비자에게 다시 시판하기 위해 물품을 수입하므로 최적의 조건으로 수입하는 것은 곧 최대의 이윤을 보장하는 것과 마찬가지이다.

지피지기(知彼知己)면 백전백승(百戰百勝)이라 하듯이 무역업을 성공적으로 수행하기 위해서는 먼저 상대방에 대한 철저한 분석이 뒤따라야 한다. 특정 시장을 형성하고 있는 여러 가지 상황의 변화를 과학적으로 조사·분석한 후 이에 적합한 수출계획이나 수입계획을 세워야 한다.

2. 해외시장조사의 내용

해외시장조사에서는 어느 국가의 어느 고객에게 어떠한 상품을 판매할 것인가 또는 어느 국가의 어떤 공급처로부터 필요한 상품을 구매할 것인가를 분석해야 한다. 따라서 해외시장조사의 주요 내용으로는 수출입대상국가, 소비자, 공급처, 상품 등이 있다.

2-1 수출입대상국가의 환경

1) 정치적 환경

정치적 환경은 수출입대상국가의 정치체제, 정치적 안정도, 정치적 위험의 발생 가능성 등을 의미한다. 정치적 위험은 수출업자에게 대금회수불능의 위험을 초래하므로 구매력이 높은 시장이라 하더라도 정치적 위험이 발생할 가능성이 있으면 쉽게 접근할 수 없다. 특히 후발개도국의 경우 경제발전에 대한 의욕도 높고 해외상품에 대한 선호도가 높지만 정변이 발생할 위험이 높으면 그동안 많은 비용과 노력을 들여 개척한 시장을 일시에 상실할 수 있다.

2) 경제적 환경

국민소득, 경제성장률, 노동·고용사정, 임금, 물가 등 수출입대상국가의 경제 전반에 관련된 사항과 국제수지, 품목별·지역별 수출입규모, 외환관리, 수출입규제제도 등 대외무역에 관련된 사항을 말한다.

해외시장조사에서는 대상국가의 경제적 환경 모두를 분석하는 것보다 거래상품의 성질에 따라 필요한 사항만을 선별·분석하는 것이 바람직하다. 자동차를 수출하려면 국민소득, 경제성장률뿐만 아니라 장차 현지 생산에 대비한 노동·고용사정, 임금수준 등을 종합적으로 분석하는 것이 필요하지만 향수를 수출한다면 노동·고용사정까지 조사할 필요는 없을 것이다.

무역에 관련된 각국의 규제제도는 해외시장조사에 있어서 반드시 분석되어야 할 사항이다. 거래품목이 수출입제한품목에 해당되면 별도의 수출입요건을 충족시켜야 하며, 수입 금지나 고율의 관세가 부과될 것이 예상되면 제3국을 통한 우회수출방법을 검토해야 한다. 또한 수출입국가 간의 환거래제한이나 송금 금지 등의 규제가 있을 경우에는 세계 일류은행을 통한 결제방법을 조사해야 한다.

3) 사회적 환경

사회적 환경의 분석은 수출입대상국가의 인구, 기후, 종교, 문화, 교육수준 등 사회일반에 관한 사항과 통신시설, 항만시설, 공항시설 등 사회기반시설을 파악하는 것이다.

인구수는 구매량과 연결되므로 여기에 따른 수출계획을 세우는 것이 바람직하다. 그리고 대상국가의 기후에 적합한 상품을 판매해야 하는 것은 물론 종교적 배경도 함께 고려해야 하며, 문화나 교육수준에 맞는 상품의 개발도 해외시장개척에 꼭 필요하다.

한편 무역거래에서 당사자들은 여러 가지 첨단 통신시설을 사용하여 상담을 하므로 해외시장조사에서는 이러한 시설의 사용여부를 확인해야 하며, 그리고 수출물품을 효율적으로 운송하기 위해서 항만사정이나 공항시설을 철저히 분석해야 한다.

2-2 소비자에 관한 사항

수출상품을 실제 소비하는 소비자에 대해서는 소비자의 소득별 분포, 구매능력, 취향, 상품에 대한 만족도, 생산자에 대한 이미지(image) 등을 조사·분석한다. 소비자에 대한 종합적 분석에 따라 수출제품을 차별화, 다양화하여 새로운 모델을 계속 개발함으로써 해외시장을 유지·확대할 수 있다.

2-3 공급처에 관한 사항

수입업자가 상품을 구매하기 위해서 해외시장을 조사할 경우에는 원하는 상품을 적기에 공급할 수 있는 공급처(수출업자)에 대한 조사가 이루어져야 한다. 이와 관련하여 조사할 사항은 공급처의 성실성, 영업태도, 업계에서의 평판, 재무상태, 생산능력, 선적시기 등이다.

무역거래에서는 생면부지의 당사자들이 현품을 직접 확인하지 않은 상태에서 거래를 하므로 성실성, 영업태도 등 상대방의 성격을 분석하는 것이 매우 중요하다. 공급처의 재무 상태는 장차 발생할지도 모르는 채무를 이행할 수 있는지를 분석하는 자료가 되며, 그리고 수입규모와 수입시기를 결정하기 위해서는 공급처의 생산능력과 선적가능시기를 조사해야 한다.

2-4 거래상품에 관한 사항

1) 상 품

수출업자는 판매하고자 하는 상품의 품종, 품질, 디자인, 상표, 포장, 가격 등을 현지 생산품이나 기타 경쟁품·대체품 등과 비교하여 해외시장에서의 경쟁력 정도를 분석해야 한다. 이러한 경쟁력 분석을 통해서만이 시장에 적합한 상품을 수출할 수 있다.

수출상품의 적절한 생산계획을 세우기 위해서는 수요량 분석이 뒤따라야 한다. 특히 미래의 수요량, 계절적 수요량을 정확히 예측하여 생산량을 조절하고, 자체 내의 생산이 불가능할 경우에 대비해서 대체품의 공급계획을 수립하여 수출시장을 상실하지 않도록 한다.

2) 유통과정

이는 수출상품이 현지에서 유통되는 과정과 유통기구에 대한 사항을 조사하는 것이다. 수입업자가 상품을 수입하여 최종소비자가 소비하기까지의 유통과정이 복잡한 경우에는 상품의 포장을 견고히 해야 한다. 그리고 현지국 내의 할인매장, 특약점, 백화점, 체인스토어 등 유통기구의 현황을 조사할 필요가 있다. 할인매장이 많은 경우에는 가능한 한 저가상품이나 일반잡화로 시장에 접근하고, 전문특약점 또는 백화점이 발전된 지역에는 전문·고가품목으로 시장에 진출하도록 한다.

3) 서비스 및 판매촉진

일반잡화, 섬유제품 등은 사후서비스(after-service)가 필요 없지만 전자제품, 자동차 등과 같은 내구성 제품은 사후서비스의 여부에 따라 수출량이 결정될 수 있으므로 이들 제품의 수출계획에는 반드시 사후서비스에 대한 대책이 포함되어야 한다. 현지시장에 적합한 수출상품의 판매촉진프로그램에 대해서도 조사한다. 카탈로그·안내서 등은 소비층의 취향에 맞도록 제작·배포하고 수출상품을 효율적으로 선전할 수 있는 현지의 광고매체를 선정한다. 아울러 국제전시회·국제박람회 등에 참여할 수 있는 기회를 확대하여 현지 소비자들에게 수출상품에 대한 신뢰도를 높인다.

3. 해외시장조사방법

3-1 인터넷에 의한 조사

오늘날에는 대부분 인터넷을 활용하여 해외시장에 관한 일반적인 정보는 물론 무역이나 시장상황에 관한 정보를 얻고 있다. 해외시장조사와 관련하여 주로 다음과 같은 사이트들이 활용되고 있다.

1) 유관기관의 무역전문 사이트

우리나라의 주요 무역유관기관인 한국무역협회(Korea International Trade Association: KITA), 대한무역투자진흥공사(Korea Trade Investment Promotion Agency: KOTRA) 등에서는 무역전문 사이트를 운영하고 있기 때문에 먼저 이들 사이트를 방문하여 해외시장에 관한 정보를 얻는 것이 효율적이다.

한국무역협회에서 운영하는 사이트는 거래알선, 무역 속보, 수출입통계, 무역실무, 상품 및 업체정보, 거래중개 등 종합적인 무역정보를 제공하는 무역전문 사이트이다. 그리고 대한무역투자진흥공사에서는 글로벌 전시포털, buyKOREA 등 무역관련 사이트를 운영하고 있다. 글로벌 전시포털은 국내외 전시회 정보를 제공하고 관심기업들이 참가신청 및 참가지원신청을 할 수 있도록 관련 서비스를 제공하는 사이트이며, buyKOREA는 기업 간 거래를 중개하는 글로벌 e-marketplace로 해외홍보, 해외 구매정보 중개 등의 서비스를 제공하는 사이트이다.

2) 각종 무역통계 사이트

해외시장조사 및 품목 선정에서 가장 기본이 되는 것은 각종 무역통계를 조사하는 것이다. 무역통계자료는 특정 시장의 구매 잠재력을 측정하고 수익성이 높은 상품을 물색하는 데 많은 도움이 된다. 특히 처음 제조·수출하거나 구매·수출할 경우에는 무역통계자료를 이용해서 우리나라의 수출주력상품, 흑자상품 등을 분석해서 수익성이 높은 상품을 찾아야 한다.

우리나라의 주요 무역통계 사이트로는 관세청, 한국무역통계진흥원, 한국무역협회 등에서 운영하는 것이 있는데 이를 통할 경우 우리나라의 전체 수출실적, 상품별 수출입동향, 국가별·지역별 수출입동향 등 기본적인 해외시장 정보를 알 수 있다. 특히 한국무역통계진흥원은 무역통계 및 교부업무를 대행하는 기관으로 TRASS(www.trass.or.kr)를 통해 각종 무역관련 통계자료를 고객의 목적과 수요에 맞게 제공하고 있다.

3-2 대한무역투자진흥공사를 통한 조사

품목별로 보다 상세한 정보를 얻고자 할 경우에는 대한무역투자진흥공사를 통한 위탁조사가 가능하다. 대한무역투자진흥공사는 세계적인 조직망을 갖추고 있기 때문에 이 기관의 해외시장조사는 신뢰도가 매우 높은 편이다. 대한무역투자진흥공사는 수출업자의 유료위탁에 의해 해외시장조사업무를 담당하고 있다.

현재 대한무역투자진흥공사에서 실시하고 있는 조사대행 서비스의 주요 항목들은 <표 11-1>과 같고 항목에 따라 수수료, 조사기간 등이 다르다. 수출업자는 인터넷으로 해당 지방 무역관에 신청하고 담당자와 협의하여 수수료를 확정한 후 일정기간 내에 해당 정보를 얻을 수 있다.

표 11-1	대한무역투자진흥공사의 조사대행 항목

- 관심 바이어 조사: 시장성, 바이어 명단, 수입관심도
- 관심 바이어 상담: 시장성, 바이어 명단, 수입관심도, 기초상담결과
- 시장동향: 수요, 수출입, 생산, 경쟁, 가격동향, 유통구조
- 바이어 정보 단순 확인조사
- 해외현장 확인정보, 기타

4. 신용조사

4-1 신용조사의 의의

무역거래에서는 대부분 수출업자와 수입업자가 직접 면담을 하지 않은 채 단지 서류상의 검토로 거래가 성립되므로 상대방의 신용상태에 대한 조사가 매우 중요하다. 이에 따라 해외시장조사를 통하여 신규 거래처가 잠재적으로 선정되면, 먼저 신용조사를 통하여 상대방의 신용상태나 자본 등을 조사하여야 한다.

신용조사에는 주로 상대방의 성격, 능력, 자본 등이 파악되어야 한다.

성격(character)은 성실성, 영업태도, 업계에서의 평판, 계약이행에 대한 열의 등 거래에 임하는 상대방의 신뢰도에 관한 것이다. 능력(capacity)은 영업형태, 연간매출액, 경력 등 상대방의 거래능력을 의미한다. 그리고 자본(capital)은 상대방의 재무상태, 즉 부채비율, 자기자본비율 등을 의미하며 이는 채무이행능력의 척도가 된다.[11]

---

11) 이외에도 무역거래에서는 간혹 통화, 국가위험도 등을 조사하기도 한다.

4-2 신용조사방법

1) 은행조회

은행조회(bank reference)는 상대방이 거래하고 있는 은행을 통하여 신용조사를 수행하는 방법이다. 주로 상대방의 자본에 관련된 내용을 조사한다.

2) 동업자조회

동업자조회(trade reference)는 상대방과 거래한 경험이 있는 업자에게 신용상태를 조회하는 방법이다. 상대방의 성실성, 영업태도, 업계에서의 평판 등 성격에 관한 자료를 얻을 수 있다.

3) 상업흥신소를 통한 방법

신용조사 전문회사인 상업흥신소에 신용조사를 의뢰하는 방법이다. 세계적으로 유명한 신용조사기관으로는 'Dun & Bradstreet(http://www.dnb.com)'을 들 수 있다. 이 정보회사는 전 세계 5,000만 개 이상의 기업 데이터베이스와 120여 개 국가의 리포터를 보유하고 있으며 우리나라에는 1995년부터 지사를 운영하고 있다. 세계적인 신용평가기관인 'Moody's Investors Service'는 이 회사의 자회사이다.

4) 무역유관기관의 이용

현재 우리나라의 무역업자들은 대한무역투자진흥공사, 한국무역보험공사 등을 통해서 해외신용조사를 많이 하고 있다. 대한무역투자진흥공사는 해외 무역관을 활용해서 바이어 찾기, 맞춤형 시장조사 업무를 유료로 수행해 주고 있으며, 한국무역보험공사는 수출업자, 금융기관, 수출유관단체 등을 대상으로 국외기업에 대한 신용조사서비스를 제공하고 있다.

SECTION 02 오퍼와 무역계약

1. 거래의 제의와 조회

1-1 거래의 제의

해외시장조사를 통해 일반적인 시장 상황을 알고 나면 유망한 거래처에 자신의 상품, 가격 등을 구체적으로 소개하면서 거래의 제의(inquiry)를 하는데 주로 다음과 같은 방법을 이용한다.

1) 권유장의 이용

장차 거래관계를 맺을 수 있는 거래처에 자기 회사와 상품을 소개하는 권유장 (circular letter)을 발송하여 거래를 제의하기도 한다. 권유장은 남발하는 것보다 특정 지역의 몇몇 거래처 앞으로 보내는 것이 효과적이며 시차를 두는 것도 바람직하다. 거래처의 명단은 상공인명부를 통해서 입수할 수 있는데 대부분 인터넷에서 검색이 가능하다.

2) 공공기관의 이용

각국의 상공회의소를 경유하거나 WTCA(World Trade Center Association) 체인을 통하여 거래알선을 의뢰할 수 있다. 그리고 한국무역협회나 대한무역투자진흥공사에서 시행하고 있는 거래알선 서비스를 이용할 수 있다.

3) 홍보 및 해외광고의 이용

해외 홍보용 카탈로그를 제작하여 예상 거래처에게 배포하거나 국내외의 광고 매체를 활용할 수 있다. 홍보용 카탈로그와 광고는 종합광고 대행사나 광고기획사 등 전문가에 의뢰하여 영문과 대상지역의 언어로 제작하는 것이 바람직하다.

4) 해외출장 및 각종 행사 이용

무역유관기관에서 주선·파견하는 각종 민간무역사절단, 박람회, 전시회 등에 참가하여 유망한 거래처를 물색하여 거래 제의를 한다. 특히 한국무역협회에서 총괄하여 파견하는 민간무역사절단이나 대한무역투자진흥공사에서 주최하는 각종 박람회, 전시회 등에 참여하면 각종 경비의 지원뿐만 아니라 사전 홍보를 통해 예상 거래처와의 상담을 주선해 주기도 한다. 국제박람회에 출연한다는 것은 자사 제품의 품질을 공식적으로 인정받는 것이나 마찬가지여서 거래처에 좋은 인상을 줄 수 있다.

5) 인터넷에 의한 거래 제의

인터넷에 의한 거래 제의는 수출업자가 인터넷을 이용하여 자기 회사 및 상품을 전 세계 바이어에게 홍보하고 무역 사이트에 등록된 정보를 검색하여 거래를 제의하는 방식을 말한다. 인터넷을 이용하여 거래처를 물색하고 거래를 제의하기 때문에 간행물, 우편, 팩스 등을 이용한 전통적 방식에 비해 시간과 비용을 절감할 수 있고 실시간으로 정보를 얻을 수 있다.

현재 한국무역협회는 세계적인 거래알선 전문 사이트와 협약을 맺고 다양한 거래알선 서비스를 제공하고 있다. 그리고 대한무역투자진흥공사에서 운영하는 KOBO는 무역거래알선 사이트인데, 이 사이트는 우리나라 중소기업의 인터넷 수출을 지원하기 위해 만든 것으로 해외시장동향과 바이어 정보를 검색할 수 있고 제품 홍보도 가능하다. 이 밖에 한국무역정보통신의 ECKorea를 이용해도 무역거래 알선서비스를 받을 수 있다.

또한 우리나라는 정보통신강국으로 세계적으로 널리 알려져 있어 인터넷을 통해 우리나라 기업과 상품을 검색하는 외국 기업들이 많기 때문에 정보통신망을 이용하여 자기 회사와 수출상품을 홍보하는 것도 좋은 효과를 얻을 수 있다.

1-2 거래제의에 대한 회신

해외의 수출업자가 보내 준 권유장에 관심이 있거나 광고에 게재된 물품을 구매하고 싶은 거래처는 가격, 공급능력, 선적시기, 결제방법 등에 대해서 보다 상세하게 수출업자에게 문의하는 회신(counter inquiry)을 한다. 따라서 거래제의에 대한 회신은 수입업자가 최초로 물품의 구매와 관련하여 자기의 의사를 나타내는 것이라 할 수 있다. 수출업자의 거래제의와 이에 대한 수입업자의 회신을 통해 점차 무역거래가 성사되어 가는 것이다.

수입업자가 수출업자의 거래 제의에 대해서 회신을 할 때 주의할 점을 요약하면 ① 거래제의에 명시된 상품명, 규격, 품질, 수량, 인도기일 등을 반복하여 재확인할 것, ② 상품의 가격조건 및 수량의 단위를 확인할 것, ③ 견본을 보낼 때는 일련번호를 반드시 붙여 후일에 조회하기 편리하게 할 것, ④ 현재의 시황을 설명하여 주문을 유도할 것 등이다.

2. 오퍼

2-1 오퍼의 발행

수출업자의 거래 제의에 대해서 수입업자가 관심을 가지고 구체적인 거래조건을 문의해 오면 수출업자는 대부분 오퍼(offer)를 발행한다. 오퍼는 청약자가 피청약자와 일정한 조건으로 계약을 체결하고 싶다는 의사표시를 말한다. 즉 수출업자가 수입업자에게 특정 물품을 일정한 조건으로 판매하겠다는 의사표시 혹은 수입업자가 수출업자에게 일정한 조건으로 물품을 구매하고 싶다는 의사를 표시하는 것을 오퍼라 한다.

오퍼는 구두로 행하여도 무방하지만 무역거래에서는 일정한 서식을 갖춘 오퍼장(offer sheet)을 사용한다. 그리고 오퍼는 매매조건을 구체적으로 제시하는 것이기 때문에 특정 상품의 매매와 관련되는 모든 사항이 오퍼장에 기재된다.

2-2 오퍼의 승낙

오퍼를 받은 업자는 상대방이 발행한 오퍼의 내용에 자기 나름대로의 조건을 첨가하여 반대오퍼(counter offer)를 보내기도 한다. 이 반대오퍼는 원래의 오퍼에 대하여 그 조건의 변경을 요구하는 식으로 자기의 수정의사를 표시하는 것이다. 일단 반대오퍼가 제시되면 이전의 오퍼는 무효가 된다. 이와 같이 오퍼와 반대오퍼를 상호 몇 차례 보낸 후 최종적으로 오퍼가 승낙되면 곧 무역계약이 체결된다.

오퍼의 승낙(acceptance)은 상대방의 오퍼에 대한 수락의 의사표시를 말한다. 승낙은 원칙적으로 오퍼의 모든 사항에 대하여 무조건으로 동의하는 것이어야 하며, 새로운 사항을 추가하거나 오퍼의 내용을 제한·변경하는 것은 승낙으로 간주되지 않는다. 그리고 승낙은 오퍼의 유효기간 이내에 이루어져야 하고 만약 오퍼장에 승낙방법이 별도로 명시되어 있으면 그 방법에 따라야 한다.

2-3 오퍼의 종류

1) 판매오퍼와 구매오퍼

수출업자가 판매조건을 제시하는 경우에는 판매오퍼(selling offer)이며, 수입업자가 먼저 구매조건을 제시하여 수입의사를 표시하는 경우에는 구매오퍼(buying offer)이다. 국제거래에서 오퍼라고 하면 대부분 판매오퍼이며, 구매오퍼는 주문생산이라야만 가능한 특수 기계의 수입이나 건설공사의 입찰 등에서 주로 이용되고 있다.

2) 확정오퍼와 미확정오퍼

확정오퍼(firm offer)는 오퍼의 유효기간이 명시되어 있고 그 기간 내에 수락할 것을 조건으로 하는 취소불능오퍼(irrevocable offer)이다. 확정오퍼를 발행하는 청약자는 그 유효기간 내에 일방적으로 오퍼를 철회하거나 오퍼의 내용을 변경할 수 없으며, 만약 상대방으로부터 승낙의 통지가 있으면 오퍼의 내용대로 계약이 성립된다.

미확정오퍼(free offer)는 유효기간 내의 승낙을 조건으로 하지 않거나 오퍼의 내용이 확정적 또는 취소불능이라는 표현이 없는 오퍼를 말한다. 청약자는 유효기간 내에 일방적으로 오퍼를 철회하거나 그 내용을 변경할 수 있다. 이 오퍼는 여러 가지 오퍼 중에서 제일 많이 사용되며 실무적으로 권유장과 함께 보내어져서 상대방에게 가격, 선적일자 등을 사전에 알려주는 수단으로 사용된다.

Messrs. Base Line Inc. October, 2022
2300 Arapahoe, Boulder
CO., USA

Dear Sirs,
We are pleased to offer you as follows :

SUPPLIER : Samsung Corporation
ORIGIN : Republic of Korea
PACKING : Export Standard Packing
SHIPMENT : Within 2 months after the date of contract sheet
INSPECTION : Seller's Inspection to be final
PAYMENT : By an irrevocable L/C at sight in our favor
VALIDITY : By the end of December, 2022
REMARKS : Subject to our final confirmation

H.S.	Item No.	Description	Quantity	Unit Price	Amount
	UN48H6800AF	Covered Led TV	1,000	FOB Pusan @US$650	

Yours very truly,
Samsung Corporation
Managing Director

해설: 우리나라의 삼성이 미국 콜로라도 볼드에 소재하는 베이스 라인 수입업자에게 LED TV 1,000대를 오퍼하는 오퍼장이다. 공급업자는 삼성이고, 원산지는 대한민국, 포장방법은 표준수출포장 방법, 선적은 계약 체결 후 2개월 이내, 검사는 제조업자의 검사를 최종적으로 하고, 대금결제는 취소불능 일람신용장,12) 오퍼의 유효기일은 2022년 12월 말까지이다. 그리고 오퍼발행자의 최종 확인을 조건으로 하는 미확정오퍼이다.

---

12) 취소불능 일람신용장은 일단 개설되면 수출업자의 동의 없이는 취소될 수 없는 신용장이며, 일람은 수출대금을 즉시 결제하는 방법이다. 여기에 관한 내용은 제12장 제3절에 자세히 설명되어 있다.

3. 무역계약의 의의

3-1 무역계약의 개념

무역계약은 국가 간에 이루어지는 물품매매계약으로 매도인이 대금을 받고 매수인에게 물품의 소유권을 이전하거나 또는 이전하기로 약정하는 계약을 말한다. 일반적으로 오퍼는 거래를 맺고 싶다는 상호 간의 의사표시일 뿐, 당사자들을 법적으로 구속하는 것은 아니다.

오퍼의 내용대로 모든 것이 이행되기 위해서는 매매당사자 간에 정식으로 무역계약이 체결되어야 한다. 무역계약은 오퍼, 반대오퍼, 그리고 최종 수락과정을 거치면서 추가되거나 삭제된 내용을 모두 정리하여 실제 매매거래에 필요한 모든 조건들을 기재하고 상호 간에 서명함으로써 성립된다.

무역거래에서 무역계약이 체결되는 유형을 보면 <그림 11-1>에서처럼 세 가지로 구분된다.[13]

첫째, 오퍼에 이은 승낙으로 계약이 체결되는 방법인데 가장 간단한 계약 체결 유형이다. 단골거래처 간에는 이런 유형으로 계약이 많이 성립된다.

둘째, 오퍼와 반대 오퍼 그리고 승낙으로 계약이 체결되는데 일반적인 계약 체결의 유형이다.

셋째, 청약의 유인, 오퍼와 반대 오퍼 그리고 승낙으로 계약이 체결되는 유형인데 처음 거래하는 당사자들 간에 많이 이용된다. 청약의 유인은 불특정 다수를 대상으로 하여 청약(오퍼)을 유인하는 행위이다.

무역계약을 체결하는 것은 매매당사자들이 상호 의도하는 바를 법률적으로 명확히 하고, 당사자들을 구속하는 규칙을 설정해서 불필요한 분쟁을 사전에 방지하는 목적이 있다. 따라서 국제무역거래에서 무역계약서의 작성은 반드시 지켜져야 할 업무이다.

---

13) Catherine Elliott and Frances Quinn, *Contract Law*(4th ed.), London: Pearson Education Limited, 2003, pp.23-25.

그림 11-1 무역계약 체결의 유형

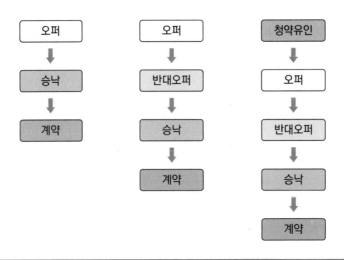

3-2 무역계약서의 작성방법

무역계약은 구두로도 성립되지만, 가능한 한 양 당사자가 거래조건들을 확인하고 서명한 계약서를 작성하는 것이 바람직하다. 무역거래에서는 판매서, 구매서, 오퍼장, 각서 등의 계약서가 주로 사용되고 있는데, 이들의 작성방법은 다음과 같다.

1) 판매서

판매서(sales note)는 수출업자가 작성하여 수입업자에게 보내는 특정 물품의 구매확인서이다. 수출업자가 최종적으로 수락된 오퍼의 내용과 동일하도록 판매서를 2통 작성하여 정식으로 서명한 후 수입업자에게 보내면, 수입업자는 그 내용을 확인한 후 이의가 없으면 역시 정식으로 서명하여 1통은 보관하고 나머지는 수출업자에게 보낸다.

2) 구매서

구매서(purchase note)는 수입업자가 특정 물품을 일정한 조건으로 구매하겠다는 주문서이다. 수입업자가 먼저 주문서를 2통 작성하여 정식으로 서명하여 수출업자에게 보내면, 수출업자는 이의가 없을 경우 역시 정식 서명 후 1통은 보관하고 1통은 수입업자에게 다시 보내게 되는데 이것이 곧 무역계약서가 된다.

3) 오퍼장

오퍼장(offer sheet)에는 주로 거래조건이 기재되어 있기 때문에 별도의 계약서를 작성하지 않고 오퍼장을 그대로 계약서로서 이용할 수 있다. 즉, 수출업자가 발행한 오퍼장에 수입업자가 수락의사표시의 서명을 하거나 또는 수입업자가 발행한 오퍼장에 수출업자가 서명함으로써 오퍼장을 무역계약서로 이용한다. 이 경우도 2통 작성하여 각각 1통씩 보관한다.

4) 각서

수출업자와 수입업자가 한곳에 모여 모든 매매조건을 합의하여 계약서를 작성하는 경우가 있는데, 이런 형식의 계약서를 각서(memorandum)라고 한다.

3-3 무역계약의 종류

1) 개별계약

개별계약(case-by-case contract)은 거래가 성립될 때마다 매매당사자가 거래조건에 합의하여 계약서를 작성하는 경우를 말한다. 판매서, 구매서, 오퍼장 등은 모두 개별계약에 해당된다. 매 거래 시마다 개별계약을 체결해야 하는 번거로움은 따르지만 모든 거래조건을 법적으로 분명히 해 둠으로써 분쟁을 미연에 방지할 수 있다.

2) 포괄계약

포괄계약(master contract)은 매매당사자 간에 서로 오랜 기간 거래를 하여 잘 알고 있을 경우 특정 품목을 지정하여 일정기간 포괄적으로 계약을 체결하고 필요할 때마다 선적해 주는 경우에 사용되는 계약형태이다. 포괄계약을 체결할 때는 지정품목에 대해서 일반거래조건을 합의한 일반거래협정서를 당사자 간에 교환한다. 동일 품목을 반복해서 거래할 경우 매 거래 시마다 거래조건을 확인해야 하는 개별계약보다 일반거래협정서에 의한 포괄계약이 편리하다.

4. 무역계약의 약정사항

4-1 품질에 관한 조건

무역거래에서 수입업자가 제기하는 클레임은 대부분 품질불량, 품질상이 등 주로 상품의 품질과 관련될 정도로 품질은 중요한 약정사항이다.

1) 견본 매매

견본에 의해 상품의 품질을 결정하는 방법으로 무역거래에서 가장 많이 이용되고 있다. 견본매매에서는 대부분 매도인이 견본을 만들어 매수인에게 보내지만 매수인이 희망하는 품질을 나타내기 위해 자신의 견본을 먼저 보내기도 한다. 그리고 상대방이 보낸 원 견본의 색상이나 부피 등을 수정한 반대견본(counter sample)을 이용하기도 한다.

2) 상표 매매

샤넬(Chanel), 구찌(Gucci), 버버리(Burberry) 등과 같은 유명상표는 상표 자체로 품질을 인정받게 된다. 이처럼 상표만을 가지고 품질을 인정받아 계약이 이루어지는 방법을 상표매매라 한다.

3) 규격 매매

상품의 규격이 국제적으로 정해져 있거나 수출국에서 공식적으로 인정하는 것일 경우 규격이나 등급으로 품질을 결정하는 방법이다. 예를 들어, 국제표준화기구(International Organization for Standardization: ISO), 우리나라의 KS(Korean Standards) 등과 같은 규격을 이용한다.

4) 명세서 매매

상품의 재료·구조·성능 등을 자세히 설명한 명세서, 설명서, 청사진 등에 의해서 품질을 결정하는 방법이다. 주로 견본이 곤란한 선박, 철도차량, 기계류, 의료기구 등 고가상품의 거래에서 많이 이용된다.

5) 점검 매매

수입업자가 실제로 상품을 살펴보고 품질을 확인한 후 매매계약을 체결하는 방법으로 수입업자의 대리인이 수출국에 상주할 경우 가능하다. 보세창고도거래에서는 수입업자가 보세창고에서 상품의 품질을 확인할 수 있다.

6) 표준품 매매

농·수산품 등 1차 산품의 품질은 해당 연도의 표준품에 의해서 결정되는데, 이에는 평균중등품질조건, 판매적격품질조건, 보통품질조건이 있다.

① 평균중등품질조건(fair average quality: FAQ): 선적지에서 출하된 수확물 중에서 중간의 품질을 표준으로 하는 방법인데, 면화·곡물·차 등의 품질을 결정할 때 많이 사용된다.

② 판매적격품질조건(good merchantable quality: GMQ): 외관상으로 품질을 결정하기 어려운 냉동물품 등의 거래에서는 판매가능성을 전제조건으로 품질을 결정한다. 수입된 물품이 판매가 부적격하면 매도인에게 변상요구를 할 수 있다.

③ 보통품질조건(usual standard quality: USQ): 공인검사기관 또는 공인표준에 의해 정해진 보통품질을 품질로 결정하는 방법인데 주로 원사거래에서 많이 이용된다.

4-2 수량에 관한 조건

1) 중 량

중량의 단위는 국가마다 다소 차이가 있기 때문에 계약서에 중량 단위 기준을 분명히 명시해야 한다.

중량의 측정방법에는 총중량, 순중량 및 법적 중량 등이 있다.

① 총중량(gross weight): 상품을 포장한 채로의 중량, 즉 상품의 무게와 포장의 무게를 합한 총무게를 말한다.

② 순중량(net weight): 포장무게를 제외한 순상품의 무게를 말한다.

③ 법적 중량(legal weight): 상품의 무게와 법적으로 인정되는 포장무게를 합한 중량을 말한다. 법적으로 인정되는 포장무게는 비누·치약 등과 같은 상품이 소매로 판매될 때 사용되는 포장의 무게를 의미한다.

2) 길 이

생사·직물 등 섬유제품이나 전선 등의 거래에는 meter, yard, foot, inch 등의 길이단위가 사용된다.

3) 용 적

석유 등 액체에는 barrel·gallon·liter, 곡물에는 bushel, 목재에는 cubic meter (CBM)·cubic feet(cft)·super feet(SF) 등의 용적단위가 사용된다.

4) 개 수

전자제품 등과 같은 일반 상품의 개수는 piece·set, 연필·양말 등은 dozen, 핀·조화 등 값싼 잡화제품은 gross를 단위로 한다. 이들 단위의 관계는 다음과 같다.

1dozen = 12pieces
1gross = 12dozen(12×12pieces)
1small gross = 10dozen(12×10pieces)
1great gross = 12gross(12×12×12pieces)

5) 포장단위

면화, 밀가루, 시멘트, 비료, 통조림, 유제품 등의 거래에는 bale, bag, case, can, drum 등의 포장용기가 단위로 사용된다.

6) 과부족 용인조건

곡물, 광산물 등과 같은 것은 일시에 대량 거래를 하고 포장화물이 아닌 벌크화물(bulk cargo)이기 때문에 정확한 양을 측정하는 것이 어렵다. 그리고 유류와 같은 휘발성 제품은 장기간의 운송으로 도중 감량이 예상될 수도 있다. 따라서 이런 물품을 거래할 때는 약간의 과부족을 허용하는 과부족용인조건(more or less clause: MOL clause)을 활용한다.[14]

---

14) 무역거래에서 화물은 단위화물과 벌크화물로 구분되는데, 우리나라는 대표적으로 원유, 원면, 원맥, 원석, 원당, 원목 등의 기초원자재를 벌크 상태로 수입하고 있다.

4-3 가격조건(정형거래조건)

무역거래에서 상품의 가격을 결정할 때는 운송비, 보험료, 통관비 등 부대비용과 위험을 누가 어디까지 부담할 것인가를 동시에 결정해야 한다. 이에 따라 계약서에는 매매당사자들의 비용부담과 책임한계를 함축하고 있는 FOB, CIF 등과 같은 가격조건이 금액과 함께 표시된다. 오늘날에는 Incoterms 2020에서 규정하고 있는 11가지 가격조건이 많이 이용되고 있다. 여기에 관해서는 다음의 제3절에서 구체적으로 설명하고자 한다.

4-4 선적에 관한 조건

1) 선적시기

선적시기를 결정할 때는 선적일자를 확정하지 않고 보통 최종선적일 또는 선적월을 정한다. 선적월을 정할 경우에는 수출업자가 임의로 선적시기를 선택해서 정해진 달 내에 선적을 하면 된다. 그러나 선적시기를 표시할 때 신속히(prompt), 즉시(immediately), 가능한 한 빨리(as soon as possible) 등과 같은 막연한 표현을 사용해서는 안 된다.

2) 분할선적 및 환적

분할선적(partial shipment)은 계약물품을 전량 선적하지 않고 2회 이상 나누어서 선적하는 경우를 말한다. 계약서상에 분할선적을 금지한다는 문언이 없을 경우에는 일반적으로 분할선적은 허용하는 것으로 간주된다. 따라서 상품을 일시에 수입하고자 할 경우에는 분할선적금지를 계약서에 분명히 명시하도록 한다.

환적(transshipment)은 운송 도중 다른 선박이나 운송기관에 옮겨 싣는 경우를 말하는데, 환적을 하게 되면 그만큼 운송시간이 많이 소요되고 파손, 분실 등의 위험이 발생할 수 있다. 따라서 목적항구까지 직접 가는 선편이 없을 경우나 여러 운송수단을 동시에 사용하는 복합운송인 경우에만 환적을 허용한다. 환적을 금지할 경우에도 이러한 사실을 계약서에 분명히 해 두어야 한다.

4-5 보험에 관한 조건

국제운송에 따른 보험은 운송방식에 따라 해상보험, 육상보험, 항공보험 등으로 구분되지만 무역거래에서 주로 이용되는 것은 해상보험이다.[15] 정형거래조건에 따라 수출업자가 보험계약을 체결하는 경우도 있기 때문에 보험에 관한 조건을 합의한다. 여기에 관해서는 제12장 제2절에서 자세히 설명하기로 한다.

4-6 대금결제에 관한 조건

이 조건에서는 수출대금의 결제방법과 결제시기를 주로 합의하는데 무역거래에서는 수출대금회수불능의 위험이 발생할 수 있으므로 수출업자는 대금결제조건을 가장 신중히 다루어야 한다. 여기에 관해서는 제12장 제3절에서 자세히 다루고자 한다.

4-7 포장에 관한 조건

개품화물의 경우 물품을 안전하게 보관하고 상품으로서의 가치를 유지하기 위해 포장(packing)은 반드시 필요하다. 수출화물의 포장은 가볍고 튼튼해야 하며 포장비용도 저렴해야 한다. 그리고 계약물품임을 쉽게 확인할 수 있도록 외관상 식별이 명확해야 한다. 포장조건에서는 포장방법, 포장의 종류, 화인 등을 약정해야 한다.

1) 포장방법

포장방법은 물품의 최소 소매단위를 하나하나 개별적으로 포장하는 개장(unitary packing), 개장된 물품을 취급하기에 편리하도록 일정한 양을 묶어 한 번 포장하는 내장이 있다. 그리고 운송 도중 파손이나 도난을 방지하고 하역작업에 편리하도록 몇 개의 내장을 목재나 카톤(carton) 등으로 된 상자에 다시 포장하는 외장이 있다.

무역계약에서는 보통 내장은 어떠한 방법으로 할 것인지, 모두 몇 개씩을 담아 외장을 할 것인지에 대해 약정한다.

---

15) 해상보험은 해상에서 발생하는 손해를 보상해 주는 보험이지만, 해상구간뿐만 아니라 육상운송 심지어 항공운송에서 발생하는 손해까지도 보상하고 있어 무역거래에서 이용되고 있는 보험은 해상보험이라 할 수 있다.

2) 포장의 종류

수출화물의 가장 일반적인 포장은 상자이지만 화물의 성질에 따라 여러 가지의 포장이 사용된다. 매매당사자들은 수출화물에 적합한 포장을 대부분 알고 있기 때문에 무역계약에서는 포장의 종류를 보통 표준수출포장(standard export packing) 식으로 표현한다.

3) 화 인

운송관계자나 수입업자가 쉽게 식별할 수 있도록 포장의 외장에 기호, 번호 등으로 계약물품을 표시하는데 이를 통틀어 화인(shipping marks)이라 한다. 대부분 수입업자가 화인의 모양을 지시하며 수출업자는 지시내용대로 화인을 표시해야 한다. 그러나 수입업자의 별도 요청이 없을 경우에는 수출업자의 임의대로 화인을 하면 된다.

4-8 분쟁해결조건

이 조건에서는 매매계약 체결 후 발생할지 모르는 당사자 간의 분쟁에 관한 사항을 약정한다. 주로 클레임 제기시한, 해결방법 등을 합의한다. 이에 관해서는 제14장에서 자세히 다루고자 한다.

5. 일반거래조건

당사자 간에 무역거래가 이루어지면 무역계약을 체결하기에 앞서 거래의 일반적 기준이 될 조건들을 협정하는데 이를 일반거래조건(general terms and conditions)이라 한다. 별도의 일반거래조건협정서를 작성할 수도 있지만 대부분의 무역거래에서는 무역계약서 전면을 개별약정사항 등을 명시한 계약서 형식으로 하고, 그 뒷면에 일반거래조건을 인쇄하여 사용한다. 뒷면에 인쇄되어 있는 일반거래조건은 전면의 개별적 계약의 조건을 보충 설명하는 것이 된다. 만약 개별약정사항과 일반거래조건이 상호 모순되면 개별약정사항을 우선 적용한다.

Incoterms 2020

1. 정형거래조건의 의의

국내거래에서의 상품가격은 대개가 생산비용에다 매도인의 적정한 이윤을 합한 것이다. 그러나 무역거래에서는 수출국 내에서의 운송비, 수출통관비용, 목적지까지의 운송비 및 보험료, 수입통관비용 및 수입관세, 수입국 내에서의 운송비 등 부차적으로 고려해야 할 가격요소가 많다. 따라서 이러한 수출입비용 중 어느 정도를 가격에 포함시켜야 하는가를 결정해야 한다.

막연하게 일정 금액으로만 상품가격을 표시하게 되면 양 당사자들은 자기들한테 유리한 방향으로 해석하기가 쉽다. 예를 들어, 컴퓨터를 대당 1,000달러로만 제시하게 되면 수출업자는 생산비와 수출국 내에서 소요되는 운송비 정도만 포함된 가격으로 보고 나머지 부대비용은 모두 수입업자가 부담하는 것으로 생각할 수 있다. 그러나 수입업자는 이 가격에 모든 수입비용이 다 포함된 것으로 생각하여 선뜻 가격결정에 동의할 수 있는데 이 양자는 엄청난 가격차이를 초래할 수 있다. 그리고 국가 간의 거래는 매매당사자가 멀리 떨어져 있고 나라마다 상관습이 다르기 때문에 매도인과 매수인의 책임한계를 특정 지점으로 미리 합의를 해야 한다.

이와 같이 무역거래에서는 매매당사자들이 상품의 가격을 약정할 때 그 가격에 어떠한 수출입부대비용을 포함시킬 것인가, 그리고 당사자들의 책임은 어느 지점에서 이전되는가를 동시에 결정해야 한다. 그렇다고 하여 계약을 체결할 때마다 당사자들이 모여 각자가 부담해야 할 비용과 책임한계를 정하도록 하는 것은 현실적으로 불가능하다. 이에 따라 무역거래에서는 오래 전부터 매매당사자들의 비용부담 및 책임 한계가 어느 정도 표준화된 FOB, CIF 등과 같은 용어들이 사용되어 왔는데 이를 정형거래조건이라 한다.

2. Incoterms의 제정

무역거래에서는 오래 전부터 FOB, CIF 등 거래조건과 관련된 용어들이 사용되어 왔지만 이에 대한 통일된 규칙이 없어 각국에 따라 해석상의 차이가 많았다. 더욱이 매매당사자들은 국가 간의 상이한 상관습을 알지 못해 많은 오해와 분쟁이 초래되어 왔다.

이에 따라 무역거래상의 분쟁요소를 없애고 국제무역의 확대를 도모하기 위해서 1936년 국제상업회의소(ICC)는 무역거래조건의 해석에 관한 국제규칙, 즉 Incoterms 1936을 제정하였다. 그 후 Incoterms는 무역관습의 변화에 따라 여러 차례 개정되어 현재는 2020년도에 개정된 Incoterms 2020이 사용되고 있다.

Incoterms는 'International Commercial Terms'의 약칭에서 따온 말인데 Incoterms는 국제조약이 아니고 민간단체인 국제상업회의소가 제정한 국제규칙으로서 어떠한 구속력도 가지지 못하며 단지 매매당사자들의 합의에 의해서만 이용될 수 있다.

Incoterms 2020에는 11가지 거래조건이 규정되어 있으며 이들 조건은 <표 11-2>에서처럼 운송수단에 상관없이 모든 운송에 사용가능한 거래조건과 해상 혹은 내수로 운송에서만 사용할 수 있는 거래조건으로 분류되어 있다.

모든 운송에서 사용가능한 거래조건은 해상, 항공, 육상 등 운송수단에 상관없이 그리고 하나의 운송수단을 활용하든 두 가지 이상의 운송수단을 사용하든 상관없이 사용할 수 있는 거래조건을 의미한다. 여기에는 작업장 인도조건(EXW), 운송인 인도조건(FCA), 운송비 지불 인도조건(CPT), 운송비·보험료 지불 인도조건(CIP), 터미널 인도조건(DAT), 목적지 인도조건(DAP) 및 관세지급 인도조건(DDP) 등 7가지가 있다.

그리고 해상운송이나 강, 운하 등을 이용하는 내수로 운송에서만 사용할 수 있는 거래조건은 선측인도조건(FAS), 본선인도조건(FOB), 운임포함 인도조건(CFR) 및 운임·보험료 포함 인도조건(CIF) 등 4가지이다.[16]

---

16) 그런데 미국에서는 아직도 1990년에 개정된 개정미국무역정의(Revised American Foreign Trade Definitions)의 거래조건을 사용하는 경우도 있다. 이 규칙에서는 Ex(point of origin), FOB, FAS, CFR, CIF 및 Ex Dock 6가지 거래조건이 규정되어 있다.

표 11-2 Incoterms 2020의 정형거래조건

구분	거래조건	전신약호
모든 운송에 사용하는 거래조건	작업장인도(Ex Works) 운송인인도(Free Carrier) 운송비지불인도(Carriage Paid To) 운송비·보험료지불인도(Carriage and Insurance Paid To) 도착지인도조건(Delivered At Place) 도착지양하인도조건(Delivered At Place Unloaded) 관세지급인도(Delivered Duty Paid)	EXW FCA CPT CIP DAP DPU DDP
해상운송, 내수로운송에 사용하는 거래조건	선측인도(Free Alongside Ship) 본선인도(Free On Board) 운임포함인도(Cost and Freight) 운임·보험료포함인도(Cost, Insurance and Freight)	FAS FOB CFR CIF

3. 정형거래조건의 해설

3-1 모든 운송에서 사용가능한 조건

이 그룹에 속하는 조건은 7가지이며 운송방법에 상관없이 모든 운송에서 사용할 수 있다.

1) 작업장 인도조건(Ex Works: EXW)

작업장 인도조건은 매도인이 계약물품을 작업장에서 매수인에게 인도하는 조건이다. 이 조건에서 의미하는 작업장은 계약물품의 성격에 따라 공장, 농장, 광산 등의 장소가 된다. 실제 거래에서는 이 장소를 구체적으로 표시하여 매도인과 매수인의 책임분기점을 분명히 한다. 만약 물품이 있는 장소가 공장이면 Ex Factory, 공장 중에서도 제철·제분·제지공장이면 Ex Mill, 농장이면 Ex Plantation, 창고이면 Ex Warehouse, 광산이면 Ex Mine으로 표현한다.

매도인은 작업장에 계약물품을 적치할 때까지의 비용과 위험을 부담한다. 별도의 합의가 없는 한 매도인은 매수인이 제공한 운송수단에 계약물품을 적재하거나 수출통관을 이행해야 할 필요는 없다. 반면, 매수인은 계약물품이 현존하는 장소에서부

터 최종목적지까지 운송하는 데 소요되는 모든 비용과 책임을 부담해야 한다. 따라서 Incoterms의 11가지 가격조건 중 매도인에게는 최소한의 의무가 부여되는 조건이다.

2) 운송인 인도조건(Free Carrier: FCA)

운송인 인도조건은 매도인이 지정된 장소에서 매수인이 지명·통보한 운송인의 관리 하에 수출통관된 물품을 인도함으로써 자신의 의무가 끝나는 조건이다. 따라서 이 조건에서는 지정된 장소에서 운송인에게 계약물품이 인도되는 시점이 바로 매매당사자간의 비용부담과 책임의 분기점이 된다.

이 조건에서 매도인은 수출에 필요한 모든 법적 절차를 취한 후 지정된 운송인에게 물품을 인도해야 한다. 지정 운송인은 운송수단에 상관없이 매수인이 운송계약을 체결하여 매도인에게 그 명의를 통보한 운송인을 말한다.

3) 운송비 지불 인도조건(Carriage Paid To: CPT)

운송비 지불 인도조건은 매도인이 자신과 목적지까지 운송계약을 체결한 운송인에게 수출통관된 물품을 인도함으로써 매도인의 책임이 끝나는 것으로 하는 조건이다. 따라서 이 조건에서 매도인은 먼저 자신의 위험과 비용으로 수출에 필요한 모든 통관절차를 이행해야 한다. 그리고 합의된 목적지까지 적합한 운송계약을 체결하고 운송비를 지급해야 하며 계약물품을 운송인에게 인도 완료해야 한다.

이 조건에서 매도인이 목적지까지 운송계약을 체결하고 운송비를 지급한다고 해서 자신의 책임이 목적지까지 연장되는 것은 아니며 매도인의 책임은 자신과 운송계약을 체결한 운송인에게 물품을 인도하는 시점에서 끝이 난다. 즉 매도인과 매수인의 책임분기점은 매도인이 체결한 운송인에게 물품을 인도하는 시점이 된다.

앞의 운송인 인도조건은 매수인이 물품을 실어가기 위해 매수인 자신이 운송계약을 체결하고 운송비를 지급하는 것이지만 운송비 지불 인도조건은 반대로 매도인이 물품을 목적지까지 실어주고 운송비를 지급하는 조건이다. 매도인이 지급한 운송비는 물품의 가격에 포함되어 있다.

4) 운송비·보험료 지불 인도조건(Carriage and Insurance Paid To: CIP)

운송비·보험료 지불 인도조건은 매도인이 계약물품에 대한 수출통관을 필하고 목적지까지 보험계약을 체결한 후 이를 자신과 운송계약을 체결한 운송인에게 인도하는 조건이다. 따라서 이 조건에서 매도인은 자신의 위험과 비용으로 수출에 필요한 모든 통관절차를 이행해야 한다. 그리고 합의된 목적지까지 운송계약과 보험계약을 체결하여 운송비 및 보험료를 지불하고 계약물품을 운송인에게 인도해야 한다.

이 조건은 앞의 운송비 지불 인도조건과 동일한데 단지 매도인이 목적지까지 적합한 보험계약을 체결하고 보험료를 지불해야 한다. 그러나 매도인이 목적지까지 운송보험계약을 체결한다고 해서 매도인의 책임이 목적지까지 연장되는 것은 아니며 자신의 책임은 어디까지나 운송인에게 물품을 인도하는 시점에서 끝이 난다. 따라서 운송 도중의 물품에 대해서 매도인은 책임질 필요가 없다.

5) 도착지 인도조건(Delivered At Place: DAP)

도착지 인도조건은 매도인이 도착지에서 수입통관을 필하지 않은 계약물품을 도착된 운송수단으로부터 양하하지 않은 상태로 매수인의 임의처분상태로 인도하는 조건이다. 이 조건을 사용할 경우 도착지 인도조건 뒤에 지정 도착지를 표시한다.

이 조건에서 매도인은 자기의 비용으로 지정 도착지 또는 경우에 따라 지정 도착지의 합의된 지점까지 물품을 운송하기 위한 운송계약을 체결해야 하고, 도착지까지 물품을 운송하는 데 따른 모든 위험을 부담한다.

만약 특정 지점이 합의되지 않았거나 관습에 의해 결정되고 있지 않은 경우, 매도인은 지정 도착지에서 자기의 목적에 가장 적합한 지점을 선택할 수 있다. 그리고 매도인은 지정 도착지에 도착한 운송수단으로부터 물품을 하역해 줄 의무는 없다.

6) 도착지 양하인도조건(Delivered At Place Unloaded: DPU)

도착지 양하인도조건은 Incoterms 2020에서 처음 도입된 인도조건인데, 이 조건에서 매도인인 수출업자는 지정된 도착지에서 계약물품을 하역하여 매수인의 임의처분 하에 둠으로써 인도의무가 완료된다. 앞서의 도착지 인도조건에서는 매도인이 최종 도착지에서 계약물품을 하역하지 않은 채 매수인에게 인도하지만 이 조건에서는 반드시 운송수단으로부터 계약물품을 하역하여 매수인에게 인도해야 한다.

이 조건에서 매도인은 계약물품이 최종 도착지에 도착하여 양하할 때까지의 모든 비용을 부담하여야 하며 여기에는 도착지에서의 양하비용이 포함된다. 매수인은 수입통관을 필하고, 관세, 기타 세금을 비롯하여 물품이 인도된 때부터 소요되는 모든 비용을 부담해야 한다.

7) 관세지급 인도조건(Delivered Duty Paid: DDP)

관세지급 인도조건은 매도인이 계약물품을 매수인이 지정한 수입국의 특정 지점까지 인도하는 매도인의 의무가 가장 많은 조건이다. 따라서 매도인은 자신의 위험과 비용으로, 첫째 수출국에서 수출통관을 필하고, 둘째 수입항까지의 운송계약과 보험계약을 체결하고, 셋째 수입국에서 수입허가를 취득하고, 관세·조세 등을 지급하여 수입통관을 필한 후, 마지막으로 수입국의 지정 목적지까지 계약물품을 운송하고, 물품의 인수에 필요한 관례적인 운송서류를 매수인에게 인도해야 한다.

3-2 해상 혹은 내수로 운송에서만 사용가능한 조건

현행 Incoterms의 11가지 조건 중에서 FAS, FOB, CFR 및 CIF 4가지는 해상운송 혹은 내수로 운송에서만 사용가능한 조건(rules for sea and inland waterway transport)이다. 이들 조건은 전통적으로 국제무역에서 많이 사용되어 왔던 조건인데, 최근 운송방식이 컨테이너를 이용하여 여러 운송수단을 동시에 활용하는 소위 문에서 문까지의 일괄운송방식으로 바뀜에 따라 Incoterms 2010부터 후순위에 규정되어 있다.

1) 선측인도조건(Free Alongside Ship: FAS)

선측인도조건은 매도인이 선적항의 부두에서 또는 부선으로 본선의 선측에 수출통관을 필한 후 계약물품을 인도함으로써 자신의 인도의무가 완료되는 조건이다. 이 조건에서 매매당사자 간의 비용부담과 책임의 분기점은 선적항의 선측이 된다. 이 지점 이후에 발생하는 물품의 멸실 또는 손상에 따른 모든 비용과 위험은 매수인이 부담해야 한다. 이 조건에서 수출업자는 수출통관을 필하고 계약물품을 선측까지 운송해야 하며 수입업자는 수출업자에게 항구명, 정박지, 선박명 등을 적당한 시기 내에 통보해야 한다.

2) 본선인도조건(Free On Board: FOB)

무역거래에서 많이 이용되고 있는 FOB 조건은 계약물품이 지정된 선적항에서 매수인이 지명·통보한 선박에 적재될 때 매도인의 인도의무가 완료되는 조건을 말한다. 따라서 매매당사자 간의 비용부담 및 책임부담의 분기시점은 계약물품이 본선상에 적재되는 시점이 된다.

　본선인도조건에서 매도인은 합의된 선적기간 내에 매수인이 지정한 운송선박에 계약물품을 선적하게 되면 자신의 책임이 끝나며, 선적 이후의 모든 책임과 비용은 매수인이 부담하게 된다. 이 조건에서 매수인은 계약물품을 수입지까지 운송할 선박과 운송계약을 체결하고 선박명, 정박지, 선적기일 등을 매도인에게 충분히 통지해야 한다.

3) 운임포함 인도조건(Cost and Freight: CFR)

　운임포함 인도조건은 매도인이 목적지까지 해상운송계약을 체결하고 운임을 지불하지만 그 책임은 선적항의 본선에서 끝나도록 하는 조건이다. 이 조건에서 매매당사자간의 책임한계점은 FOB 조건과 마찬가지로 선적항의 본선이다. 따라서 계약물품이 선적항의 본선상에 적재되면 물품과 관련된 모든 책임은 매수인에게로 이전된다.

　매도인은 지정된 목적항까지 계약물품의 운송에 적합한 선박과 통상적인 해상운송계약을 체결하고 운임을 지불해야 한다. 그리고 계약물품에 대한 수출통관을 필하여 본선에 인도하고 선박회사로부터 무사고운송서류를 교부받아 이를 매수인에게 전달해야 한다.

　매수인은 물품이 선적항의 본선에 적재될 때부터 발생하는 모든 위험과 비용을 부담해야 한다. 그리고 매수인은 지정된 목적항에서 운송인으로부터 계약물품을 인수해야 한다.

4) 운임 · 보험료포함 인도조건(Cost, Insurance and Freight: CIF)

　운임 · 보험료포함 인도조건은 매도인이 계약물품의 해상운송계약과 해상보험계약을 체결하고 운임 및 보험료를 지급하고 그 책임은 선적항의 본선에서 끝나는 것으로 하는 조건이다. 이 조건은 CFR 조건에 매도인이 해상보험계약을 체결해야 하는 의무가 추가된 것으로 볼 수 있다. 그러나 매도인의 책임은 FOB 조건이나 CFR 조건과 마찬가지로 계약물품이 선적항의 본선에 선적될 때 끝나기 때문에 만약 운송 도중 사고가 발생하더라도 이에 대한 책임은 매수인에게 있다.

운송 · 보험 · 결제

무역과 해운은 상호 필수불가분의 관계로 무역의 발달 없이 해운도 발달할 수 없고 해운의 발달 없이 무역의 발달을 기대할 수도 없다. 이와 같이 운송은 국제무역의 수행에 절대적으로 필요한 중추 기능이다. 또한 해운과 더불어 발전해 온 해상보험은 운송과정에서 발생하는 여러 가지 위험을 제거해 줌으로써 원활한 무역거래를 도와주고 있다. 오늘날과 같이 수많은 국제 물동량이 선박, 항공기, 트럭 등에 의해 운송될 수 있는 것도 해상보험이 이를 뒷받침해 주기 때문이다. 또한 무역거래에서 수출업자의 가장 큰 관심거리는 수출대금의 확보이며 이에 따라 수출업자는 어떠한 방법으로 수출대금을 결제할 것인가를 신중히 고려한다. 이 장에서는 무역거래에서 중요한 기능인 국제운송, 해상보험 및 무역대금결제에 대해서 살펴보기로 한다.

국제운송

1. 해상운송

1-1 해상운송의 의의

일반적으로 해상운송은 선박을 운송수단으로 하여 타인의 화물이나 사람을 운송하고 그 대가로 운임을 받거나 또는 선박회사가 자기의 화물을 직접 운송하여 이익을 얻는 상업 활동을 뜻한다. 그러나 무역에서 의미하는 해상운송은 주로 매매당사자 간에 약정된 상품을 국가 간에 운송하고 운임을 취득하는 전자의 경우를 말한다.

해상운송은 다른 운송에 비해 다음과 같은 특성을 지니고 있다.

첫째, 해상운송은 대량운송이 가능하다. 선박건조기술의 발달로 오늘날의 선박은 대형화가 되어 육상, 항공 등의 수단에 비해 일시에 대량의 화물을 운송할 수 있다.[17]

둘째, 해상운송은 경제성이 있다. 해상운송은 대량운송이 가능하기 때문에 단위당 운송비가 육상운송이나 항공운송에 비해 상당히 저렴하다.

셋째, 해상운송은 원거리의 국제운송에 적합하다. 육상운송은 특정 국가에 국한되지만, 해상운송은 공해상에서 국적에 관계없이 상업 활동을 할 수 있기 때문에 원거리의 국제운송에 적합하다.

이러한 특성으로 인해 해상운송은 국제무역의 운송수단으로서 중요한 위치를 차지하고 있다. 특히 우리나라의 경우, 육상운송에 의한 국제교역이 불가능하기 때문에 대부분의 수출입 물동량은 해상운송에 의존하고 있는 실정이다.

1-2 해상운송의 형태

해상운송은 선박의 운항형태에 따라서 부정기선 운송과 정기선 운송으로 구분되

---

17) 철도를 이용한 육상운송의 경우 20톤 화차 30량을 연결하여 원유를 운송하더라도 600톤밖에 되지 않지만, 해상운송의 경우 50만 톤의 원유를 1척의 유조선으로 운송할 수 있다.

며 이들 운송에 투입된 선박을 각각 부정기선 및 정기선이라 한다.

1) 부정기선 운송

부정기선(tramper)운송은 고정항로, 운항일정 등이 없이 주로 단일제품을 소수의 화주로부터 위탁받아 불규칙적으로 운항하는 형태이다. 부정기선이 취급하는 화물은 원유, 원면, 원석, 원당 등 주로 1차 산품이기 때문에 이들이 수확되는 계절에 집중적으로 운항되는 경우가 많다.

부정기선에는 일반 건화물을 취급하는 건화물 부정기선과 화물의 성질에 따라 특수한 시설을 갖춘 냉동선, 유조선, 곡물전용선, 목재전용선 등과 같은 특수전용선이 있다. 부정기선 운임은 당시의 수요와 공급에 따라 선주와 화주 간의 협상에 의해 결정된다.

부정기선을 이용할 경우 화주와 선주 간에는 용선계약이 체결되는데, 용선계약 (charter)은 화물을 운송하기 위하여 화주가 선박회사로부터 선박을 빌리는 운송계약을 말한다. 용선계약에 의해서 운송되는 화물은 1차 산품이고 일시에 대량 운송되므로 주로 부정기선이 이용된다. 용선계약이 체결되면 선주와 화주 간에 용선계약서(charter party: C/P)가 작성된다.

용선계약은 용선료 계산방식에 따라 기간용선과 항해용선으로 구분된다.

기간용선(time charter) 또는 정기용선은 화주가 일정 기간 선주로부터 선박을 빌리는 경우를 말한다. 대개 다른 사람의 화물을 운송하고 운임을 벌기 위해서 전문적인 해운업자들이 정기용선을 하는 경우가 많다.

항해용선(voyage charter)은 화주가 선박을 특정 항구(1개항 또는 그 이상의 항)에서 특정 항구(1개항 또는 그 이상의 항)까지 용선하는 운송계약이다. 일반적으로 화주는 용선료를 '화물의 톤당 얼마'와 같이 운송화물의 양에 따라 지급한다.

2) 정기선 운송

정기선(liner)운송은 소량의 화물을 불특정 다수의 화주로부터 위탁받아 운송업을 행하는 형태인데 그 특징을 설명하면 다음과 같다.

첫째, 정기선은 고정된 항로(정기선 항로)를 따라 선적화물량에 관계없이 공시된 운항일정표에 의해 규칙적이고 반복적으로 운항한다.

둘째, 정기선에서 취급하는 상품은 일반적인 포장화물이며 주로 완제품 내지 반제품인 2차 상품이다.

셋째, 정기선 운임은 고시된 운임요율에 따라 결정된다.

대표적인 정기선 항로에는 북미와 유럽지역을 연결하는 북대서양 항로, 유럽과 아시아 및 오세아니아를 연결하는 수에즈운하 항로, 북미와 남미를 연결하는 남미 항로 그리고 태평양을 중심으로 하는 환태평양 항로 등이 있다.

우리나라의 정기선이 취항하고 있는 항로는 ① 한일 항로, ② 동남아 항로, ③ 북미주 항로, ④ 중동 항로, ⑤ 유럽 항로, ⑥ 호주 항로, ⑦ 홍해·지중해 항로, ⑧ 아프리카 항로, ⑨ 중남미 항로의 9개이다.

참고로 부정기선 운송과 정기선 운송을 비교해 보면 <표 12-1>과 같다.

표 12-1 부정기선 운송과 정기선 운송의 비교

구분	부정기선 운송	정기선 운송
선박	부정기선	정기선
운항형태	지역별, 시기별 불규칙적 운항	고정항로, 운항일정 등에 의한 규칙적 운항
화물	단일 화주의 원유, 철광석 등의 벌크화물	다수 화주의 컨테이너 화물, 포장화물(2차 상품)
운임	수요와 공급에 따른 변동운임	공시운임
운송계약	용선계약(용선계약서)	개품운송계약(선하증권)

1-3 컨테이너 정기선 운송

1) 개품운송계약

정기선은 재래식 화물을 운송하는 선박과 컨테이너 화물을 운송하는 컨테이너 선박으로 구분되지만 오늘날에는 컨테이너 전용선이 정기선 운송에 사용된다. 정기선을 이용할 경우에는 선주와 화주 간에는 개품운송계약이 체결된다.

화주가 운송계약을 신청하려면 각 선박회사가 고시하는 항해일정표에서 항로별 선박명, 입항예정일, 출항예정일 등을 비교해 보고 적합한 선박을 선택한 다음 선박회사에 비치된 선적신청서(shipping request: S/R)의 양식에 화물의 명세 등 해당사항을 기재하여 제출하면 된다.

오늘날에는 물류자동화시스템인 KL-Net가 구축되어 있어 화주와 선주간의 운송계약절차가 간소화되었다. 주요 정기 선박회사들은 중·단기 운항계획을 자사의 홈

페이지에 고시하거나 화주들에게 정기적으로 제공하기 때문에 화주는 선박의 운항 계획을 쉽게 알 수 있고 표준화된 선적신청서를 사용하여 적합한 선박을 인터넷으로 자동 예약할 수 있다.[18]

2) 정기선 운임

정기선박회사는 화물의 운임표(tariff)를 사전에 작성하여 공시한다. 정기선은 주로 컨테이너 화물을 취급하기 때문에 정기선 운임은 컨테이너 단위를 기준으로 운임을 산정한다.

현재 대부분의 정기선은 품목별 운임(commodity rate)을 적용하고 있는데 이는 컨테이너 내용물의 가치에 따라 운임을 정하는 방식이다. 그리고 무차별운임(freight all kinds rate: FAK)은 컨테이너에 적재된 화물의 종류에 관계없이 컨테이너 1단위당 동일한 운임을 적용하는 방식이다. 품목별 박스 운임(commodity box rate)은 물품을 몇 가지 등급으로 분류해서 운임을 차등 적용하는 방식이다.

정기선 운임은 일정 기간 고정되어 있기 때문에 운임을 긴급히 인상할 필요가 있을 때는 기본운임 외에 유류할증료, 전쟁위험 할증료, 환적료 등과 같은 할증운임을 적용시킨다.

1-4 컨테이너 운송기지

컨테이너 운송을 위해 컨테이너 화물이 집결되거나 컨테이너에 화물을 혼재하는 유통기지는 다음과 같다.

1) 컨테이너 터미널

컨테이너 터미널(container terminal: CT)은 컨테이너 전용부두에 설치되어 있는 컨테이너 전용대합실을 말한다. CT에는 컨테이너 선박이 자유로이 입·출항할 수 있도록 충분한 수심과 안벽시설이 갖추어져 있고 컨테이너 하역에 관련된 여러 가지 기기 및 시설이 설치되어 있다.

---

18) KL-Net는 수출입 전반에 걸친 화물유통과 정보흐름의 원활화를 위하여 인터넷을 이용하여 운송, 하역, 보관, 입출항 분야의 물류자동화를 구현하는 종합물류정보망이다.

CT는 철도나 도로운송이 쉽게 연결되는 편리한 위치에 있어 모든 컨테이너화물은 내륙지역으로부터 항계 내에 위치한 CT로 집결한 후 컨테이너 전용선의 출항시간에 맞춰 반출·선적된다. 목적지 항에 도착한 컨테이너 화물은 일단 컨테이너 터미널에 장치된 후 다른 운송수단에 의해 최종목적지까지 운송된다.

2) 내륙 컨테이너 기지

내륙 컨테이너 기지(inland container depot: ICD)는 컨테이너 화물을 효율적으로 운송하기 위해 내륙지점에 설치된 컨테이너 화물의 집결지를 말한다. 만약 내륙지점에 이 기지가 설치되어 있으면 송화인은 컨테이너 화물을 CT로 직접 반입하지 않고 내륙 컨테이너 기지로 보낸다. 이 기지에 집결된 컨테이너 화물은 선박회사나 운송인이 전세 계약한 컨테이너 전용열차를 이용하여 CT로 입고된다.

3) Container Yard

컨테이너 1개 이상을 완전히 채울 수 있는 화물(FCL cargo)인 경우에는 송화인이 자신의 공장이나 창고 등에서 선박회사가 보내 준 컨테이너에 화물을 직접 적입한 후 이 컨테이너를 CT 내에 설치되어 있는 선박회사가 지정한 화물인수장소로 인도하는데, 이러한 컨테이너 야적장을 'Container Yard'라 한다.

4) Container Freight Station

1개의 컨테이너를 채울 수 없는 소량의 화물(LCL cargo)을 여러 화주로부터 인수하여 목적지별로 선별하여 컨테이너에 적입하거나 또는 각 화주에게 인도하기 위해한 컨테이너로부터 해체하는 컨테이너 화물의 조작 장소를 'CFS'라 한다.[19]

1-5 컨테이너 운송경로

컨테이너 화물의 일반적인 유통경로는 <그림 12-1>에 나와 있듯이 송화인이 자신의 공장이나 창고 등에서 물품을 컨테이너에 적입하여 이를 내륙에 설치되어

---

19) 컨테이너 화물은 그 양에 따라 FCL(full container load) 혹은 LCL(less than one container load)로 분류된다. FCL 화물은 컨테이너 1개 이상을 완전히 채울 수 있는 화물인 경우를 말하고 LCL은 1개의 컨테이너를 채울 수 없는 소량의 화물인 경우를 뜻한다.

있는 컨테이너기지(ICD)로 보낸다. ICD에 집결된 컨테이너 화물은 선박회사나 다른 운송인이 전세 계약한 컨테이너 전용열차에 의해 컨테이너 전용부두에 설치된 컨테이너 터미널의 야적장(CY)으로 운송된다. 만약 내륙지점에 ICD가 없으면 송화인이 직접 컨테이너 터미널(CT)로 화물을 운송한다.

CY에 야적된 컨테이너 화물은 컨테이너 전용선에 적재되어 목적지 항까지 해상 운송된다. 만약 대형 컨테이너 선박을 충족시킬 만한 화물이 없거나 이들의 출입이 불가능한 경우는 소형 컨테이너 선박에 의한 지선운송(feeder service)을 이용하여 인접한 대형 컨테이너 터미널까지 운송한다. 목적지 항에 도착한 컨테이너 화물은 모두 컨테이너 터미널에 하역되었다가 다시 목적지의 ICD로 철도나 도로에 의해 운송된다. 그 후 트럭에 의해 최종목적지인 수화인의 창고나 공장까지 운송되어 문에서 문까지의 일괄운송이 실현된다.

그림 12-1 컨테이너 화물의 유통경로

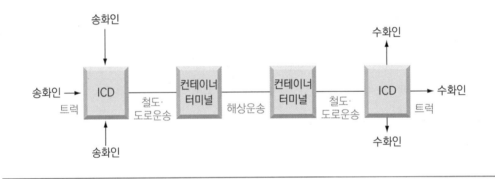

2. 선하증권

2-1 선하증권의 의의

화주가 화물을 본선에 적재하면 선박회사는 해상운송계약을 체결하고 화물을 선적했다는 증거로서 선하증권(bill of lading: B/L)을 발급해 준다. 선하증권은 선주가 화주로부터 화물운송을 위탁받은 사실과 화물을 목적지까지 운송하여 이를 선하증권의 소지자에게 인도할 것을 약속하는 증권이다.

선하증권은 무역거래에서 반드시 요구되는 운송서류로서 다음과 같은 기능을 수행한다.

1) 운송계약서

선하증권은 선주와 화주 간에 운송계약이 체결되었다는 사실을 증명하는 증거서류이다. 해상운송에서 선하증권 그 자체가 운송계약을 뜻하는 것은 아니지만, 일반적으로 운송계약이 체결되었다는 가장 믿을 만한 증거는 선하증권이다. 따라서 선주가 선하증권을 발행하면 선주와 화주 간에 운송계약이 존재하는 것으로 간주된다.

2) 화물의 수취증

선하증권은 선적된 화물의 수취증이면서, 선적화물의 수량과 상태에 관한 명세서의 역할을 한다. 선하증권은 선주가 화주로부터 운송을 위탁받은 화물을 수취하거나, 또는 본선 상에 선적하게 되면 발급된다. 따라서 선하증권은 선주가 선하증권 상에 표기된 화물을 영수하였다고 인정하는 서류의 역할을 수행한다.

또한 선하증권에는 운송화물의 수량, 중량, 상태 등이 기재되기 때문에 선하증권은 곧 화물에 대한 명세서이기도 하다. 선주는 선하증권 상에 기재된 명세의 내용 그대로 화물을 선하증권의 소지인에게 인도할 의무가 있다.

3) 권리증권

선하증권은 화물에 대한 권리를 주장할 수 있는 권리증권이다. 선하증권이 국제무역거래에서 필수운송서류로서 사용되는 이유는 선하증권이 바로 운송화물에 대한 권리를 주장할 수 있는 권리증권이기 때문이다. 선하증권의 소지인은 곧 화물을 소유할 수 있는 법적 권리를 갖게 되며, 선주도 반드시 선하증권과 상환하여 화물을 인도하게 된다.

2-2 선하증권에 관한 준거법

해상운송의 국제성으로 인하여 선하증권에는 반드시 해상사고를 해결할 수 있는 준거법이 필요하다. 해상운송의 준거법으로는 헤이그 규칙(Hague Rules)이 1924년부터 사용되었다. 이 규칙은 1968년 비스비(Visby)에서 개정되었으며 주로 선주와 화주 간의 권리와 의무 그리고 선주의 면책사항을 규정하고 있다. 그 후 1978년 유엔에서 해상화물운송조약을 채택했지만 주요 선진국들로부터 비준을 얻지 못하여 아직까지 헤이그-비스비 규칙(Hague-Visby Rules)이 그대로 사용되고 있다.

이에 따라 선하증권은 헤이그-비스비 규칙의 내용을 골자로 하는 선적지의 해상법 및 규칙에 의해 유권 해석되고 있다. 세계 주요 국가의 해상운송법은 자국의 특수한 상황을 고려하여 제정되었지만 그 기본정신은 헤이그-비스비 규칙에 입각하고 있어 사실상 선하증권은 헤이그-비스비 규칙에 따르고 있다.

2-3 선하증권의 종류

1) 선적선하증권 및 수취선하증권

선적선하증권(shipped or on board B/L)은 운송물품이 본선에 적재된 후 발급되는 선하증권이다. 따라서 증권 상에 선적이 완료되었음을 나타내는 'shipped' 또는 'laden on board' 등과 같은 표현이 있다.

그리고 운송선박이 아직 부두에 정박하지 않았거나 입항조차 하지 않았을 경우, 화물은 일단 선박회사의 부두창고에 입고되어 선적순서를 기다리게 되는데, 이때 선박회사는 화물을 수취하였음을 나타내는 수취선하증권(received for B/L)을 발급한다.

2) 무사고 선하증권 및 사고부 선하증권

화물을 본선 상에 선적할 때 화물의 상태가 외관상 양호하고 수량이 맞아 선하증권의 비고란에 아무런 표시가 없는 선하증권을 무사고(clean B/L) 또는 무고장 선하증권이라 한다.

그런데 재래식으로 운송할 경우 운송화물의 포장상태가 불완전하거나 혹은 신고한 수량이 부족할 경우에는 그런 내용이 선하증권 상에 기재되는데 이런 선하증권을 사고부 선하증권(dirty or foul B/L)이라 한다.[20] 사고부 선하증권은 유통도 되지 못할 뿐더러 은행에서도 별다른 지시사항이 없는 한 수리를 거절한다.

따라서 수출업자는 반드시 무사고 선하증권을 발급받도록 노력해야 한다. 그러나

---

20) 예를 들어, '5 상자의 포장이 느슨함(5 cases loose strap)', '5 카톤 부족분에 대해 현재 논의 중임(5 cartons short in dispute)' 등과 같은 단서조항이 기재될 수 있다. 그러나 오늘날 벌크 화물을 제외하면 거의 모든 화물이 컨테이너에 적재 운송되기 때문에 이러한 경우를 찾아보기는 힘들다.

항구까지 운송해 오는 과정에서 포장상태가 느슨해질 수도 있고, 부주의로 인해 수량이 부족할 수도 있다. 물론 재포장을 하거나 부족된 수량을 채우면 아무런 문제가 되지 않지만 운송선박이 곧 출항하여 시간적 여유가 없다든지 또는 그럴 형편이 못되는 경우에는 사고부 선하증권을 감수해야 한다.

이러한 경우에 대비해서 수출업자는 파손화물보상장(letter of indemnity: L/I)을 선박회사에 제시하고 사고부 선하증권 대신 무사고 선하증권을 발급받을 수 있다. 파손화물보상장은 수출업자가 파손된 화물에 대해서 모든 책임을 질 것을 선박회사에 약속하는 일종의 보증장이다. 선박회사가 사고부 선하증권을 발급하는 이유는 사고부 화물에 대해서 자신의 책임을 면하기 위한 것인데, 이제 수출업자가 여기에 대해서 모든 책임을 지겠다는 각서를 제출했기 때문에 무사고 선하증권을 발급해 주는 것이다.

3) 기명식 선하증권 및 지시식 선하증권

기명식 선하증권(straight B/L)은 화물을 받아보는 수화인의 이름이 증권 상에 구체적으로 표시된 선하증권을 말하는데 통상 수입업자의 이름이 기재된다. 기명식 선하증권은 기명된 수화인이 배서를 해야만 유통될 수 있다. 기명식 선하증권은 널리 이용되지는 않지만 유럽 국가들 간의 무역거래 또는 수입국에 수출업자의 대리인이 있을 경우에 국한하여 사용된다.

지시식 선하증권(order B/L)은 수화인에 대한 표시가 'order', 'order of ABC bank' 등과 같이 표시되어 있는 선하증권을 말하는데, 수출업자는 선하증권의 뒷면에 서명만 하면 이 선하증권은 자유롭게 유통된다. 오늘날의 무역거래에서는 대부분 지시식 선하증권이 사용되고 있다.

4) 해양선하증권 및 내국선하증권

국제해상운송인 경우에는 해양선하증권(ocean B/L)이 발행되고, 국내의 해상운송인 경우는 내국선하증권(local B/L)이 발행된다. 무역거래에서는 해양선하증권이 이용된다.

5) 약식선하증권

선하증권의 발행수속을 간소화하기 위해 운송약관을 인쇄하지 않고 간이 형식으로 발행하는 선하증권을 약식 또는 간이 선하증권(short form B/L)이라 한다.

6) Stale B/L

선하증권이 발급되면 수출업자는 관계은행에 가서 운송서류를 제시하고 수출대금을 찾는데, 만약 선하증권이 발행되고 21일이 지난 뒤 관계은행에 제시하게 되면 별다른 지시사항이 없는 한 은행은 지체된 운송서류를 수리하지 않는다. 이와 같이 선하증권이 발행된 후 21일이 지난 뒤 은행에 제시되는 선하증권을 'Stale B/L'이라 한다.

7) 해상화물운송장

해상화물운송장(sea waybill: SWB)은 선박회사가 화물을 수취했음을 나타내는 화물수취증이며, 수화인의 성명과 주소가 명기되어 있고 유통금지문언이 부기되어 있다. 주로 본·지사간의 거래, 이사화물 등에 이용된다.

3. 항공운송

3-1 항공운송의 발전

항공운송은 육상운송이나 해상운송에 비해 신속하다는 장점을 지니고 있다. 그러나 운임이 상대적으로 비싸고 일시에 대량의 화물을 운송할 수 없으며 또한 국제공항이 있는 지역 간의 운송에만 국한되는 이유들 때문에 그동안 무역거래에서는 주로 부피가 작고 신속한 운송을 요하는 고가제품만이 항공운송을 이용해 왔다.

그러나 경제발전에 따라 비싼 운임을 지급하여도 충분히 채산이 맞는 부가가치가 높은 반도체, 정밀기기, 통신기기, 광학기기 등의 제품이 많이 개발되어 항공운송에 대한 의존도가 점차 높아지기 시작하였다. 또한 항공운송체제가 확립됨에 따라 세계 주요 도시의 공항이 정비되어 내륙지역까지 항공운송으로 직접 운송할 수 있는 범위가 확대되었다.

이와 때를 같이 해서 1970년대부터 대형 화물전용기가 국제선에 취항하여 항공운송에서도 어느 정도 대량운송이 가능하게 됨에 따라 무역거래에서 항공운송이 차지하는 비중이 급속히 증가하게 되었다. 특히 컨테이너 운송이 발전됨에 따라 1980년대부터는 단순한 항공운송으로서가 아니라 육상운송 및 해상운송과 연계한 해상·항공·육상 또는 항공·육상 등의 복합운송까지도 가능하게 되었다.

3-2 항공운송의 장점

항공운송이 지니고 있는 장점을 구체적으로 살펴보면 다음과 같다.

첫째, 항공운송은 신속성으로 인해 수송기간이 상당히 단축된다. 따라서 예기치 못한 수요의 급격한 증가에도 즉각 대처할 수 있으며, 또한 납기가 늦어짐으로써 발생할 수 있는 위약금이나 계약해제에 따른 손해도 막을 수 있다. 그리고 수송기간이 짧게 되면 변질되기 쉬운 상품이나 판매수명이 짧은 상품도 원거리 시장에까지 경쟁력을 유지할 수 있게 된다.

둘째, 신속한 운송은 재고비용을 절감시킨다. 즉 제품이 신속하게 운송되면 각 지역에 다량의 재고품을 묶어 둘 필요가 없기 때문에 재고비용이나 보관비용을 절감할 수 있다.

셋째, 항공운송은 수송조건이 양호하다. 수송기간이 짧기 때문에 위험에 노출되는 시간도 짧아 도난, 분실 등의 위험이 적다. 또한 항공기는 선박과는 달리 요동이 별로 없기 때문에 화물이 파손될 위험도 적다.

3-3 항공운임요율

항공운송에서는 국제항공사협회(International Air Transport Association: IATA)가 제정한 운임요율을 전 세계적으로 사용하고 있으며, 우리나라도 이 요율을 정부의 승인을 받아 사용하고 있다. 주요한 요율 구분은 다음과 같다.

1) 일반화물요율

일반화물요율(general cargo rate)은 특정품목할인요율 또는 품목분류요율이 적용되지 않는 모든 화물에 적용되는 기본적인 요율을 말한다.

2) 특정품목할인요율

특정품목할인요율(specific commodity rate)은 항공운송의 이용을 촉진하기 위해 적용하는 할인요율이다. 특정 구간에서 계속적으로 반복 운송되는 품목에 대해서 일반화물요율보다 낮은 요율을 설정하고, 선박으로 운송되는 품목 중에서도 항공운송이 가능한 특정 품목에 대해서는 이 할인요율을 적용하고 있다.

3) 품목분류요율

품목분류요율(commodity classification rate)은 몇 가지 특정품목이나 지역 간에만 적용되는데, 이 요율이 적용되는 특정품목은 신문, 잡지, 정기간행물, 비동반 수화물, 귀중화물, 생동물 등이다. 그리고 이 요율은 별도로 설정된 것이 아니고 기존 요율에 운송구간에 따라 할인·할증하여 적용된다.

3-4 항공화물운송장

1) 항공화물운송장의 기능

송화인과 운송인 간에 항공운송계약이 체결되면 항공화물운송장(air waybill: AWB)이 발급되는데, 이 운송장은 항공운송에서 화물의 유통을 보장하는 유일한 운송서류로서 해상운송에 있어서 선하증권과 비교될 수 있다.

항공화물운송장이 갖는 기능을 살펴보면 다음과 같다.

첫째, 항공화물운송장은 송화인과 운송인 간에 운송계약이 체결되었다는 사실을 나타내는 증거서류이다. 항공화물운송장에는 당사자 간에 체결된 운송계약의 내용이 기재되어 있으며, 또한 운송약관이 인쇄되어 있어, 운송계약으로서의 기능을 수행한다.

둘째, 항공화물운송장은 운송인이 화물을 운송하기 위해 이를 수령했다는 증거서류이다. 송화인이 화물을 항공사에 인도하면 항공기에 적재하기 전에 운송장을 발급하여 화물을 인수했음을 나타낸다.

셋째, 항공화물운송장은 운임청구서의 기능을 수행한다. 항공사가 운송장을 발급하면 송화인은 운송장에 기재된 운임 및 기타 수수료를 지불해야 하기 때문에 운송장은 항공사가 송화인에게 운임을 청구하는 운임청구서이기도 하다.

마지막으로, 항공화물운송장은 보험증명서가 되기도 한다. 항공보험은 보험기간이 3~4일 정도에 불과하기 때문에 항공화물은 항공사에서 제공하는 화주보험에 가입하는 경우가 많다. 만약 이런 사실이 운송장에 기재되면 이 운송장은 화물이 보험에 가입하였다는 사실을 증명하는 보험증명서가 될 수 있다.

2) 항공화물운송장과 선하증권의 비교

항공화물운송장과 선하증권은 다음과 같은 몇 가지 중요한 차이가 있다.

첫째, 선하증권은 유통·유가증권이지만 항공화물운송장은 양도성이 없는 비유가증권이다. 항공화물운송장의 수화인용 원본은 목적지에서 화물과 함께 수화인에게 교부되는데, 유통을 목적으로 하는 것이 아니기 때문에 항공화물운송장은 유가증권으로 발행되지 않는다.

둘째, 선하증권은 대부분 선적식으로 발행되지만 항공화물운송장은 모두 수취식으로 발행된다. 선하증권은 선적을 증명하는 증권이므로 선적이 완료된 후에 발행되는 것이 일반적이다. 그러나 항공운송의 경우는 발착편이 많고 화물을 운송·위탁해서 항공기에 적재할 때까지 많은 시일을 요하지 않으므로 항공사 창고에 화물이 도착하면 바로 운송장을 발행해 주고 있다.

셋째, 선하증권은 대부분 지시식으로 발행되고 항공화물운송장은 기명식으로 발행된다. 선하증권은 정당한 배서에 의해 누구에게나 양도될 수 있다. 반면 항공화물운송장은 권리증권이 아니기 때문에 기명식으로 발행되고, 운송장에 기재된 수화인만이 해당 화물을 찾을 수 있다.

넷째, 법률적으로 항공화물운송장은 송화인이 작성해서 항공사에 교부하는 형식을 취하고 있는 데 반해, 선하증권은 선박회사가 작성해서 송화인에게 교부한다.

지금까지 설명된 내용을 요약해 보면 <표 12-2>와 같다.

표 12-2 항공화물운송장과 선하증권의 비교

항공화물운송장	선하증권
양도성이 없으며 유가증권이 아님	양도성이 있으며 유가증권임
창고 반입 후 발행(수취식의 형태)	선적 후 발행(선적식의 형태)
수화인: 기명식	수화인: 지시 혹은 무기명식
송화인이 작성함을 원칙으로 함	선박회사가 작성함

4. 복합운송

4-1 복합운송의 의미

컨테이너에 의해 화물을 운송하게 되면 대량 화물을 하역하는 데 많은 시간이 소요되지 않는다. 또한 컨테이너 자체가 모든 운송수단에 적재가 가능하도록 규격화되어 있어 여러 운송수단이 동시에 이용될 수 있다. 모든 운송에서 컨테이너화가 진전됨에 따라 여러 운송수단을 유기적으로 결합한 운송시스템이 급속히 발전했는데 이를 복합운송(multimodal transport)이라 한다.

따라서 복합운송은 출발지에서 최종 목적지까지 복합운송인이 전체 운송구간에 대해서 책임을 지고 육상, 해상, 항공 중 적어도 두 가지 이상의 운송형태를 결합하여 운송하는 방식을 말한다. 이러한 복합운송은 오늘날 해상과 육상을 연결하는 형태와 해상과 항공을 연결하는 형태로 이용되고 있다.

4-2 복합운송인(운송주선업자)

복합운송에서는 주로 운송주선업자(freight forwarder)들이 전 운송구간에 걸쳐 효율적인 운송수단을 선정하고 운송책임을 부담하고 있다. 운송주선업자는 일반적으로 운송수단을 소유하지 않은 채 화주들을 위하여 적절한 운송을 주선하는 역할을 한다.

이 외에도 운송주선업자들은 운송관련 서류의 작성, 통관대행, 포장, 창고, 혼재업무 등 운송에 관한 총괄적인 업무를 수행하고 있다. 특히 2국 간의 국제복합운송에 있어서 상대방 국가의 주선업자와 제휴하여 전 운송구간에 걸쳐 일괄적으로 책임지는 운송주체자로서의 기능을 수행하고 있다.

4-3 복합운송의 경로

1) 시베리아 랜드 브리지

시베리아 랜드 브리지(Siberia land bridge: SLB)는 시베리아 대륙을 교량으로 이용하여 극동과 유럽을 연결하는 경로이다. 극동지역으로부터 러시아의 나홋카(Nakhodka)나 보스토치니(Vostochny)까지 컨테이너선으로 해상운송하고 그곳에서 시베리아 횡단철도에 의해 육상운송한 후 유럽 최종 목적지까지 운송한다.

2) 차이나 랜드 브리지

차이나 랜드 브리지(China land bridge: CLB)는 중국대륙철도와 실크로드(silk road)를 이용하여 극동지역과 유럽지역을 연결하는 경로이다. 최근에 개발되어 SLB보다 이용 빈도가 적지만 중국 경제의 발전과 기후, 운송거리 등이 SLB보다 유리하여 앞으로 많이 활용될 수 있는 경로이다.

3) 해공복합운송의 경로

일본에서부터 북미서해연안을 연결하는 태평양항로에서는 해상운송을 이용하고 미국 내륙지역 및 대서양상에서는 항공운송을 이용해 <그림 12-2>와 같이 극동지역, 미국 중동부 및 유럽 지역권을 연결하는 경로다. 이 운송구간은 미국 내륙지방과 대서양횡단운송에는 항공기를 이용하여 수송기간을 단축시킨다.

그림 12-2 미국경유 해공복합운송경로 및 소요일수

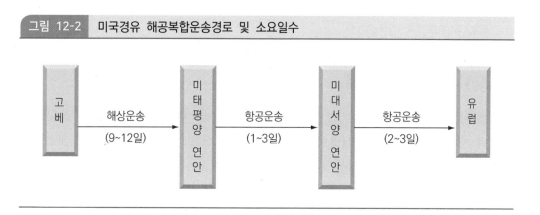

4-4 복합운송증권

복합운송증권(multimodal transport document: MTD)은 육상, 해상, 항공 중 두 가지 이상의 운송수단을 이용한 컨테이너 복합운송에서 운송계약을 증명하기 위해 복합운송인이 발행하는 증권을 말한다. 복합운송증권은 선하증권과 유사한 기능을 가지고 있어서 화물에 대한 권리를 주장할 수 있는 유가증권의 성질을 띠고 있다.

현재 사용되고 있는 복합운송증권의 형태는 선하증권을 복합운송에 알맞도록 조금 변경한 것으로 선하증권에 복합운송을 의미하는 명칭을 붙여서 사용한다. 예를 들어, 'Multimodal Transport B/L' 등이 복합운송증권으로 사용되고 있다.

해상보험

1. 해상보험의 개요

1-1 해상보험의 정의

해상보험(marine insurance)은 해상사업과 관련하여 발생하는 손해를 보상하는 경제적 제도이다. 그리고 해상보험은 보험자와 피보험자 간에 체결되는 해상보험계약에 의해서 구체적으로 시행된다.

<그림 12-3>은 해상보험의 내용을 간결하게 설명하고 있는데, 이 그림에서 보험자는 피보험자에게 장차 손해가 발생할 경우 이를 보상해 줄 것을 약속한다. 그리고 피보험자는 이러한 손해보상의 약속을 받는 대가로 소위 보험료를 지불하게 된다. 이와 같이 두 당사자 간에 체결되는 일종의 손해보상계약이 해상보험이다.

그런데 해상보험은 주로 무역거래에서 활용되기 때문에 국제성이 아주 강한 편이다. 예를 들어, 수출업자와 수입업자가 운임 및 보험료포함(CIF) 조건으로 매매계약을 체결하게 되면 수출업자는 수입업자를 위해서 해상보험계약을 체결하게 된다. 이 경우 수출업자는 자국의 보험회사와 보험계약을 체결하지만, 실제 보험사고가 발생할 경우에는 수입업자가 보상청구를 하게 된다. 수입업자는 수출국에서 발행된 보험증권을 근거로 손해보상을 청구한다. 그래서 해상보험은 모두 영문 보험증권이 이용된다.

그림 12-3   해상보험의 개요

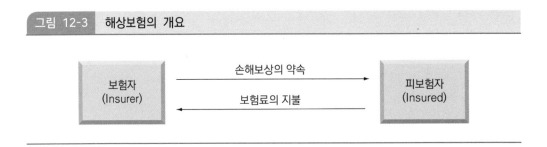

1-2 해상보험의 범위

해상보험은 해상에서 우연히 발생하는 사고로 인하여 손해가 야기될 경우 이를 보상하는 제도이다. 그러나 영국의 해상보험법 제2조에서는 해상보험계약은 그 명시된 특약 또는 상관습에 의해 담보의 범위를 확장해서 해상항해에 수반되는 내수로 또는 육상위험으로 인한 손해에 대해서도 보상할 것을 규정하고 있어, 사고가 발생하는 지점이 반드시 해상이 아니라도 됨을 시사하고 있다.

따라서 해상운송과 연계하여 육상운송을 하더라도 별도로 육상운송 보험계약을 체결할 필요 없이 해상보험계약만으로도 전 운송구간에 대한 보험계약의 체결이 가능하다. 해상보험에 의해 담보구간을 내륙지점까지 확장할 수 있는 부대조건으로는 내륙운송연장담보조건(inland transit extension: ITE)이 있다.[21] ITE 조건을 활용하게 되면 육상운송 도중 발생할 수 있는 위험까지도 해상보험으로 담보된다.

항공화물과 우편물에 대해서는 별도의 항공보험이 있다. 그러나 항공화물에 대한 보험도 해상보험으로 커버하는 것이 관례이고 해상보험의 법률과 원칙이 적용된다. 항공화물에 적용되는 약관은 협회항공적하약관(Institute Cargo Clauses: Air)이다.

1-3 해상보험계약의 당사자

1) 보험자

보험자(insurer, assurer, underwriter)는 보험계약을 인수하고 이에 따라 보험계약자에게 손실보상을 약속하는 당사자이다. 보험자는 보험계약자에게 발생할지도 모르는 미래의 손실을 금전적으로 보상할 것을 약속하기 때문에 불확실한 상황을 확실하게 보장해 준다는 뜻이다.

한편 'underwriter'는 원래 상업협정서의 하단에 기명·날인하고, 그 내용에 따를 것을 약정하는 사람을 의미했었다. 해상보험에서는 17세기경부터 보험증권을 발행하는 보험자가 보험증권의 내용에 대하여 확실하게 책임을 진다는 의미에서 보험증권의 하단에 직접 서명을 했는데, 그 후 'underwriter'는 영국의 로이즈(Lloyd's)와

---

21) 해상보험은 영국을 중심으로 발전되어 왔기 때문에 전통적으로 해상보험에 관해서는 영국의 법률과 관습이 적용되고 있다. 해상보험에 관한 대표적인 영국 법은 영국해상보험법(The Marine Insurance Acts; 1906, MIA)이며 이 법은 1906년까지 사용해 오던 해상보험에 관한 관습이나 보편적인 원리를 거의 수용하고 있어 아직까지도 영국해상보험의 체계를 이루고 있다. 그리고 대부분의 국가들도 이 법을 원용하여 자국 해상보험법률의 모체로 삼고 있다.

같이 보험계약을 인수하는 개인보험업자를 뜻하게 되었다.[22]

2) 보험계약자·피보험자

보험계약자(policy holder)는 자기 명의로 보험자와 보험계약을 체결하고 보험료를 지불할 의무가 있는 당사자를 말한다. 피보험자(insured, assured)는 손실이 발생할 경우 보험계약에 의해 보상을 받을 수 있는 당사자이다.

보험계약자와 피보험자는 동일인이 될 수도 있고 서로 다른 사람이 될 수도 있다. 자신을 위하여 보험계약을 체결하게 되면 보험계약자와 피보험자는 동일인이 되지만 타인을 위하여 보험계약을 체결하게 되면 보험계약자와 피보험자는 다른 사람이 된다.

CIF계약에서는 수출업자가 수입업자를 위하여 적하보험을 체결해야 한다. 수출업자는 보험계약을 체결하고 보험료를 지불하는 보험계약자가 되고, 사고가 발생할 경우 이에 대한 보상청구는 수입업자가 하므로 피보험자는 수입업자가 된다. 그러나 실무적으로는 수출업자가 자기를 피보험자로 하여 보험계약을 체결한 후 보험증권 상에 배서하여 수입업자에게 양도하는 형식을 취한다.

3) 보험중개사

보험중개사(insurance broker)는 독립적으로 보험계약의 체결을 중개하는 것을 영업으로 하는 자이다. 보험중개사는 보험가입을 원하는 사람을 위해 보험자와 접촉해서 자신의 고객인 보험가입 희망자에게 필요한 보험을 알선한다. 보험중개사는 법적으로 피보험자를 대리하고 대표하기 때문에 보험자를 구속할 만한 대행권한이 없으며 오로지 피보험자로부터 위촉받은 권한을 대행할 수 있을 뿐이다.

---

22) 영국은 개인보험업자들에 의해 해상보험이 발전되어 왔기 때문에 전통적으로 개인보험업자를 허용하고 있다. 따라서 영국에서는 보험계약을 체결할 수 있는 재력만 있으면 누구든지 보험자가 될 수 있는데, 이 개인보험자들의 집합체를 통칭하여 'Lloyd's'라고 표현하고 있다. 따라서 로이즈는 보험회사가 아니라 개인보험자들의 모임단체이다.

2. 해상보험의 주요 원리

2-1 피보험이익

해상보험은 선박이나 화물 등과 같은 보험목적물을 보호하는 것이 아니라 이러한 보험목적물과 이해관계가 있는 특정의 경제주체를 보호하기 위한 것이다. 선박과 화물은 보험계약의 대상물에 불과하고, 보험계약이 존재하는 목적은 이러한 보험목적물에 대하여 특정인이 갖고 있는 경제적 이해관계를 보호하는 것이다.

보험목적물과 이해관계가 있는 자는 보험목적물이 위험에 노출될 경우 손해를 입을 수 있기 때문에 이에 대비하여 보험계약을 체결한다. 보험목적물과 이해관계가 있으므로 보험계약을 체결할 수 있고, 이 계약에 의해서 불확실한 미래의 사고로부터 재산상의 손해를 보상받을 수 있는 이익을 피보험이익(insurable interest) 또는 피보험권익이라 한다. 따라서 피보험이익을 가지고 있지 않는 사람은 보험계약을 체결할 수 없으며, 그리고 피보험이익을 부정하는 보험계약은 무효이다.

2-2 소급보상의 원칙

무역거래에서는 보험사고가 발생한 사실을 모르고 수입업자가 적하보험계약을 체결하는 경우가 있을 수 있다. 가령 FOB, CFR 등과 같은 가격조건에서는 보험목적물인 화물은 수출항의 창고나 본선 상에 있지만, 이에 대한 적하보험계약은 수입업자가 수입지의 보험자와 체결한다. 따라서 수입업자는 보험목적물을 직접 확인하지 않고 보험계약을 체결하기 때문에 계약을 체결하기 전에 이미 보험사고가 발생했는데도 이를 모를 수 있다.

이러한 선의의 피보험자를 보호하기 위하여 적하보험에 한하여 소위 소급보상의 원칙이 적용되고 있다. 소급보상은 글자 의미 그대로 보험계약이 체결되기 전에 발생한 손해까지도 소급하여 보험자가 보상한다는 원칙이다. 즉 보험계약을 체결할 때 보험목적물에 대한 확인 여부가 어려울 경우에는 "보험목적물의 멸실 여부(lost or not lost)는 불문한다."는 조건으로 보험계약을 체결하면, 보험계약이 체결되기 전 이미 발생한 손해에 대해서도 보험자가 보상한다는 것이다.

2-3 고지의무와 담보

1) 피보험자의 고지의무

보험계약을 체결할 때 보험자가 보험계약의 체결 여부를 결정하고 합리적인 보험료를 선정하기 위해서는 피보험자가 보험목적물에 대한 구체적 사항을 보험자에게 알려 주어야 하는데 이를 피보험자의 고지의무라 한다. 만약 피보험자가 이를 위반할 경우 보험자는 보험계약을 취소할 수 있다.

영국의 해상보험법(제18조 1항)에서도 피보험자는 보험계약이 체결되기 전 자기가 알고 있는 모든 중요한 사항을 보험자에게 고지할 것을 피보험자의 의무로서 규정하고 있다.

중요한 사항은 보험자가 보험계약을 체결할 당시에 보험료를 확정하거나 보험계약의 인수 여부를 결정하는 데 영향을 미칠 수 있는 사항을 의미한다. 적하보험에서는 운송선박명, 화물의 종류, 포장상태, 적재방법, 항로, 환적 여부 등이 중요한 사항에 속한다.

2) 담보

담보(warranty)는 피보험자의 약속을 말하는데, 그 내용이 중요하든 그렇지 않든 간에 엄격하게 충족되어야 한다. 만약 피보험자가 담보를 위반하게 되면 그 시점부터 보험계약은 무효가 되기 때문에 그 이후에 발생하는 손해에 대해서 보험자는 아무런 책임이 없다(영국해상보험법 제33조 3항). 설령 담보를 위반한 사실과 손해와의 사이에 하등의 인과관계가 없다 하더라도 담보위반 이후에 발생하는 손해에 대해서 보험자는 면책이 된다.

2-4 해상위험과 근인주의

1) 해상위험

해상위험(maritime perils)은 침몰, 좌초, 충돌 등과 같이 해상에서 우연히 발생하는 사고나 재해를 말한다. 해상위험은 보험자의 담보 여하에 따라서 담보위험과 면책위험으로 구분된다.[23]

---

23) 침몰(sinking), 좌초(stranding), 화재(burning) 및 충돌(collision)은 해상에서 빈번하게 발생

담보위험은 보험자가 보상해 주는 위험을 말한다. 담보위험의 범위는 보험조건에 따라서 달라지며 그 범위가 넓을수록 보험자의 책임이 많아지기 때문에 보험요율은 올라가게 된다.

면책위험은 손해가 발생하더라도 보험자가 책임지지 않는 위험을 말한다. 담보위험이 아닌 위험은 자동적으로 면책위험이 된다.

2) 근인주의

보험자는 담보위험을 근인으로 하여 발생하는 손해만 보상한다. 따라서 보험사고가 발생하면 먼저 사고를 일으킨 근인을 찾아 이 근인이 담보위험에 속하는지 또는 면책위험에 속하는지를 조사해야 한다. 근인이 담보위험에 속하면 보험자는 보상을 하고, 만약 근인이 면책위험에 속하게 되면 보상하지 않는데 이러한 보상원칙을 근인주의라 한다.

근인(proximate cause)은 '손실을 일으킨 가장 지배적이고 효과적인 원인'을 말한다. 근인은 사건발생과 시간적으로 가까운 원인이 아니며 지배력과 효과 면에서 비중이 가장 큰 원인을 뜻한다. 예를 들어, 선원들이 고의로 선박을 침몰시키기 위하여 선박의 밑바닥에 구멍을 뚫고 그 구멍으로 들어온 해수에 의해 선박이 침몰되었다고 하자. 이 예에서 선박의 침몰을 일으킨 가장 가까운 원인은 시간적으로는 해수의 침입이지만 실질적인 사고의 원인은 선원의 악행이라 할 수 있다. 해수의 침입은 먼 원인이 되고 선원의 악행이 근인이 된다. 선원의 악행이 보험조건상 담보위험에 속하면 보험자가 보상을 하지만, 만약 면책위험에 속하게 되면 이러한 손해는 보상되지 않는다.

2-5 해상보험증권

해상보험계약이 체결되면 보험자는 보험증권(policy)을 보험계약자(피보험자)에게 발급한다. 보험증권은 일반적으로 보험계약의 성립과 그 내용을 증명하기 위하여 계약의 내용을 기재하고 보험자가 기명·날인하여 보험계약자에게 교부하는 증권을 말한다.

해상보험증권으로는 Lloyd's SG 보험증권이 200년 이상 사용되어 오다가 1982년 부터는 새로운 양식의 보험증권이 사용되고 있다. 현재 영국의 로이즈 보험시장에서는 'New Lloyd's Marine Policy Form'을 사용하고 있다.

하는 사고라 하여 이로 인한 사고를 실무에서는 'SSBC' 사고라 한다.

3. 해상손해

해상위험으로 인하여 발생하는 해상손해(maritime loss)는 <그림 12-4>에서처럼 물적손해, 비용손해 및 배상책임손해로 구분된다. 물적손해는 보험목적물 자체의 손해를 말하며 비용손해는 보험목적물의 손해 발생과 관련하여 발생하는 비용 손실을 말한다. 그리고 배상책임손해는 피보험자가 제3자에 대해서 법적으로 배상책임을 부담하게 될 경우를 말하는데 대표적으로 선박의 충돌로 인한 충돌손해 배상책임이 있다.

3-1 전손

전손은 담보위험으로 인하여 보험목적물이 전부 소멸되는 경우를 의미한다. 해상

그림 12-4 해상손해의 관계

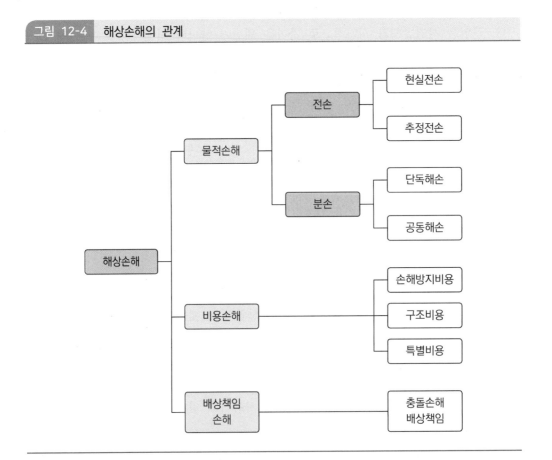

보험에서는 전손을 현실전손과 추정전손으로 구분하고 있는데, 추정전손은 해상보험에서만 유일하게 인정되고 있는 전손이다(영국해상보험법 제56조 2항).

1) 현실전손

해상보험에서 현실전손(actual total loss)은 보험목적물이 완전히 파손되거나 원래의 성질을 갖지 못할 정도로 심하게 손상되거나, 또는 박탈당하여 피보험자가 다시 회복할 가능성이 없을 경우에 성립된다. 현실전손은 보험목적물이나 피보험이익에 실질적으로 전손이 발생하여 원래의 상태로 복구할 가능성이 전혀 없기 때문에 절대전손이라고도 한다.

2) 추정전손

추정전손(constructive total loss)은 현실전손을 피할 수 없거나 보험목적물의 복구비용이 오히려 그 가액을 초과하여 그대로 현실전손으로 처리하는 것이 경제적인 경우 피보험자가 적절한 위부(abandonment)를 통지하고 보험금 전액을 청구하는 손해이다. 따라서 추정전손은 위부를 수반하는 전손이다.

위부는 추정전손의 사유가 발생하여 피보험자가 보험목적물에 대한 일체의 권리를 보험자에게 이전하고 그 대신 전손에 해당하는 보험금을 청구하는 행위를 말한다. 피보험자의 이와 같은 의사표시를 보험자가 승낙하게 되면 추정전손이 성립되고 만약 이를 거절하게 되면 분손으로 처리된다.

3-2 분손

담보위험으로 인하여 선박이나 화물 등이 완전히 멸실하거나 또는 그 일부분만이 손해를 입기도 하는데, 후자의 경우를 분손(partial loss; average)이라고 한다. 분손은 전손의 상대적인 개념으로서 전손에 속하지 않는 모든 손해는 분손으로 취급된다.

분손은 단독해손(particular average)과 공동해손(general average)으로 구분되는데, 단독해손은 담보위험으로 인하여 발생한 보험목적물 일부분의 손해로서 피보험자가 단독으로 책임지는 손해이다(영국해상보험법 제64조 1항). 분손에 대한 사정은 고도의 지식을 요하기 때문에 주로 해손정산인들이 영국의 해손정산인협회에서 규정한 별도의 실무규칙에 따라서 손해를 사정하게 된다.

3-3 비용손해

1) 손해방지비용

피보험자나 그의 대리인이 손해방지 및 경감의무를 수행하기 위해서 지출한 비용을 손해방지비용(sue and labour charge)이라 하며 이러한 비용은 보험자가 별도로 보상한다. 왜냐하면 피보험자의 손해방지의무는 자신을 위한 것이 아니라 궁극적으로 보험자를 위한 의무이기 때문에 피보험자가 의무를 수행하는 과정에서 발생하는 비용은 당연히 보험자가 보상해야 한다. 또한 손해방지비용을 보상해 줌으로써 피보험자들로 하여금 스스로 손해방지를 위해 노력하도록 유도할 수 있다.

2) 구조비

구조비(salvage charge)는 제3자가 구조계약을 체결하지 않고 우연히 구조활동을 벌인 결과 구조물의 일부 또는 전부를 취득할 경우 그에 소요되는 비용을 말한다. 이와 같은 구조비는 원래 구조된 재산의 소유자가 부담해야 하나 그 재산이 해상보험에 가입되어 있으면 보험자가 담보위험으로 인한 손해로 간주하고 대신 구조비용을 구조를 한 자에게 지급한다.

3) 특별비용

선박이나 화물 등 보험목적물의 안전과 보존을 위하여 발생한 비용 중에서 공동해손과 구조비 이외의 모든 비용을 특별비용(particular charge)이라 한다. 따라서 특별비용은 손해방지비용과 기타의 비용으로 구분되는데, 후자를 순수특별비용이라 한다.

적하보험에서는 손해방지비용을 제외한 특별비용을 부대비용이라 한다. 부대비용에는 손해조사비용, 판매비용, 재포장비용, 재조정비용 등이 있는데, 대부분 화물에 일부 손상이 발생한 경우 생기는 비용들이다.

3-4 공동해손

1) 공동해손의 개념

오늘날의 해상보험에서 시행되고 있는 공동해손제도는 공동의 안전을 위하여 희생된 손해를 해상사업과 관련되는 모든 당사자들이 합리적인 비율에 따라서 상호 분담하는 제도를 말한다.

공동해손에 관한 요크-앤트워프 규칙(York-Antwerp Rules for General Average: YAR 2004)에 의하면 공동해손이 성립되기 위해서는 ① 공동의 희생손해나 비용손해는 이례적이어야 하며, ② 공동해손행위는 임의적이어야 하고, ③ 공동해손행위와 공동해손은 합리적이어야 하며, ④ 위험은 현실적이어야 하며, ⑤ 위험은 항해단체 모두를 위협하는 것이어야 한다.

2) 공동해손의 정산

공동의 안전을 위하여 희생된 손해와 비용을 항해에 관련되는 모든 당사자들이 균등하게 책임지자는 것이 공동해손제도의 취지이다. 자기의 화물이나 선박에는 하등 손해가 발생하지 않았다 하더라도 다른 사람의 화물을 희생시킴으로써 무사히 항해를 끝낼 수 있었다면 이러한 손해는 항해단체 모두가 부담해야지 그렇지 않으면 자기의 화물을 희생하려고 하지 않을 것이다.

따라서 공동해손이 발생하게 되면 손해를 입은 당사자를 포함한 모든 당사자들이 공동해손을 균등하게 분담하게 되는데, 이러한 절차를 공동해손의 정산이라 한다. 요크-앤트워프 규칙(제G조)에서는 "공동해손이 되는 희생 및 비용은 각종 분담이익에 의해 분담되며 공동해손은 손실 및 분담액에 관하여 항해가 끝나는 때와 장소에 있어서의 가격에 따라 정산된다."라고 규정하고 있다. 따라서 공동해손이 발생하면 공동해손 정산인에 의해 별도의 규정이 없는 한 양륙항에서 공동해손정산이 이루어진다.

4. 협회적하약관

4-1 협회적하약관의 의의

약관은 계약의 당사자가 다수의 상대방과 계약을 체결하기 위하여 미리 작성한 계약을 말한다. 일반적인 계약은 두 당사자가 계약을 체결할 때 그 내용을 일일이 확정하지만, 상거래에서 다수를 상대로 하는 보험약관이나 운송약관 등은 계약을 체결하기 전에 그 내용을 미리 만들어 둔다. 보통 약관의 내용은 계약당사자 간의 권리의무에 대한 사항, 의무불이행 시 가하는 제재, 약관의 유효기간 등이다.

해상보험거래에서도 보험자는 미리 만들어진 약관을 사용하는데 이 약관을 협회약관(Institute Clauses)이라 한다. 협회약관은 런던보험자협회와 로이즈보험자협회의 기술 및 약관위원회가 합동으로 만든 약관이며, 이 중 적하보험에 적용되는 약관을 협회적하약관(Institute Cargo Clauses: ICC)이라 한다. 이 약관은 1982년 신양식의 해상보험증권이 제정될 때 약관의 명칭과 내용이 알기 쉽게 대폭 정비되었고 2009년에 다시 개정되었다.

4-2 협회적하약관의 종류

현재 사용되고 있는 협회적하약관은 대표적으로 기본약관과 그 밖의 부대약관 등으로 구분되는데, 기본약관은 보험자의 담보범위에 따라서 A약관, B약관 및 C약관으로 구분된다.

1) 협회적하 A약관

협회적하약관의 A약관은 보험자의 책임범위가 가장 넓은 약관인데 여기서는 보험자가 책임지지 않는 면책위험이 명시되어 있으므로 이를 제외한 모든 위험은 자동으로 보상될 수 있는 담보위험이다.[24] 즉 보험자는 일반면책위험, 선박의 불내항 및 부적합위험, 전쟁위험 및 동맹파업위험을 제외한 모든 위험을 근인으로 하여 발생한 손해를 보상한다. 만약 사고의 원인이 네 가지 면책위험에 속하면 보험자는 보상하지 않지만 그러한 사실을 입증할 책임은 보험자에게 있다. 과거에는 이 약관을 전위험담보약관(All Risks Clauses)으로 표기했다.

2) 협회적하 B약관

협회적하약관 B약관에서는 보험자가 담보하는 위험이 열거되어 있다. A약관은 포괄책임주의이기 때문에 면책위험을 명시하고 있지만 B약관 및 C약관은 열거책임주의 의미로 담보위험을 명시하고 있다. B약관은 과거의 분손담보약관(With Average Clauses)을 정비한 것이다.

---

24) 이런 책임 원칙을 포괄책임주의라 한다.

3) 협회적하 C약관

협회적하약관 C약관은 B약관과 마찬가지로 열거책임주의 원칙이기 때문에 보험자의 담보위험이 열거되어 있는데, 그 수가 B약관보다 적다. 따라서 이 약관은 A약관·B약관 및 C약관의 기본약관 중에서 보험자의 담보범위가 가장 좁다. C약관은 과거의 분손부담보약관(Free from Particular Average Clauses)을 정비한 것이다.

참고로 협회적하약관의 기본약관에서 보험자가 담보하는 위험을 비교해 보면 <표 12-3>과 같다.

표 12-3 담보위험의 비교

담보위험	담보 여부		
	A약관	B약관	C약관
화재 · 폭발	O	O	O
본선, 부선의 좌초, 교사, 침몰, 전복	O	O	O
육상운송용구의 전복, 탈선	O	O	O
본선 · 부선 · 그 밖의 운송용구의 물 이외 타물체와의 충돌 · 접촉	O	O	O
피난항에서의 화물의 하역	O	O	O
지진 · 화산의 분화 · 낙뢰	O	O	X
공동해손희생손해	O	O	O
투하	O	O	O
갑판유실	O	O	X
본선 · 부선 · 선창 · 운송용구 · 컨테이너 · 리프트 밴 · 보관장소에의 해수 · 호수 · 하천수의 침입	O	O	X
본선 · 부선 · 선적 · 하역 작업 중 바다에 떨어지거나 갑판에 추락한 매 포장 단위당 전손	O	O	X
그 밖의 모든 위험에 의한 멸실 · 손상	O	X	X

4) 협회전쟁약관

전쟁위험은 보험자의 면책위험에 속하므로 특약에 의해서만 담보가능하다. 협회

전쟁약관(Institute War Clauses, Cargo)은 적하보험에서 전쟁위험을 담보하는 약관이며 별도의 보험료를 부담해야 한다.

5) 협회동맹파업약관

동맹파업, 폭동, 소요 등의 위험은 보험자의 면책위험이므로 협회동맹파업약관(Institute Strikes Clauses, Cargo)으로 특약을 체결해야 담보된다.

5. 해상보험계약의 체결

5-1 적하보험계약의 체결

1) 적하보험청약서

해상보험계약은 보험계약자가 청약을 하고 보험자가 이를 승낙했을 때 성립한다. 보험청약은 긴급한 경우에는 구두나 전화로 청약하기도 하지만 원칙적으로 소정의 청약서에 필요한 사항을 기입한 후 서명·날인하여 보험중개사 또는 보험자에게 제출해야 한다.

2) 포괄보험

장기간에 걸쳐 수출 또는 수입하는 대형무역상사 등은 예정보험을 청약해야 하는 사정이 계속 생기기 때문에 매 건마다 개별적으로 보험계약을 체결하지 않고 미리 이들 모두를 포함하는 포괄보험계약을 체결할 수 있다. 이때 발행되는 보험증권을 포괄보험증권(open policy)이라 하며, 이 포괄보험증권의 원본에 의해서 개개의 화물이 보험에 가입되어 있음을 증명하는 약식 보험서류를 보험증명서(insurance certificate)라고 한다.

5-2 적하보험조건의 선정

적하보험계약을 체결할 때 피보험자는 보험조건을 선택해야 하는데, 보험조건은 보험자가 어디서 어디까지를 보상해 주느냐에 따라서 크게 세 가지의 기본조건 및 부대조건으로 구분된다. 일반적으로 피보험자는 기본조건 세 가지 중 하나는 필수적으로 선택하고 부대조건은 필요할 경우에만 이용한다.

1) 적하보험 기본조건

적하보험의 기본조건은 앞에서 언급한 바와 같이 보험자의 담보범위에 따라 협회적하약관(ICC) A약관(A/R), B약관(W/A) 및 C약관(FPA) 세 가지가 있다. 담보범위는 A약관이 가장 넓고 그 다음 B약관, C약관의 순이며 이에 따라 A약관에 적용되는 보험요율이 제일 높다. 보험계약자는 화물의 종류, 운송구간, 운송시기 등을 고려하여 세 가지 조건 중 하나를 반드시 선택해야 한다.

2) 적하보험 부가조건과 부가위험

기본조건만으로 모든 손해를 보상받을 수 없기 때문에 여러 가지 부가조건이 활용되고 있다. 예를 들어, 기본조건 중 담보범위가 가장 넓은 A약관에서도 전쟁위험 및 동맹파업위험은 면책위험이기 때문에 이러한 위험으로 인한 손해를 보상받으려면 전쟁위험과 동맹파업위험을 담보하는 부가조건을 별도로 이용해야 한다. 적하보험에서 많이 이용되는 부가조건은 다음과 같다.

① 협회전쟁약관: 전쟁위험을 담보하는 약관이다.

② 협회동맹파업약관: 동맹파업, 폭동 등의 위험을 담보하는 약관이다.

③ 도난·발하 및 불착 담보약관(Theft, Pilferage and Non-Delivery; TPND Clause): 도난, 좀도둑 및 포장단위의 불착위험을 담보한다.

④ 투하·갑판유실 담보약관(Jettison, Washing Over Board; JWOB Clause): 화물을 바다에 버리거나 갑판에 적재된 화물이 파도에 씻겨 내려가는 위험을 담보하는 약관이다.

⑤ 빗물 및 담수위험 담보약관(Rain and/or Fresh Water Damage; RFWD Clause): 바닷물 이외의 물에 젖는 위험을 말하며 대개 비오는 날에 하역을 함으로써 발생하는 위험이다.

⑥ 기름위험 담보약관(Contact with Oil and/or Other Cargo; COOC Clause): 연료 기름이나 기계의 기름이 다른 화물에 묻게 되면 그 화물은 상품으로서의 가치를 상실할 수 있으므로 이러한 위험을 담보하는 약관이다.

SECTION 03 대금결제

1. 신용장 방식에 의한 결제

1-1 신용장의 정의

일반적으로 상거래에서 매매당사자들은 대금회수불능의 위험, 상품입수불능의 위험 등에 직면하게 된다. 당사자들 간의 신용상태의 변화로 인하여 매도인은 매매계약에서 정한 대로 대금을 받을 수 있느냐 하는 대금회수불능의 위험에 직면할 수 있고, 반면 매수인은 계약물품을 적기에 공급받을 수 있느냐 하는 상품입수불능의 위험에 직면할 수 있다.

이와 같은 위험에서 벗어나려고 매도인은 먼저 계약대금을 확보한 후 물품을 인도하려고 할 것이고, 매수인은 그와 반대로 계약물품을 입수한 후 대금을 지급하려고 할 것이다. 만약 매매당사자들이 서로 상반된 주장만 하게 되면 거래는 성사될 수 없으며, 나아가 오늘날과 같은 국제무역은 불가능하게 된다.

이에 따라 매매당사자들 사이에 은행이 개입하여, 양 당사자들의 신용을 보다 공신력이 높은 은행의 신용으로 전환시켜 대금결제를 원활히 하고자 하는 것이 신용장의 기본 원리이다. <그림 12-5>에서 보듯이 매도인인 수출업자는 수입업자의 신용을 근거로 하는 것이 아니라 은행의 신용, 다시 말해서 은행의 대금지급확약을 토대로 계약물품을 선적한다. 이와 같이 은행의 지급확약서, 즉 수출업자에게 수출대금을 지급할 것을 확약하는 증서를 은행의 신용이 담긴 편지라는 의미에서 신용장(letter of credit: L/C)이라 한다.

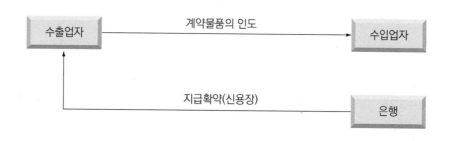

그림 12-5 신용장의 기본원리

1-2 신용장에 의한 결제과정

신용장방식에 의한 대금결제는 보통 <그림 12-6>의 절차에 따라 이루어진다.

① 매매계약의 약정: 수출업자와 수입업자가 매매계약을 체결하면서 대금결제를 신용장방식에 의할 것을 합의한다.

② 신용장의 개설신청: 수입업자는 매매계약의 약정에 따라 통상 자기가 거래해 오던 외국환은행(신용장 개설은행)으로 하여금 수출업자 앞으로 신용장을 개설해 줄 것을 신청한다.

③ 신용장의 개설과 통지: 신용장 개설은행은 고객의 요청과 지시에 따라 신용장을 개설하고 통상 수출업자가 소재하는 지역에 있는 외국환은행으로 하여금 신용장을 통지해 주도록 요청한다.

④ 계약물품의 선적과 운송서류의 입수: 통지은행으로부터 신용장을 접수한 수출업자는 신용장에 명시된 조건에 따라 계약물품을 선적한 후 선박회사로부터 선하증권(항공화물운송장·복합운송증권 등)을 입수한다.

⑤ 수출대금의 회수: 수출업자는 선하증권을 비롯한 운송서류 등을 신용장의 조건에 따라 구비하여 자기가 거래하는 은행에 가서 수출대금을 회수한다.

⑥ 개설은행의 상환: 자기 자금으로 수출업자에게 수출대금을 결제한 은행은 운송서류 등을 개설은행 앞으로 송부하여, 개설은행으로부터 자금을 돌려받는다.

⑦ 개설은행의 서류제시: 개설은행은 송부되어 온 운송서류를 수입업자에게 제시하고, 수입업자는 이에 따른 수입대금을 지급한다.

⑧ 계약물품의 입수: 이와 같이 은행을 통해서 서류가 전달되어 오는 동안, 수출항을 출발한 선박은 수입항에 도착해 있다. 수입업자는 개설은행에서 찾아온 서류 중 선하증권을 선박회사에 제시하고 계약물품을 입수한다.

그림 12-6 신용장에 의한 결제과정

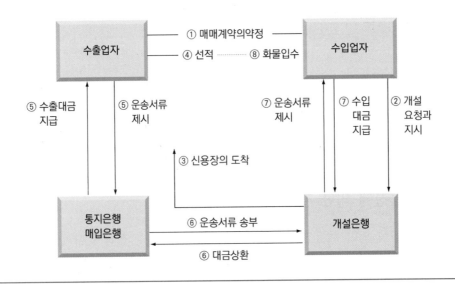

1-3 신용장거래의 당사자

1) 수출업자: 수익자

수출업자는 매매계약에서 약정된 물품을 수입업자에게 공급해야 할 의무가 있는 당사자로서 수출대금을 받아야 할 채권자이다. 수출업자는 신용장에서 요구하고 있는 관계 운송서류를 갖추어 합의된 기일 내 거래은행에 제시하면 곧 수출대금을 받을 수 있다. 신용장거래에서는 수출업자를 수익자(beneficiary)라고 표현한다.

2) 수입업자: 개설의뢰인

수입업자는 매매계약에 따라서 수출업자 앞으로 일정 기일 내 신용장을 개설해 줄 의무가 있는 당사자이고, 최종적으로 수입대금을 지급해야 할 채무자이다. 신용장거래에서는 거래은행에 신용장의 개설을 요청하고, 그 내용을 지시한다고 하여 개설의뢰인(applicant)이라고 표현한다.

3) 개설은행

개설은행(issuing bank)은 개설의뢰인의 요청과 지시에 따라 수출업자 앞으로 신용장을 개설하는 은행이다. 개설은행은 신용장의 요건에 따라 제시된 운송서류에 대해 지급을 약속한다. 신용장거래는 개설은행의 신용을 토대로 모든 거래가 이루어지기 때문에 개설은행의 역할이 아주 중요하다.

4) 통지은행

통지은행(advising bank)은 개설은행이 발행한 신용장을 수출업자에게 전달해 주는 은행이다. 개설은행은 관례적으로 수출업자가 소재하는 곳에 있는 은행을 통지은행으로 선정하여 이를 통하여 수출업자에게 신용장을 전달해 준다.

5) 확인은행

확인은행(confirming bank)은 <그림 12-6>에서는 나타나 있지 않지만, 신용장거래에서 간혹 등장하는 당사자이다. 이 은행은 제2의 개설은행이라고 할 수 있는데, 그 의무는 개설은행의 신용장상의 지급확약을 다시 한 번 하는 것이다. 신용장거래에서는 개설은행의 지급확약을 토대로 모든 거래가 일어나고 있다. 그런데 개설은행의 지급확약능력이 미흡할 경우 보다 공신력이 높은 은행을 확인은행으로 지정하여 지급확약을 이중으로 하게 된다.

6) 매입은행

수익자는 수출대금을 찾기 위해서 운송서류를 구비하여 거래은행에게 이의 매입을 의뢰하는데, 이때 운송서류를 매입해 준 은행을 매입은행(negotiating bank)이라 한다. 매입은행은 관련 운송서류를 개설은행으로 송부하여 대금을 다시 돌려받는다.[25]

1-4 신용장의 독립성과 추상성

신용장거래는 매매당사자들 간의 대금회수와 상품입수를 원활히 도모하기 위하여 은행이 개입된 거래이기 때문에, 이 신용장에는 독립성과 추상성이라는 고유한 특

---

25) 이 위치에 있는 은행은 수출업자에게 수출대금을 지불하는 은행인데, 신용장의 종류에 따라서 매입은행, 지급은행 및 인수은행이라 한다. 지급은행은 개설은행 대신 수출업자에게 대금을 지급하는 은행이고, 인수은행은 개설은행 대신 일정 기간 후 대금을 지급할 것을 약속하는 은행인데 이 은행은 만기일에 가면 지급은행이 된다.

성이 있다. 신용장의 독립성과 추상성이 보장되지 않으면 신용장은 그 기능을 발휘할 수 없게 된다.

1) 신용장의 독립성

신용장의 독립성은 매매계약과 신용장거래는 아무런 상관이 없다는 뜻이다. 신용장은 대금결제의 수단으로서 매도인과 매수인이 매매계약을 체결할 때 결제방법을 신용장으로 할 것을 약정함으로써 생성된다. 그러나 일단 신용장이 개설되면 이 신용장은 그 근거가 되는 매매계약으로부터 완전히 독립적이며, 매매계약의 내용이 신용장에 하등의 영향을 주지 못하고, 신용장은 어디까지나 독자적인 법률성을 갖게 되는 것이 신용장의 독립성이다. 이러한 독립성이 신용장거래에서 보장되어야 하는 이유는 매매계약은 수출업자와 수입업자 사이에 체결되는 것이지만, 신용장은 매매계약의 당사자와 별도인 은행 간에 체결되는 계약이기 때문이다.

2) 신용장의 추상성

신용장의 추상성은 신용장의 당사자들은 서류상의 거래를 한다는 의미이다. 수출업자와 수입업자는 구체적인 상품을 거래한 것이지만 은행은 상품을 대표하는 서류만 가지고서 모든 판단을 한다는 것이 신용장의 추상성이다. 은행은 상인들 간에 거래되는 상품에 대해서는 전문적인 지식이 없을 뿐만 아니라, 또한 은행이 직접 상품을 확인하고 계약의 이행 여부를 판단하려면 많은 시간과 비용이 들기 때문이다.

1-5 신용장의 종류

1) 화환신용장

화환신용장(documentary credit)은 물품의 대금을 지급하기 위해서 사용되는 신용장을 말한다. 이 신용장상에는 수입업자가 물품을 정확하게 입수하기 위해 선하증권 등의 운송서류가 구체적으로 명시되어 있다. 그리고 개설은행은 신용장 상에 명시된 운송서류가 제시되면 이에 대해 지급할 것을 약정한다.

2) 취소불능신용장

신용장이 일단 개설되면 그 유효기간 내에는 수익자와 개설은행(만약 신용장이 확인은행에 의해 확인되었으면 확인은행 포함)의 합의가 없이는 내용변경이나 취소가 불가능한 신용장을 취소불능신용장(irrevocable credit)이라 한다. 따라서 개설은행은 유효기간 내에 수익자가 신용장에서 요구하고 있는 조건을 모두 갖출 경우 지급해야 할 의무가 있다.

3) 일람불신용장과 기한부신용장

수출업자와 수입업자가 매매계약을 체결할 때 상품대금을 즉시 지급하느냐 그렇지 않으면 일정 기간 후에 지급하느냐에 따라 일람불신용장과 기한부신용장이 개설된다.

일람불신용장(sight credit)은 상품대금을 즉시 지급하는 조건의 신용장이며, 수출업자는 운송서류를 일람 조건으로 발행한다. 따라서 개설은행은 관계 운송서류가 제시되면 즉시 지급해야 한다.

기한부신용장(usance credit)은 수입업자가 상품의 대금을 일정 기간 후에 지급하는 조건의 신용장이다. 즉, 수입업자가 외상으로 수입할 경우 기한부신용장이 이용된다. 따라서 수출업자는 관계 운송서류를 제시하더라도 매매계약에서 약정된 기간 후에 지급을 받을 수 있다.

4) 양도가능신용장

양도가능신용장(transferable credit)은 수익자가 신용장의 금액의 전부 또는 그 일부를 제2의 수익자에게 양도할 수 있는 신용장을 의미하는데, 반드시 신용장 상에 'transferable'이라는 문구가 기재되어야 한다. 이런 표시가 없는 신용장은 양도불능신용장이다.

양도가능신용장에 의한 양도는 달리 합의된 사항이 없으면 1회에 한하여 양도될 수 있으며, 또한 분할선적을 금지하지 않는 한 신용장 금액을 분할하여 여러 개로 양도할 수 있다. 이런 경우 각 분할양도의 총액이 원신용장의 금액을 초과할 수 없다.

한편, 신용장의 내용은 변경되어서는 안 되는데, 이는 수입업자를 보호하기 위해서이다. 그러나 수입업자에게 지장을 주지 않는 신용장금액 또는 단가의 감액, 선적기일 또는 유효기일의 단축, 보험금액의 증액은 가능하다.

5) 내국신용장

신용장을 접수한 수출업자가 계약물품의 생산에 필요한 원자재 등을 국내에서 조달할 경우 원자재 공급업자에게 내국신용장을 개설할 수 있다. 이 신용장은 이미 도착한 신용장을 근거로 하여 동일한 국내에서 개설된다고 하여 내국신용장(local credit)이라 한다. 그리고 내국신용장의 발급근거가 되는 일반 신용장을 원신용장(master credit)이라 한다.

한편, 국내의 원자재 공급업자는 내국신용장의 수익자이며 자기가 제공한 원자재가 가공되어 수출되든 그렇지 않든 간에 신용장의 독립성에 따라 내국신용장의 개설은행으로부터 원자재 납품대금을 받을 수 있다.

6) 보증신용장

보증신용장(standby credit)은 상품의 대금을 결제하기 위해서가 아니라 단순히 지급확약용으로 사용되는 신용장이다. 보증신용장은 단순히 은행의 지급확약용으로만 사용되기 때문에 상업화환신용장이 아니라 무담보신용장에 속하게 된다. 현행 신용장통일규칙에서는 보증신용장이 국제거래에서 널리 이용되고 있는 점을 감안하여, 비록 무담보신용장이지만 화환신용장통일규칙의 적용을 받도록 규정하고 있다.

7) 스위프트(SWIFT)신용장

스위프트신용장은 신용장의 종류라기보다는 컴퓨터로 개설되는 신용장을 말한다. 스위프트는 국가 간의 대금결제 등 은행 간 업무를 데이터통신망으로 연결하기 위해 1973년에 설립된 세계은행간 금융데이터통신협회(Society for Worldwide Interbank Financial Telecommunication)를 말한다. 이 시스템은 기존의 은행 간 통신보다 효율성이 높기 때문에 국가 간의 은행업무가 신속·정확하게 처리될 수 있다.

1-6 신용장통일규칙

1) 화환신용장통일규칙

신용장거래에서는 필연적으로 수출업자와 수입업자인 매매당사자와 은행이 개입되기 때문에, 상호간의 의무와 권리를 규정해 둘 필요가 있다. 특히 국가 간의 거래에서 문제가 발생할 경우 각 당사자는 자국의 법을 중심으로 이를 유리하게 해결하려는 경향이 있기 때문에 신용장거래에는 반드시 준거법이 있어야 한다.

이에 따라 1933년 국제상업회의소에서 처음으로 신용장통일규칙을 제정하였다. 그 후 상관습의 변모에 따라 몇 차례의 개정작업을 거쳐 현재 사용되고 있는 것은 2007년에 개정된 ICC Publication No. 600인 제6차 '화환신용장통일규칙'(Uniform Customs and Practice for Documentary Credits: UCP)이다.

오늘날 발행되는 모든 신용장에는 국제상업회의소가 개정한 2007년의 신용장통일규칙이 신용장의 준거법임을 명백히 하고 있다. 따라서 달리 명시적인 규정이 없으면, 신용장거래의 모든 당사자들은 이 신용장통일규칙의 구속을 받게 된다.

2) 전자신용장통일규칙

정보통신기술의 발달로 신용장의 개설, 통지, 매입 등 관련 주요 업무가 점차 전자적으로 처리되고 전자신용장 시스템을 갖추려는 여러 가지 방법이 시도되고 있다. 그러나 현행 화환신용장통일규칙(UCP)은 주로 종이문서에 기반을 둔 전통적인 신용장을 위한 규정이기 때문에 이런 기술적 변화를 수용하는 데는 한계가 있다고 볼 수 있다. 이에 따라 현행 화환신용장통일규칙을 보완하고 전자신용장에 관한 통일규칙을 마련하기 위해 국제상업회의소의 은행위원회에서는 '전자적 제시를 위한 UCP의 추록'(Supplement to UCP for Electronic Presentation—Version 1.1)으로 소위 'eUCP'를 제정하여 2002년 4월 1일부터 적용될 수 있도록 했다.

2. D/A · D/P 방식에 의한 결제

2-1 D/A · D/P의 개념

무역거래에서 신용장과 더불어 널리 사용되고 있는 결제방식으로 인수도조건(D/A) 및 지급도조건(D/P)인 추심에 의한 결제방식이 있다. 추심(collection)은 채권자가 채무자에게 채권의 변제를 요청하는 환어음(bill of exchange)을 발행하는 결제방식을 말한다. 이 방식의 거래에서는 은행의 지급확약 없이 당사자들 간의 매매계약(선수출계약서)에 의해서 수출업자가 화환추심어음을 발행하여 수입업자로부터 수출대금을 찾아가는데 운송서류의 인도조건에 따라 지급도조건과 인수도조건으로 구분된다.

현재 D/A · D/P 거래는 당사자 간에 달리 합의된 사항이 없으면 국제상업회의소가 제정한 '추심에 관한 통일규칙'(Uniform Rules for Collections; ICC Publication No.522)의 적용을 받는다. 이 규칙은 1956년에 제정되었으며 1995년에 3차 개정되었다. 우리나라는 1979년 7월부터 이 규칙을 채택하고 있다.

1) 인수도조건

인수도조건(documents against acceptance: D/A)은 수출업자가 선수출계약서에 따라 선적을 완료한 후 운송서류와 환어음을 발행하여 거래은행으로 하여금 수입업자로부터 수입대금을 추심해 줄 것을 요청하면 동 은행은 이를 수입업자 소재지 추심은행 앞으로 송부하고, 추심은행은 이 서류를 수입업자에게 제시하는데, 이때 수입업자가 환어음에 대한 인수(acceptance)만으로 운송서류를 찾아갈 수 있는 어음인수 서류인도조건을 말한다.

이 조건은 수출업자가 기한부조건으로 수출할 경우 이용되는데, 수입업자는 환어음에 대한 만기일 지급의 약속으로 서명날인(인수)만 함으로써 운송서류를 인도받을 수 있고 만기일에 수입대금을 추심은행에 지급하면 추심은행은 이 금액을 수출업자에게로 보낸다.

2) 지급도조건

지급도조건(documents against payment: D/P)은 인수도조건과 그 과정은 동일하며 단지 수출대금의 지급과 상환하여 운송서류를 수입업자에게 인도하는 어음지급 서류인도조건이다. 즉 지급도조건은 수출업자가 매매계약에 따라서 선적을 완료한 후 환어음을 발행하여 운송서류와 함께 수입업자의 거래은행으로 하여금 수출대금의 추심을 의뢰하면 추심은행은 수입업자에게 환어음을 제시하여 어음금액의 일람지급을 받고 운송서류를 인도하는 방식을 말한다.

D/P 방식의 거래에서 수입업자는 반드시 대금지급을 완료해야만 운송서류를 찾을 수 있고 화물을 인도받을 수 있으며 대금은 추심은행을 거쳐 수출업자에게 전달된다. 만약 수입업자가 환어음에 대한 지급을 거절하면 관계 서류는 수출업자에게 반송된다.

2-2 D/A · D/P방식의 추심과정

D/A 또는 D/P에 의한 추심과정을 살펴보면 <그림 12-7>과 같다.

① 무역계약의 체결: 수출업자와 수입업자는 무역계약을 체결하면서 대금결제방법을 D/A 또는 D/P 조건으로 결정한다. 한편 수입업자는 환어음에 첨부되는 운송서류를 수출업자에게 지시하는데, 이때에는 반드시 계약물품을 대표하는 선하증권 등이 포함된다.

② 계약물품의 선적과 선하증권의 입수: 수출업자는 수입업자의 선적지시에 따라 계약물품을 선적하고 선박회사로부터 선하증권을 교부받는다(이는 계약물품을 해상으로 운송할 경우를 말한다).

③ 화환어음의 추심의뢰: 수출업자는 계약에서 약정된 운송서류와 환어음을 발행하여 거래은행(추심의뢰은행)으로 하여금 수입업자로부터 수출대금을 추심해 줄 것을 요청한다.

④ 추심의뢰은행의 서류송부: 추심의뢰은행은 아무런 책임 없이 수입업자가 소재하는 곳에 있는 은행(추심은행) 앞으로 운송서류와 환어음을 송부하면서 추심을 의뢰한다.

⑤ 도착통지: 추심은행은 수입업자에게 운송서류와 환어음이 도착한 사실을 통지한다.

⑥ 추심완료 및 수출대금의 상환: 지급인인 수입업자는 매매계약서에서 만약 수입대금을 즉시 지급할 것으로 약정하였다면 이를 지급하고 운송서류를 입수한다. 그러나 수입대금을 일정기간 후에 지급할 것으로 약정하였다면, 일정기간

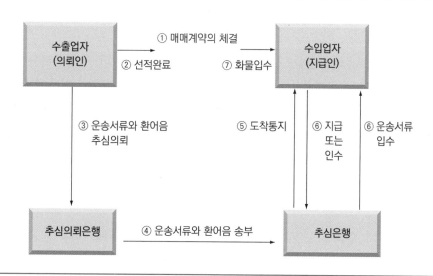

그림 12-7 D/A · D/P 방식에 의한 결제과정

(만기일) 후 대금을 지급할 것을 약속하는 서명행위(인수)와 상환으로 운송서류를 입수해 간다. 전자의 경우가 지급도이며 후자의 경우는 인수도조건이다.

⑦ 계약물품의 입수: 수입업자는 추심은행으로부터 입수한 운송서류 중 선하증권을 가지고서 계약물품을 찾는다.

2-3 D/A · D/P 거래의 당사자

D/A 및 D/P의 거래에는 <그림 12-7>과 같이 추심의뢰인, 추심의뢰은행, 추심은행, 지급인 등이 관여한다.

1) 추심의뢰인

추심의뢰인은 거래은행에 수출대금의 추심을 의뢰하는 수출업자를 말한다. 수출업자는 추심을 의뢰하면서 화환어음을 발행하기 때문에 발행인이라고도 한다.

2) 추심의뢰은행

추심의뢰은행은 수출업자로부터 추심을 의뢰받은 수출국의 은행을 말한다. 이 은행은 수출업자가 제시한 화환어음과 운송서류를 수입업자가 소재하는 추심은행 앞으로 송부하면서 수출대금의 추심을 의뢰한다.

3) 추심은행

추심은행은 추심의뢰은행으로부터 송부되어 온 운송서류와 추심지시서를 수입업자에게 제시하여 수입대금을 징수하는 은행을 말한다. 특히 수입업자에게 직접 운송서류를 제시하는 추심은행을 제시은행이라고 한다. 추심은행은 추심의뢰은행을 제외한 어떠한 은행이라도 상관없지만 이 은행은 어디까지나 추심의뢰은행의 지시에만 따르며 어음의 지급에 대해서는 하등의 책임을 지지 않는다.

4) 지급인

지급인은 수입업자를 말한다. 수입업자는 추심지시서에 따라 어음의 제시를 받게 되며 채무자로서 수출업자가 발행한 환어음에 대해서 지급할 의무가 있다.

2-4 D/A · D/P의 특성

D/A · D/P거래는 당사자 간의 매매계약에 의해서만 거래가 이루어지는 관계로 신용장방식의 거래에 비해서 다음과 같은 특성을 지니고 있다.

첫째, 신용장거래에서는 수입업자를 대신하여 개설은행이 지급을 보증하지만 D/A · D/P 거래에서 추심의뢰은행 및 추심은행은 단지 수출대금을 추심만 할 뿐 지급상의 책임은 지지 않는다.

둘째, 신용장의 독립 · 추상성의 원칙에 따라 수입업자는 개설은행이 제시한 운송서류의 인수를 거절할 수 없지만, D/A · D/P 거래의 수입업자는 추심은행이 제시한 환어음과 운송서류의 인수를 거절할 수 있다. 지급도조건에서 만약 수입업자가 대금지급을 거절하면 운송서류는 수출업자에게 반송되고, 인수도조건에서는 수입업자가 어음상의 인수만으로 화물을 찾을 수 있어 수출대금회수불능의 위험이 매우 높은 편이다.

셋째, 신용장거래에서 발행되는 화환어음은 개설은행이 지급인이지만 D/A · D/P 거래의 화환추심어음은 수입업자가 지급인이 되므로 지급상의 모든 책임은 수입업자에게 있다.

이러한 특성으로 인해 D/A · D/P 거래는 수출업자의 입장에서 보면 대금회수불능의 위험이 높아 신용장방식에 비해 불리한 방식이다. 반면 수입업자의 측면에서는 신용장의 개설에 따른 담보를 제시할 필요가 없기 때문에 신용장방식보다 이 방식이 유리할 수도 있다.

이에 따라 이 방식의 수출거래는 본 · 지사간의 거래나 상호 신용상태를 확실히 믿을 수 있는 단골 거래처간에 많이 이루어진다. 또한 수출업자가 새로운 수출시장을 개척하기 위하여 보다 유리한 조건을 제시할 필요가 있을 때에도 이 방식이 사용된다.

3. 송금 방식에 의한 결제

3-1 송금의 의의

송금(remittance)은 채무자가 채무액을 변제하기 위해 외국환은행에 원화 또는 외화를 지급하고 이를 채권자에게 송금해 줄 것을 위탁하는 것인데 이 때 이용되는 환을 전신환이라 한다.

전신송금환(telegraphic transfer)은 수입업자가 수입대금을 수출업자에게 지급해 주도록 일정 금액을 거래 은행에 위탁하면, 거래 은행은 이를 전신으로 수출지 외국환은행 앞으로 통지를 하고 수출업자는 즉시 수출대금을 회수할 수 있다. 전신송금환은 당일 또는 그 다음 날 결제되기 때문에 이자문제가 발생하지 않으므로 무역거래에서는 거의 전신송금환이 이용되고 있다.

3-2 송금방식에 의한 결제과정

무역거래에서 주로 사용되는 송금환은 전신송금환이며 이를 이용해서 결제하는 경우를 실무상 'T/T base'라 한다. 대금결제과정이 단순하기 때문에 최근 무역거래에서 가장 많이 활용되고 있다. 전신송금환에 의한 결제과정을 살펴보면 <그림 12-8>과 같다.

① 수입업자가 수입대금을 결제하기 위해 일정 금액을 수출업자에게 송금해 줄 것을 거래은행(송금은행)에 의뢰한다.
② 송금은행은 수출업자가 소재하는 지역의 환거래은행을 지급은행으로 지정하여 수출업자에게 일정 금액을 지급할 것을 전신으로 지시한다.
③ 지급은행은 수출업자에게 송금도착통지를 한다.
④ 수출업자는 송금도착통지를 받는 즉시 수출대금을 회수할 수 있다.

그림 12-8 송금 방식에 의한 결제과정

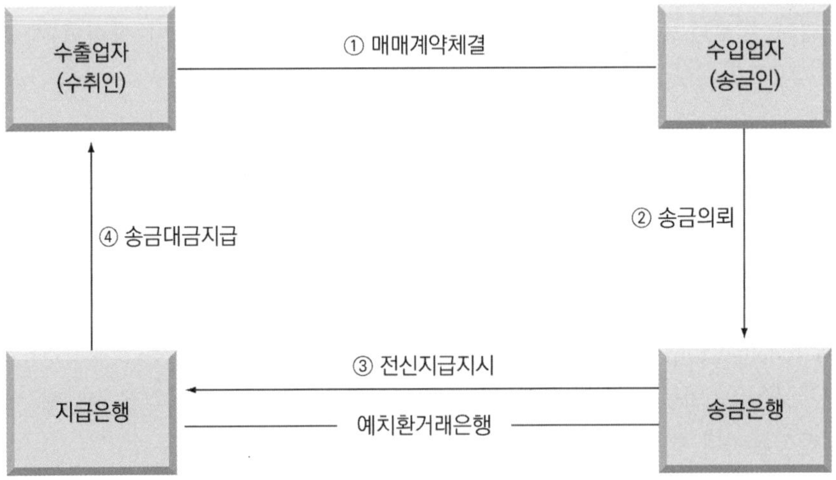

CHAPTER

13

수출입의 이행

수출업자는 대체로 관계 법령에 따라 수출승인을 받아야 할 필요가 있는 수출은 일단 승인을 받고, 수출물품을 생산 또는 확보하여 수출통관을 필한 후 선적을 완료한다. 선하증권을 비롯한 다른 운송서류와 함께 거래은행을 통하여 수출대금을 회수한다. 반면 수입업자는 무역계약에 따라 수출업자 앞으로 신용장을 개설하거나 수입대금을 송금한 후 운송서류가 전달되면 물품을 입수하고 수입통관절차를 거쳐 반출한다. 이 장에서는 수출입이행의 주요 과정을 살펴보고자 한다.

수출이행과 대금회수

1. 수출의 준비

1-1 수출승인

물품의 수출은 원칙적으로 자유롭게 할 수 있지만 대외무역법에서 정하고 있는 특정 물품에 대해서는 개별수출에 대한 사전 승인을 받아야 하는데 이를 수출승인이라 한다. 수출승인기관의 장은 산업통상자원부장관이지만 수출절차를 간소화하기 위해 이러한 권한은 현재 산업통상자원부장관이 지정하여 고시하는 관계 행정기관 또는 단체의 장에 위탁되어 있다. 그리고 수출승인의 유효기간은 수출을 승인한 날로부터 1년 이내이며 필요에 따라 수년 범위 내에서 연장될 수 있다.

모든 수출입거래가 동일한 성격을 지니고 있는 것이 아니고 물품의 이동, 대금의 결제 등에 따라 다양한 특성을 지니고 있기 때문에 수출입거래형태 중 특정거래형태를 지정하고 여기에 해당될 경우에는 이에 대한 별도의 인정절차를 받도록 하고 있다. 현재 11개의 수출입형태가 그 성격상 특정거래형태에 해당되지만 이 중에서 중계무역과 무환 수출의 경우만 산업통상자원부장관의 인정대상이 되는데, 지금은 유명무실한 상태로 규정만 남아있다(대외무역관리규정 제3-4-1조 2항).[26]

1-2 수출대금의 확인

무역거래에서 수출업자는 수출대금을 어떻게 확보하는가가 아주 중요한 관심사인데 이는 앞서 살펴 본 바와 같이 결제방식에 따라서 달라진다.

---

[26] 11개의 수출입형태는 ① 위탁판매수출, ② 수탁판매수입, ③ 위탁가공무역, ④ 수탁가공무역, ⑤ 임대수출, ⑥ 임차수입, ⑦ 연계무역, ⑧ 중계무역, ⑨ 외국인도수출, ⑩ 외국인수수입, ⑪ 무환수출입이며, 이에 대한 것은 제10장에 자세히 설명되어 있다.

1) 송금방식의 경우

현재 우리나라에서 제일 많이 이용되는 것은 수입업자가 수출업자의 구좌로 수출대금을 선적 전 송금해 주는 송금방식의 거래인데 보통, 수출업자가 계약에 명시된 일정 기간 내 선적을 완료한 후 이를 수입업자에게 통지한다. 이 경우 수출대금을 선적 전에 확보했기 때문에 대금결제의 위험은 사라진다.

그러나 선적 후 사후 송금할 경우에는 수출에 필요한 모든 준비를 완료한 후 이를 수입업자에게 통보하면 수입업자는 계약에서 합의된 일정 기일 내에 수출대금을 송금하게 되는데, 이 경우는 소위 외상으로 수출한 결과이므로 수출업자에게는 대금결제의 위험이 발생할 수 있다.

2) 선수출계약서에 의한 경우

결제형태가 D/A, D/P 등과 같이 화환추심어음 방식일 경우 수출업자는 수입업자와 선수출계약서를 작성한 후 계약에서 합의된 일자 내에 선적을 완료하고 관련 서류를 수입업자에게로 보내야 한다. 따라서 수출업자는 선수출계약이 체결되는 즉시 수출 이행에 필요한 조치를 취해야 한다. 화환추심어음 방식의 수출거래는 본사·지사 간이나 오랜 단골거래선 간에 이루어지지만 합의된 선적기일을 지키지 못하는 등 수출업자의 귀책사유가 발생하면 아무리 오랜 거래가 있다 하더라도 클레임의 대상이 되거나 수출대금을 받지 못할 수도 있다.

3) 신용장 방식의 경우

신용장 방식으로 수출할 경우 개설은행이 수출대금을 전적으로 책임지므로 가장 확실한 대금결제 방법이지만 수출업자는 몇 가지 사항을 확인할 필요가 있다.

신용장 방식의 거래에서는 무역계약이 체결되면 약정 기일 내에 수입업자는 자신이 거래하는 은행을 통해 수출업자 앞으로 신용장을 개설 통지해 준다. 대개 신용장은 개설은행의 요청에 따라 수출업자 주소지에 소재하는 제3의 은행이 통지한다.

신용장은 개설은행의 조건부 지급확약서이기 때문에 수출업자가 수출대금을 결제받기 위해서는 신용장에서 요구하고 있는 모든 요건을 충족해야 한다. 따라서 수출업자는 신용장을 수취하면 즉시 신용장상의 제반 요건이 계약의 내용과 일치하는지, 각 조건들이 이행 가능한 것인지 등을 면밀히 검토해야 한다.

2. 수출물품의 생산

수출업자는 대개 무역계약이 확정되면 원자재를 조달하여 수출물품을 자체 생산하거나 협력업체(하청업체)를 선정하여 완제품을 발주한다. 수출물품의 생산에 필요한 원자재나 완제품을 외국에서 수입할 경우는 별도의 수입절차를 거쳐야 하지만 이를 국내에서 조달할 경우 내국신용장이나 구매확인서를 많이 이용하고 있다.

2-1 내국신용장에 의한 원자재 등의 조달

내국신용장(local credit)은 수출신용장을 가진 수출업자가 국내에서 수출용 원자재나 완제품을 조달하고자 할 때 사용되는 신용장이다. 이러한 내국신용장은 외국에서 개설되어 온 원신용장(master credit)을 토대로 국내에서 다시 개설되는 방식으로 사용된다.

내국신용장의 개설의뢰인은 수출신용장을 가진 수출업자로서 국내에서 수출용 원자재 또는 완제품을 구매하는 업자이다. 내국신용장의 개설은행은 통상 수출업자의 거래은행으로서 원수출업자의 요청과 지시에 따라 내국신용장을 개설하고, 내국신용장의 수익자인 국내 공급업자에 대해서는 지급을 보증한다.

내국신용장을 활용할 경우 원수출업자는 수출에 필요한 원자재나 완제품을 구매하는 데 필요한 결제자금의 부담에서 벗어날 수 있다. 그리고 내국신용장의 수혜자도 비록 국내 업체에 물품을 판매하지만 수출실적으로 인정되어서 수출품에 해당되는 부가가치세 영세율이 적용되어 조세 부담이 없다.

2-2 구매확인서에 의한 구매

구매확인서는 국내에서 생산된 물품 등이나 수입된 물품을 외화획득용 원료 또는 물품으로 사용하기 위하여 구매하고자 하는 경우 내국신용장 취급규정에 준하여 외국환은행장 혹은 전자무역 기반사업자가 발급하는 증서를 말한다. 즉 구매확인서는 국내에서 물품구매자가 구매하는 원자재 또는 완제품이 수출물품을 생산하는 데 사용되는 수출용 원자재 또는 완제품이라는 사실을 외국환은행이 증명한 확인서를 말한다. 내국신용장을 개설할 수 없는 경우에 구매확인서를 주로 이용하고 있다.

구매확인서를 이용하더라도 내국신용장의 경우와 마찬가지로 수출실적인정, 부가가치세 영세율 적용 등의 혜택을 누릴 수 있다. 그러나 내국신용장은 신용장의 독립성 원칙에 의해서 개설은행이 모든 책임을 지지만 구매확인서 발급은행은 공급물품의 대금결제에 대해서 책임을 지지 않는다.

3. 수출통관과 선적

3-1 수출통관의 의의

우리나라에서 수출하고자 하는 물품은 반드시 관세법상의 절차를 거쳐야 하는데 이를 수출통관절차라 한다. 수출통관절차는 수출하고자 하는 물품을 세관에 수출신고를 하고 신고수리를 받은 후 물품을 우리나라와 외국 간을 왕래하는 운송수단에 적재하기까지의 절차를 말한다. 수출통관을 의무화하는 것은 대외무역법, 관세법, 외국환거래법 등 각종 수출관련 법규의 이행사항을 최종적으로 확인하여 불법수출이나 위장수출 등을 방지하기 위한 것이다.

관세법에서 의미하는 수출은 내국물품을 외국으로 반출하는 것을 의미하기 때문에 내국물품은 반드시 수출통관절차를 필해야 외국물품으로 간주되고 비로소 선적이 가능하게 된다.[27] 따라서 수출업자는 선적하기 전에 먼저 수출통관절차를 거쳐야 하며, 이러한 절차를 거치지 않고 선적·반출하는 물품은 소위 밀수품에 해당된다.

3-2 수출신고

1) 무서류 신고

물품을 수출하고자 하는 자는 수출물품을 선박 또는 항공기에 적재하기 전까지 수출물품의 소재지를 관할하는 세관장에게 수출신고를 하고 수리를 받아야 한다. 수출신고는 인터넷에 의한 무서류(paperless: P/L) 신고가 원칙이므로 수출신고인은 인터넷으로 수출신고 홈페이지에 접속해 수출신고서를 작성하여 신고를 해야 한다. 수출신고는 관세청 통관시스템에서 신고번호가 부여된 시점부터 효력이 발생한다.

---

27) 내국물품은 ① 우리나라에 있는 물품으로서 외국물품이 아닌 것, ② 우리나라의 선박에 의해 공해에서 포획된 수산물, ③ 입항 전 수입신고가 수리된 물품, ④ 수입신고수리 전 반출승인을 받아 반출된 물품, ⑤ 수입신고 전 즉시반출신고를 하고 반출된 물품을 의미한다(관세법 제2조 5).

2) 수출신고인

수출신고는 화주, 관세사, 완제품공급자 등이 할 수 있다. 완제품공급자는 수출물품을 선적할 때까지 수출업무처리를 조건으로 수출업자에게 물품을 제조하여 공급하는 경우가 많기 때문에 이들도 직접 수출신고를 할 수 있다(관세법 제242조). 그러나 대부분 수출신고는 관세사, 관세사(합동)법인, 통관취급법인에 위탁하여 처리하고 있다.

관세사는 관세사 자격시험에 합격하거나 일정기간의 관세행정경력을 갖춘 자로서 필요에 따라 화주를 대리하여 세관업무를 수행한다. 관세사(합동)법인은 5인 이상의 관세사를 사원으로 하여 설립된 법인을 말한다. 그리고 통관취급법인은 관세청장의 허가를 받은 ① 운송·보관 또는 하역을 업으로 하는 법인, 또는 ② 앞의 법인이 자본금의 100분의 50 이상을 출자하여 설립된 법인을 말한다.

3-3 수출신고필증의 교부

세관에서는 전송화면상의 수출신고 자료가 수출신고서 작성요령에 따라 적합하게 작성되었는지의 여부를 검토한 후 원칙적으로 수출검사를 생략하고 수출신고를 수리한다. 수출신고 물품에 대한 신고서의 처리방법은 편의상 자동수리, 심사 후 수리 및 검사 후 수리 세 가지로 분류되는데 대부분 자동수리된다.

수출신고가 수리되면 수출신고필증이 교부되는데 신고사실을 전산 통보받은 후 관세사가 날인하여 수출업자에게 교부한다. 그러나 화주가 수출신고서류를 제출한 경우에는 세관의 담당자가 날인한 후 수출신고필증을 교부한다. 그리고 수출신고가 수리된 물품은 수출신고수리일로부터 30일 이내에 우리나라와 외국 간을 왕래하는 운송수단에 적재해야 한다(관세법 제251조). 수출신고가 수리되었더라도 적재되지 않은 물품은 수출로 인정받을 수 없다.

3-4 수출화물의 선적

1) 운송계약의 체결과 선적

수출업자는 선적기일이 다가오면 적당한 선박을 선택하여 선박회사와 운송계약을 체결하여 수출물품의 선적을 준비해야 한다. 만약 CIF조건 또는 CIP조건으로 계약이 체결되었다면 수출업자는 보험회사와 적하보험계약의 체결도 준비해야 한다.

운송계약은 수출업자가 직접 선박회사와 체결할 수 있고 운송주선업자에게 운송 및 선적 일체를 의뢰할 수 있다. 만약 수출업자가 직접 개품운송계약을 체결하려면 먼저 선박회사 소정의 양식인 선적신청서에 수출품목, 중량 등 선적사항을 기재한 후 이를 선박회사에 인터넷으로 송부하여 서명을 받는다. 선적신청서는 수출업자인 화주가 선박회사에 선적의 예약을 요청하는 일종의 청약서이고 이에 대한 승낙으로 선박회사는 선적예약확인서를 발급한다.

수출신고필증을 받은 물품은 선적지로 직송되어 선적이 시작되는데, 선적 시점에서 이 물품은 외국물품으로 간주된다. 선적이 완료되면 선박회사는 수출업자에게 선하증권을 발급한다.

2) 적하목록 제출

수출물품의 선적이 완료되면 선박회사는 수출화물 적하목록(manifest)을 정해진 제출 기한까지 세관에 전자문서로 제출해야 한다. 적하목록의 제출 시기는 미국행 해상화물은 적재 24시간 전까지이며 기타 화물은 출항 다음일 24시까지이다. 적하목록은 선박 또는 항공기에 적재된 화물의 총괄목록이며 선박회사(항공사) 또는 운송주선업자가 작성한다.

4. 운송서류의 구비

4-1 운송서류

수출통관과 선적이 완료되면 수출업자는 수입업자가 요구하는 운송서류(transport document)를 구비해야 한다. 국제무역에서는 매도인과 매수인이 실제 상품을 확인하고 거래하는 것은 불가능하기 때문에 여러 가지 운송서류를 기준으로 거래가 성립되고 있다. 특히 신용장거래에서는 추상성에 의해 수출업자는 수입업자가 요구하고 있는 제반 서류를 정확히 갖추지 못하게 되면 아무리 매매계약서의 내용과 일치하는 상품을 선적했더라도 수출대금을 찾을 수 없게 된다.

운송서류는 상업송장 및 선하증권과 같은 필수서류와 그 밖의 부속서류로 구분되는데, 실제 무역거래에서 빈번히 이용되고 있는 운송서류를 살펴보면 다음과 같다.

1) 상업송장

상업송장(commercial invoice)은 화물을 대표하는 선하증권과 더불어 무역거래에서 반드시 필요한 운송서류이다. 상업송장은 수출업자가 특정 수출거래의 구체적 내용을 기재하여 수입업자 앞으로 보내는 매매거래의 명세서이다. 수출업자는 이 명세서를 근거로 수출대금을 청구하기 때문에 수출업자의 입장에서 보면 상업송장은 대금청구서의 역할을 하게 된다.

반면 수입업자는 상업송장을 통해서 선적화물에 관해서 자세히 알 수 있고 화물이 도착하기 전에 상업송장에 근거하여 수입화물을 전매할 수도 있게 된다. 수입화물이 도착하면 상업송장의 명세와 대조하여 계약한 화물이 실제로 도착되었는지의 여부를 조사할 수 있다. 그리고 상업송장은 관세를 산정하기 위한 세관신고의 증명자료가 된다.

상업송장은 법에서 정한 양식이나 기재사항은 없지만 특정 매매거래의 명세서이기 때문에 수출업자는 매매거래와 관련된 모든 사항을 구체적으로 기재해야 한다. 상업송장에 기재될 수 있는 사항을 요약하면 <표 13-1>과 같다.

표 13-1	상업송장의 작성요령
작성자	수익자(수출업자)가 개설의뢰인(수입업자) 앞으로
송장금액	신용장금액의 범위 내
상품명세	신용장상의 상품명세와 일치
기재사항	• 상품명(commodity name) • 수량(quantity) • 단가(unit price) • 인도조건(delivery terms) • 지불조건(payment conditions) • 총금액(total amount) • 매수인(consignee) • 매도인(exporter) • 포장방법(method of packing) • 화인(marking), 기타

COMMERCIAL INVOICE

Seller	Invoice No. and date
	L/C No. and date
Consignee	Buyer(if other than consignee)
	Other references
Departure date	
Vessel/flight From	Terms of delivery and payment
To	

Shipping marks	No. & Kinds of Pkge ; Goods Description	Quantity	Unit Price	Amount

Signed by

2) 선하증권

선하증권은 화물을 대표하는 서류인 동시에 유통될 수 있는 유가증권으로서 상업송장과 더불어 반드시 필요한 필수운송서류이다. 복합운송에서 사용되는 복합운송증권도 선하증권과 동일한 기능을 수행하는 운송서류이다. 그리고 항공화물운송장은 증권의 형태를 띠고 있는 것은 아니지만 실무적으로 많이 사용되고 있다. 이들 서류는 앞에서 이미 설명되었기 때문에 구체적인 설명은 생략하기로 한다.

3) 보험서류

만약 가격조건이 CIF나 CIP가 되면 수출업자는 반드시 보험서류를 구비해야 한다. 신용장거래에서 일반적으로 이용되고 있는 보험서류에는 보험증권과 보험증명서가 있다. 보험증권은 개별적으로 보험계약을 체결할 때 이용되는 것이고 보험증명서는 포괄보험계약 시 발급되는 보험서류인데, 이에 관한 설명은 앞에서 했기 때문에 여기서는 생략하고자 한다.

4) 포장명세서

포장명세서(packing list)는 상업송장의 부속서류로서 주로 화물을 외관상 식별하기 위하여 사용되는 서류이다. 수출업자가 선적화물의 자세한 명세를 표시하여 수입업자가 수입화물을 일목요연하게 알아 볼 수 있도록 한다. 따라서 포장명세서에는 포장 및 포장단위별 명세, 단위별 순중량·총중량, 화인, 일련번호 등이 기재된다.

5) FTA 원산지증명서

원산지증명서는 수출물품이 수출국가에서 재배, 사육, 제도 또는 가공된 것임을 증명하는 운송서류인데, 관세혜택을 보기 위한 관세혜택용 원산지증명서, 그리고 물품의 국적을 증명하기 위한 일반 원산지증명서로 구분된다. 관세혜택용 원산지증명서 중 가장 대표적인 것이 FTA 원산지증명서이다. FTA 협정세율을 적용받기 위해서는 거래대상 물품이 원산지 규정에 따른 것임을 입증하는 원산지증빙서류를 수출업자는 수입업자에게 송부해야 한다.

4-2 환어음의 발행

1) 환어음의 의미

신용장방식 혹은 D/A·D/P방식의 거래에서는 수출업자는 수입업자가 요구한 운송서류를 구비한 후 환어음(bill of exchange)을 발행하여 외국환은행을 통해서 수출대금을 회수한다.

환어음은 채권자가 채무자에게 일정한 시일 및 장소에서 채권금액을 지명인 또는 소지인에게 무조건적으로 지급할 것을 위탁하는 요식·유가증권을 말한다. 환어음은 보통 2통을 1조(set)로 발행되어 하나가 결제되면 나머지는 자동적으로 무효가 된다.

2) 환어음의 당사자

환어음의 당사자는 발행인, 지급인 및 수취인이다. 발행인은 환어음을 발행하고 서명하는 자로서 채권자이다. 무역거래에서는 수출업자가 발행인이 된다. 그리고 지급인은 환어음의 지급을 위탁받은 채무자인데 신용장방식의 거래에서는 개설은행이 지급인이 되고, 그 밖의 거래에서는 수입업자가 지급인이 된다.

그리고 수취인은 환어음 금액을 지급받을 자로서 발행인이 될 수도 있고 발행인이 지정하는 제3자가 될 수도 있다. 발행인이 환어음을 지급인에게 직접 제시하면 수취인이 간여하지 않지만 발행인이 환어음을 발행하여 이를 제3자로 하여금 지급받도록 할 경우 제3자가 수취인이 된다. 예를 들어, 신용장방식의 거래에서 수출업자가 직접 개설은행에 가서 수출대금을 회수할 수 없기 때문에 매입은행(수취인)이 이를 대신한다.

3) 환어음의 종류

무역거래에서 사용되는 환어음은 모두 화환어음(documentary bill)인데, 이는 상품의 대금을 결제하기 위해 사용된다. 선하증권을 비롯한 운송서류가 첨부되어야 효능이 있으며 환어음에 첨부될 운송서류는 신용장이나 매매계약서에 명시되어 있다.[28]

그리고 환어음은 지급만기일에 따라 일람어음과 기한부어음으로 구분된다. 일람어음(sight bill)은 환어음이 지급인에게 제시되면 즉시 대금결제가 이루어지는 어음을 말하고, 기한부어음(usance bill)은 일정 기간 후 지급이 이루어지는 어음을 말한다.

---

28) 환어음만으로 결제가 될 수 있는 어음을 무담보어음(clean bill)이라 하며 주로 운임, 보험료, 수수료 등의 지급에 이용되는데 오늘날에는 거의 사용되지 않는다.

BILL OF EXCHANGE

NO._____   BILL EXCHANGE, _____

FOR

AT_____SIGHT OF THIS **FIRST** BILL OF EXCHANGE(SECOND OF THE SAME
TENOR AND DATE BEING UNPAID) PAY TO _____ OR ORDER THE SUM OF

VALUE RECEIVED AND CHARGE THE SAME TO ACCOUNT OF _____

DRAWN UNDER_____

L/C NO. _____

TO_____

    _____

    _____

780603－626 13(X)B－16B

BILL OF EXCHANGE

NO._____   BILL EXCHANGE, _____

FOR

AT_____SIGHT OF THIS **SECOND** BILL OF EXCHANGE(SECOND OF
THE SAME TENOR AND DATE BEING UNPAID) PAY TO _____ OR ORDER THE
SUM OF

VALUE RECEIVED AND CHARGE THE SAME TO ACCOUNT OF _____

DRAWN UNDER_____

L/C NO. _____

TO_____

    _____

    _____

780603－626 13(X)B－16B

5. 수출대금의 회수

선적이 완료되고 계약서에 명시된 운송서류가 모두 확보되면 수출업자는 최종적으로 수출대금을 회수하는데 이 과정은 대금결제방식에 따라서 차이가 난다.

5-1 송금방식 수출의 경우

송금방식으로 수출했을 경우 수출업자는 대개 수출대금을 선적 전에 송금받았기 때문에, 운송서류가 모두 준비되면 이를 빠른 수단을 통해 수입업자에게 전달해 주어야 한다. 운송서류에는 화물을 찾을 수 있는 선하증권이 들어 있기 때문에 수입업자가 하루라도 빨리 수입화물을 찾을 수 있도록 함이다. 그리고 선적 후 송금이라도 수출업자는 운송서류를 수입업자에게 송부해야 한다.

5-2 D/A · D/P 방식 수출의 경우

D/A 혹은 D/P 방식으로 수출했을 경우 수출업자는 선수출계약서에 명시된 운송서류와 환어음을 구비하여 보통 거래은행으로 하여금 수입업자로부터 수출대금을 추심해 줄 것을 요청한다.[29] 거래은행(추심의뢰은행)은 이들 운송서류를 수입업자에게 보내어 수입대금을 회수하여 이를 수출업자에게 지급하면 수출대금은 결제가 된 것이다. 만약 수입업자가 지급을 거절하거나 혹은 행방불명이 되어 운송서류를 제시하지 못할 경우 운송서류는 추심불능으로 수출업자에게 반송된다.

5-3 신용장 방식 수출의 경우

1) 운송서류의 매입의뢰

신용장 방식으로 수출했을 경우 수출업자는 환어음과 운송서류를 거래은행에 제출하고 이의 매입, 지급 혹은 인수를 의뢰하는데 가장 흔한 방식이 매입방식이다. 매입방식은 거래은행이 수출업자의 운송서류를 매입하고 그 대금을 지급하는 것인

---

29) 수출업자가 처음으로 외국환은행과 외환거래를 하려면 먼저 거래은행과 외국환거래약정을 체결해야 한다. 현재 우리나라에서는 전국은행연합회에서 제정한 외국환거래약정서를 사용하고 있다.

데 수출업자의 입장에서 보면 수출대금을 지급받는 과정으로 볼 수 있지만, 매입은행의 입장에서 보면 환어음과 운송서류를 개설은행으로 보내어 그 대금을 돌려받을 수 있다는 가정 하에 미리 대금을 지급하고 매입하는 것이다.

2) 운송서류의 매입완료

매입은행은 수출업자가 제출한 환어음 및 운송서류 등이 신용장 조건과 일치하는지, 운송서류 상호간에 모순이 없는지 등의 여부를 면밀히 검토하여 매입을 결정한다. 일단 매입이 결정되면 매입은행은 신용장 뒷면에 매입일자, 매입번호, 금액, 은행명 등을 기재한 후 신용장과 함께 매입대금을 지급한다.

신용장거래에서는 개설은행이 수출대금의 지급을 확약하고 있으므로 매입은행은 환어음에 대한 실제 지급이 이루어지기 전에 수출업자의 환어음을 매입하고 수출대금을 결제하는데 이를 추심 전 매입이라 한다.

3) 운송서류의 발송

매입절차가 끝나면 매입은행은 'Covering Letter'를 작성하여 운송서류 및 환어음과 함께 신용장 개설은행으로 신속히 송부하여 매입대금을 상환 청구한다. 이는 개설은행 앞으로 개설은행의 신용장을 자기 은행에서 매입하였다는 뜻과 발송서류의 명세, 상환에 관한 지시사항 등을 기재하여 작성한다. 그리고 운송서류는 분실에 대비하여 통상 2세트로 나누어 송부한다.

수입이행과 수입통관

1. 결제방식에 따른 수입과정

　　현행 수출입승인의 관리체계는 수입이 제한되는 극히 소수의 품목에 한하여 사전에 수입승인을 받도록 되어 있다. 따라서 수입업자는 대외무역법상 수출입공고 및 수출입 통합공고에서 수입이 제한되는 품목을 수입하고자 할 경우에는 산업통상자원부장관의 승인을 받아야 한다.

　　무역계약을 체결하면 사실상 수입업자는 수입물품이 도착하기만을 기다리고, 그후 물품을 입수하면 수입통관을 거쳐서 수입화물을 최종 입수할 수 있다. 결제는 그 방식에 따라서 수입대금을 미리 지급하거나 후에 지급한다.

1-1 송금방식의 수입과정

1) 수입대금의 사전 송금

　　송금방식으로 수입할 경우 수입업자는 계약에서 합의한 일자 내 수출업자에게 수입대금을 송금해야 한다. 보통 사전 송금이기 때문에 수입물품을 받아보기 전에 대금을 지급한 관계로 간혹 불량 상품이나 선적기일을 연장하는 등의 경우가 발생하지만, 결제방법이 간단하여 은행수수료 등 금융비용을 절약할 수 있어 우리나라에서 가장 많이 사용되고 있다. 만약 선적 후 송금하기로 합의했을 경우에는 합의된 기일 내에 송금하면 된다.

2) 운송서류의 도착과 심사

　　보통 수출업자가 선적한 후 운송서류를 구비하여 수입업자에게 직접 송부하고, 수입업자는 운송서류를 검토한 후 선하증권의 원본을 선박회사에 제출하고 화물을 찾아 수입통관 준비를 한다.

1-2 D/A 혹은 D/P 방식의 수입과정

D/A 혹은 D/P 방식으로 수입할 경우 운송서류는 관련 은행을 통하여 수입업자에게 전달되는 데 만약 지급도조건(D/P)으로 계약을 체결했으면 수입대금을 지급한 후 운송서류를 찾아간다. 만약 운송서류가 계약의 내용과 일치하지 않으면 지급을 거절할 수 있다. 그리고 인수도조건(D/A)이면 단지 인수 행위만 하고 운송서류를 찾아갈 수 있다. 물론 이 경우에도 운송서류가 계약과 불일치하면 인수를 거절할 수 있다. 지급을 하든 인수를 하든 운송서류를 입수하면 선하증권으로 화물을 찾아 수입통관절차를 거친다.

1-3 신용장 방식의 수입과정

신용장 방식으로 수입할 경우에는 신용장 개설 등에 따른 다음과 같은 절차를 거쳐야 한다.

1) 신용장 개설의 신청

먼저 수입업자는 신용장 개설은행과의 총괄적인 약정으로 외국환거래약정을 체결한 후 거래 시마다 신용장 개설신청서를 제출하여 신용장개설을 의뢰한다. 신용장 개설신청서에 기재된 사항은 그대로 신용장조건이 되므로 모든 사항을 간단명료하고 정확하게 기재해야 한다.

2) 신용장 개설과 담보

신용장 개설은행은 수입업자를 대신하여 수출업자, 매입은행 등에게 수입대금의 지급을 확약하므로 수입업자로 하여금 신용장금액에 상응하는 담보를 제공하도록 하며, 수입업자의 담보제공에 따라 수입업체별로 신용장 개설한도액이 설정된다. 수출용 원자재와 같이 순전히 개설은행의 자금으로 수입되는 경우, 만약 담보가 부족하면 수입물품 자체를 양도담보로 개설은행에 제공해야 한다.

개설은행은 신용장개설수수료, 전신료 등 신용장개설에 필요한 비용을 수입업자로부터 징수한다. 현재 신용장개설수수료, 전신료 등의 외국환수수료는 은행별로 자율적으로 결정하고 있다.

신용장은 우편, 전신 및 SWIFT방식으로 개설되지만, 오늘날에는 거의 SWIFT방식의 신용장이 개설된다. SWIFT신용장은 앞서 설명한 바와 같이 신용장의 양식이 모두 표준화 및 코드화되어 있다. 신용장금액, 통화종류, 거래일자 등 신용장의 주요 조건들이 모두 암호화되어 있어 위조가 불가능하다.

3) 운송서류의 심사와 지급

무역계약에 따라 신용장을 개설한 수입업자는 수입화물을 인수하기 위하여 운송서류가 도착하기를 기다리는데 신용장 방식의 경우는 개설은행이 모든 책임을 지고 있기 때문에 개설은행의 심사 과정이 남아 있다.

개설은행은 운송서류가 도착하면 즉시 이 사실을 수입업자에게 알리고 운송서류가 신용장상의 요건과 서류상 일치하는가의 여부를 검토하여 이를 수리할 것인지 또는 거절할 것인지를 결정한다. 이때 개설은행은 운송서류가 문면 상 신용장조건과 일치하는지 여부에 대해서 상당한 주의를 가지고 심사해야 한다. 그리고 신용장에 명시되지 않은 일반조건은 신용장통일규칙에 따라 심사한다.

개설은행은 은행영업일로 5일 이내에 수리 여부를 결정해야 하며, 만약 모든 운송서류가 신용장조건과 일치하면 즉시 서류를 수리하고 매입은행에 대금을 상환해야 한다. 개설은행은 신용장의 독립·추상성에 따라 신용장조건과 일치하는 서류에 대해서는 무조건 신용장대금을 상환해야 할 의무가 있다(신용장통일규칙 제16조).

수입업자는 운송서류가 상호 모순이 없고 신용장의 내용과 일치하면 개설은행에 수입대금을 지급하고 운송서류를 인수한다. 만약 신용장조건이 일람불이면 수입업자는 대금을 지급하는 즉시 운송서류를 인수할 수 있다. 그러나 기한부조건으로 수입한 경우에는 수입대금을 당장 지급할 필요가 없기 때문에 운송서류인수증만 제출하고 운송서류를 인수할 수 있다. 수입업자는 환어음의 만기일에 이자를 추가하여 지급해야 한다.

4) 대도 증서

대도(trust receipt: T/R)는 수입업자가 수입대금을 지급하지 않고 개설은행으로부터 운송서류를 인도받으면서 수입화물에 관하여 발생하는 일체의 손해에 대하여 자기가 책임을 지겠다고 개설은행에게 서약하는 증서를 말한다. 개설은행의 자금으로 원자재 등이 수입되는 경우에 이용된다.

그런데 수입화물이 담보로 잡혀 수입업자가 원래 목적대로 사용할 수 없으면 수입한 이유가 없기 때문에 개설은행은 대도와 같은 수입업자의 각서를 받고 수입화물을 처분할 수 있도록 해 준다. 물론 개설은행은 대도에 의해서 수입화물에 대한 담보권을 계속 유지할 수 있다.

5) 화물선취보증서의 활용

화물선취보증서(letter of guarantee: L/G)는 선하증권 대신 화물을 찾을 수 있는 보증서이다. 수입항에 운송서류가 화물보다 먼저 도착하게 되면 별 문제가 없지만 항해일수가 짧은 한국·일본 간, 한국·중국 간 등의 무역거래에서는 운송서류보다 수입화물이 먼저 도착하게 된다.

이렇게 되면 화물은 이미 수입항에 도착해 있는데 선하증권이 도착하지 않아서 화물을 찾을 수 없게 된다. 이런 경우 화물을 빨리 찾기 위해 수입업자는 개설은행에 화물선취보증서의 발급을 신청하여 선하증권 대신 이 보증서를 선박회사에 제출하고 화물을 찾을 수 있다.

선박회사는 원칙적으로 선하증권의 원본을 받아야 화물을 인도하지만 공신력 있는 개설은행이 보증함으로써 선하증권 대신 화물선취보증서로 수입업자에게 화물을 인도한다. 따라서 화물선취보증서에는 선하증권 원본이 도착하면 즉시 선박회사에 제출할 것과 화물인도에 따른 모든 책임을 부담한다는 개설은행의 약속이 담겨 있다.

2. 수입통관

2-1 수입통관의 의의

우리나라로 들어오는 모든 외국물품은 관세법에서 규정하고 있는 수입통관절차를 거쳐야 한다. 외국물품은 곧 수입물품을 의미하지만 관세법(제2조 4)에서는 외국으로부터 우리나라에 도착된 물품으로 수입신고가 수리되지 않은 물품과 수출신고가 수리된 물품을 외국물품으로 간주하고 있다. 이러한 외국물품은 수입신고수리를 위한 통관절차를 필해야만 내국물품이 되어 국내로 들어 올 수 있다.

우리나라는 1996년부터 수입통관자동화시스템을 운영하여 수입통관절차가 매우 간소화되었다. 수입물품을 적재한 선박이 입항한 후 부두를 배정받아 물품을 하역하고 동시에 수입업자는 해당 세관에 수입신고를 한다. 현품을 확인하거나 검사할 필요가 있으면 보세구역 등에 물품을 장치하고, 필요한 경우 수입신고서류 심사와 물품검사를 거친 후 수입신고가 수리된다.

수입신고가 수리되면 수입물품에 대한 관세 및 내국세를 납부한 후 물품을 국내로 반입한다. 이 과정에서 수입신고, 수입신고서류심사 및 물품검사, 수입신고수리 등이 수입통관절차에 해당된다.

우리나라의 통관제도는 수출입신고제이므로 납세의무자는 원칙적으로 수입신고수리 후 15일 이내에 관세 및 내국세를 납부하도록 되어 있어 통관절차와 과세절차가 분리되어 있다. 그리고 수입화물 선별검사시스템(cargo selectivity system: C/S)을 도입하여 전체 수입화물 모두를 검사하지 않고 C/S를 통해 미리 등록된 기준에 따라 우범가능성이 높다고 예상되는 물품을 골라 집중적으로 검사함으로써 검사의 효율성을 높이고 있다.

2-2 수입통관의 준비

1) 적하목록의 제출

선박회사 또는 항공사는 수입화물을 적재한 선박이 도착항에 입항하기 24시간 전까지, 항공수입인 경우에는 항공기가 착륙하기 2시간 전까지 입항예정지 세관장에게 수입화물에 대한 적하목록(manifest)을 제출해야 한다. 세관은 적하목록 기재사항의 누락 여부, 세관의 특별감시가 필요한 우범화물에 해당하는지 등의 요건을 심사한 후 이 적하목록을 토대로 하역, 운송, 보관, 통관별로 수입화물을 총괄 관리한다.

2) 수입화물의 하역

수입화물을 적재한 선박(항공기)이 입항하면 운항선사는 선하증권 단위의 적하목록을 기준으로 하선장소를 정하여 세관장에게 하선신고서를 제출해야 한다. 하선장소는 컨테이너 화물인 경우는 부두 내 또는 부두 밖의 CY이며 벌크화물(bulk cargo)이나 기타 화물인 경우는 부두 내이다.

그리고 액체, 분말 등 특수저장시설로 직송되는 물품은 해당 저장시설에 하선한다. 수입물품이 하역되면 선박회사, 검수업자, 하역업자가 공동으로 물품검수를 실시하고 만약 적하목록과 상이한 것이 있으면 이를 세관장에게 보고해야 한다.

2-3 보세구역 장치 및 보세운송

수입화물이 본선으로부터 하역되면 보세구역에 장치하는 것이 원칙이다. 보세제도는 관세징수권을 확보하며 통관질서를 확립하고, 통관 업무를 효율적으로 수행하기 위해 수입신고가 수리되기 전의 외국물품을 세관장의 관리 하에 두는 제도를 말한다. 보세제도는 보세구역제도와 보세운송제도 두 가지로 구분된다. 보세구역은 보세화물을 반입, 장치, 가공, 건설, 전시 또는 판매하는 구역을 말하는데 지정보세구역, 특허보세구역 및 종합보세구역으로 구분된다(관세법 제154조).

1) 지정보세구역

지정보세구역은 세관에서 직접 관리하는 보세구역을 말하는데, 지정장치장 및 세관검사장으로 구분된다. 지정장치장은 통관을 하고자 하는 물품을 일시 장치하기 위한 장소이며, 세관검사장은 통관을 하고자 하는 물품을 검사하기 위한 장소이다.

2) 특허보세구역

특허보세구역은 세관장의 특허를 받아 개인이 운영하는 보세구역을 의미하는데, 보세창고, 보세공장, 보세전시장, 보세건설장 및 보세판매장으로 구분된다.

3) 종합보세구역

종합보세구역은 보세창고, 보세공장, 보세전시장, 보세건설장 또는 보세판매장의 기능 중 둘 이상의 기능(종합보세기능)을 종합적으로 수행할 수 있는 구역을 말한다.

4) 보세운송

보세운송은 세관장에게 신고한 후 외국물품을 국내 보세구역간에 이동하는 것을 말한다. 보세운송구간은 개항, 보세구역, 타소장치의 허가를 받은 장소, 세관관서, 통관역, 통관장 및 통관우체국이다. 통관역은 국외와 연결하며 국경에서 근접한 일반 철도역 중에서 관세청장이 지정하는 곳을 말하고, 통관장은 관세통로에 근접한 장소 중에서 세관장이 지정한 곳이다. 만약 수입업자가 내륙에 위치한 자신의 공장에 수입화물을 장치하고 관할 세관에서 통관하기를 원하면 항만에서 내륙공장까지 수입화물의 보세운송이 허용된다. 보세운송을 하려면 화주, 보세운송업자, 관세사 등 보세운송신고인은 원칙적으로 세관에 적하목록을 제출하고 당해 물품이 하역된 이후 보세운송신고서에 적하목록 사본을 첨부하여 보세운송신고를 해야 한다.

그러나 재보세운송하는 물품, 검역물품, 위험물품, 불법수출입방지를 위하여 세관장이 지정한 물품 등은 세관장으로부터 승인을 받아야 한다. 그리고 보세운송물품에 대해서는 관세에 해당하는 만큼의 담보를 제공할 경우도 있다.

2-4 수입신고

1) 수입신고의 의의

물품을 수입하고자 하는 자는 당해 물품의 품명, 규격, 수량, 가격 등을 세관장에게 신고해야 한다. 수입업자는 수입신고를 함으로써 비로소 물품을 수입하려는 의사를 공식적으로 표현하게 되며, 수입신고를 하는 시점에서 수입과 관련된 적용법령, 과세물건, 납세의무자 등이 확정된다.

수입신고는 화주, 관세사, 관세사법인 또는 통관취급법인의 명의로 해야 한다. 그리고 수입신고 시에는 세관이 수입물품에 대하여 적정한 관세를 부과하여 징수할 수 있도록 수입신고서에 선하증권 또는 항공화물운송장 사본, 원산지증명서(해당물품에 한함), 기타 필요한 승인서류 등을 세관에 제출해야 한다.

2) 수입신고의 시기

수입신고는 원칙적으로 수입물품을 적재한 선박 또는 항공기가 입항한 후에 할 수 있지만 신속한 통관을 위하여 선박 또는 항공기가 입항하기 전에도 가능하도록 하고 있다. 현행 수입신고는 수입신고시기에 따라 출항 전 수입신고, 입항 전 수입신고, 입항 후 보세구역도착 전 수입신고 및 보세구역장치 후 수입신고의 네 가지 유형으로 구분된다.

(1) 출항 전 수입신고

항공기로 수입되는 경우 또는 일본, 대만, 홍콩, 중국 등에서 선박으로 수입되는 경우에는 출항 후 입항하기까지 시간이 너무 짧기 때문에 출항 전 수입신고가 가능하다.

(2) 입항 전 수입신고

이는 도착지에 입항하기 전에 수입신고하는 것을 말한다.

(3) 입항 후 보세구역도착 전 수입신고

이는 수입물품을 적재한 선박 또는 항공기가 입항하여 하역 신고한 후 해당 물품이 반입될 보세구역(타소장치장 포함)에 도착하기 전 수입신고하는 것을 말한다.

(4) 보세구역장치 후 수입신고

수입물품을 보세구역에 장치한 후 관할 세관에 수입신고하는 것을 말한다. 신고 대상업체 및 대상물품에는 아무런 제한이 없다.

그림 13-1　수입신고의 시기에 의한 수입신고유형

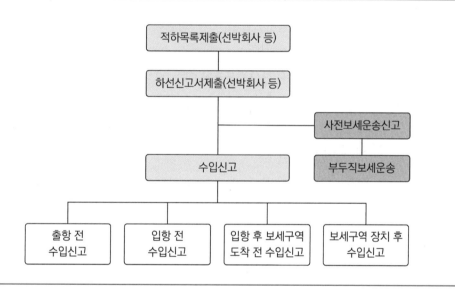

2-5 물품검사와 수입신고 수리

1) 물품검사

수입신고가 완료되면 세관에서는 신고서의 형식적 요건과 법률적 수입요건, 신고 시 제출서류 여부 등만 확인하고 수입신고를 수리하는 것이 원칙이다. 그러나 세관

직원이 수입신고서와 제출 서류만으로는 각종 표시, 용도, 기능 등을 확인할 수 없거나, 신고한 물품 이외에 은닉된 물품이 있는지 여부, 수입신고사항과 현품이 일치하는 지 여부 등의 확인이 필요한 경우에는 수입물품을 직접 확인하는 경우가 있는데 이를 물품검사라 한다. 수입신고를 한 물품이 검사대상으로 선정되면 수입업자는 수입물품을 세관에서 검사할 수 있는 장소로 반입해야 한다.

2) 수입신고수리

세관장은 수입신고가 관세법의 규정에 따라 적법하고 정당하게 이루어진 경우 수입신고를 지체 없이 수리하고 수입신고인에게 수입신고필증을 교부해야 한다.

수입신고인은 수입신고가 수리된 후 운수기관, 관세통로 또는 장치장소로부터 물품을 반출할 수 있다. 그러나 납부해야 할 관세 등에 상당한 담보를 제공하고 세관장으로부터 반출승인을 얻은 경우에는 수입신고수리 전에도 수입물품을 반출할 수 있다.

현행 수입신고제하에서는 수입신고수리 후 관세를 납부하는 사후납부제이기 때문에 화주는 수입신고가 수리된 날로부터 15일 이내에 관세 등 수입세금을 국고수납은행 또는 우체국에 납부해야 한다. 사후납부는 신용담보 또는 포괄담보 업체로서 담보 면제된 경우와 각 신고건별로 개별담보를 제공한 경우에 해당된다.

3) 수입신고의 취하와 각하

수입신고의 취하는 신고인의 요청에 따라 수입신고사항을 취소하는 것을 말한다. 수입신고는 정당한 사유가 있는 경우에 한하여 세관장의 승인을 얻어 취하할 수 있다. 그러나 운수기관, 관세통로 또는 관세법에서 규정된 장치장소에서 물품을 반출한 후에는 취하하지 못한다(관세법 제250조 제1항).

반면 수입신고의 각하는 세관장이 직권으로 해당 수입신고를 거절하거나 취소하는 것을 말하는데, 만약 수입신고 시 요건을 갖추지 못하였거나 부정한 방법으로 수입신고한 경우에는 세관장은 수입신고를 각하할 수 있다(관세법 제250조 제3항).

무역클레임

상관습이 다른 국가 간의 무역거래에서 영리를 추구하다 보면 언제 어떤 클레임이 제기될지 모른다. 무역클레임의 해결에는 예방이 최고라 하지만 이에는 한계가 있기 때문에 예방과 동시에 클레임을 해결할 수 있는 방법을 사전에 분석해 두어야 하며, 또한 클레임을 제기할 때도 어떤 절차를 거쳐 어떻게 제기해야 하는가를 파악해 두어야한다. 이 장에서는 무역거래에서 발생하는 클레임의 특성, 제기절차, 해결방법, 특히 국제적으로 보장받을 수 있는 상사중재에 관하여 살펴보기로 한다.

무역클레임의 의의

1. 무역클레임의 의미와 원인

1-1 무역클레임의 의미

클레임(claim)의 본래 의미는 당연한 권리를 요구, 청구 또는 주장할 수 있는 것을 의미하지만 일반적으로 무역거래에서 클레임은 피해자가 가해자에게 손해배상을 청구하는 것을 말한다. 즉 무역거래 당사자 중 일방이 매매계약을 이행하는 과정에서 고의나 과실로 계약의 일부 또는 전부를 이행하지 않음으로써 발생된 손해를 구제받기 위해서 상대방이 손해배상을 청구하는 것을 무역클레임이라 한다.

무역거래에서 클레임의 대부분은 주로 상품의 품질, 선적지연, 선적불이행 등을 이유로 수입업자가 수출업자에게 제기하는 경우이며, 수출업자가 수입업자에게 클레임을 제기하는 경우는 대금결제와 관계되는 것 외에는 별로 없다. 대개 무역거래에서는 당사자 중 일방이 부주의로 인해 무역계약을 이행하지 않거나 이행을 지체함에 따라 클레임이 발생하는 경우가 많으며, 간혹 국제무역법규를 악이용하여 고의적으로 클레임을 제기하는 경우도 있다.

1-2 무역클레임의 원인

1) 상품에 대한 클레임

수입업자가 제기하는 클레임은 대부분 상품의 하자에 관한 것이다. 상품의 품질과 관련하여 품질불량, 품질상이, 규격상이, 등급저하, 손상, 변질, 변색 등이 클레임의 주요 원인이다. 상품의 수량에 관해서는 주로 수량부족으로 클레임이 제기되며, 상품의 포장과 관련된 것으로는 포장불량, 부적합포장, 포장결함 등이 클레임의 주요 원인이 된다.

2) 선적에 관한 클레임

선적에 관계된 클레임은 선적지연과 선적불이행이 대표적인 원인이다. 신용장거래에서는 명시된 선적기일을 반드시 준수해야 하지만, 그 밖의 거래에서는 선적지연이 종종 발생한다. 계절적 상품이나 수입지에서의 판매가 촉박할 경우 선적지연은 중요한 클레임제기의 원인이 된다.

계약당시보다 수출상품의 시세가 올랐거나, 수출채산성이 맞지 않을 경우 수출업자들은 고의로 선적을 이행하지 않는 경우가 있다. 이러한 선적불이행은 곧 계약자체를 수출업자가 이행하지 않는 것이나 마찬가지이며, 수입업자는 계약불이행에 따른 손해배상 청구가 가능하다.

3) Market Claim

이는 시장 상황이 좋지 않을 경우 수입업자가 사소한 하자를 잡아 클레임을 제기하는 것이다. 특히 계약 당시에 비해 수입국의 시장가격이 폭락할 경우 수입업자는 운송서류상 사소한 하자만 발견해도 대금지급을 거절하는 경우가 많다.

4) 결제에 관한 클레임

수출업자가 제기하는 클레임의 대부분은 지급지연, 대금미회수와 같은 결제에 관한 클레임이다. 신용장거래에서는 개설은행이 지급을 확약하고 있어 이와 같은 클레임이 제기되는 경우는 없으나 무신용장방식의 거래에서는 수입업자의 파산, 재정상태의 악화로 인해 대금지급이 지연되거나 회수 불가능한 경우가 발생한다.

2. 무역클레임의 제기와 접수

2-1 무역클레임의 제기

클레임은 합의된 기간 내에 적절한 절차에 따라 제기되어야만 법률적인 보장을 받을 수 있다. 무역계약을 체결할 때 클레임의 해결에 관한 사항을 약정했을 경우에는 약정된 사항에 따르지만 그렇지 않은 경우 클레임은 국제상관습, 국제규칙, 국내법 등에 따른다.

1) 클레임 상대방(가해자)의 확정

클레임을 제기하려면 먼저 누구에게 제기해야 하는가를 확정해야 한다. 만약 상대방을 잘못 선정하면 클레임을 제기하더라도 아무런 효력이 없기 때문에 클레임의 주요 원인을 분석하여 그에 따른 책임소재가 누구에게 있는가를 파악해야 한다. 무역거래에서 클레임의 상대방은 계약 당사자이므로 대부분 수출업자 또는 수입업자가 된다. 그러나 선박회사, 보험회사, 관련 은행 등 제3자도 클레임의 당사자가 될 수 있다.

2) 클레임 제기기간

클레임은 그 제기시기를 놓치면 시효에 걸릴 뿐 아니라 증거를 상실하게 되어 해결에 많은 어려움이 따르므로 반드시 약정된 기간 내에 제기되어야 한다. 만약 클레임 제기기간에 대한 약정사항이 없으면 국제관습, 국제규칙 또는 각국의 법률에 따르지만 이에 대한 규정이 모두 다르기 때문에 클레임처리조항에 제기시기를 명확히 규정해 두는 것이 바람직하다.

3) 클레임의 통지

클레임 사유가 확정되면 클레임제기 의사표시, 클레임의 주요 내용 등을 요약한 클레임 통지서를 전신으로 보낸 후 곧 이어 클레임 제기서장을 작성해서 우편으로 보내야 한다.

클레임을 제기할 때 보통 클레임진술서, 손실명세서, 검사보고서, 기타 청구서나 증빙서류가 필요하다. 클레임진술서에는 클레임의 대상이 되는 거래내용, 클레임의 원인, 클레임의 해결방법 등을 명시한다.

2-2 무역클레임의 접수

무역거래 당사자로부터 클레임이 제기되면 클레임의 제기내용을 검토하고 상대방에게 자신의 입장과 해결방안을 통보한다.

1) 클레임 제기시기의 검토

클레임의 통지를 받으면 클레임이 약정된 기간 내에 제기되었는가를 검토한다. 만약 클레임처리조항에서 약정된 기간이 지난 뒤 제기된 클레임은 법적인 시효를 상실한 것이므로 클레임을 거절해도 상관없다.

2) 클레임내용 조사

클레임 진술서에 기재된 내용을 면밀히 확인하여 클레임의 정당성 여부를 검토하며 보통 다음과 같은 사항을 우선적으로 조사한다.
① 본인이 클레임의 책임당사자인지의 여부
② 클레임이 적법한 기간 내에 제기되었는지 여부
③ 클레임이 계약조건의 미비로 인한 것인지 여부
④ 하자를 입증하는 객관적인 증빙자료의 제시 여부
⑤ 공인검정기관이 인정한 물품검사인지 여부
⑥ 하자의 정도가 계약상 또는 관습상 허용되는지 여부
⑦ 손해배상청구액은 합리적인 산출근거에 의한 것인지 여부
⑧ 해당 계약의 특성을 충분히 감안했는지 여부

3) 해결방안 통보

클레임의 내용을 면밀히 조사한 후 이에 대한 자신의 입장을 빠른 시일 내에 전달해야 한다. 무역클레임의 해결과정에서 첫 응답은 향후 분쟁해결의 방향을 설정하는 것이기 때문에 매우 중요하므로 자신의 입장을 명확히 해야 한다.

모든 클레임은 당사자 간의 합의에 의해서 해결한다는 원칙하에 각 개별거래의 특성을 감안하여 대응한다. 만약 클레임 제기자가 지속적으로 거래할 당사자일 경우나 거래관계를 계속 유지하고 싶은 상대라면 가능한 한 우호적 해결자세를 지니는 것이 바람직하다.

그러나 상대방의 의도가 불분명하거나, Market Claim과 같이 사소한 하자를 이유로 클레임을 제기할 경우에는 여기에 따른 반대 자료를 첨부해서 항변해야 한다. 특히 배상할 용의가 있다든지, 계속 거래를 통하여 해결하겠다는 등의 애매모호한 표시는 상대방에게 클레임을 인정한다는 의사표시가 될 수 있으므로 삼가야 한다.

무역클레임의 해결방안

무역거래에서 분쟁이 발생하면 가급적 우호적으로 해결하는 것이 가장 바람직하다. 그렇지 못할 사정이 있을 경우 부득이 재판을 하는 수밖에 없는데, 재판하다 보면 시간, 비용 등이 많이 소요되고 재판과정에서 개인의 비밀이 누설될 수 있다. 따라서 재판 외의 다른 방법으로 분쟁을 해결하는 것이 바람직한데 이를 대체적 분쟁해결제도(alternative dispute resolution: ADR)라 하며 여기에는 알선, 조정 그리고 중재가 있다.

1. 알선

알선은 공정한 제3자가 클레임에 개입하여 당사자 간에 원만한 타협이 이루어지도록 조언함으로써 분쟁을 해결하는 방법이다. 제3자는 당사자의 일방 또는 쌍방의 의뢰에 의해 클레임에 개입하지만 어떠한 형식절차를 거치지 않는다. 따라서 알선은 쌍방이 협력하지 않으면 실패할 가능성이 크다.

알선이 성공할 경우에는 당사자 간에 비밀이 보장되고 거래관계를 계속 유지할 수 있다. 그러나 알선은 어디까지나 양 당사자의 자발적인 합의를 통한 해결이기 때문에 그 효력은 법률적인 구속력을 가지지 못한다. 만약 당사자 간의 합의가 이루어지지 않으면 중재로 해결하거나 부득이한 경우 소송으로 해결해야 한다.

알선은 대개 분쟁해결 방안에 대해서 상호 간의 합의가 없는 경우에 이용되고 있는데, 우리나라에서는 분쟁해결의 경험과 지식이 풍부한 대한상사중재원의 직원이 개입하여 양 당사자의 의견을 듣고 해결합의를 위한 조언을 하거나 타협을 권유한다. 알선절차에 소요되는 모든 경비는 무료이다.

알선은 국내기업간의 클레임을 해결하는 국내알선, 국내기업이 외국기업에 대하여 신청하는 대외알선 및 외국기업이 국내기업에 대하여 신청하는 대내알선으로 구분된다. 알선은 일반 알선과 온라인 알선으로 구분되는데, 일반 알선은 알선의 접수만 온라인으로 가능하고 진행은 오프라인으로 이루어진다. 일반 알선은 국내, 국제 사건 모두 신청이 가능하다. 반면 온라인 알선은 기존의 알선과는 달리 알선의 신청 및 답변과 같은 일련의 알선절차 전부 혹은 일부를 온라인상에서 수행하는 알선을 말한다.

2. 조정

조정은 당사자 일방 또는 쌍방의 요청에 의해 공정하고 중립적인 제3자를 조정인으로 선정하고 조정인이 제시하는 조정안을 양 당사자가 합의함으로써 클레임을 해결하는 방법이다. 알선의 경우 형식적 절차를 거치지 않지만, 조정의 경우는 반드시 조정인을 선정해야 하는 절차를 거쳐야 한다.

조정인은 해당 분야에 대해 경험이 풍부하고, 전문적 지식을 갖춘 전문가로 구성되는 것이 보통이다. 조정인은 전문적 지식을 바탕으로 거래관행, 상관습을 반영하여 상호 만족할 만한 조정안을 제시하여 당사자들 스스로 분쟁을 해결하도록 한다.

조정인이 제시한 조정안은 반드시 양 당사자가 합의해야만 효력이 있으며 어떠한 구속력도 가지고 있지 않다. 그러나 조정안은 대체로 당사자의 입장을 수용한 것이기 때문에 이에 따른 자발적 이행은 상당히 높은 편이다.

조정이 지니고 있는 장점을 살펴보면 다음과 같다.

첫째, 조정은 절차가 간단하여 신속히 끝난다. 조정은 분쟁을 신속하게 해결하기 위하여 절차가 진행되는데 통상 조정인이 선정된 날로부터 일정 기일 내에 끝나도록 되어 있다.

둘째, 비용이 저렴하다. 청구금액에 상관없이 최소비용으로 절차를 진행하고, 신속한 분쟁해결로 인해 정신적·금전적 비용 및 추가손해를 방지하는 효과가 있다.

셋째, 비공개이다. 조정은 분쟁 당사자의 영업비밀, 사생활보호를 위해 절차가 비공개로 진행된다. 아울러, 조정 중에 당사자의 진술 또는 제출한 자료는 소송절차 등에서 원용하지 못하도록 되어 있다.

넷째, 전문가의 조력을 받을 수 있다. 무역 분야의 전문가로 구성된 조정위원회가 거래관행 및 전문적 지식에 근거하여 적절한 조정안을 제시한다.

다섯째, 거래관계를 유지할 수 있다. 조정은 당사자가 조정인의 조력을 받아 우호적으로 분쟁을 해결하는 제도이므로 분쟁해결 후에도 계속적인 거래관계를 유지할 수 있다.

마지막으로, 분쟁당사자의 의견을 존중한다. 당사자가 분쟁해결 전문가인 조정인의 도움을 받아 스스로 분쟁해결책에 대하여 결정을 내릴 수 있도록 하고 있고, 아울러 절차진행에 있어서도 당사자의 의견을 충분히 반영한다.

현재 대한상사중재원에서는 대외무역법에 따른 무역분쟁조정 및 「부품·소재전문기업 등의 육성에 관한 특별조치법」에 따른 신뢰성분쟁조정을 시행하고 있다.

3. 중재

3-1 중재의 의의

중재(arbitration)는 분쟁당사자들의 신청에 의해 법관이 아닌 제3자를 중재인(arbitrator)으로 선정하고 중재인의 판정에 최종적으로 복종함으로써 분쟁을 해결하는 방법이다. 중재는 법원의 소송에 의하지 않고 클레임을 해결하는 것이므로 중재가 성립되기 위해선 먼저 재판을 받을 수 있는 권리를 포기해야 한다.

중재인은 법관이 아닌 해당 분야에 대한 전문지식을 갖춘 전문가들이며 분쟁당사자들에 의해 선정된다. 중재인의 판정은 최종적이며 그 효력은 법원의 확정판결과 동일하고 국제협약에 따라 외국에서의 승인 및 집행이 보장된다.

중재는 중재절차를 관리하는 중재기관에 의하여 수행되며 중재기관에는 상설기관과 임시기관이 있지만 두 기관의 판정효력은 동일하다. 우리나라의 경우 대한상사중재원이 운영되고 있다.

이러한 중재의 장점을 소송과 비교해 살펴보면 다음과 같다.

첫째, 중재는 일심제이고 정해진 기간 내 중재판정이 이루어지므로 당사자들은 분쟁해결에 많은 시간과 비용을 절약할 수 있다.

둘째, 분쟁당사자들은 자신들의 실정에 맞는 중재인을 선정할 수 있다. 대한상사중재원이 유지하고 있는 중재인단은 각 분야의 전문가들로 구성되어 있으며 당사자들이 중재인 명부에서 직접 선정한다.

셋째, 중재는 비공개리에 진행될 수 있어 사업상의 비밀이나 회사의 명성을 그대로 유지할 수 있다.

마지막으로, 중재판정은 외국에서도 그 효력이 인정되고 집행이 보장되므로 무역거래의 적합한 분쟁해결방안으로 인정받고 있다.

3-2 중재합의

1) 중재합의(중재계약)의 의미

중재는 분쟁당사자들이 합의한 중재합의에 근거하여 성립되는데, 중재합의는 법정소송을 배제하고 중재에 의해서 분쟁을 해결하도록 당사자 간에 중재를 합의하는 중재계약을 말한다. 따라서 중재계약은 당사자 간의 합의가 있어야 하며 법원에 의해 재판받을 권리를 포기하고 제3자인 중재인의 판정에 복종해야 하는 것을 기본으로 하고 있다.

중재합의는 서면에 의한 별도 합의 또는 계약서상에 중재조항의 형식으로 체결할 수 있다. 우리나라 중재법(제8조)에서는 "중재계약은 당사자들이 서명한 문서에 중재합의가 포함되어 있거나 교환된 서신 또는 전보 등에 중재합의가 포함되어 있어야 한다."고 규정하여 중재합의의 서면주의를 명문화하고 있다. 그리고 계약이 서면으로 작성되고 중재조항을 그 계약의 일부로 하고 있는 경우에 한하여 중재조항이 포함된 문서를 인용하여 중재합의로 이용할 수도 있다.

2) 사전 중재합의와 사후 중재합의

중재합의는 중재의 대상이 되는 분쟁이 발생하기 전에 미리 합의해 두는 사전 중재합의의 방식과 이미 발생한 분쟁을 중재로 해결하기 위하여 중재부탁계약을 합의하는 사후 중재합의의 방식이 있다. 그런데 클레임이 발생한 후에는 불리하다고 판단하는 당사자가 중재부탁계약의 체결에 선뜻 동의하지 않기 때문에 매매계약을 체결할 때 계약서상에 중재조항을 삽입하는 사전 중재합의 방식이 매우 바람직하다.

3) 중재지역 · 중재기관 · 준거법

중재합의가 유효하게 성립되어 중재절차가 순조롭게 진행되기 위해서는 중재를 행할 중재지역, 중재기관 및 적용할 준거법 등을 정확하게 명시해야 한다. 특히 무역거래에서는 수출업자는 자기 나라에서 자국의 법에 의한 중재를 원하고 수입업자는 이와 반대로 원하기 때문에 중재합의를 할 때는 이 점을 분명히 명시해야 한다.

3-3 중재절차

우리나라에서의 중재는 <그림 14-1>과 같은 절차를 거친다.

① 중재신청: 클레임을 제기하는 당사자(신청인)는 중재계약에서 정하는 바에 따라 대한상사중재원(사무국)에 중재를 신청한다.

② 중재신청의 접수 통지: 사무국은 일방당사자가 중재신청서를 제출하는 경우 당해 신청이 중재규칙에 적합한 것인지의 여부를 확인하고 양 당사자에게 중재신청이 접수되었음을 통지함과 동시에 중재인 선정을 의뢰함으로써 중재절차는 개시된다.

③ 답변서 제출 및 반대신청: 피신청인은 신청인의 중재신청서를 검토한 후 일정 기일 내에 사무국에 답변서를 제출하여 답변할 수 있다. 그리고 피신청인은 신청인의 중재신청에 대하여 반대의 중재신청을 할 수 있다.

④ 중재인 선정: 중재판정부는 1인 혹은 수인의 중재인으로 구성된다. 중재판정부는 당사자의 중재합의로 정해질 수 있지만, 사무국에 의해 선정될 때에는 당사자가 반송한 중재인후보자 선정명단의 당사자 선정희망순위에 따라 선정된다.

그림 14-1 중재 절차

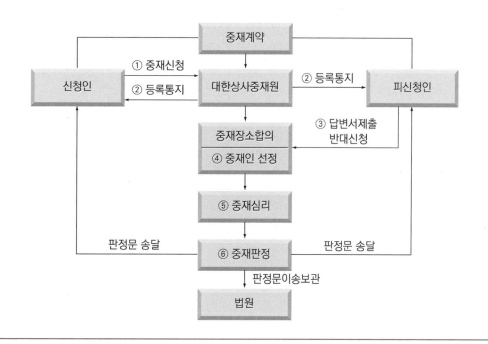

⑤ 심리절차: 심리절차는 비공개를 원칙으로 하고 당사자 이외의 사람은 중재판
정부의 허가를 받아야 심문에 출석할 수 있다.

⑥ 중재판정: 중재판정은 심리종결일로부터 30일 이내이다.

3-4 뉴욕협약

무역거래의 분쟁은 대부분 수출업자와 수입업자 간의 분쟁이기 때문에 중재에 앞
서 외국에서 내려진 중재판정의 승인 및 집행이 국제조약에 의해 보장되어야 한다.
이에 따라 중재판정의 범위를 외국까지 확대시키고 중재판정의 승인 및 집행에 관
한 요건을 간단히 할 목적으로 '외국중재판정의 승인 및 집행에 관한 유엔협약'(The
United Nations Convention on the Recognition and Enforcement of Foreign Arbitral
Awards: New York Convention)이 1958년 뉴욕에서 채택되었다.

뉴욕협약의 주요 내용은 상호주의 원칙에 따라 외국에서 내려진 중재판정의 효력
을 인정하고 그 집행을 보장하는 것이다. 그리고 뉴욕협약은 외국중재판정의 승인
및 집행을 받기 위한 신청요건도 간결이 함으로써 신청인이 중재합의서 및 중재판
정문의 원본을 집행국의 해당 법원에 제출하면 집행이 가능하도록 규정하고 있다.
뉴욕협약의 결과로 각 회원국들은 외국중재판정의 승인 및 집행을 보장받을 수 있
게 되었으며 세계 주요 국가들은 대부분 뉴욕협약에 가입하고 있다. 우리나라도
1973년 2월에 42번째 국가로 이 협약에 가입하였으며, 이로써 대한상사중재원에서
내려진 중재판정도 회원국 간에서는 그 승인 및 집행을 보장받게 되었다.

색인

참고문헌

본 QR코드를 스캔하시면,
<글로벌 무역개론>의 **참고문헌**을 확인할 수 있습니다.

공저자 소개

구종순(jskoo@cnu.ac.kr)

서강대학교 경상대학 무역학과
서강대학교 대학원 무역학과(경영학석사)
고려대학교 대학원 무역학과(경영학박사)
University of Colorado 방문교수
Fulbright Senior Research Scholar
한국해운물류학회 회장 역임
현) 충남대학교 경상대학 무역학과 명예교수

〈주요 저서 및 논문〉
무역실무(박영사)
해상보험(유원북스)
무역대금결제론(공저, 박영사)
FTA 무역실무(공저, 청람) 외 다수의 논문

조혁수(hscho@cnu.ac.kr)

계명대학교 무역학과(무역학사)
Washington State University, Carson College of Business(MBA, Ph D.)
한국해운물류학회 부회장
현) 충남대학교 경상대학 무역학과 교수

〈주요 저서 및 논문〉
글로벌시대의 국제통상환경과 무역실무(유원북스)
무역실무와 전자무역아키텍처(공저, 범한)
"Does transportation size matter for competitiveness in the logistics industry?" 2020 외 다수.

제2판
글로벌 무역개론

초판발행	2015년 1월 5일
제2판발행	2022년 1월 14일

지은이	구종순 · 조혁수
펴낸이	안종만 · 안상준

편 집	배근하
기획/마케팅	정연환
표지디자인	김영경
제 작	고철민 · 조영환

펴낸곳	(주) 박영사
	서울특별시 금천구 가산디지털2로 53, 210호(가산동, 한라시그마밸리)
	등록 1959. 3. 11. 제300-1959-1호(倫)
전 화	02)733-6771
f a x	02)736-4818
e-mail	pys@pybook.co.kr
homepage	www.pybook.co.kr
ISBN	979-11-303-1463-1 93320

정 가   26,000원